我们的女王
伊丽莎白二世

［英］罗伯特·哈德曼（Robert Hardman）/著

南方/译

Our Queen

中国人民大学出版社
·北京·

致我的妻子戴安娜

致　　谢

　　为了向世界全面展示这位过去60年里魅力不减的国际公众人物，对其有深入了解自然非常关键。从一开始，我就很荣幸地享受到了特权，不仅能够接触到重大事件、王室会见和一些日常王宫生活，还有机会进入王室内府各个部门了解情况。能做到这一切，我非常感激尊敬的女王陛下。

　　我还要特别感谢剑桥公爵殿下，首次允许一位作者对他进行采访；还有约克公爵殿下，感谢他给予我的想法和见解。

　　虽然这些机会十分难得，但此书仍未得其授权。因此从始至终全是自作主张。提问、观察、下结论皆我一人所为。但我仍要特别感谢女王助理私人秘书萨曼莎·科恩，还有她的继任者新闻秘书艾尔萨·安德森。过去两年里，我一直持续不断地要求采访和接触王室相关人员，没有以上两位的帮助与宽容，这本书即便付梓，内容势必也会比现在单薄很多。

　　同时，王室内府所有部门和他们的员工也都非常慷慨地奉献出了宝贵时间。我要感谢皮尔伯爵、克里斯托弗·格蒂特爵士、爱德华·扬、道格·金、艾伦·里德爵士、空军少将戴维·沃克爵士、中校安德鲁·福特和乔纳森·马斯登，还有他们在白金汉宫各自的团队，以及克拉伦斯宫的迈克尔·皮特爵士和他的部下。

　　不难理解，王室工作人员已经有些厌倦了和手持笔记本的陌生人讨论他们的工作和经历。这本书中，与我交谈过的一些人之前从未就他们的工作接受过采访。还有一些以前就曾被我打破砂锅问到底，但这次仍旧欣然同意重新讲述。他们的名字全都记录在这里。非常感谢大家。

妥善安排采访其实是一项巨大的后勤任务。在这里我要感谢白金汉宫的埃德·珀金斯博士、科莉特·桑德斯、戴维·波格森、梅里尔·基林、珍·斯特宾、扎基·库珀和马妮·加夫尼，爱丁堡公爵办公室的安妮·格里菲思夫人，在克拉伦斯宫工作的帕迪·哈瓦森和帕特里克·哈里森，圣詹姆斯宫的米格尔·黑德和尼克·洛克伦，皇家收藏的弗朗西斯·邓克尔斯和埃玛·肖；还要感谢在历史皇家宫殿工作的露西·沃斯利博士，以及桑德灵汉姆庄园的马库斯·奥洛恩和海伦·沃尔克。

同时我也非常感激很多王室内府前任工作人员，在多年的相处中，他们都给予了我各种帮助，包括艾尔利伯爵、费洛斯勋爵、詹弗林勋爵、威廉·赫塞尔廷爵士、马尔科姆·罗斯爵士、迈尔斯·亨特-戴维斯爵士、玛丽·弗朗西斯博士、伊丽莎白·布坎南、罗恩·艾利森、查尔斯·安森和斯图尔特·尼尔。

如果不依靠首相的帮助，任何对立宪制君主的研究都不会完整。在这里我想感谢戴维·卡梅伦、托尼·布莱尔和约翰·梅杰爵士提供给我的独特见解和宝贵时间。女王在位期间，英国以及英联邦各国家已有150多位首相或总理相继为她效力。在我报道王室的20年间，曾见过其中几位。但我特别想感谢新西兰总理约翰·基，还有澳大利亚前总理马尔科姆·弗雷泽为本书贡献的时间。

对于英国外交大臣威廉·黑格及其前任杰克·斯特劳、马尔科姆·里夫金德爵士和赫德勋爵，我一样充满感激。不管是在政府要害部门或是其他岗位工作，他们多年在王宫工作积累的智慧都大大帮助了我。

在女王的众多代表中，我要特别感谢郡长协会主席沙特尔沃思勋爵、德比郡郡长威廉·塔克、柴郡郡长戴维·布里格斯和他们各自的团队。在海外，我要感谢特立尼达和多巴哥的高级专员埃里克·詹金森，英国驻阿曼大使诺尔·古基安、驻阿拉伯联合酋长国大使多米尼克·杰米、驻爱尔兰大使朱利安·金以及他们的工作人员。女王的多重角色也让我接触了许多不同领域。在对其英联邦元首职务进行的研究中，我要感谢马尔代夫总统尊敬的穆罕默德·纳希德阁下，英联邦秘书长卡拉梅什·夏尔马，和皇家英联邦协会会长丹尼·斯里斯康达拉加博士。

同时还要感谢坎特伯雷大主教罗恩·威廉斯博士和曼彻斯特主教、高级施赈官奈杰尔·麦卡洛克曾就女王英国国教最高领袖这一角色与我进行交流。

来自公共事业机构的不同级别、不同年龄、不同性别的人帮我更好地理解了他们与女王之间的重要联系。和他们的交谈总是那么令人愉快。

此外，还有很多人以各种方式帮助本书成形。他们有一个共同点，就是都认为我的努力有一定价值，所以不厌其烦、竭尽全力地予以支持。对此我深表感谢。有些人不愿透露姓名，其他包括阿拉斯泰尔·布鲁斯、爱德华·卢埃林、凯瑟琳·福尔、夏兰·沃德、阿拉贝拉·沃伯顿、瓦妮莎·伯吉斯、悉尼·查普曼爵士、迈克尔·威尔科克斯爵士、亚历山大、加洛韦、威廉·查普曼、詹姆斯·诺思、伊丽莎白·斯卡德、安东尼·杰伊爵士、爱德华·米尔佐夫、玛丽·帕普沃思、西蒙·道巴恩爵士、韦斯利·克尔、彼得·威尔金森、丹尼尔·斯利特、哈丽雅特、休伊森、索菲·道格拉斯-贝特、蒂迪·格雷厄姆、迈克尔·帕克爵士夫妇、莱斯利·汉密尔顿、约翰·菲利普斯、斯蒂芬·斯珀尔博士、邓肯·杰弗里、议员艾伦·邓肯和凯特·霍伊、鲍勃·霍尼、罗宾·罗伯茨、唐和凯瑟琳·凯勒肖，以及詹姆斯·多兰。

我一直以来都非常幸运，能够获得一些最杰出历史学家和传记作家的意见、支持还有专业指点，例如西蒙·塞巴格·蒙蒂菲奥里、安德鲁·罗伯茨、威廉·肖克罗斯还有肯尼斯·罗斯都同样热情而又睿智。同时我还要感谢阿曼达·福尔曼博士、简·康纳斯博士还有德里克·英格拉姆的帮助。我希望在这里对所有我借鉴和利用的资源都已给予清楚而明白的感谢。对于我新闻界的同事、摄影联谊会的朋友和电视圈的同行们，感谢你们一路以来的友情。

在哈奇森，我非常感激我的编辑保罗·赛迪，他总是热情无限，充满智慧。也要感谢保莉特·赫恩、夏洛特·布什、埃玛·米切尔，还有阿梅莉亚·哈维尔。本书立项一开始，就要感谢我从容镇定的经纪人查尔斯·沃克，以及他的助理凯蒂·琼斯。当然，本书中还有相当一部分不是我的功劳，而要归功于我的老朋友、前新闻界同事伊恩·琼斯。他精湛的摄影技术真的非常棒！

这本书稿辗转他国多地才完成。在此特别要感谢我的岳母玛丽昂·考利、我的父母理查德·哈德曼和黛娜·哈德曼，西蒙·塞巴格·蒙蒂菲奥里在截稿期限将近时为我提供安静的地方，让我集中精力。但没有人比我亲爱的妻子戴安娜付出更多，我自动笔以来几乎没有过周末，假期也都是草草结束，她却一如既往地支持我。谨以此书献给她。

序　言

"令人惊叹的是，她竟然没有垮掉。"

回眸审视21世纪初的英国，呈现在我们脑海里的是相距仅几周的两件大事。一是2012年伦敦奥运会，一场别开生面、长达两个星期的国际体育盛会；另一件是为一位女士举行的庆祝活动，她在当今世界舞台上的形象早已坚不可摧，用一位英联邦领导人的话说，她不再仅仅属于英国，或者不再被看作人类的一员，而是一种价值和一段历史的鲜活化身。在英国，她就相当于伦敦塔桥、红色双层有轨公交车，更不用说大本钟、下午茶、瓢泼大雨中的乡村盛宴和羊群团簇的山丘了。而在更广阔的外部世界，她一直是新闻纪录片中的常见形象，在数字高清的影像时代依然如此。在她加冕继位时，100多个国家——那可是地球上一半以上的成员——还都没有成形。在英国国内，人们认为她的存在理所当然，但对这个星球上数十亿的其他国的民众而言，她却在某种程度上代表着一种近于无限、令人费解的连续性。她就是英国女王伊丽莎白二世。

在剑桥公爵威廉王子（Prince William, Duke of Cambridge）口中，"她首先是我的祖母——然后才是女王"。这是他首次接受关于女王的采访，话语既深刻又让人沉思："她非常了不起。"没人能想象女王年仅25岁就继承王位是何种情形。这次采访进行时威廉王子还有几天就要迎来他的29岁生日，现在他坐在圣詹姆斯宫的办公室里思忖着女王当年的任务是何等艰巨："那时候，人们对女性有着截然不同的看法，身为一位仅25岁的年轻女士，却接手了一项许多男士自认为只有他们才可能驾驭得好的工作，想必非常令人气馁。而且我认为当时她还承受着其他压力。"对于女王的成功应对，威廉王子始终保持敬畏："你看她的照片，身处这一角色，她看起来极其自然，从容镇静、泰然自若、高贵典雅。她表现出了所有她应该具备的素质，而她当时只有25岁。想想看有多少25岁的人还没能做到这一点，包括我自己、我的兄弟，还有其他很多人。而且在那个年龄根本没有人给我们施加什么额外压力。令人惊叹的是，她竟然没有垮掉。她只是坚持前行。这就是我们的女王。你给她带去一个挑战，她就会努力战胜它。60年来始终如此，真的不可思议。"

除当今女王外，英国历史上只有一位君主的在位时间也曾跨越60年。然而维多利亚女王的钻石庆典更像是一场帝国权力的庆祝，以一个离群索居的大不列颠形象为特征亮相于世，罕见而又带着谢幕的味道。当时的女王已经太过苍老，无法登上台阶，步入圣保罗大教堂参加她自己的感恩仪式，神职人员只好列队来到她的马车外面举行祈福活动。然而，伊丽莎白二世执政60年以后，氛围却完全不同。没有丝毫耀武扬威，取而代之的主导情绪是因能够践行服务、恪守职责与稳定却又不张扬而生发的自豪感。而且女王本身的身体状态良好，不管是步行到大教堂还是登上飞机、对付任何台阶都没有问题。2010年，女王的约见活动比上一年实际增加了将近20%。2011年的日程安排更是繁忙：威廉王子和凯特·米德尔顿的婚礼，女王就职以来对爱尔兰共和国的首次重大国事访问，以及美国总统奥巴马访英，彼此相隔不过十几天时间。

周年庆典，顾名思义是一个回顾怀旧的场合。绅士名流都受邀聚到一起，通过发黄的镜头看今天的世界。前首相约翰·梅杰爵士说：

"如果对比现在的生活，一切都远远好于当年女王继承王位的时候。我希望，'今非昔比'能成为这一庆祝活动的主题。"

但回顾过去，我们险些忽略了这一庆典最为引人注目的核心——今天的王室。历史学家和心理学家总是谈论"维多利亚女王综合征"，即远离现实，自我保护，活在过去。而"伊丽莎白二世综合征"却恰恰相反。

2011年5月，伊丽莎白女王夫妇会见奥巴马总统夫妇

在过去20多年里，随着对王室的专业跟踪报道增多，我越来越觉得今天的君主制与传统家族企业和古老机构的保守智慧大相径庭。管理机制虽然愈发久远，但其运作却显然没有愈发凝滞僵化。实际上，王室在过去25年里发生的巨大变化比之前的125年还要多。有时是形势使然，有时是自我选择，但不管怎样，它一直在不停地调整适应，重新定位自己，而我们这些旁观者竟然没有觉察到。约克公爵曾经谈起："王室最大的挑战就是如何应对变化，而这就是女王最成功的地方。在她的领导和指引下，这一体制已经能够以社会所需要的方式和速度进行自我革新。"女王自己就是一个非同寻常的双重角色——永远不变，而又不断变化。她恰好是英国史上最长寿的君主，现在85岁高龄，即将再次踏入周年庆典年。然而，没有人把她看成一个身着黑色礼服、终日抱怨自己不愉快的小老太太。

我们见过维多利亚女王隐居高地的薰衣草田间，我们也看到伊丽莎白二世女王遛狗散步或是在南海某个地方看舞蹈表演。她是"活在当下"的人，不会"沉湎过去"。

因此，本书不是在讲女王的生平故事，而是在描绘她当下的生活点滴。它不是一本年表，而是对一位完全现代的君主进行研究。迄今为止，已经有很多优秀的女王传记作品问世，最知名的出自萨拉·布拉德福德、罗伯特·莱西、伊丽莎白·朗福德以及本·平洛特。近些年来，由威廉·肖克罗斯和雨果·维克斯撰写的伊丽莎白王太后的传记更是锦上添花。同时还有乔纳森·丁布尔比关于威尔士亲王的权威著作，以及巴兹尔·布思罗伊德和蒂姆·希尔德二人对爱丁堡公爵为王室和公众所做伟大贡献的刻画。还有一些作品专门关注威尔士王妃戴安娜的悲剧命运和她身处的时代，单单这些作品就足够塞满一个图书馆了。

诚然，我探究了过去的历史，把当下置于特定背景中，挖掘了女王登基至今60年中的旧文案和新资料。但接下来需要了解的是当代人对现代世界这位广受尊敬的公众人物持何种观点。女王从未授权接受任何采访，我敢说将来也不会。也许从现在算起，多年以后的某个时候，在另一位君主的任期内，会有一位官方传记作家获准阅读女王每晚尽职尽责写下的日记。在此之前，她的大多数想法还是不得而知。

但我确实得到了特别准许，能接触那些真正了解她的人，以及现在与她共事和曾为她效力过的人。我与很多人有过交流，其中包括王室成员、首相、私人秘书、高级神职人员、见习骑士、侍从还有朋友。通过他们，我可以紧跟女王在世界、在国内和在她自己宫殿中的步伐。对于我们所有人来说，周年庆典虽然提供了一次回顾过去60年的机会，但活动的主角却更喜欢展望未来。她承认她的周年纪念活动对于一些人非常重要。宫务大臣办公室已经在纪念品上实行了大赦。副审计长乔纳森·斯宾塞表示："通常我们不允许人们随意使用与女王有关的任何标志，比如，用她的手臂照片装饰马克杯把手。但在庆典上，我们会准备一些纪念品，供大家自由获取。还会跟他们说：'快去拿吧。'"即使如此，女王还是多少会感觉困惑，并为这些大惊小怪感到有点尴尬。在她看来，传统很重要，但是当下更重要得多。

在我的探究过程中，有一天，我跟随女王在威斯敏斯特教堂出席一个庆典活动。这是皇家视为神圣的地方——1 000多年以来，都是在这里举行加冕仪式，举行婚礼，埋葬君主。几个月后，数十亿人都通过直播镜头观看了威廉王子和凯特·米德尔顿在这座宏伟建筑中步入婚姻殿堂。那次特殊仪式之后，女王来到一个小礼拜堂，会见一行专家人员，他们正着手用200 000英镑对最神圣的皇家遗产——圣爱德华椅进行翻新修理。它也被称为加冕椅，但更以"那把宝座"著称，在威斯敏斯特教堂已经有700年历史。自14世纪以来，每次加冕礼都一直沿用这把宝座。苏格兰神圣的命运之石一直存在加冕宝座下方。女王当年加冕时，就坐在这个6英尺高、刻着百年历史涂鸦的破损橡木座位上。但令人惊奇的是女王此刻的反应。她倒像是在浏览西米德兰兹郡中心新颁布的一条有趣的交通法规。很有礼貌地听完了工作人员对翻新工程的简要讲解后，女王承认，虽然任期中到过这里无数次，但自1953年即位以来就没再真正看过这把座椅。见到它完好无损，很让人欣慰。但时间紧迫，女王边说边走了出去，来到了隔壁的教堂教育中心。在这儿，女王却花了更多的时间观看那些当地小学的孩子学习画都铎玫瑰。

目　　录

I 丰功伟业 …………………………………… 1
II 女王其人 …………………………………… 39
III 危机挑战 …………………………………… 87
IV 王宫内臣 …………………………………… 141
V 王国卿相 …………………………………… 185
VI 女王英姿 …………………………………… 241
VII 女王与布衣 ………………………………… 283
VIII 力量与依傍 ………………………………… 329
IX 正视与反观 ………………………………… 371

I

丰功伟业

"她做事全力以赴,善始善终,不完成绝不罢休。"

伊丽莎白二世盛装出席加冕 60 周年庆典活动

内部备忘录显示，加冕时，女王居然能够注意到她的观众——甚至他们的低语，真是令人吃惊。这是她最荣耀的时刻，大国元首们齐聚一堂，来向这位全球无人匹敌的女英雄致敬。加冕后不到一年，这位极富魅力的年轻君主和她的伴侣结束环球旅行回国。迄今为止，这依然是有史以来最伟大的皇家之旅。因此，他们的归来必然受到热烈欢迎。

首都伦敦迎来了战后最盛大的宴会，市长阁下及其官员对主要开销自然不会计较。用来购买烟草的支出多达174英镑——超过整个餐食预算的10%。401位官邸宾客每人都会得到一盒雪茄（两种规格大小）或香烟（土耳其香烟和弗吉尼亚香烟），以及红色的皮盒火柴。为防止有人不够用，还额外准备了潘趣雪茄和Fribourg & Treyer牌香烟。有什么不可能？首相温斯顿·丘吉尔爵士的需求量一定少不了。

但乐队演奏方面的预算则不超过50英镑（仅比"白手套"多了11英镑）。幸运的是，即便报酬只有47英镑，皇家炮兵乐队也非常乐意效劳。只要经验丰富的美食委员会专家们最终敲定宴会菜单，参加该年最伟大盛事的邀请函就可以派发了。这是自加冕仪式以来最火的门票，民众难掩渴望，自然会争抢一番。

1953年6月2日，威斯敏斯特教堂上演了全球电视转播史早期最盛大的场面。5个月之后，女王出发开始环球旅行。她的目的是访问更名后的"英联邦"并赢得它的欢迎，尽管多数人仍坚持称其为"帝国"。1954年5月，为了庆祝她的归来，伦敦城将举办官方午宴。

迎接计划起草的同时，女王的旅行活动在澳大利亚达到了高潮。之前从没有一位英国君主到过这里，澳大利亚人的崇拜和恭维令人吃惊，即便在加冕时期的英国也没有如此盛景。曾有多达 25 万人在晚上沿途围观女王从悉尼的剧院返回住地。在市长设宴那天，在通往后来被称为"沙丁鱼角落"的街道上，人群拥挤以致造成 2 000 人伤亡。上千人为了能向皇家列车挥手致意而涌入轨道，使得整个铁路系统被迫关闭。

1953 年 6 月 2 日，伊丽莎白二世与爱丁堡公爵在她的加冕仪式上向民众们挥手

澳大利亚的简·康纳斯（Jane Connors）博士曾深入研究此次皇家之行产生的社会、文化影响。她了解到，即使在澳大利亚最偏远的地方，也曾因女王的到来而一片混乱。乳业小镇利斯莫尔经历了史上第一次交通阻塞。逾 30 000 名民众挤进人口仅 8 000 的卡西诺城欢迎女王的到来，其中有些人即使因公交车侧翻受了伤，也坚持要等到女王夫妇离开后才去医院治疗。尽管洪灾严重，偏远地区的民众却仍想方设法越过泥流和涨水的大河来欢迎他们的君主。索斯威克的阿林厄姆夫妇，两人都是75岁高龄，骑了3天马，蹚过好几条小溪，才抵达汤斯维尔，为途经这里的女王欢呼。百余万民众在墨尔本机场外的马路上列队迎接女王一行。在凯恩斯，观礼台倒塌致使500多民众受伤、1人受重伤。《墨尔本时代报》（Melbourne Age）还曾报道说，一群土著民的孩子收集了大量的野狗头皮来换取往返2 000英里的长途汽车票，只为了能看女王一眼。

英国媒体觉得应该适可而止了。"放松点，"《每日镜报》（Daily Mirror）的头条新闻呼吁道，"这样会伤害到女王。"但当女王乘坐气派的新皇家游艇"大不列颠号"经由印度洋和马耳他回国时，英国民众的热情却一点不亚于此。伦敦档案库的文件显示，当时市长阁下在不停地谢绝各种观礼请求。一位市议员甚至游说午宴组委会给美国牧师比利·格雷厄姆（Billy Graham）解决一个座位（后者得知观礼席中已经挤进了不少"教会代表"）。

丘吉尔则决定登上"大不列颠号"，与女王一起离开怀特岛，准备在第二天沿泰晤士河逆流而上。晚餐后观看电影时，女王发现丘吉尔打起了瞌睡，就劝他去休息。"现在我们已经把您接回来了，"丘吉尔回答说，"我要睡个好觉了。"一天后，丘吉尔站在女王身边，看着皇家游艇穿过伦敦塔桥，途经一个充满欢呼声的城市。直到今天，女王仍喜欢回忆接近城市时丘吉尔的即兴评论——他宣称泰晤士河不是"一条污浊而又古老的河流"，而是"一根贯穿英国历史的银线"。

盛宴开始前，女王庄严地游览了国都。在坦普尔栅门这个伦敦城的传统入口处，市长领着官员们盛装欢迎女王的归来。戴着毛皮帽、三角帽，穿着丝绒长袍，腰部佩剑的郡督、高级市政官和自治会代表——事实上，除迪克·惠廷顿（Dick Whittington）和他的猫之外，几乎所有人都在。随后，首相及其内阁成员、教会神职人员、司法部门、军队、行政机构、金融商业区和学术机构代表身着晨礼服聚集在女王府邸前欢迎她和她的丈夫、母亲、姐妹及堂亲入宴。为向这次异国之旅致敬，（按照当时严格的标准）午宴丰盛却不奢华。首先是鳄梨基围虾，紧接着是苏格兰荷兰酱汁三文鱼、圣乔治童子鸡和梅尔巴草莓，餐酒用的是澳大利亚葡萄酒和1945年的库克香槟酒［此外还有专供服务人员的冷餐和在接待室为英国广播公司（BBC）记者准备的啤酒和三明治］。

午宴结束时，市长诺埃尔·鲍沃特爵士（Sir Noël Bowater）发表演讲。他向女王称赞："这次出行是成功的，想法充满灵感，行动更是卓越，就像一颗宝石，将永远在这个民族的记忆中闪闪发光。"①

女王的回应同样妙语横生，体现了她在位早期充沛精力和使命感："新西兰南阿尔卑斯山白雪皑皑，库克山高耸而出，它虽然与亚丁湾炽热的岩石相隔遥远，但是，不同土地上的人民却坚信共同的原则至关重要。所有人都接受并尊重一种思想，那就是建立议会制民主政府……这也是我每一位子民热血中流淌的根本之一。"即便是沉浸在加冕的幸福感中，她也乐意承认，君主制若仅为了存在而保留则毫无意义。"君主立宪制度的结构框架可能很容易成为陈旧而空洞的摆设，"她继续说道，"但是无论走到哪里，我们都已亲眼见到、亲耳听到，它是真实的，就在民众的心中。"

成千上万的民众等候在府邸外，只为了请求女王走上阳台与他们见面。在女王车队穿过伦敦市区去往府邸的途中，民众一路上簇拥欢呼，之后，同样的欢呼声又伴随她回到白金汉宫。这种新伊丽莎白时代振奋人心的光辉真的没有黯淡的可能吗？谁又会对塞西尔·罗兹（Cecil Rhodes）"生做英国人就等于中了人生的头彩"这一名言产生怀疑呢？整个世界似乎都爱恋上了28岁的荣光女王。正如丘吉尔所

---

① 市长的演说与丘吉尔两天前在下议院的欢迎词相比显然用语保守，丘吉尔称赞道："女王一路上与民众闪光的插曲，以及民众迎接女王时的欢乐……成就了一件盛事，一件我国历史上无与伦比的盛事，同时也给整个人类洒下了一道清晰、宁静、华丽而又温暖的光芒。"

言:"甚至连嫉妒之神都露出友善的笑容。"

60年后,情形却大不相同。女王返回伦敦古老的金融区途中,夹道欢迎的民众还不到100人。多数人仅仅是路过,注意到有几台电视摄像机聚集在一起。一定是某个名人要来了。可能是谁呢?人们高兴地发现竟然是女王,王室不再兴师动众,这多少让他们感到纳闷。但这些年来女王就是喜欢如此。今天她想见到的不是那些杰出的重要人物,而只是优秀的普通人。随着首都金融区逐渐从自身经济危机中不断恢复,女王前来对那些不仅没有转移银行存款还努力保证这里正常运转的人致敬——地铁工作人员、警察、餐饮服务者等等。今天一整天她都不会约见一个银行家。坦普尔栅门前也没有了头戴三角帽、携带佩剑的郡督。她的车子只会径直驶过。

她先是来到了皇家救生艇协会的塔站,这里是英国最繁忙的救生艇停泊站。滑铁卢大桥下的小型流动救助基地里有3 000名志愿救生员,在过去8年里已挽救了183条生命,如今,它正处在水深火热之中。身处经济危机中的全体职员、赞助者和卸职的前任高官也一样忧心忡忡。没有人想失去皇家救生艇协会中的"皇家"二字。

一位皇家新闻官员告诉媒体,女王届时将身着斯图尔特·帕尔文牌的红褐色花呢套装,头戴御用设计师雷切尔·特雷弗-摩根(Rachel Trevor-Morgan)设计的帽子。女王到达时外面正下着雨,但女王并没打伞,而且她似乎并不介意。她接见了这里的值班人员,观看了一段录像,播放的是3个月前从威斯敏斯特大桥跳下的一名心理失常的男子。在看到男子入水的那一瞬,女王微微一颤,但庆幸的是工作人员很快把他救了上来。

女王开始一处一处参观塔站,但很明显她感兴趣的不是救人的程序,而是参与整个行动的志愿者群体。她和54岁的罗杰·科恩攀谈起来,罗杰每隔几周就从苏塞克斯来到这里值班。44岁的加里·皮特维白天是一名都市警察,下班后是这里一艘救生艇的操控员。女王还了解到，她身边的一名陆军少将基思·西玛也是这里的志愿者之一。他曾是伦敦塔的总督，或许在伦敦塔他是很有威望的一名少将，但在这里他和其他人一样普普通通。今天他并没有出现，后来得知是他特地在那天让别人顶替了他的工作，因为他觉得自己在另外的工作圈子中有很多机会见到女王。

对塔站来说，这是一次毫不遮丑的展示。女王甚至参观了更衣室。最后，女王站在雨中和大家拍照，但空间实在太过狭小，摄影师不得不爬上一条船，把船泊到岸边，才勉强把每个人都收入镜头。女王几乎是很快活地说了声"非常感谢"，然后才改道去了阿尔德盖特地铁站。在那里，她会见了地铁站工作人员，他们一年接待的通勤乘客有 600 万之多。在 2005 年伦敦 "7·7" 爆炸案中，一名自杀式炸弹袭击者在这里炸死了 7 名无辜平民。一些轮值的工作人员给女王展示了一个并不真实存在的地铁站站牌"白金汉宫"。

紧接着是午餐时间。与 1954 年那次帝国之势如日中天时的盛宴狂欢相比，这次午宴实在有太多的不同。当时，市长身着天鹅绒宫廷套装，外罩一件长袍。今天的市长尼克·安斯蒂（Nick Anstee）身穿男士普通正服，只有一条小小的勋章项链显示出他的地位。本次午宴的来宾是公共汽车司机和秘书，一些勋旧、显贵因为没有受邀出席而有点恼火。这里没有府邸镀银餐具，也没有什么画像。午餐地点设在伦敦最现代化的建筑之一、绰号"小黄瓜"的瑞士再保险总部大楼[*]的顶楼 39 层。到顶层后，有一段楼梯通往观景台，可以容纳 100 位客人细品餐前香槟。这里可以看到伦敦的绝佳美景，但并没有人在欣赏风景。所有人的目光都集中在楼梯间。当女王那顶标志性帽子的上檐映入眼帘时，人们都虔敬地肃静了下来。

午餐包括鲑鱼砂锅、羊腰、面包和黄油布丁，全都由霍克斯顿学徒餐厅年轻的厨师烹调而成，霍克斯顿学徒餐厅一直以把长期失业者

---

[*] 后改称为圣玛的埃克斯 30 号大楼。——译者注

培训成专业厨师而闻名。这些年轻厨师中很多人在不久以前还身无长技、落魄潦倒。29岁的主厨利昂·塞拉芬（Leon Seraphin）在霍克斯顿实现华丽变身前，曾经是无家可归的流浪汉。在返回霍克斯顿之前，他的最后一份工作是在怀特俱乐部，在那里，他服侍过威廉王子和戴维·卡梅伦，后者还对他说："小伙子干得不错，给我来点沙拉吧。"现在他迫不及待想回家告诉他的家人，他竟然是英国君主的主厨了。楼上，霍克斯顿学徒餐厅创始人戈登·达·席尔瓦（Gordon da Silva）正在和女王聊天，当女王提到他的两个学徒都曾在皇室工作过时，戈登很吃惊。他当然知道这件事，但没料到女王也知道。

午餐时，女王与其他人一起围坐在圆桌前，其中有两名火车司机，还有一名在伦敦塔桥工作的行政助理。1954年，女王曾在一个升降平台上与大家共进午餐。而今天她坐在"3号桌"，右手边坐的是伦敦地铁公司总经理，左手边坐的是伦敦市长。午餐结束前，市长发表了简短讲话，向女王表示感谢，也称赞了伦敦城市服务人员"不可或缺"的工作。这次午餐没有香烟，没有波特酒，更没有白兰地。没有乐队或是娱乐项目，因此，也没有人戴白手套。女王向这里的烹饪团队表示了感谢，随即出发去她的下一站——伦敦塔桥。1954年，在女王和丘吉尔乘坐皇家游艇——"大不列颠号"经由这里的时候，伦敦塔桥曾将它两个万吨级吊桥扬起到了最大高度。而今天，工作人员却早已提前得到通知，不要以女王的名义打开吊桥。她之前已经见过它的雄姿并且为此非常感激，不想再次扰乱交通秩序。在离开伦敦"小黄瓜"的时候，她受到了今天第一波人潮的欢迎，因为女王与大家共进午餐的消息很快就在伦敦工人中传播开来，数百人都在等待目送女王离去，这也是这个城市最好的传统活动。这一次，所有人都得到了额外收获，因为女王离开了两次。市长目送她安全地进入元首级宾利——四吨重的皇家车队旗舰车。但轿车并没有立即启动。对于市长和女王的御用司机来说，停顿的这一刻很是漫长，令人非常尴尬。换了其他一些国家元首，也许会以为出现紧急情况而惊慌，大声埋怨警方装备，进行公开问询，甚至会因此大幅裁员。但是，女王似乎觉得很有意思。"新技术就到这儿为止吧。"她对市长说道，假装很惋惜的样子。然后高高兴兴地上了一辆备用轿车——警用的路虎揽胜，在两辆轿车和一辆开道警车的护送下驶离人们视线，而这种级别的警方护送车队一般只用来接送欧盟的中层贸易部长。

搭这辆借来的轿车穿越伦敦城途中，女王在想些什么呢？假如有个陌生人把1954年媒体对皇家出巡一平方英里伦敦金融城的高调新闻报道和今天的谦逊低调做一比较，也许会得出这样的结论：在过去的几十年里，王室的地位一定经历了灾难性的衰落。之前无论到哪里都是奉承吹捧，现在等待她的却是轿车失灵？对一位君主而言，这是多么落魄的事啊，况且这位君主无论在她选择出访的哪个国家，都曾经让人们不由自主地聚集形成史上规模最大的集会。

然而，今天的女王没有丝毫抱怨，她的家人以及顾问也都没有任何不满之意。自从她的曾曾祖母以来，她是英国在位时间最长的君主，已经带领她的国家走了很久，远远超过任何西方领导人。她知道这并不是一个数字游戏，同时她也很清楚忠诚和情感并不仅是靠人群的密度和欢迎仪式的正式程度来衡量的。

当然，20世纪50年代的英国是另一番世界。在经历了筋疲力尽的生死之战后，作为英国的代表人物，那时的女王亟须振兴民族和重建信心。在即位初期的那段日子里，她不能失败。而她成功的真正标志就是，60年后的今天，在一定程度上，她仍然是英国公共生活中最受欢迎的人物。

但这不仅仅是运气好，也不是只凭随机应变那么简单。整个统率过程自始至终都贯穿着一条游戏规则。据王位的第二位继承人（称自己为"正渡过难关的年轻人"）威廉王子透露，这条规则将继续很好地为女王服务。

威廉王子说："她做事全力以赴，善始善终，不完成绝不罢休。在认为自己已经做了力所能及的一切，为国家付出所有，没有未尽之

女王出席登基 60 周年庆典活动

事,没留任何遗憾,也没有让任何人失望的时候,她会主动把权力交给别人——她非常在意这些。"

在 1952 年继承英王爱德华时代(亦有人说维多利亚时代)的立宪体制后,女王并非只是一味维持,相反,她推行了现代社会最富生机的改革。在 21 世纪,她仍然设法使庄严、平易、包容以及亲和的品质在自己身上同时呈现。她是世袭制度的领头人。这种制度常被人与古板的传统联系在一起,一些批评家甚至称之为一幕"抱残守缺的哑剧"。然而,就是这相同的制度却比以往更为繁荣、更具活力。女王越上年纪,关注的事情就越多。不只是作为王室踏足脸书(Facebook)或推特(Twitter)这么简单。内部记录显示,2005 年至 2010 年,白金汉宫的访问量实际增长了 50 个百分点。2011 年,女王 85 岁寿辰后不久,她就在非同寻常的一个月内主持了 21 世纪以来最为激动人心却也最富挑战性的三件皇家大事——威廉王子大婚、爱尔兰国事访问,以及有史以来美国总统第二次国事访英。

威廉王子回忆道:"爱尔兰之行实在太棒了,我们都希望事情进展顺利,因为这确实至关重要。"甚至在塞舌尔度蜜月期间,这位新任剑桥公爵兼爱尔兰卫队上校都一直跟进都柏林的事态发展。"那时,我密切关注网络,听取零星的片段报道,浏览一些图片。我非常了解爱尔兰人,看到那么多人对女王访问都激动不已,我就知道一切会顺利进行。"

威廉王子的婚礼是全球电视史上最受瞩目的事件之一,也是一场国家盛典和家庭喜宴的美妙融合,自然会诞生很多永恒的经典瞬间——阳台一吻,阿斯顿·马丁婚车启程,还有威斯敏斯特教堂过道上那个欢呼着侧手翻的休班牧师。

外界普遍将这桩喜事视为英王室的"一剂强心针",认为这在一定程度上将这个古老的机构导向了"现代世界"。实际上,英王室并不需要这样的引导。它很久之前就已经悄悄经历过一次广泛的内部革命,管理文化也从非职业的绅士主导转变到无性别差异的专业团队操作。由此,王室内府自上而下都焕然一新。

如今,不仅 1/3 的高级官员都是女性,而且过去的家庭女仆岗(现在叫作"家政助理")也时常招募男性,同时兼任侍从,大多有高学历背景。最近入职的一个家政助理曾在威廉王子的母校圣安德鲁斯大学获得物理专业二等一级学士学位。而在目前的侍从人员中,还有人毕业于英国一所一流大学的航空工程专业。一位负责督察王宫招待会服务的王室成员说:"这里有足够专业的队伍,甚至可以组装一枚核弹。"确实如此,无论以何种现代多元标准来衡量,如今的王室内府服务都能够轻而易举地与大多数英国类似团体一较高低。

约克公爵(Duke of York)特别指出,王室加快变化节奏是受到了外部因素的驱动。"这是社会的功效,并不只是王室在发挥作用,"这位王位第四位继承人,女王的次子说道:"50 年前,想要当天坐飞机往返美国或中东地区,不太可能也不切实际。但这恰恰是巨大的优势,因为开启交流需要时间,路上的时间越长,就意味着给自己更多的思考余地。而现在呢,人们能够进行瞬时通信了。"自担任英国贸易和投资署特别代表(现已辞职)十年来,他见证了太多次管理改革付诸实施。公爵承认,未来王室将不得不以更快的速度进行自我调整。"由于生活节奏的改变，机构重组或变革会越发频繁。"

英国历史上再没有哪位君主会像女王一样。她出访最远，会晤的国外领导人比所有前任君主的会见总量都要多。如果以她成年后每天接见不同的 150 人为基数进行计算（这个数字实际已经是低估了的，因为她在一次公众巡行中就能接见超过 300 人），那么，女王已经亲自接见了将近 400 万人——那是整个新西兰的人口啊！自首次颁发勋章以来，她已经亲自出席了 600 多次授勋仪式，将近 10 万人获得荣誉，与女王交谈并握手。[①]

1989 年 6 月 14 日，在伦敦白金汉宫，伊丽莎白二世与美国总统罗纳德·里根和他的妻子南希合影

英国君主制的历史大致可以分为四个阶段。从古代不列颠人到詹姆斯二世，君主们大体上都随心所欲地统治着英国（一些无能的君主除外，最著名的有查理一世）。接下来的 150 年为修宪时期。英格兰和苏格兰合并为大不列颠，后来爱尔兰并入，最终组成大不列颠及北爱尔兰联合王国，国家权力也从王室转移至议会。随后，迎来第三阶

---

① 女王登基后所授予的第一枚奖章为维多利亚十字勋章，颁发给皇家苏格兰边防团列兵威廉·斯皮克曼（William Speakman）。他曾在朝鲜战争中用手榴弹、石头甚至空瓶子击退敌人一次又一次进攻。

段——帝国时代,从维多利亚到乔治六世。英国及其王室登上了荣耀之巅,掌控着占世界 1/4 的地域和人口。然而,随着科技飞速发展,新型战争也随之出现。全球性冲突的时代来临。国外变革重重,国内政局振荡,尤其是普选制度的产生和爱尔兰独立运动的爆发。英国在世界新秩序中的地位逐渐下降,帝国主义正演变为共和政体,就在这个时刻,乔治六世逝世。由此,王朝的第四阶段拉开帷幕——后帝国媒介时代。只有一位君主完整地经历了这一时期。

女王在统治英国时期虽未像她父亲那样展开全面战争,却不得不应对两项根本性变革。没有其他英国君主在任内遇到过如此巨大的人口变化,之前也没有任何王室成员会 24 小时受到电视报道和无处不在的大众媒体的监督。

女王继位时,英国还是一个单一文化国家。1945 年至 1958 年,这个国家经历了自 19 世纪中期以来最为宏大的一次宗教复兴,当时人人都身穿如今早已被遗忘的盛装参与宗教活动。在英联邦和其他地区民众为期半个世纪的迁移中,将近 500 万不列颠人——8%的人口——都有非白人的背景(如今去英国教堂做礼拜的人数在任何一个星期内测算都只剩大约 100 万)。这种向多元文化国度的转变,恰好发生在女王任期内。但她并非只是旁观这场巨大的社会变革。毫无疑问,她已经成为变革的一部分。正如坎特伯雷大主教罗恩·威廉斯(Rowan Williams)博士所说,女王扮演的角色非常关键:"在快速变化的环境中,她向人们证实了稳定的可能性。传达给大家的是'不要惊慌'。"

英联邦在女王继位时仅有 8 个国家,如今却有 54 个独立成员国。许多国家都曾是在奴隶制和剥削基础上建立的前殖民区。然而,它们不仅乐于成为这个古老帝国联盟的成员(除了强烈要求独立的国家之外),还选择保留女王的国家元首地位。从多种现代思维来看,过去受剥削的大众却拥护先前的剥削者,实在令人匪夷所思。但这在很大程度上都要归功于女王陛下,这一点毋庸置疑。没有哪个君王会为这么多不同的宗教信仰忙碌奔波,或访问过如此之多的圣地。在英格兰近代史上,女王已潜移默化地成为英国国教现代史中最为勤勉的统治者之一。这都是顺理成章的事情,不存在一丝矛盾之处。她致力于英联邦的发展,因此受到许多少数族裔社区的爱戴。她献身于英国国教,也因此赢得许多英国少数派宗教信仰者的好感,尤其是在他们像她一样面对这光怪陆离的俗世之时。所以,她同时是古代英国和现代英国的象征。将来某一天历史学家回顾这一点时,会把多元的宗教包容视为女王最伟大的成就吗?

或者他们会认为,是女王的能力驾控着王室巨舰通过了现代媒体制造的湍流巨浪吗?在统治初期,公众的支持常被认为是理所应当的。当时白金汉宫新闻处可以以其一贯"无可奉告"的姿态缄口不言,因为王室的功能和角色早已深入人心,很少受到质疑。而现在公众和媒体对权威态度的巨大变化已经改变了一切。随后王室的公关转型力度之大,让任何以往类似做法都黯然失色。原来理所当然的公众支持现在只有为之做出解释才能赢取。以本·平洛特(Ben Pimlott)和萨拉·布拉德福德(Sarah Bradford)为首的一些历史学家认为,这种心态改变的原因应追溯到英王室首次发行现代王室纪录片,向平民展现王室生活的 1969 年。同样也可以说,君主制是在濒临解体危机时才得到了这一教训。无论怎样,今天人们已经深知其中的曲折。当今宫务大臣、王宫最高官员皮尔勋爵(Lord Peel)说:"无论你怎么认为,顺从也好,尊重也罢,公众支持是必须有的。而这并不仅仅来源于权位。如果你是君主或威尔士亲王,那么你自然会获得某种优势。但你的所作所为必须获得人们的尊重。这不是自然就能形成的,必须通过努力去赢得。"

英国没有哪个政治家能像女王这样始终如一地受公众欢迎,温斯顿·丘吉尔也不例外。即便公众态度稍稍有所起伏,也不是因为女王做了什么,而是因为她没做什么。她深知自满是最大的敌人。她赢得国民的敬意和热爱不是因为她原地不动,而是因为她几乎改变了所有一切,却保持着一个关键因素不变:女王自己。正如她一个最亲密的知己所说的那样:"一切都改变了,除了女王的头巾。"

前首相托尼·布莱尔认为,有两个因素决定了王室能有今日之成就。"一是女王十分谨慎地推进的、令人难以察觉的制度现代化。王室的神秘性却并没因此有多少减弱,而是逐渐成为国民生活更为牢固的一部分。二是公众态度的成熟。"布莱尔认为,先前那些觉得君主政体在现代国家毫无立足之地的"自由精英"现在却将其看作一笔财富。"民众们实际已经审视过这一政治制度,他们想:'没错,我们是想选举出自己的政府,但是如果我们的选择是个没有个人魅力,也没有传统和历史根基的总统,那坦白说,我们会更愿意坚持现有的君主政体。'"

但想要民众保持这种看法,只有一条途径,那就是王室要继续这种"难以察觉的"改变。这种改变有时是对重大事件的应对,或是跟随外部世界与时俱进,有时又是表面平静实则激烈彻底的王室内部改革。当然了,在女王统治期间也发生过一些负面的事情。王室也经历了一次深刻慎重的反思:存在到底是为了什么?

自19世纪后期开始,维多利亚时代的政治思想家沃尔特·白哲特(Walter Bagehot)在其作品《英国宪制》(*The English Constitution*)中界定的王室权利和义务就成为君主立宪政体的参照标准。白哲特规定,如果两院一致决定向女王派发她自己的死刑执行令,女王也必须签署。他还将君主的权力提炼为三个部分:被咨询权、鼓励权和警告权。这一职责规范也得以反复灌输到接下去的几代王室成员中。女王自身也在成长的过程中从她的导师亨利·马滕(Henry Marten)① 那里学到了这点。但是,最近几年,原有的职责规范悄无声息地多了一条。一位女王前任私人秘书透露:"20 世纪 90 年代,我们审视所有事情,

---

① 亨利·马滕,伊顿公学的副校长,在第二次世界大战期间定期访问温莎城堡,为伊丽莎白公主讲授立宪制度职责。他习惯称呼独处的公主为"先生"(Gentlemen),这点让人十分困惑。除此之外,他的教学得到了非常好的评价。1945 年,乔治六世在全体公学师生面前册封他为爵士。

需要找到前进的方向。我们时刻能够感受到公众极大的热情，如在曼彻斯特，但并非全国都是如此。因此不得不问：'我们究竟应该做些什么？'"就这个问题，另外一位政治思想家给出了一个简单的答案。他对于当今政治局势有着非凡的观察力，并将其最著名的发现通过电视喜剧进行了推广。作为情景喜剧《是，大臣》（Yes, Minister）和《是，首相》（Yes, Prime Minister）的扮演者和合伙人之一，安东尼·杰伊（Antony Jay）爵士不仅娱乐了观众，对于民选政治家和考试产生的国家事务官间动态关系的现代认识形成也有促进作用。虽然以喜剧作家著称，但他也撰写了大量的商业科学作品［他在1967年首次出版的《管理和马基雅维利》（Management and Machiavelli）一书，至今仍保留在哈佛大学商学院的教学大纲中］。他也是迄今为止两部最重要的王室纪录片的创作者。1969年，他撰写了纪录片《王室》的剧本，这是历史上第一部反映温莎王室及私人生活的影片。对许多英国及英联邦的观众来说，王室举行烧烤野餐，女王为爱德华王子买冰淇淋等片段，让他们印象深刻，其轰动效应堪比当年那个夏天另外一件电视传媒盛事——月球登陆。杰伊也是1992年上映的电影《伊丽莎白女王》的剧本的创造者之一。大多数观众还会记得一些之前不为人知的镜头：女王与她的孙辈们在巴尔莫勒尔城堡，罗纳德·里根在皇家游艇上寻找不含咖啡因的咖啡，还有那个易动感情的波兰总统莱赫·瓦文萨对英国进行国事访问时的庄严场景。比这些更珍贵的是，一些台词由女王亲自提供。

与影片《伊丽莎白女王》同时面世的还有杰伊为其撰写的一本书。他自己承认，相比文字而言，大多数人更感兴趣的是里面的图片。但这些文字却对白金汉宫产生了深远的影响。一位女王前私人秘书称其为"当今时代关于英王室的最好专著"。在这本书中，杰伊将女王的君主立宪角色分解成诸如签署法规等"正式官方效能"和从代表"持续性"到"效忠中心"等14项"非正式官方服务"。他也提出了公众已经意识到君主应该具有的10种主要品质——包括"政治公平"和"司其职责"。他将这些结合在一起来定义一个现代王室需要承担的全新双重角色。当然,女王是国家元首,既享有白哲特规定的那些权力,也受其制约。但是杰伊也赋予了女王新的头衔——国民领袖。这是一个同样重要却更具个人色彩的角色。国家元首的职责往往有明确的定义,且必然会发生——比如负责任命首相及接见来访的外国元首等,而国民领袖的职责则由每个君主决定,因人而异。杰伊写道:"国民领袖这一职责可以完成得很好,或是合格,或是很差,或是根本不做。"这些职责涉及行为、价值和标准,会赢得民众的尊重和忠心。如果相比最高法院院长,君主仅仅是另一个国家顶级办公室的占有者,没有去更多地关心人们日常生活及内心感受,那么联系国民和国家的关键纽带势必会受到严重侵蚀,甚至会直接断开。

这条新的职责规范立刻在王宫内引起了共鸣。"当时是20世纪90年代中期,我们正不断质疑自身的一切,"一位现已退休的资深官员说道,"这样做是有意义的。我们从来没有想过君主制还可以如此。"所以女王和她的顾问悄然获得了一个新头衔"国民领袖",并附加到"国家元首"的称号上。20世纪90年代初持续出现了一些令人不愉快的财政和婚姻问题,正当他们力图摆脱阴影向前发展的时候,对于"君主制是什么",这里有了一个简单的两面性答案。这个答案是一种定义,自此帮助王宫形成了自身运转的整套方法。因为王室常处在志愿者的第一线,这里的答案也与历史学家弗兰克·普罗查斯卡(Frank Prochaska)所说的"福利君主制"复兴相契合。

至今,人们都认为是杰伊而非白哲特的见解明确了白金汉宫在女王网站上对"君主角色"的官方介绍:"可以看出英国君主有两层角色:国家元首和'国民领袖'。"对后者的解释如下:"君主是国民身份认同、团结和自豪的中心来源;传递一种稳定感和连贯性;对成功和卓越行为予以赞赏和认可;对志愿服务的理想给予支持。"在此以前,任何加冕誓言或历史书籍中都未曾提到过这些观点。但是,正如女王加冕时发誓要"保护英格兰国教会不受侵犯"一样,女王以相同的认真态度重视和履行着这一"国民领袖"的角色。

这一角色需要辛勤工作和微妙判断。杰伊认为,女王从一开始就证明了她具有这方面的天赋。"她的成功根源在于面对面的接触,"杰伊谈道,"就是直视民众,与他们手挽手。这纯属个人习惯,60年来,她一直东奔西走,参加各种奠基仪式、植树活动和剪彩仪式,但无论在哪儿,她对民众都是如此。因此产生了一种连锁反应。即便她只问到某个人来自哪里或是从事什么职业,这个人也会将这件事说给其他100个人听。我想女王不单是依靠电子媒介,她更多是与民众面对面交流,这应该已经靠近民族忠诚的核心了——确实需要让大家看到你。"1964年的哈里斯民意调查显示,60%的民众曾亲眼公开见过某个王室成员本人。如今随着文化的转变、现代传媒的应用、公众冷淡和安保的实施,这一比例有所降低。但是,笔者20年来的民调显示,我们仍然可以说,这个数据可以轻松超越见过当地国会议员本人的民众数量。

君主制一直是场持久战。正如担任10年英国贸易和投资署特别代表的约克公爵所指出的,没有其他办法。"我们对短期问题不感兴趣。在短暂的任期内什么事都无法完成。一切都取决于各种关系的处理。这正是女王60年来一直苦心经营的。你付出越多,经历越多,就越有能力去领导、改革、控制、倾听和学习,而让王室中的每个人都充满感激的正是这种传授知识和经验的能力。"

安东尼·杰伊爵士当然不认为自己就是当代的沃尔特·白哲特(尽管他对沃尔特非常敬佩),他认为自己仅仅是人类本性的学习者。杰伊相信王室的情感力量非常强大,任何认为君主制在21世纪的英国已经过时的人都是受了蒙蔽。"忽视非理性才是真的非理性,"在他漂亮的萨默塞特农场书房里,杰伊这样写道:"关于政府的一切几乎都是理性的——赋税、立法等等。但也存在非理性的领域,如教堂、仪式、盛典。礼制是非常重要的。我们不仅仅是礼仪之邦,本身还是个固守礼制的物种。"

这位前剑桥学者解释说,他在同历任女王私人秘书进行长谈后就形成了关于君主既是国家元首又是国民领袖的平行角色概念。"我们谈到一个国家,一般所指三层含义。一是国家,是具有永久特性,支配一切的首要架构。二是政府,负责处理事务,提供改革方案,建立分工,使矛盾分歧制度化。第三层含义,也最容易被忽视的是——民族。我们都有社会情感。我们需要归属感,我们具有族群性。我觉得我属于我的学校、我的大学、我的社团甚至英国广播公司——包含共同经历的一切。人们曾经为这种情感跳出战壕,英勇献身,因为'你和同伴们在一起'。这正是民族的意义所在。这种民族情感通过王室的努力与国家政权合为一体。"

杰伊指出,2002年女王的母亲伊丽莎白王太后去世后英国民众平静而自发的团结便是民族感的体现。他还将美国"水门事件"[①]和2009年英国议员公费丑闻作为比较君主制和共和制区别的良好例证。2009年,当上百名议员挥霍津贴一事被曝光后,举国上下愤怒不已。议会的声誉跌至战后最低点。杰伊表示这种事件如果发生在一个政府和国家被视为一体的共和国里,引发的震动将更为剧烈。"水门事件"是一个很好的例子。因为总统还是国家首脑,整个丑闻给国家造成的创伤远大于英国议员们的公费丑闻。所以,杰伊认为像英国这样的国家,采取立宪君主政体,能更好地消除一场政治危机。"在我们国家也可能发生糟糕的政治丑闻,但不会以国家名誉受到损害而告终,因为在这里,王室是国家的象征,而不是政府。"

戴维·卡梅伦肯定认为英国传统冗陈的政治文化需要一种实质性力量与之抗衡。"你必须拿出民族团结的象征使民众联合在一起,如果你面临的是一个咄咄逼人、充满对抗性的政治体系,那么更需如此。"首相这样说道,"拥有这样一个统一的国家形象会使王室无限强大。因为这作为宪法中的精神已广为人们接受且收效明显。政府的变

---

① 总统理查德·尼克松于1974年8月辞职。在此之前他曾试图阻止调查其竞选政敌位于华盛顿水门大厦内办公室的盗窃案。

动不会导致宪政危机或者银行业危机。人们不会遇到什么问题就去质疑我们的合法性。"

女王的成功不仅仅是保持权力和她那双中粗跟皮鞋，很大程度上应当归功于关键时刻的谨慎判断。粗略浏览女王统治期内的任一阶段，会发现大多都是乐观安定，但女王度过的也并非一个漫长惬意的黄金时代，20世纪90年代就不断有短暂的黑暗低潮出现。她在位的60年可以说是由长治久安的三个阶段和重重困难的两个时期构成的。差不多2/3的任期可以称为"国泰民安"。但是1/3以上，确切地说是23年，在某种程度上可以被形容为"动荡不安"。

1952年2月6日，英王乔治六世驾崩，世人都期盼这位年轻的新任女王能交到好运。近代没有哪一次的君主更迭像这次一样伴随着失落、善意和乐观的复杂情感。乔治五世的统治以酗酒谣言和一宗宣判重婚罪指控无效的诽谤罪审判开始（驻伦敦的法国记者爱德华·米利乌斯指控国王与一位海军上将的女儿在马耳他秘密结婚，米利乌斯最后获刑12个月）。爱德华八世的继位深陷质疑传闻，很快便导致乔治六世不愉快的上任。但当伊丽莎白二世继位时，没有发生什么重大事件，也没有任何流言蜚语。当时战后的英国毫无生气、破败不堪，民众靠配给粮过活，迫切需要一种能振奋精神且焕然一新的方向感。看到王冠从代表着战时顽强抵抗的慈祥长者传到一位嫁给行动派夫君的迷人少妇手中是非常有象征意义的。如果乔治六世的接班人是一位王子，当时的气氛还会如此触动人心吗？可能会，但更可能不会。

玛格丽特公主（Princess Margaret）将女王加冕后的英国复兴热潮比作这个民族的"凤凰涅槃"。"当时一切正从灰烬中重生，"她在跟王室传记作家本·平洛特交谈时说道，"加上这位光彩夺目、年轻可爱的女士，没有什么能阻止一切变得越来越好。"一个全新任期就此迈向了激动人心的开端。"当时的人们真是不可思议，"菲利普亲王数年后回忆起1954年世界巡游期间民众的反应时说，"铺天盖地的吹捧恭维，你都无法相信。"也许开始时太顺利了。从狂喜的顶峰继续前进，唯一途径也只能是下坡路。

女王统治时期的第一个"黄金时代"据说结束于 1956 年享有盛名的古德伍德赛马会，会上有人向女王呈上一份需要她签署的声明（她并非像传说中那样骑在一匹赛马上签字）。这份声明旨在召集陆军预备役官兵。当时英国在苏伊士运河区的干预① 活动已经开始。随着苏伊士危机渐渐显露，菲利普亲王乘坐皇家游艇开始了一场世界巡游，但这场巡游备受瞩目的原因却是此前他的侍从武官迈克·派克的妻子提出了离婚要求。就在一年前，玛格丽特公主打消了嫁给其先父侍卫官彼得·汤森（Peter Townsend）上校的念头，因为他是个离过婚的男人。现在，"离婚"这一毒咒再现，且与女王身边的人相关，由是激发了外国媒体对绯闻的挖掘，甚至敦促白金汉宫发表声明否认任何王室婚姻出现"裂痕"。然而到了今天，王室已经处理了许多更为严峻的传闻。1957 年初安东尼·艾登（Anthony Eden）辞去首相职务后，女王不得不任命一位新的首相。照现在的做法，执政党只需选出一名新领袖，再由女王任命为首相即可。但当时，人们希望女王也做出选择。所有的君主必须超然于政党政治，所以，牵涉进某党派的内部政治斗争尤为令人生厌。女王的解决办法是要求保守党贵族内部委员会探询党内意见。结论现已一目了然，她适时地在召见 R. A. 巴特勒（R. A. Butler）之前召见了哈罗德·麦克米伦（Harold Macmillan）——这位娶了公爵女儿的老一代伊顿毕业生。在很多人看来，巴特勒或许是更为明智的选择。后来，部分媒体和公众得出的结论是，女王同贵族们一定参与了一些不可告人的阴谋。

几个月后，加冕礼短暂的和谐期最终告一段落。一本流通量较小的保守党杂志《英国和英语国家评论》（*National and English Review*）发行了一期关于王室未来的特刊。如果不是女王自己对其超乎寻常的

---

① 1956 年，埃及陆军上校纳赛尔将苏伊士运河收归国有，英国和法国秘密布置人手支持以色列袭击埃及，结果遭来全球性的强烈抵制，最终英法等国被迫仓促而羞愧地撤退。

批评，这份特刊除了固定的4 500名老读者外，不会再产生什么影响。作者奥特林厄姆勋爵（Lord Altrincham）是该杂志的编辑，一个思想解放的年轻托利党贵族。他抨击女王周围身着"粗花呢"的朝臣，并将乔治五世统治时期发行的头像邮票与女王做了不客气的对比，认为与强调无阶级差别的乔治相比，女王更像是初入社交界的少女，青涩幼稚。

然而，让各个阶层的人感到受冒犯的是他用轻蔑的语气攻击女王本人——她的声音、她的讲话方式和她"一本正经"的举止。奥特林厄姆［后来声明放弃贵族地位，成为平民约翰·格里格（John Grigg）］在街上受到了人身攻击，当时他在上议院的一些同事鼓吹对他处以各种中世纪刑罚措施。然而他对王室冷漠自满的各种抱怨还是引起了共鸣。多年后一位前任女王私人秘书甚至公开祝贺他，称赞其为王权做出了有益的贡献。这是愤怒青年的时代，是"结束顺从"的开始。旧的体制日益发觉自己的存在和价值不再被一个顺从的媒体全盘接受。到60年代初，政府又开始深陷桃色和间谍丑闻的泥沼，最著名的是普罗富莫事件①。

如今，新电视时代年轻的长枪短炮们不再询问大臣们"是否愿意向全国公众说些什么"，而是不断向政客开火，抛出一个个难题。王室在这一过程中也并非毫发无损。王室理所当然成为犀利新鲜的电视讽刺剧的抨击对象。安东尼·杰伊爵士，1955年进入英国广播公司，随后与戴维·弗罗斯特（David Frost）等冉冉升起的新星共事，他清楚地记得当时那种氛围。"就在苏伊士危机之后，媒体开启了全新的采访思路。忽然之间，艾登不再是一个伟大的形象了。忽然之间发生了许多危机。我们自己对普罗富莫这类事件感到十分开心。很高兴看到这些一无是处却还活在19世纪的贵族白痴出丑。我们所需要的只是新技术带来的高潮，除此无他。"

---

① 1963年，原战争大臣约翰·普罗富莫（John Profumo）辞职退出公众视线。他承认之前就自己与克里斯汀·基勒（Christine Keeler）的关系向下议院撒了谎。基勒是一名模特，同时与一名苏联海军军官保持暧昧关系。

60 年代初的女王和菲利普亲王非常幸福，因为安德鲁王子（Prince Andrew）在 1960 年出生，随后 1964 年诞下爱德华王子（Prince Edward）。但与此同时，一种旧秩序正逐渐崩塌所带来的不安也始终伴随着他们。1963 年，女王在剧院接待来访的希腊国王和王后时，人群嘘声一片，这使女王和她的大臣们无比震惊。虽然嘘声针对的只是来访者，而不是女王本人，但民众们这样的行为在十年前是无法想象的。而出访加拿大时，女王终于变成了被嘲弄的目标。

当英国以牺牲旧英联邦的拥护为代价向未来的欧洲联盟靠拢时，境外保皇人士对英王室的热忱也逐渐降低。1963 年女王再次访问澳大利亚时，围观民众的数量仅是 1954 年她首次访问时的一小部分。

麦克米伦因病辞职后，女王不得不重新任命一个保守党首相，而媒体却指责这是王室阴谋。最后她选择了亚历克·道格拉斯-霍姆爵士（Sir Alec Douglas-Home），一位苏格兰贵族，也是王室的朋友，他比麦克米伦的地位更显赫，也更"松散悠闲"。整个换届过程一片混乱。躺在医院病床上的麦克米伦尽管已经辞职，无权再干涉此事，但他一直在为女王出谋划策，帮其挑选首相继任者。得知霍姆是保守党深思熟虑后推举的人选时，女王别无选择，只好召见了他。而当时的媒体比以往更加好事，继续猛烈抨击。"你们必须记得，在当今这个世界，我们是反王室、反权威的，"杰伊回忆说，"我们会不择手段地对王室恶语相加。"

反权威运动并没等多久就有了成效。1964 年大选后，女王任命了她的第一位工党首相——哈罗德·威尔逊（Harold Wilson）——众望所归，受人尊敬，只是他内阁里的大臣们绝大多数都对王室极为蔑视。枢密院议长理查德·克罗斯曼（Richard Crossman）坚持每次在枢密院开会时都晚到五分钟，目的就是让女王等候。与此同时，古板稳定又老旧过气的王室与 60 年代的革新精神冲突不断。大部分人其实并没有受到其煽动，也没有去参加那些激进的狂欢，只是继续着他们的工作和生活。但即便如此，他们眼中的王室也逐渐变得毫无生气。在缺少变革的年代，对王权最大的威胁往往就是漠不关心。

60年代后期，革新思潮席卷了白金汉宫。女王不再把媒体看作挑衅者，而是同意摄像机进入王室内部，由此造就了电视转播史上的两座里程碑——首部王室纪录片《王室》和查尔斯王子册封为威尔士亲王典礼的实况转播，这在诸多方面都是意义重大的转折点。

当时，整个世界似乎危机重重。越南战争正如火如荼，冷战带来的灾难性恐怖威胁似乎无止无休。国内一样不得安宁，北爱尔兰内乱爆发。王室似乎不得不在保持民心安定和政治平稳的同时，进行一场变革。这些王室成员也不再置身事外、优哉游哉、遥不可及：他们突然变得有血有肉、活力四射了。事实上，甚至有人说，他们突然变得时髦了起来。

女王在她周围组建了一支更加专业也更具冒险精神的团队，这样做也确有成效。挥之不去的后苏伊士时期的衰退终于告一段落。昔日令人"满足"的岁月重现英伦。女王又可以继续享受一段与公众简单相处的快乐时光，尽管会有一些关于王室财政和英联邦的纷争，但这对王室和民众之间的默契感情并无影响。1973年，在安妮公主（Princess Anne）婚礼的电视直播中，代表公众媒体的摄像机得到了头等重要的位置，这也为王室事件奠定了一种完全不同的基调。1977年女王的银禧庆典又将王室形象重塑至一个新高度。虽然经济几乎到了崩溃的边缘，但至少英国有了件可以庆祝的事情。这次典礼对整个年青一代的英国人来说不亚于一次觉醒。"我对1977年有深刻的记忆，"首相戴维·卡梅伦说，"那年有场像样的乡村聚会，餐桌用的都是搁板桌。"

当伦敦市长和整个伦敦城在市政厅为女王举办登基50周年宴会时，情况与1954年大不相同。他们仅选用了餐饮公司制定的第二套菜单（鳟鱼、牛排和香瓜），成本平均每位13.5英镑。①

---

① 烟草的费用（500英镑）要多于花植（430英镑）和乐队（195英镑）。另外，为英国广播公司员工安排的是啤酒和三明治，平均每位1英镑。

当时的伦敦市长、准男爵罗宾·吉勒特（Sir Robin Gillett）评论女王最初25年的统治时曾持悲观的看法。作为前皇家海军军官，他为英国"铸剑为犁"表示遗憾，而且英联邦的成员们一个个都像"长大的雏鸟，翅膀硬了，就飞离了巢穴"。然而，女王却迎难而上。在向即将到来的巡行表达敬意后，他同时表示："在丝毫不损王室必要神秘感的同时还要让它变得人性化，使之适应且完美无碍地融入现代世界，需要异乎寻常的才能，而女王陛下于此确是天赋异禀。"

因此，人们眼中的英王室始终是传统与现代并行的。一时间，加冕礼风格的派对风靡英国民间，老少皆宜，1981年威尔士亲王和1986年安德鲁王子的婚礼也同样引领了英国的潮流。很快，女王被自己的孙子们和那些光彩照人的儿媳妇抢了风头。对此女王看上去似乎毫不介意，但她手下的大臣们却不能不注意到这一点。于是，又一部重磅级的王室纪录片《伊丽莎白女王》问世，以纪念女王在位40周年，该影片重点记录女王本身。能有什么不顺利呢？然而，在1992年9个月的时间内，一切都变得不顺了。王室几段婚姻失败以及议会对皇家财政问题的又一轮攻击，对苏伊士危机和伍德斯托克事件之后女王努力维持的发展有百害而无一利。"我们几乎耗尽了民众所有的尊敬和金钱，"一位当时的王室内府高级顾问坦承，"深陷困境，一筹莫展。"之前还有层窗户纸掩饰的窘境被一场火灾尽数曝光。1992年底的一场大火烧毁了大半个温莎城堡，似乎为女王的困境提供了一次神性的宣泄。"温莎城堡火灾的起因应该是聚光灯点着了窗帘，显然有某种象征意义。"安东尼·杰伊爵士回忆道。女王应该称这一年为她的"多灾之年"，虽然不幸持续了远不止一年。

不过，正如我们接下来所看到的一样，那是段预示世纪王室巨变的时期。一些颇有远见的改革已经在悄然进行。还有些改革被硬生生地推行出来，这在之前的好年景时是不可想象的。"当媒体开始抓住婚姻失败、财政危机、城堡火灾这些事件与王室反目时，"一位前王室成员的私人秘书回忆道，"王室又一次成了民众关注的极好焦点。"

如果说君主的政绩应以其在危急关头的表现来评判，那么正是在这一时期，女王伊丽莎白二世赢得了胜利的桂冠。比起早年那种只要一个微笑就能让一个国家俯首称臣的年月，这一刻更加来之不易。再次引用玛格丽特公主的话，这一时期是一次真正的"凤凰涅槃"。温莎城堡从灰烬中崛起，孕育出一种全新的皇家活力。对于一位年近古稀的君主来说，像大多数这个年纪的老人一样，紧缩开支甚至退休养老的想法可能更诱人。然而，女王却选择了与应对60年代末那场混乱一样的方式：保持冷静，重新思考，聆听新声。

白金汉宫对外开放了。幕后的王室在一次家庭成员和高级官员[也就是所谓的"领航团"（Way Ahead Group）]聚会上，开始讨论王室存在的意义。与60年代末一样，此时的王宫内务骨干又开始呈现新的面貌。王宫私人秘书处就是王室的引擎。秘书处由三位私人秘书构成，依次分为私人秘书、副私人秘书和助理私人秘书，无论何时总有一位在岗。1996年的某天，一位来自唐宁街的野心勃勃的事务官来到白金汉宫应聘第三个职位。玛丽·弗朗西斯（Mary Francis），剑桥大学历史学家，约翰·梅杰（John Major）的前私人秘书，成为主管白金汉宫秘书处的第一位女秘书。

"有人告诉我，白金汉宫需要有像我这样工作背景的人，"她回忆说，"这是他们首次雇用女性，也是第一次选择曾在财政部和行政部门，而不是外交部或军队工作过的人担任此职。他们认为这样有助于王室的转变和制定未来发展战略。"

玛丽觉得她的一些新同事都有着不寻常的背景，无疑，他们也是这么看她的。"我以前从来没遇到过这样的人，他们认为有过从军经历比受过高等教育更重要，"她回忆说，"人们普遍认为白金汉宫需要注入一些完全不同的新鲜血液。"但同时她也认识到自己为之服务的顶头上司在应对未来挑战时"非常务实"。

她的同事，副私人秘书罗宾·詹弗林（Robin Janvrin）已经开启了她所称为的"求变议程"。一个统筹协调研究机构应运而生，作为智囊团来监管王室活动的传播。"越来越多的人被吸收进来，而且带来了更合理的方法，"弗朗西斯解释说，"我们得到了一位非常有才华的外交官，来自新西兰；然后利用猎头公司聘请了一些聪明的小伙子和姑娘，就是那些可以作为特别顾问的人，来为外交官工作。"假如他们揭露了一些令人尴尬的王室内幕，弗朗西斯说，也只能顺其自然。"研究机构发现了一些非常有趣的事情。例如，女王和爱丁堡公爵参观私立学校与公立学校花费的时间总量与本国孩子们在两种学校的分布情况并不成比例。他们参观私立学校时花费的时间更长。此外，他们参观制造业的次数远远多于服务业——因为访问在制造小零件的工厂中更容易实施，但实际上英国经济的 80% 是由服务业支撑的。研究机构所做的事情就是了解这些问题，然后公正地记录在案，供王室成员在'领航团'会议上讨论。"

因此，女王"国民领袖"的作用随之变得越来越积极。"这种变化是渐进的，但规模却相当大。"弗朗西斯说。女王的行程表正恰如其分地说明了这一点。"我刚来这里时，女王的外访只是根据邀请清单的顺序决定。而等到我离开的时候已经变成：女王最应该知道国家正在发生的重要事情是什么？我们怎样安排访问才能实现这一点。"

这一时期女王的新闻秘书查尔斯·安森（Charles Anson）谈道，当时改革者推进的是开放之门。"那时我们都认同必须走在媒体前面，不能总是被动反应，"他解释说，"探访医院、养老院，公开巡行等活动数不胜数。但是，现代英国的问题是什么？王室如何行动才能表现出他们了解并关心这些问题呢？为此我们征求过郡长们（女王在国内各地的代表）的意见。随后，我们拟定了一项寻找合适人选的计划。总让女王做些全新的事情可能未必正确，但换了威尔士亲王，他能继续关注这些现代主题吗？所以计划仍在继续执行和完善。"

另一名内府高级官员将这段时间比作 2008 年袭击金融领域的那场危机。"你可以说这是一次灾难性变化应对。当时我们的态度几乎都是：'必须好好利用这场危机。'公爵和女王都清楚，不能原地踏步。所以,当建立统筹研究机构等建议出台时,他们给予了坚定支持。有时候,人们会在某种特殊时刻做好原本不可能做到的事情。"

就媒体和大多数国家所知,这一切问题与女王长子的婚姻比起来都显得微不足道,1996年在高等法院家庭事务部,威尔士亲王夫妇二人的婚姻走到了尽头。次年,王妃戴安娜突然去世,这不仅是王室成员的个人悲剧,也引发了自女王登基以来最为严重的一次危机。"那个时候,王室可谓面临最高风险,"一位前私人秘书说,"说实话当时我并不认为那意味着王室命运的终结,但严肃的共和主义者认为:王室的甲胄已经出现裂缝,而他们就是要乘人之危。"如我们随后看到的,女王的本能、个人经验和进行明智变革的能力又一次占了上风。经过近半个世纪刻苦敬业的努力才蓄积起来的亲善感这时也发挥了作用。戴安娜王妃离世一个星期后,英国民意测验机构莫里公司调查显示,公众对王室的态度和之前并无差别(这里提供或者说采纳几个百分比来说明问题):18%的民众赞成共和制,73%的民众支持君主制,9%的民众不确定。

这一数据相当稳定,任何民意测验专家都会证实这一点。事实上,在女王加冕的那个辉煌时期,在她没有任何事情处理不当时,仍有16%的民众支持共和制,从那以后,这个数字几乎一直没有什么改变。回到1997年那个多事之秋,无论人们想强加给王室的是何种变化——其实他们从来都不缺少建议,有一点非常清楚:绝大多数人都不想看到君主制消失。戴安娜王妃去世几周之后,迎来女王和菲利普亲王的金婚纪念日。在首相安排的午宴席间致辞时,女王坦承:王室并不总能轻易读懂公众的心理。"顺从、敬意、华丽的辞令或者相互冲突的公众思潮都可能使其隐晦费解,但我们必须去努力认识公众。"

到现在为止,女王及其家人和官员都已规划出未来五年清晰的目标。正如一位前助理所说:"女王登基50周年庆典可谓是对'如何告别90年代'这个问题多年思考的辉煌顶点。"

女王一向避免任何对她登基50周年的"大惊小怪",对此几乎任性得可爱。媒体当然免不了大做文章，但她的官员们不想出现任何的矫揉造作。"为此他们想方设法让庆祝活动看起来是没有事先计划的。"有人承认道。如果有人暗示这是破败的王室在力争煽动虚假的支持，那会产生很大的破坏性影响。但无论如何，官员们都信心满满地认为这一活动会使王室自身力量得到增强。2002 年 1 月，《泰晤士报》(*The Times*) 刊登了以《王室害怕庆典失败》(Palace Fears Jubilee Flop) 为题的报道。媒体开始预测公众会对此反应冷淡。这倒让一些官员私下松了口气。公众期望如此之低，那么周年庆典当然会超出他们的期望。其实在庆祝活动开始之前王室成员都想着刻意低调，尽管是在悲伤的心情之下。

伊丽莎白二世和母亲伊丽莎白、妹妹玛格丽特公主

2002年2月9日，女王的妹妹玛格丽特公主去世，享年71岁，她多年来身体状况一直不佳并多次中风。在不到两个月的时间里，王室再次服丧。3月30日，女王的母亲伊丽莎白王太后逝世。公众的反应让所有人感到意外，不管是左派还是右派，保皇主义者还是共和主义者，都大吃一惊。王太后下葬前被安放在威斯敏斯特宫供民众瞻仰，但很快警察就不得不将前来吊唁的长长队伍转引到国会大厦西部、泰晤士河边，又延长到河对岸。"那年当我看到王太后棺前走过的长队时，就意识到所有困难都过去了。"王太后的一位前私人秘书说，"事实上，这让我震惊不已。像很多人一样，我也觉得王太后是位极好的老人，但她毕竟已经快102岁了，连我都没料到悼念队列会一直排到黑衣修士桥。"哀悼者的队伍甚至一度延伸到更远，从威斯敏斯特，跨过泰晤士河，向东到伦敦塔。得知要24小时之后才能排到灵柩前时，有些人只是耸耸肩，回答说他们会继续等。

2002年5月1日，伊丽莎白女王登基50周年巡游庆典终于在雨中的康沃尔郡开始了。在法尔茅斯举行的开幕式上，民众数量并不算多，但几小时后女王进入特鲁罗那一刻，一切才真相大白。原来大多数民众早已经南下聚集到了这个宗教城市。从北爱尔兰到新西兰，全年都是如此，女王走到哪儿，民众就追随到哪儿。"活动的整体基调是期待和展望，"周年庆典活动的一位高级设计师说，"是关于'她'如何感谢'我们'的。"戴维·卡梅伦，当时还是威特尼的新保守党议员，至今仍记得当时民众的澎湃热情。"人们都想知道：'这会是一个大事件吗？不一定。'等这巨大的推力突然而至，每个人都参与其中。我在自己的选区参与了几次活动，都十分成功，百分百火爆。大批客人蜂拥而至。每个村庄街头派对和野外餐会的接待量都超过了客容量的25%。"女王登基50周年庆典大型音乐会在白金汉宫广场上举行，分为两场，一场经典音乐，一场流行音乐，全球直播。这吸引了上百万人来到伦敦市中心，在广场外露天听音乐会，看烟花表演。协和式飞机沿着林荫大道飞行。站在王宫屋顶的布赖恩·梅（Brian

May）拨动电吉他，英国国歌《天佑女王》的旋律随之响起。从"多灾之年"到现在，过去刚好整整 10 年，王室归来，重回正轨。

尽管有许多突发问题，但自 2002 年以来，对王室来说，岁月安然静好。最高潮的时刻当数威廉王子和凯特·米德尔顿那受全球瞩目程度甚至超越奥运会的世纪婚礼。从个人层面来说，当女王看到长外孙女扎拉·菲利普斯（Zara Phillips）出嫁，第一个曾孙女萨凡娜·菲利普斯（Savannah Phillips）受洗时，也一定同样激动。

不过，以上许多激动人心的时刻充其量只是这场非凡庆典的恢宏序曲，像 50 周年庆典这样规模的庆祝活动此前只在 1897 年举办过一次。如今这次庆典将由一位热情激昂的保皇派首相监管。1981 年为保证皇家婚礼顺利举行，他还曾露宿林荫大道。"我当时所处位置最好，刚好是林荫大道和白金汉宫外雕像的交会点。"戴维·卡梅伦坚信女王即位 60 周年庆典会同样精彩："60 周年庆典将会比人们预想的更加盛大。"

这次庆典使得我们能够跳出事外，结合历史背景去看待 20 世纪 90 年代，而不是把它当成一个棱镜，动辄用来曲解评定王室的统治。庆典帮我们反思女王任期中最幸福和最悲惨的阶段，也让我们明白 20 世纪 50 年代中期的兴奋与狂喜和一代人之后看似无休止的灾难一样转瞬即逝，不可持续。但是，我们可以通过王室机构 60 年来的状况去评判女王统治成功与否。如果我们去看女王的全称——托上帝洪恩，大不列颠及北爱尔兰联合王国以及其他领土和属地女王、英联邦元首，基督教的保卫者伊丽莎白二世，显而易见她领导的机构是有裂隙的。英格兰教会内部在同性恋神职人员、女性大主教以及应对梵蒂冈主动示好等问题上产生了很大分歧。与以往其他任何时期相比，爱尔兰独立后的联合王国似乎最不联合，国家统一政权不得不周旋于伦敦、爱丁堡、卡迪夫和贝尔法斯特四处议会之间。由于《联合法案》（Act of Union）的签署，大不列颠，这个从 1707 年就开启的盎格鲁-

苏格兰伙伴关系，也不像其他时期那样紧密了（以至于像《唐顿庄园》这样的电视剧现在被视为不适合在苏格兰地区播放）。在2011年选举中，苏格兰民族党独立派在苏格兰议会中赢得压倒性胜利。此外，英联邦成员虽比以往任何时候都多，但在其为自身谋求21世纪定位时，却显得日渐软弱、无关紧要。在女王的所有职责中，她的"其他领土和属地"可能总是分歧所在。尽管存在周期性抱怨和少数公投失败，但共和主义只是个别地区出现的偶然问题，并非持续不断的不满。从长远来看，没什么人希望像澳大利亚这样的国家保有君权。然而，当1999年迎来一个取消君主制的机会时，支持保留王室的票数优势之大让所有人都震惊不已。即使是殷切的共和主义者，也对女王抱有强烈的好感。2011年4月的那天，大部分澳大利亚人都为剑桥公爵及公爵夫人的婚礼所吸引而通宵不眠，而该国拥护共和政体的首相也出席了威斯敏斯特的庆祝会。显而易见，现在解散王室真的是天方夜谭。

所以，60年来，我们发现王室花园虽凌乱过却从未野蛮无序。但有很重要的一点需要说明，那就是，作为女王她无法改变任何现状。确切地说，只有一点毫无疑问：如果没有她，世界只会更糟。这确实是其他国家的客观看法。

"如果没有她，英联邦肯定不会是现在的样子，"马尔代夫总统穆罕默德·纳希德（Mohamed Nasheed）认为。这个出生于1967年的利物浦大学毕业生是世界上最年轻的国家元首之一，也是这个伊斯兰教群岛共和国的第一位民选领袖。海水温度只消上升几度这个国家就可能消失（为强调这一问题，2009年，纳希德举行了著名的世界上首次水下内阁会议）。作为一个曾希望用轰轰烈烈的民主取代专制独裁而入狱的政治犯，纳希德是一位精明且头脑清醒的政治家。当他谈到他的国家像许多其他前殖民地和受保护国一样，更自以为是地认为女王是其所有时，他并不是感情用事。"在某种程度上她也是我们的女王。在我们心中，她并不一定只属于英国人——她甚至没有国籍限制,"纳希德说,"她与过去的英国君主非常不同,因为她是第一个关注世界的君主。在一定意义上她不是帝国的统治者,而是就在那里一直照顾着我们的人。"他同样喜欢现在的威尔士亲王,这个未来的君主和英联邦元首。

在英国,值得一提的是,即使在最低谷,当今王室也没有遇到过任何明确的反对。尽管某些号召共和制的游说团体从未消失过,而且如果有权选择,大多数工党议员一直有可能——实际上是很可能——倾向国家元首由选举产生。在五六十年代,共和主义者就曾经试图利用一些符号象征来团结国内民众,如印有女王头像的邮票、加冕椅下方的苏格兰命运之石等。

如今他们更愿意把重点放在开销和生活方式上。当代英国共和思想最明显的体现就是一个叫共和主义者的压力集团,其成员包括少数议会议员、社会名流和公众人物。其支持者一贯抱怨社会听不见他们关于热点问题的公开辩论,但近年来,此团体在公众中的知名度大大提升。他们在为宪法改革提供建设性智力理据方面做了一系列努力,虽与某些支持者的阶级对抗言论不相一致,但却呈现了一些新观点。与反君主制团体通常采取的"吃不到葡萄说葡萄酸"的立场相反,共和主义者领导人曾发表声明对威廉王子的婚礼表示欢迎,理由是它会开启新一轮针对王权作用的讨论。在婚礼当天,他们甚至在伦敦的红狮广场举办了一场凄凉无比的"这不是皇家婚礼"派对。但这一努力最终宣告失败。那个4月的清晨,剑桥公爵及其夫人亮相时的举国欢庆充分证明了这一点。

"在20世纪90年代那个困难时期,人们都很担心下一步将会发生什么,"时任首相约翰·梅杰爵士说道,"但你会发现部分媒体和某些共和主义者对王室勉强的尊敬和深植于全国各地民众心中的本能信念完全不同。王室已经相当惊人地重新确立了自己的地位。其价值无法估量。它赋予我们一个独一无二的身份。这一身份又因为女王和她如此持久的任期而得以最大化。无法想象英国没有王室将会怎样,至少我根本想不出来。"但同时他也注意了另一些情况："如今，人们对于王室的热爱多了，但敬畏少了。"

这一点，无论是他的老对手还是接班人都比较认同。事实上，托尼·布莱尔认为，现在民众对于王室的支持可以说比以往任何时候都强："那些过去支持王室的人多是出于恭敬顺从，但如今这样做却是出于一种更为理性和可持续的考量，毕竟综合考虑起来，君主制对国家会更有利。"戴维·卡梅伦更明确地指出："在这个国家不存在关于共和的辩论。"前工党内阁大臣、90年代初的王室评论家杰克·斯特劳（Jack Straw）对此也表示赞成。

当然，传统共和主义者认为的君主制与平等和进步互不相容的观点正在逐步消失。2011年，联合国人类发展指数评估了170个国家的基本生活水平。前10名中，7个是君主立宪制国家，而其中3个都由伊丽莎白二世统治——澳大利亚（第二）、新西兰（第三）和加拿大（第八）。位居榜首的是挪威王国。

在英国，绝大多数人支持维持现状。"民调显示，不同程度赞成君主制的人约占80％，"安东尼·杰伊爵士解释说，"你必须记住，20％王室反对者的热忱远没有80％中那些铁杆粉丝强烈和坚定。"王室自身所进行的私人民调也一如既往，保持了70％的支持率，15％～20％的反对以及其他弃权票。无论如何，这都是那些政客做梦都无法企及的支持率。正如戴维·卡梅伦所说："我们都有点儿爱它！"

然而，女王、威尔士亲王和他们的顾问团都敏锐地意识到，共和主义者造就的并不总是共和国。君主制的最大威胁就是它本身。爱丁堡公爵本人也曾明智地指出："欧洲大多数的君主制国家其实是被它们最忠实、热心的支持者毁灭的。试图对某件东西紧抓不放，阻止发展和变化的人才是最保守反动的。"女王也不能免于那些最狂热保皇党人的批评，他们一而再，再而三地认为，她没有表现出自己最好的一面——没能阻止一些新的权力转移到欧盟，或是默许公共机构寄来的信件上不体现君威或加注"王室"这样的前缀。女王肯定不会无视这些问题，但如果女王收到这样的信件，没有人会把它们藏起来不让她看到。

再退一步想，促进共识的能力恰好就是女王任期的标志。"她是个伟大的非执行董事，"一位资深朝臣这样评价道，"就相当于我们家庭中的叔叔阿姨和教父教母。当父母和孩子发生冲突时，他们是提供支持、智慧和场边指导的非执行者。女王在我们的宪法核心中就是扮演这个角色。"

至于君主制本身，现在正是强盛的时候。我们眼前是一个稳定而又有化解力、自信积极的体制。另外，女王所领导的王室内府也不再受控于某所古老学校或是佩戴"斜纹领带"的绅士们。事实上，如果说现在王室中工作的是"老男孩网络"，那一定包括西伦敦大学的校友。这所曾经的泰晤士河谷大学（之前是西伦敦理工学院）现在正开设王宫侍从文凭课程，从这里走出的工作人员要远多于伊顿公学和牛津大学，而且并非全是男性。

管理这一切的君主，拥有现代国家元首无法企及的经验水平。50年代中期，一些人曾兴奋地谈论"新伊丽莎白时代"。当时面对经济紧缩和战争，这么说似乎太天真乐观。不过，或许未来的几代人会谈起"新伊丽莎白人"。约翰·梅杰爵士肯定是这样认为的。"这个词非常朗朗上口！"他说，"除了维多利亚，没人能够如此。500年后当历史学家回首历史，相信他们也不会找到几个像我们的女王这样任期长久的君主。"

但现在女王统治的跨度已经非常之大，甚至"新伊丽莎白人"这个词也意味着已流传跨越三个世纪。这个词可能过于宽泛，不能作为任何有效的社会学或历史学分类使用。伊丽莎白二世还是个小女孩的时候，就已经坐在帕默斯顿勋爵（Lord Palmerston）膝盖上同乔治五世谈论国王和王后了。而今天的女王有一个比她所有孩子都年轻的英国首相。1954年澳大利亚巡游之旅期间，她参加了每个州的布尔战争退伍军人聚会。在悉尼，她甚至会见了哈罗德·沃恩，一位曾参加过 1885 年苏丹战争的 91 岁老兵。如今在 21 世纪初，她仍可以为上小学的童子军佩戴奖章。

威廉王子承认，只有 70 岁以上的人才能记得起英国的纸币和邮票上除了当今女王还出现过其他人的面孔。约翰·梅杰爵士表示赞同："世界上有 68 亿人，而超过 60 亿人一辈子只知道女王是英国元首，对其他人一无所知。"

正是因为她的长期统率和履行职责的平稳节奏，人们认为她的世界被传统和惯例所塑造。"只要她一启用新的日程表，她的私人秘书就可以马上填满差不多一半的内容，正如 1952 年她的私人秘书所做的那样。"女王的前新闻秘书罗纳德·艾利森（Ronald Allison）指着放置一旁的办公日历解释道。每年复活节期间在温莎，夏天在荷里路德宫，11 月在纪念塔等等。"所以，从某种意义上说，一切都没有改变。然而，一切又都变了。"

确实，当看到著名的白金汉宫东门、温莎城堡的圆塔、一条威尔士矮脚狗、一个岗亭或一条圣诞致辞时，我们就能感觉到连续性、持久性和可靠性。这就是全部之前所述。我们没有看到的，是一个不得不适应自身之外所有变化着的一切的古老体制。在我们没有觉察的时候，它已经想方设法这么做了，千变万化却又从未改变。这都归功于一位女士的精明领导，她生而保守，却已证明自己就是现代君主的最佳典范。

Ⅱ
女王其人

"且行且弥补。"

伊丽莎白二世画像（20 世纪 50 年代）

游泳池两边水花四溅。这个游泳池建于20世纪30年代，设计时考虑的是放松，而不是多人同时竞技。因此，这里没有设置标记的泳道。不同于更加华丽、时髦的健身俱乐部，这里也没有音乐公放系统，没有桑拿浴，而且需要你自己拿毛巾。你如果碰巧经过白金汉宫这个角落，那么只能看见大块的深色玻璃，根本无从得知个中究竟。但在里面，其实仅有三两个浴帘遮挡，没什么隐私可言。

但其使用者不会有任何抱怨。谁会在意缺少一些现代生活设备呢？所有人都清楚他们正享受的是伦敦城里毫无疑问的独家特权之一。

很多年来，这都是皇家专属领地。威尔士王妃戴安娜和玛格丽特公主都非常喜欢这里。爱丁堡公爵在这个池子教会了他的孩子们游泳。而如今，游泳者可能是王宫里生活的任何人——掌马官、司机，正走进克拉伦斯宫或是圣詹姆斯宫的秘书。有时，一些最资深的非王室人物，如宫务大臣也会来到这里放松。

隔壁的壁球场情况也是如此。走廊被漆上惯常的绿色，但在伦敦市中心没有几间办公室能配备如此齐全的壁球场地。公爵正在场上活动，一边等待他长子的出生（这种时候那些准父亲不得不退到一边）。这些日子，任何人都可以在这里放松。王宫壁球的霸主当属一位已经退役的皇家海军军官，他曾负责掌管长公主办公室。

时代变化真大。不久以前，任何内廷员工一旦被发现在这里锻炼，轻者解雇，重者移送军事法庭审判。当年一名侍臣仅仅因为该用发刷的时候用了梳子，就灰头土脸地被爱德华七世赶回了家。而他的儿子——乔治五世，则不允许爵士乐、鸡尾酒和涂了指甲油的女士出现在他的宫廷上。乔治六世的御马甚至都不允许同赌马者的马交配。然而，如今这个国家的清洁工等普通工作人员却可以在女王的游泳池里戏水，距离君主同首相商议国家大事的地方仅几步之遥。所以女王——就此事而言还包括公爵——究竟是怎样说服王室批准这场"放下架子"的革命的呢？其实，过程非常简单。

伊丽莎白二世之父乔治六世的结婚照

"我当时为此去见了女王，跟她解释为什么这对于员工福利来说是个好主意，她回答很简洁：'好的，试试。'"空军少将戴维·沃克爵士（Sir David Walker）这样说道。他是王室内府总管，负责掌管所有皇家住宅的日常事务。女王听到很好的计划论证和方案展示时，反应会非常直接。前宫务大臣艾尔利伯爵曾向女王提交自维多利亚时代以来最庞大的王室内府重建计划，他记得女王也是相似的反应。当时他同女王就此计划进行了深入详谈，到最后需要拍板决定的时候，"她仅仅说：'抓紧干吧'。"他还发现，如果女王回应非常缓慢，那往往也是个可信的暗示，表明她并不喜欢这个主意。"你写的一篇文章往往会得到迅速反馈。要是她不喜欢你所说的，也许就不会很快得到答复，"他解释道，"但要是你同她沟通的是比较复杂的话题，不知什么原因，最后你离开房间时，她总是能让你感到比进来之前好多了。"

任何了解女王并曾与她共事的人，只要谈起她，都会首先强调她与她的公共形象有多么不同。她"非常有趣""模仿力超强""敏锐无比""不错过任何事""非常有女人味""更善于跟男人相处"……但是女王的公共形象——庄严、距离感、神秘——与其说是她的人物特征，倒不如说是她一直保持良好的职业风范。如果她以其活力或奔放而知名，总难免有活力不足的时候，一旦如此，人们肯定会感到失望和好奇。然而要是期待君威的话，你得到的将一直是君威。我们知道私人生活中还有一个女王，熊皮衣和红上衣之下还有个血肉之躯。但若就此认为女王仅仅是个更加放松幽默、喜爱动物、痴迷赛马、不习惯城市生活的乡下佬，后来变成了公众模范，那真是大错特错。正如她的历任首相学到的那样，永远别事先断定女王是个什么样的人。

"有种观点认为女王无非是个一般的保守主义者，这是非常错误的认识，事实并非如此，"托尼·布莱尔说道，"她只是很保护王室。我发现她最令人惊奇的特质就是她太熟悉民间疾苦了。在我担任首相的整个生涯中，她总能准确拿捏公众情绪，并在我同她的对话中对此加以阐述。这种能力不止一次让我感到震惊。她完全了解外界的动向，有非常突出的能力对民众及其优点和缺点做出迅速分析和判断。"

女王对世事的悄然洞悉也让约翰·梅杰爵士印象深刻："很少有她没有见过的事情。以我的经验来看，几乎没有事情会触怒她。她真是把人类行为研究得淋漓尽致。"

剑桥公爵威廉王子认为，一直以来，对于所有为女王提供锦囊妙计的顾问来说，她的成功大部分应归因于遵照她自己的内心直觉。现在她已经把这一策略传递给了年青一代。"就是她不会把建议强加给你，"他说道，"她会让你自己解决。然后提出一两个问题，无论内容是什么,都可能是你恰好需要的。但也许正如她不得已要亲自处理一样,她觉得你也应该独立解决,因此并没有固定的规矩。你必须自己想办法,必须做你认为正确的事情。她自己就是一个再好不过的典范。她得走自己的路,并且已经成功地走了60年。"

约克公爵安德鲁王子也是这样看待王室的希望。"你必须发现自己的方式,挖掘自己的兴趣,从来没有任何既定方向。"这位前皇家海军指挥官和商业大使如是说,"但在那之后,你就能获得成功所需要的指导和帮助。她总是能给予你非常重要的思考和建议。我想任何人都不可能孤立地完成任何事情。"他也指出,对女王来说,同子女和孙辈交谈跟会见她的朝臣并无分别。饭桌上不会共同讨论下午一对一会面时的问题。"这是怪事之一。同女王和首相之间的谈话完全一样。区别在于后者是两个人的交谈,并且只有他们两个。对于家庭其他成员亦是如此。事实上我们每个人跟她说了什么都不会跟第三者谈起。"

在当今社会,真人秀和点播节目已经把喧闹和武断变成了美德,身处其中,女王难得地展示着沉默的力量。"她的闪耀之处就是她的安静,"前任新闻秘书查尔斯·安森这样观察道,"在人们不断想要表达自己甚至反应过度的喧嚣世界中,女王所做的恰恰相反。她不是社会名流,从不高声言语。但她会唤起你脑海深处的记忆,一个孩子想要得到母亲或是父亲的安慰时那种感觉。他们可能会叫父母'老古板',但在内心深处,他们渴望父母在沉默中给予他们的信任。"

支撑这种沉默的是女王始于童年时代的信念,实际上这种信念在她父亲去世后不久变得愈发坚定。坎特伯雷大主教罗恩·威廉斯博士认为他的前任之一——杰弗里·费希尔(Geoffrey Fisher)发挥了作用。"加冕之前,杰弗里·费希尔准备了一本关于冥想和祷告的小册子供女王日常使用,"威廉斯博士说道,"我想她视此为珍宝。在温莎她曾经指给我看过一次——这本书现在保存在那儿的图书馆里。我总有种直觉,加冕前那段时间对于她以及她此后处理每件事的方式都有很大影响。毕竟那些日子严峻与危险接二连三,不请自来。"

宫廷团队也知道，轻率并不会促成一个大胆的想法。女王善于异想天开。2007年她会见了一位苏格兰的冰淇淋生产商，听说他为奶牛开发了自动挤奶设备时，她非常感兴趣。于是就让王室内库主管艾伦·里德爵士（Sir Alan Reid）去调查：在温莎建一个自动挤奶棚是否可行？几个世纪以来，王室内库主管们也行使了许多奇怪的职责，但还没有一个是远程遥控粪便清扫和牛床专家。当里德解释奶牛在挤奶之前怎样聚集起来先"散步"时，女王不仅着迷，更是近乎激动。"全是因为里德的描述，好像奶牛会坐下来读杂志，或是边漫步边聊天儿，"一位当时在场者说，"但女王非常喜欢。"计划顺利通过。现在这座花费90万英镑的挤奶棚已经在王宫平地而起，运转良好。任何受邀来温莎度周末的人都会在这个骄傲的奶棚所有者带领下进行一次非常热闹而愉快的奶棚之旅。

在皇家空军服役30多年的空军少将戴维·沃克爵士比大部分人更理解行政系统的繁文缛节。他之前作为皇家空军训练部门的最高长官，掌管1.4万名男女士兵。然而他却将女王视作他所遇到的最好老板。"她比大部分我所效劳的高级军官都要易于接近，并且非常注意细节。只要你想见她，你就可以见到她。"作为所有皇家接待活动的负责人，他知道女王想听取和了解所有新观点。"她会告诉你这是否不中用。"一次国宴也许看起来只需遵循由来已久的固定仪式，但它的每一个细节都可能被再次提及。在温莎这种地方，很难重新摆布家具，比如，圣乔治大厅的桌子据说是英国最长的餐桌。但是女王总是喜欢微调这里的一切。几年前，她认为国宴持续的时间实在有些太长。于是就同负责人商议，最后找到了一个解决办法：取消汤菜。"这节省了20分钟。"沃克说道。

王宫内务部秘书迈克尔·杰弗逊（Michael Jephson）已经习惯了在为招待会编制客人名单时听取最高层的建议。有时女王会要求他去邀请一位她刚从收音机里听来的有趣人物。作为雇主她一样追求细节。"女王非常了不起。她有一种神秘的方式可以清楚和知晓外部世界发生的一切,"现任宫务大臣皮尔勋爵说道,"在如此全面的知识储备面前,我总是准备不好。"因此官员们就以长期陪伴和效忠来回报他们的君主。"她真的感觉自己就是团队的一部分,而且有时候确实这样表现出来。"一个前任高级官员说道。她尤其无法忍受别人对她手下人的无礼。

许多她的员工——还有那些碰到过她员工的人——都谈起过女王的务实。她可以展示前任首相托尼·布莱尔所描述的那种"傲慢自大"(如果一位君主不这样反倒让人奇怪),但她并不古板。

有些人已经发现,同那些过分担心、一味猜测的王室官员交涉的最好方式就是绕开他们,直接同女王沟通。这是个高风险策略,但有时这又是唯一的方法,正如电视制片人爱德华·米尔佐夫(Edward Mirzoeff)在1992年拍摄那部伟大的王室纪录片——《伊丽莎白女王》时所领悟的那样。最后的拍摄场景是巴尔莫勒尔的吉利斯舞会——女王在苏格兰高地停留时的最高潮。这是紧张的一天。大厅太昏暗了,米尔佐夫不得不从他在阿伯丁当地的竞争对手独立电视台(ITV)那儿讨要了一货车的照明设备。他甚至还在王室到来前征用了货车司机来帮忙进行房间照明。但他的团队仅仅拍摄了几分钟后,王室工作人员就开始干涉。米尔佐夫被告知他的时间到了,照相机已经打扰这里足够久了。米尔佐夫说,就因为这些工作人员,他"险些失去那次机会":"我想,绝对不能允许这种事情发生。所以我冲过舞池,直接走到女王跟前说:'陛下,我们必须继续拍摄。'"

他仍然记得他被迫使出这最后一招时旁人脸上的"贝特曼表情"[①]。但这一举动确实有效。"我无法形容在那样的情境下她是多么的妙不可言,"米尔佐夫说道,"她对我说:'好的,那就继续。'然后我们一直拍完。事实上,在录制那部影片时我曾同每个人都有过矛

---

　　① 第二次世界大战之前王室最喜爱的漫画家 H. M. 贝特曼(H. M. Bateman),专门刻画社交中让人不堪忍受的笨拙愚蠢场景。

盾——只有女王除外。"

据王室传记作家肯尼斯·罗斯（Kenneth Rose）观察："这个家庭最中肯的座右铭之一就是'最好别'。"但对于"老板"来说不是这样。在为阿斯科特盛大皇家体育赛事之一——乔治六世和伊丽莎白女王赛马会提供超过30年的赞助后，钻石巨头德比尔斯（De Beers）决定退出。只有一家公司自告奋勇打算接过赞助权。但一些赛马俱乐部的贵族根本看不上这家叫作必发（Betfair）的在线博彩交易所。然而当阿斯科特赛马场的总老板得知这一情况时，她并没有提出异议。正如一名官员解释的那样："女王懂得面对现实。如果没有人想要赞助，那么就别无选择。"于是，过去的"钻石日"就变成了"必发周末"。

面对任何棘手的情况，官员的本能是遵循先例。而女王则更倾向于遵照常识。约翰·梅杰爵士仍记得1994年庆祝盟军诺曼底登陆50周年前夜，在朴茨茅斯市政厅曾有过这两种思维模式之间的交锋。"当时，女王被安排坐在两位欧洲王室成员旁边，而克林顿总统和密特朗总统被安排在桌子另一端的下席。"他回忆道。很显然，在这样一个标志着盟军解放法国的庆典上，两个重要人物座次安排的不合理显得稍有些荒谬。但是负责外交事务的官员根本没有心思去调整。梅杰记得："一位官员对此反应相当冷淡，他认为民选总统在外交礼节上的地位就应该低于君主！"梅杰随后让他的私人秘书联系了女王的私人秘书，后者随即向女王征求意见。"女王当时的回答大概是：'当然了，人们期望克林顿总统和密特朗总统坐在我旁边，并且不管怎么说，这样的话我一直能看到我的兄弟姐妹。'所以这两位总统最后确实坐到了女王的左右两侧。"

次年，当自由世界领导人来到伦敦参加纪念欧洲胜利日50周年庆祝活动时，她再次精简了外交礼仪。毕竟没有那么多额外的车队时首都就已经水泄不通了。因此，王宫成员和总统们被塞进几辆租来的客运班车上。这让一些外国的礼宾司瞠目结舌。但是各国元首们看起来并不介意。有人听见约旦国王侯赛因评论道:"这是我有生以来第一次坐公共汽车!"

女王总共统率着大约 1 100 名职工——从农场工人到管理顾问——因此,王宫也差不多相当于一个小型政府部门。如同其他单位一样,这里的运转也同样会经历就业、健康和安全法规的变化。如今,这里没有人再使用"宫廷"这个字眼,王宫提供给新闻界日常活动简报时才会用到"宫廷公报"或"外交使团"这些词。所有外交官仍正式认可传统的皇家称谓——圣詹姆斯宫。

在国内,皇家领地指的是王室内府或通常简称的"王宫"。奥特林厄姆勋爵 1957 年鲁莽地猛攻旧制度时曾嘲笑过的"松散朝臣"现在已经被一支来自精英阶层并且十分专业的年轻团队所取代。同时不复存在的还有一些旧的工作岗位,如"女职员"(lady clerk)。

女王并不亲自收发邮件,但她对 Facebook、YouTube 视频网站和 Twitter 了如指掌,不久,这三家网站都将对王室进行实时报道。在此之前,女王一直坚持让人给她进行充分示范。当她于 2008 年受邀访问谷歌在英国的办事处时,主持人厚着脸皮问他们能否在其网站主页上使用皇家模拟像("谷歌涂鸦"中字母 E 戴上了王冠,代表 Elizabeth)。女王的头像是世界上被最严密保护的知识产权之一,仅应用于邮票、货币和政府印章。她的私人秘书向她转达了这个意思,得到的回答是:"为什么不呢?"于是,尽管只能使用一天,但谷歌商标中的第二个字母 g 成功替换成了女王的头像。

王宫中负责起草和邮寄信件的人都确信一点,除非是生日或主要周年纪念日这种忙碌时期,否则他们的心思很可能一直放在女王那里。每天早上都有很多捆普通信件呈上去。也许写满敌意、同情、感激或仅仅是绝望。"女王很喜爱阅读信件,并且不喜欢被隔绝起来。"高级通信官索尼娅·伯尼奇(Sonia Bonici)说道。她正准备呈递最近收到的一捆信,其中一些提到了一位王室成员,但不全是称赞。这些女王都会看到。正如她在1992年所说："信件让我得以了解民众正担心什么，知道他们真正需要我怎么做才可以帮到他们。有些情况我能帮忙。我可以把这些事情转交给合适的部门，或者我甚至还可以写信给负责调查的相关机构。但我总是有这种感觉，这些信都是写给我个人的。"

先前仅掌握在一小部分人［包括苏联间谍安东尼·布伦特（Anthony Blunt）］手中的皇家收藏，现在已经是王室内府最大的部门。有320名职员保管着这里的100万件艺术珍品，使其处于良好状态，同时不定期在全世界的博物馆和美术馆循环免费展出。女王不可能出售其中任何一件；她"以民族的嘱托"保存着这些收藏。因此，仅仅只有她可以批准借出某个单件藏品，不论是早期绘画大师的作品还是个煤斗。女王同时也是皇家收藏在伦敦、温莎和爱丁堡等12家礼品店的名义老板。正是这些礼品店的收入维持着皇家收藏的开支。这里出售的商品，从孩子的卫兵睡衣、有机狗粮饼干到皇家明信片，一应俱全。最畅销的明信片曾印着威尔士王妃戴安娜的头像，如今，则是印着女王自己。明信片上也不是19世纪50年代中期那个影星般的年轻女王了，而是当下的女王，是在议会开幕大典之日身着王室盛装华服的女王。这是绝大多数人心中希望拥有的女王形象：坚定如一，雍容华贵，威严四方却又温存柔美，真实可靠。这样的形象再次强调了君主立宪制的两个意外成果：稳定性和连续性。

但她也有王室激进派的一面。这位君主曾经解散了成人礼舞会，开创了亲民巡行，对外开放了王宫，摒弃了关于鞠躬或是屈膝的繁冗礼仪规则，并在76岁的高龄主持了一场流行音乐会。正是这位君主刚刚在王宫的花园里开了一个咖啡厅（尽管这里的咖啡仅仅只是一杯卡布奇诺的气泡上多了巧克力粉撒成的王冠）。"现在的女王事实上比10年、20年或是30年前更易于接受新观点。"一位高级官员说道。2010年，王室内库主管艾伦·里德爵士收到了来自迪士尼公司的请求，后者想要借用肯辛顿宫的国宾楼，举行第七部"公主"电影——

《魔发奇缘》(Rapunzel)，后更名为《长发公主》(Tangled)的开机仪式。迪士尼还想筹备一个从白雪公主至今涵盖所有公主电影的全球庆祝活动。哪里的宫殿比这里更真实呢？工作人员说，如果退回10年，答复肯定是"不行"——除非有人去征求女王的意见。而现在，女王听取了正反两方面意见后表示出很大的兴趣。"看起来这是个好主意。"她边答复边对里德点头表示赞同。那么，她究竟是如何处理这个双重角色呢？这样一个自信但内在又害羞，喜欢既有与常规并且比起她的所有近代前辈更不具对抗性的人是怎样成为温莎城堡自身的王室革命派的呢？

约克公主伊丽莎白·亚历山德拉·玛丽（Elizabeth Alexandra Mary）出生于1926年4月21日，4年之后她的妹妹玛格丽特·罗斯也来到人世。她的父母约克公爵和夫人本来期望就在王室的外围过着恪守本分的生活，并希求他们的女儿也会如此。但随即而来的三件大事改变了这一切，彻底影响了这个差不多26年后成为女王的女孩。第一件是她的父亲在1936年兄长爱德华八世退位后从尽职尽责的先王次子突然成为国王。第二件是第二次世界大战，在这段时间一个被关在城堡的小女孩成长为一位驾驶军用卡车而且年轻漂亮的公主。第三件是一位派头十足的年轻皇家海军军官的到来，他同英国王室有着亲密的血缘联系却又无家可归。女王在1952年继位，没有一味随波逐流，而是进行了王室改革。如果有个朝臣恰巧在维多利亚统治末期打盹儿，在20世纪50年代早期醒来的话，他会发现除了皇家马厩后面有汽车和电话出现外，其他基本没什么变化。假使还是这个朝臣，又过了半个世纪才睡醒，他可能会惊到一命呜呼，因为君主的游泳池里有男仆，而秘书可以在皇家阿尔伯特音乐厅租用皇室包厢。或者，他也可能因为发现君主在这个阶段实际上没有什么变化而释然——她的责任感，她对马匹、小狗和菲利普亲王的爱都不曾褪色。

"女王明白世界正在变化，国家正在变化，这必须在内府中有所体现，"一位与女王共事多年的老朋友说道，"但并没必要改变她的个人生活。那是她的底线，她坚决不会妥协。"

今天，她仍然忠实地坚守着在祖母膝上学到的王室真理。玛丽女王——连同乔治五世一起——相信必须建立一种个人风格并且坚持到底。"玛丽女王的服装似乎永远停在了1913年的款式，因此，她总是戴羽饰丝绒帽，裙子里面穿上呆板的硬衬布，这样她才可能让自己挂满珠宝，"历史学家肯尼斯·罗斯说道，"国王坚持让她用这种死板过时的风格打扮，因为他不喜欢变化。"

与此相似，当今女王也专注于某种风格。她曾经因为满是花卉图案的鞋子遭到一些时尚评论员嘲笑，但现在却被高高捧起，赞为时尚达人。"简单地说，她是全世界最优雅的女士之一。"当女王于2000年对意大利进行国事访问抵达米兰时，缪西娅·普拉达（Miuccia Prada）如此声明。这种感觉得到了一屋子服装巨头的回应，包括米索尼（Missoni）、芬迪（Fendi）、费雷（Ferré）和克里琪亚（Krizia）（"女王在时尚之上。"玛鲁西亚·克里琪亚愉快地说）。甚至连《卫报》也因此受到鼓舞，第二天便在其头版向女王致敬。

女王对于时尚和珠宝的兴趣，正如在许多其他领域一样，可以被形容为务实。例如，她所有的鞋子都是大大的方形跟儿，因为她发现这样比起鞋跟变成一个点能更加平均地分散压力，从而使得长时间站立相对轻松一些。皇家设计师哈迪·埃米斯（Hardy Amies）总是对女王下楼梯时仍佩戴头饰的能力充满敬畏。她的审美观清新而不繁杂。据萨拉·布拉德福德所说，女王曾告诉一个女帽制造商："我不能戴米黄色，因为那样的话人们就不知道我是谁了。"有一次，一位私人秘书给女王传错了着装信息，导致她着便装亮相，发现其他人都"盛装"出席后女王只是温和地劝诫："我觉得我们的穿着有点过于朴素了。"

然而，女王很清楚，对于一场会面的成功而言，服装选择至关重要。2011年5月她抵达爱尔兰时身穿绿色套服，瞬间确定了那次当代最成功国事访问之一的基调。当她还没走下飞机舷梯时，爱尔兰时事评论员就已经快乐地向她"翠绿色"的帽子、外套和裙子致敬了（英国官方通稿中所称的"玉色"早已被忽略了）。第二晚，她参加国宴穿的晚礼服上绣了2 091朵三叶草，还有一架施华洛世奇爱尔兰水晶竖琴作为装饰。到这次访问结束的时候，她的服装师安杰拉·凯莉（Angela Kelly）（本身也是爱尔兰血统）已经依靠自身能力成了全国知名人士。

2011年5月，伊丽莎白二世访问爱尔兰，这是一个世纪以来英国君主首次访问爱尔兰

每次出访，她都盛装打扮。对于她而言这不是虚荣，仅是以此表达对东道主的尊重。2010年王室成员在北爱尔兰的一次阅兵中被雨淋湿，没有可供更换的衣服。随后，所有人都走进室内取暖，但女王谢绝了递过来的椅子。"我要站着。"她解释说站着风干，在参加官方午宴时衣服才不至于出现褶皱。女王只有一次罕见且具历史性的着装错误，那是1953年加冕礼后不久，女王去往苏格兰参加授予她苏格兰王冠的仪式，却穿了一身便装。许多苏格兰人非常愤怒。在英格兰，她也许是女王伊丽莎白二世，但对苏格兰来说，她是女王伊丽莎白一世。苏格兰人表示，如果她打算接受这个国家神圣的荣誉，那么她应当穿得庄重正式，不是苏格兰加冕长袍的话，至少也要穿晚礼服。

因为这次疏忽，女王的私人秘书艾伦·"汤米"·拉塞尔斯爵士受到了指责。差不多50年后，当女王于1999年准备再次赴苏为新成立的苏格兰议会揭幕时，她力求万无一失。也是在那个时期，她第一次有了一位女性——玛丽·弗朗西斯作为她的私人秘书之一，这位前任唐宁街高级助手也非常乐于见证这一时刻。

"苏格兰人没有忘记上次那件事，"玛丽·弗朗西斯回忆道，"但女王这次着加冕服肯定没有问题。我们委任了一位苏格兰服装设计师，并且，女王与服装师一起同设计师讨论时也让我参与，这是史无前例的。感觉非常不错。"

结果苏格兰设计师桑德拉·默里（Sandra Murray）为女王量身定做了三件套。亮绿色羊毛裙、淡紫色丝绸和羊毛混搭长袖外套以及苏格兰天空岛风情围巾。这次没有从苏格兰人那里听到一句嘀咕。

很多年来，女王的衣橱从来都是玛格丽特·"波波"·麦克唐纳（Margaret "Bobo" MacDonald）的封地。波波是她的前任贴身保姆，从孩提时代就陪伴在她左右。①如今女王很少再麻烦大牌设计师，更愿将全套服饰交由安杰拉·凯莉带领的小型团队打理。在某个贝尔格莱维亚餐馆用餐的食客如果多看两眼四周，也许会吃惊地发现，女王和她的着装团队正在角落享用快乐的女士大餐。凯莉是女王私下的可靠密友之一。女王的密友大体分成三部分：员工（包括负责照看女王私人坐骑的温莎驯马师和她的青年侍从）、高级官员（包括她的私人秘书）和宫廷侍女（其中两位已经接力完成了一个世纪的服务）。"事实上，女王没有'最好的朋友'，如有，那就不是她了。"一个亲信

---

① 皇家游艇的全体船员私下都戏称波波为"伊丽莎白三世"（the QE₃），因为她与主人的关系实在非同寻常，任何新手开始工作时都会被这样警告："不要惹恼麦克唐纳小姐，否则你将毁了女王的一天。"

说道。

玛丽女王的另一条至理名言一如既往的正确：避免狎近。"如果女王感到因为某事受到了冒犯，她的反应也无可挑剔，"肯尼斯·罗斯解释道，"她只是睁大眼睛注视着那个人，什么表情也没有。"就是经验丰富的员工间或许也会意识到，自己看似无伤大雅的评论实际已经逾越了他们与女王之间那条并未显露的界线。一位前任官员回忆道："有一次，当所有人刚刚结束圣诞假期回来时，我对女王说：'您圣诞节过得快乐吗？'我得到的是一个冷冷的回视。这样的话你可以跟任何人说，但最好别是女王。每个人都有同样的经历。你正想着：'哇哦，我和女王相处得真好。'马上她就会做些什么，提醒你退回去，保持应有的距离。"

这并不意味着不愉快或无礼。在另外一个场合，其中缘由都得到了解释："女王告诉我，她受玛丽女王的影响很大，是玛丽女王给了她很多建议，怎样才能表现得像一个女王。其中有一条就是永远不能允许自己同身边的顾问走得太近。实际上，这一点在王室中是公开的秘密，只是女王对此一直非常坚定严格地执行。"

对于外界，这种行为准则似乎很奇怪，但是王室/朝臣的工作状态确实也很独特。"你到那儿去不是跟他们做朋友的。所以无论再好的原因你都不能越过这条线，"伊丽莎白·布坎南（Elizabeth Buchanan）——2008年前威尔士亲王的私人秘书说道，"我刚到那儿的时候，曾因为自己了解他们许多隐私而吓了一跳。你会看到非常私密的事情，也因此，你肩负着巨大的信任，这种信任应当得到尊重。人们可能会问我：'查尔斯怎么样？'我就会想：'我不知道谁叫查尔斯。'而且我当真不会把他想成'查尔斯'。这就是头衔之所以重要的原因。如果你没有真正认可这起码的尊重，那整件事情将迅速结束。这对于那些希望每个人都对他们直呼其名的内阁大臣也一样。你若真这样做了，就会很快毁掉你们之间的关系。"

无论多么重要的人，也不能对这种皇家"凝视"免疫。玛丽女王——"很可能是最后一个相信君权神授的女人",肯尼斯·罗斯表示——有一次就让威斯敏斯特公爵夫人利利亚（Loelia）领教了什么是杀手般的凝视,这位公爵夫人当时亲吻了玛丽女王的手,却在皇家手套上留下了口红印。伦敦的使馆圈子里仍在讨论最近的一次年度外交人员招待会,有位外交官因为迟到错过了他在介绍席中的指定位置,但他不愿错过与女王的握手和聊天,于是挤进了介绍席。这个举动一点也不明智。最终他不仅丢掉了与女王寒暄的机会,也同样领教了那种"凝视",并立即被工作人员护送出了会场。

一位前任内阁大臣曾周期性地为几个王室成员服务,他也承认有条"看不见的线存在于正式和随意之间",而且没人能给你什么指导。"因为我们处于现代世界,我发现自己一直有种疑惑:'这合适吗?'我想,总的来说,很可能是这样;如果我们选择君主制,那就不同于其他的制度,并且他们从不下班。除了在自己家里以外,他们并没有完整的私生活。"

这就是皇家悖论的一部分。我们期待君主同我们毫无差异,却又希望她与众不同。"既要成为民众的一员,又要与其保持距离,二者总是很难平衡。"约翰·梅杰爵士坦承。女王也许是世界上最著名的女人,但她身边的人还是证实她有强烈的地位感——即使不是自以为是。而且她对不诚实有种难以释怀的反感。无论对方是出于多好的意愿,女王都不能忍受虚伪。一位前任私人秘书的回忆可以暗示什么算是噎人的话。"我想在这次关于私家侦探的演讲中安排一个笑话——它也许会用到短语'Shome Mistake'——然后她非常坚定地对我说:'谈论私家侦探不是我该做的事情。'所有的私人秘书都有过这样的经历,他们在女王外出走动时建议她做一些事情,但她不止一次地说:'我认为这不对。'态度很坚决。"

那些私人秘书中有一个就是已故的查特里斯勋爵（Lord Charteris）。他回忆起一次为女王起草的演讲稿的开始一句是:"我很开心回到伯明翰。"女王读着草稿,拿起笔划去了"很"字。这不是怠慢伯明翰。仅仅是因为——在她看来——这一下划掉了不真诚。

"她不是她母亲那样的完美演员。"一个内室成员说道。据说女王已故的母亲从不会为一点儿多余的赞扬而感到不安。1985年因为一场暴风雨,她不得已迫降于加拿大边疆一个叫冷湖的荒芜村落,"啊,冷湖!我一直都想去那儿。"当地居民听到她如此宣称都欣喜不已。

查特里斯勋爵这样评价女王,她"综合了她母亲的魅力和她父亲的羞涩"。她比任何其他当代人承受了更多的公众视线,但从没很享受这些。"你从不会觉得她追求公众欢迎。有时你反倒希望她如此,"一个前任私人秘书说道,"但是她的判断力是无懈可击的。她并没有向公众献殷勤,但却比献殷勤更受欢迎。不会拼命讨好、唯利是图。"

威廉王子也特别强调这一点。"她不关心名人,那是肯定的,"他坚定并且赞许地说,"那不是王室该做的事。王室应该做的是树立榜样。就像女王常说的,王室应该践行自己的职责。利用你的职权做善事,去服务国家,这确实是一切的关键所在。"

只有一两次,女王的沉默寡言没带来好的结果。无论让过去与现在哪位王室高级成员来列举女王任期内所犯的错误,得出的数字都不会超过10。但总有两个例子会被提到:艾伯凡矿难(1966年威尔士144人的村子被塌陷的矿渣堆掩埋,其中有116个孩子)和洛克比空难(1988年泛美航空公司的波音747飞机被恐怖分子安装炸弹,飞机在空中爆炸)。在这两次事件中,女王由于对灾难反应过慢而受到批评。她直到悲剧发生6天后才去了艾伯凡,并且没有亲自或派出她的任何家庭成员代表参加1989年1月举行的洛克比追悼会。她随即向自己的顾问表示不是他们的问题,是她自己做错了。当时的批评都暗示女王缺乏怜悯之心。事实上,那些了解她的人说,这可能是因为女王从内心深处既不愿去打扰民众隐秘的悲痛,也不愿让自己的真情实感在公众面前完全展现。跟随女王去艾伯凡的人说,女王去一户在灾难中失去7个成员的人家喝茶时,曾泪流满面,很少有人看见女王如此悲伤。1996年16个孩子和1名教师死于邓布兰的校园枪杀案时她也是如此。"那种悲伤几乎难以承受，"枪杀案发生当天女王团队中一位成员说道，"但你不会见到她在公共场合表现出来。关起门来独处时才会如此。"所有在女王身边工作的人都指出，她最伟大的优点之一，就是所谓的"否定评价"——说"不"的能力。正如白哲特所说，健康的君主立宪制度通常是来源于"深思熟虑后的无为"。

"女王知道自己想做什么，更清楚自己不想做什么，"查尔斯·安森解释道，"女王有很强的直觉。如果有人提出有信服力的想法，她会对此新观点持开明态度，但不一定会立刻接受。这很自然——君主立宪制度的本质。"女王也不喜欢争论。如果不赞成某个观点，她的表达方式是就此提出很多问题。另一种温和拒绝的方式是有效利用一个由来已久的措辞："你确定吗？"

"女王有着惊人的倾听和学习能力，"约克公爵说道，"她不是凌驾于社会之上；相反，是存在其中并观察着它。这些来自经验，我认为我们都从她的经验中学习到了很多。我们所有人都同社会，或者说同民众保持着长期的关系。"

很多生物都有习性，但极少有谁比王室更为按部就班。当你的生活被国家和宗教日历中的各种仪式所主宰时，也就不足为奇了。复活节假期要举办"皇家濯足节"*仪式，11月有阵亡将士纪念活动**，圣诞节又要对英联邦广播圣诞致辞***，等等。皇家记忆似乎相当庞大又

---

* 复活节之前的星期四被称作"濯足星期四"（Maundy Thursday），这一天，耶稣基督和他的门徒们共进"最后的晚餐"。自英国国王爱德华一世开始，每年的皇家濯足节，英国王室都会举办"皇家濯足节"仪式。君主会访问一座英国大教堂，向当地居民和穷人散发濯足节"救济金"，将其作为象征性的礼物。——译者注

** 11月11日是英国传统节日"阵亡将士纪念日"（Remembrance Day）。每年阵亡将士纪念日的前一个星期天，王室会主持大型纪念活动，女王引领数千名退伍和现役军人，向战争死难者纪念碑敬献花圈。——译者注

*** 王室圣诞节讲话的传统开始于1932年英王乔治五世的广播讲话，是英国圣诞节的固定节目之一。英国女王1952年第一次通过广播讲话，1957年开始在电视上讲话。每年的讲话都会预先录制并在圣诞节当天播放。女王每年会选择不同的讲话主题。——译者注

笨拙简单。正如威廉·肖克罗斯（William Shawcross）所指出的，已故王太后终身不喜欢荷兰景观，因为战争期间宫殿防空洞处的墙外全是此类作品。王太后曾在查特斯沃思庄园，也就是德文郡公爵的德贝郡宅邸所在地住过一段时间，当时正是退位危机的高潮。此处带来的不愉快联想使得她在随后的67年中从没在这里有过半点停留。但人们对她的忠诚却一样坚定。无论是苏格兰高地警卫团、伊顿公学的"贝格尔号"、桑德灵汉姆女子学院或是英国铁路乘务员送给她的茶壶，都能体现这一点。那把茶壶在她后来的每一次旅行中都伴随左右。

这令人好奇而又略显沉闷的王室生活节奏意味着女王渴望有这样的瞬间，能跟别人"打成一片"，去享受可能被其他人称作的"常态"。正如约克公爵所说："我们同其他人并没有很多不同。仅仅是现实生活稍有差异。"女王最喜欢的项目之一就是皇家温莎马术表演，因为在这里她可以像小女孩一样在普通的比赛中竞技，同时也可以戴着头巾转来转去，成为人群中的一部分而不是主角。

2002年澳大利亚巡行返英途中，女王趁飞机降落新加坡樟宜机场加油时，在其免税店尽情地享受了一小时。"那地方很安全，没有旁人簇拥围观，所以当菲利普亲王离开去看小器具时，她在娇韵诗柜台闲逛，着实非常惬意。"一个王室成员说道，"我们想当然地认为，这样的时刻对她来说意味深长。"这就是为什么她始终与她喜爱的王宫男侍从官特里·彭迪（Terry Pendry）和设计师安杰拉·凯莉保持亲近。"他们跟她谈起的是现实世界的日常生活。"

同样，跟女王亲近的人也发现她会坦率地妒忌他们能相对自由地谈话或表达观点，这些言论和看法若是出自某个王室成员口中，人们可以接受，但绝不能是君主。"有些时候女王会对你说：'哦，你没那么干，对吧？'"约克公爵笑道，"我非常清楚那其实是说：'哦，希望我也能那样做。'（因为这样说的话不仅可以传达某种信息，也撇清了君主的干系。）"

像其他人一样，女王也有她的好恶。其中大部分广为人知——钟爱骑马，不喜欢辛辣食物，等等。她喜欢开快车但讨厌安全带，她喜欢有魅力、自信的男士在她周围，但希望女员工更加细腻含蓄。正如一位前任高级顾问所说："她出生于 20 年代，从小就被教导，男人要开创事业，而女人应该通过娴静的影响去行使权力，而不是挥舞拳头。"

1960 年 6 月，伊丽莎白二世在皇家军队阅兵仪式上骑马

女王如果下定决心做某事，就不会轻易放弃。最明显的表现之一就是柯基犬。现在的皇家动物园里有拉布拉多犬、猎犬、西班牙猎犬——更不必说奶牛、绵羊、长尾小鹦鹉和一个鸽舍——但自从她父亲，当时的约克公爵 1933 年从一个地方的狗场买了第一条柯基犬"道奇"后，柯基犬就因为君主的宠爱而拥有了至高无上的地位。

女王继承了她父亲在勋奖方面的敏锐目光，这也是她同大多数王室成员的共同兴趣。除了延续使用大量荣誉勋章外，她还创造了她自己的王室奖章（Royal Family Order）。局外人也许会想象奖章会像五彩纸屑一样大量地在亲属和职工间抛洒。正如一位朝臣向皇家传记作家盖尔斯·布兰德雷斯（Gyles Brandreth）解释的那样："女王是荣誉之源，所以近水楼台先得月就不足为奇了。"但是关于谁已经（或是没）获得某些荣誉奖章的细节仍在吸引着王室问题专家。比如，约克公爵夫人和肯特郡迈克尔王妃都没有获得过（只授予女性的）王室奖章。

没有朝臣会低估这些象征的重要性。一些高级官员回忆起1997年威尔士王妃戴安娜葬礼前那段日子有关王宫降旗的传说时，仍然心有余悸。先是一部分哀悼者，然后是报纸，接着是电台的听众热线直播节目和政客们，纷纷主张降下王室旗帜，最后是女王自己的高级顾问，也主张把王室旗帜替换为英国国旗，下半旗志哀。但是女王坚决为王旗辩护。她的愤怒愈演愈烈（一反常态），随即命令道，只能有一种王室象征飘扬在王宫上方，那就是王室旗帜，没有谁的死亡，包括她自己可以降下旗帜。玛丽·弗朗西斯说王旗事件是她能够回忆起女王表达真正愤怒的唯一一次。最终女王被说服，修改了王室传统。（如今，英国国旗确实在王宫里没有悬挂王旗时飘扬。）但在此之前，人们曾听一位高级顾问说起："我真是被女王吓坏了。"

但如果她真是如此的因循守旧，为什么在她任期还会有这么多的变化？一位高级顾问把这归因于女王的"区分"能力，把她的国家元首形象与私生活区分开来。"如果你提出一项改革或是修正的建议，并且论证充分，她一般会亲切而明智地说：'好，是的，很好。'但是'好，是的，很好'并不一定表示'我同意'。"

开放白金汉宫——起初是为了温莎城堡火灾后的修复，现在是为皇家博物馆筹措资金——就是一个恰当例子。马尔科姆·罗斯爵士（Sir Malcolm Ross），这位前任监察官以及15年来重大国事活动的布景师回忆道，从根本上来说，王宫开放这一决定非常重要而且直截了当。"这是必然趋势，而不是选择。在开放之前进行了充分论证，并且女王很清楚这不会影响到她个人。现在她总是很享受在开放前先环顾宫殿展览，因为工作人员总是能找到并陈列出甚至连她都没见过的文物。她很开心见到那些说'很高兴能游览宫殿'的人。"

民众参观白金汉宫

位于诺福克的桑德灵汉姆庄园，是保守与创新相结合的极好例子。自从已故王太后在1938年把主色定为浅绿后，餐厅的颜色就没怎么改变过。皇家鸽舍也仍继续存在，当初乔治六世非常喜欢，在伊丽莎白公主还是小女孩时常带她来这里。乔治六世还曾把皇家果园中的苹果卖给金斯林的玛莎百货，比起他来，现在遍布全国的全新品牌苹果汁工厂足以让女王引以为傲。她甚至亲手在灌瓶作业线进行人工操作。

女王笃信传统，只要它有其意义在。"礼节和仪式——它们本就是战友——必须彼此相关，"马尔科姆·罗斯爵士说，"如果因你而起的一次事件，坦白说无非是一场历史的重演，那么就是搬起石头砸自己的脚了。一定要跟其他事情建立联系。"

过去的习俗和社会规范逐步退让的同时，对于正常的建议，女王事实上也比以往更加开明。与人们传统的常识相反，年岁越长，她受自己的束缚反而越轻。她不一定是人们期盼的历史上在位时间最长的那种君主模样，因为她的年龄常常被忽视。人们记忆中的维多利亚女王是一位老妇人，永远穿着丧服，处在悲伤的追忆中。我们心中也有当前女王的经典形象，比维多利亚女王长寿许多，却依然精神矍铄、忙忙碌碌，30年来几乎没有变化。女王年复一年在世界各个角落以相同的步调守护着相同的古老传统，她好像定格在了一个永恒的生命阶段；一位上了年纪的女士，但绝不是老妇人。

吉姆·卡拉汉（Jim Callaghan）明智地观察到，不论好坏，每一代人对于钱币上的头像都会形成混合的观点："每一位君主在人们的脑海和内心都占据一席之地，这位女王也不例外。"

我们看到的是一位坚强果断的女性，常常系着纱巾，出入狗舍或马场；我们看到她带着腼腆的微笑，拿着手提包穿过街巷，路边站满了兴奋的母亲和语塞的孩子；我们看到她被身穿制服和头戴熊皮帽的卫队衬得体态娇小，但却傲气十足；我们还曾看到她庄严肃穆，头戴王冠，身着长袍，缓缓走过会议大厅。

这些象征着可靠、忠诚、见识与冷静。若换作旁人，同样的形象或许只会暗示着庄严、冷淡、超然和精英。如果王室不是宏大、冷漠并且有些不可捉摸的话，又会是怎样呢？然而，这些不是女王给绝大多数会见者留下的印象。更确切地说，他们与那个在2010年科博会上见到女王的年轻学者感觉相同。"我从没特别地想过女王，但能遇见她真是一个很好的机会，"他后来说，"之后我们中的一些人去喝了一杯，这个时候我意识到我在颤抖，心怦怦乱跳。我才明白我刚才做了一件多么不同寻常的事情。"尽管这个年轻人站在医学科研前沿，非常有前途，口才也极好，但他对与女王见面时说了什么却一句也记不起来，也不清楚为何如此失态。他只是说这太不像他自己了，不过他一点也不懊悔，因为他刚见到的不是别人，而是女王！

多数机构或企业如果由同一个人领导了将近60年，即便没有僵化也会停滞不前。但在女王到了大部分人认为该退休的年龄后，英王室却为何能不断进步呢？这不单单是某些人所谓的"戴安娜效应"，尽管官方乐意承认戴安娜王妃对王室一个重要的遗赠就是更大程度的不拘礼节和对"情绪改变"需求的认同。这也使更多的王室成员能松松领口，减轻些压力。

"她不想再重复过去相同的事情，"一位前任私人秘书曾回忆说，"她喜欢更短的欢迎队伍，人越少越好，最好年轻人更多些。"

这些日子以来，女王的微笑愈发多起来，有了更多的时间沉溺于自己的兴趣。如果到某些地方是为了马和孩子，而不是贸易促进，又有什么大不了的呢？现在女王对于时间不那么严格了——这与那个超级守时的伊丽莎白公主真是有了天壤之别。1947年南非之行时，为了保证皇家演出按时进行，她一直着急地用伞柄去戳她母亲的脚跟。"她现在经常迟到，但并不会引起任何人的抱怨。"一位资深皇家记者说道。他们当然不会。因为慢慢地，几乎察觉不到的，气氛就改变了。女王现在已经成了国家宝藏。这种无论是叫蜕变还是叫别的什么，背后没有任何图谋设计。仅仅是从2002年初开始的，那年玛格丽特公主和王太后相继过世。

"最终，"一个家族朋友说，"她成了祖母。"约翰·梅杰爵士也同意王室内府里流行的一种观点："大概在王太后去世后，女王才实际成为'民族的母亲'。"王太后健在时，女王不得不在皇家两代人之间平衡，一方面要保持明智严肃，以控制家族的年轻成员；另一方面又要对自由奔放的母亲密切防护。威廉·肖克罗斯写的王太后官方自传后半部分曾记录了孝顺给女王带来的小小烦恼；虽是烦恼，却也因为出于善意而令人愉快。女王曾给母亲安装了一个简易电梯，帮助她在家上楼，但她没有得到感谢。相反，王太后认为自己可以坐这个装置下楼，回来时再走上去。为了哄劝王太后进高尔夫球车，工作人员可谓绞尽脑汁，直到有人想出聪明的点子，把车涂上她比赛时用过的颜色，她才就范。她的消费也一刻没有停止过。女王曾经收到过一张来自赛马教练的天价账单，上面有小小的手写附言："不好意思，亲爱的。"

当时在大众和媒体的眼中，女王的母亲就是"闪电战精神"活生生的代表，她不可能做错。但这种性格特质并没有传承到女王这里。当然她几乎受到所有人的尊敬和钦佩，但她身上没有这种我行我素的特质。这位君主不是个眼睛闪闪亮的老奶奶,她是英联邦领袖。

尽管在过去的几年中有过一些不带特殊目的的重新评估,但我们没必要把女王想象得非常年迈,她只是越来越不寻常。据前任大法官杰克·斯特劳勋爵的观察,"她从没有表现得像一个老妇人"。现在经历过第一次世界大战的那代人已经基本逝去,二战老兵也为数不多,女王却依然每周三晚上跟戴维·卡梅伦坐在一起,仔细商议国情,就像她过去同温斯顿·丘吉尔所做的一样,因此,这位君主就显得更加不同寻常。所以当年法国总统萨科齐和英国首相布朗疏忽了邀请女王出席盟军诺曼底登陆 65 周年庆祝活动时,引起了公众强烈抗议。但不只英国没接到邀请,这也无关"冷落"或是外交细节的争议。只是这似乎很不靠谱,居然可以忽略邀请这唯一一位真正在二战中穿过制服并依然健在的国家元首。

女王于 2007 年到访美国弗吉尼亚州,参加纪念英国人到达詹姆斯敦 400 周年庆典时,那里当真是一片欢腾狂喜。拥有一个君主自然是很兴奋,但这不是关键。了不起的事实是女王和菲利普亲王在 350 周年庆典时就已经作为贵客光临此地。

同样,2010 年拥挤的联合国大会会堂内全部代表起立向女王致敬也不是在对她的讲话喝彩,而是因为这个特别的演说人在今天一半代表出生前很久之时,就曾站在同一地方向同一机构发表过讲话。她的统治任期不仅跨越了 12 位英国首相,还有 12 位美国总统和 6 位罗马教皇。

像她的先母一样,女王不欢迎任何试图限制她与人见面的尝试,不管出于何种善意。

不过即便如此,还是有人会试着说:"陛下,这事儿悠着点难道不好吗?""我们都这么说,"威廉王子微笑着回答,"我们都尝试同她坐下来沟通。我父亲和她的孩子们经常为此跟她说很多。对于我们孙辈,去跟她说'悠着点'有点困难,她毕竟比我们年长那么多,而且已经做了太多。我们确实暗示过想帮她分担一些事情,可她却干脆装作没听出来!"

那关于"退休"这个词呢?"我从没听到过,"约克公爵说道,"倒不是说这个问题'不公开讨论'。仅仅是没有必要。倒是有更多人关心是否能确保女王现在的计划得以恰当实施。"

今天,仅仅是见一下女王,民众的情感反应也常常连他们自己都感到吃惊。一个典型的例子就是当女王阔别 33 年后于 2010 年再次现身温布尔登网球锦标赛时,人群中一位女性观众为自己的脆弱感到震惊:"哦!天啊!我觉得我当时都快哭了。"

"尽管女王母亲去世后,她倍加思念,但如此一来,她的公众生活显然轻松了许多。"一位前任高级顾问说道,"过去上有老下有小的状况让王室应接不暇。现在,女王已经继承了'民族的母亲'的角色,威廉越来越像一个完美典范,而查尔斯王子处在中间。即便如此,这一角色也很难扮演。我认为女王有时候会觉得非常棘手。"

"当然她会日夜思念她的母亲,因为过去她们每天都交谈,一直互相通信。这组双人搭档有着相当的默契,但作为女王,总是听到别人如何赞美她的母亲,终归不会觉得习惯。"

这位顾问把女王如今的工作方法总结如下:"她很沉静。但我觉得如果你上了年纪,你就会有相当传统的信仰,每天尽力而为,每晚祈祷上苍——那么,即便你因此而受到批评,又有何妨?无论是什么事,如果你并不期待有好的结果,那担忧又有什么用呢?"回想女王超过半个世纪的统治,威廉王子相信他的祖母没有什么遗憾。"对她来说,意识到已经开辟了自己的道路,做得又很成功,很多决定后来都证明是正确的,这一定是种安慰。谁都是且行且弥补。所以当你的决断证明正确后会给你很多信心。你清楚自己在做什么——并且会做得很好;你正在产生影响——这就是关键之处,这种影响会关系到整个国家。"

然而,女王却看不出自己的行事方式有什么出奇之处。2003 年英联邦之行期间,时任外交大臣的杰克·斯特劳曾陪伴女王访问尼日利亚,他情不自禁想到女王只比自己的母亲年轻五岁。有一天国事活动结束后,他评论道:"夫人,请允许我这样说,您真是非常专业。"

"外交大臣,"女王答复道,"想想我已经做了多久,我理应如此。"

对王室来说,近些年可谓顺风顺水,钻石庆典的筹备更是锦上添花。这里也许隐藏着这份新近发现的沉静背后最关键的因素。这一任王室不只是重回正轨、百废待兴,而是在开辟新天地。

极少有王室成员和员工看见女王像 2011 年 5 月第一次对爱尔兰共和国的国事访问那样热心于皇家之行。这是一次外交分水岭,是有关和解与友谊的一次真正有历史意义的活动,短短四天取得的成果就已经超过数年的政治交易。没有其他人能够圆满完成此行。可以说,这是女王自 1994 年俄罗斯之行,或是 1995 年"大不列颠号"驶入新的南非共和国后最成功的一次国事访问。总是能激动人心,提醒人们这就是王室的治愈能力。女王当时的兴奋溢于言表,几乎像是在说:"这才是我的作用。"当时接待她的东道主中还有此行计划访问的对象之一——三匹著名种子赛马,更使得这次国事访问几近完美。

"对此她特别激动,当真翘首以待。那一刻很美好。"威廉王子自豪地说。同时指出他自己过去还能相对容易地"进入"爱尔兰,但这在女王之前的人生中一直都是禁区。"通常出行都会进行大量深入的了解,但她同时也会说'我之前这么做过'。然而,这次爱尔兰之旅为她敞开了一扇大门。她终于能看见门后是什么了。"

威廉王子也提到,这次访问带来双边关系的成功,女王得自于此的满足感远大于任何个人雄心的满足。访问背后有许多个人的潜台词,尤其是有关 1979 年在斯莱戈郡家庭节日中被爱尔兰共和军谋杀的菲利普亲王的表舅蒙巴顿勋爵(Lord Mountbatten)。① 然而,女王和菲利普亲王都没有直接提及这一点。"这是'个人'与'责任'的不

---

① 不只是蒙巴顿勋爵的死亡让女王和王室感到震惊,隐藏在他渔船内的炸弹还炸死了他 14 岁的孙子尼古拉斯·纳奇布尔(Nicholas Knatchbull)、他的岳母多琳·布雷伯恩(Doreen Brabourne)女士,以及一个 15 岁的当地男孩保罗·马克斯韦尔(Paul Maxwell)。尼古拉斯的父母和孪生兄弟蒂姆(Tim)因为受伤严重以至无法参加他的葬礼。

同,二者之间有很大的区别,"威廉王子说,"就她而言,英国和爱尔兰的关系以及问题,是时候放下一切,继续前进了。发生的已经发生,没有人想掩盖什么。我们必须确保做了所有正确的事情,向应该得到安慰的人们表达遗憾,反之亦然。但这跟她年轻时失去了蒙巴顿勋爵没有关系,而是关乎大局。大局就是爱尔兰和英国局势的紧密现状。"

王子对外交需要的迅速理解不仅展现了年轻一代的聪明头脑,也是让女王感到欣慰的原因之一,用一位主教的话说,"我从没见她如此高兴过"。现在女王可以很自信地畅想未来。她身边一直有历史上最有经验的威尔士亲王的支持,同时又完全可以为皇家的新一代才俊自豪不已了。

爱尔兰之行前数日,威廉王子和凯特·米德尔顿喜结良缘,开启了作为剑桥公爵和公爵夫人的新生活。参加婚宴招待会的一些人从没见过女王如此兴奋。有人描述她那天"非常幽默"。而另一人说:"她,实际上,连脚步都变轻盈了。"

婚礼前6周,威廉王子曾应澳大利亚和新西兰总理之邀周游世界。他们想邀请一位高级皇室代表去会见一系列自然灾害的受害者。这次活动临时安排了5天行程,之后王子立刻回到了工作岗位。"我好好睡了一觉,然后就直接回去工作。"这位安格尔西岛基地的皇家空军搜救飞行员说道,"她派人送来了一封最美妙的信,上面写着'祝贺'以及'做得好,你在那儿做得非常棒',这对我意义深远。听上去可能很滑稽,但

新任剑桥公爵和公爵夫人

我们要想从她那里收到信件或是一丝赞许会很漫长,听她说句'做得好'则更为难得。这主要因为这些话语背后是无比的庄严持重。"

即便是最尊贵的游客到访宫殿时也会在王室气魄面前感到谦卑。最宏大辉煌的授勋仪式上,只要有女王在场,任凭多么冷静的头脑也可能焦虑不安。但有意思的是女王在她自己的继承人中间也拥有同样的威严和敬畏。"即使在家族里(偶尔是这样)也是如此,"威廉王子承认,"我常对人们说:'她首先是我的祖母,然后是女王。'她说的话,我都会好好思考,而且真心欣赏。"

这位未来的君主当然认为自己非常幸运,因为在日后的工作中他可以随时请教他的父亲和祖母。之前还没有哪位准君主拥有这么多可利用的经验。"我同祖母的关系越来越紧密,"他说,"作为一个腼腆的年轻人,谈论重大事件会有些吃力。但情况往往是:'这些是严肃的历史问题,而我的祖母是女王,所以没什么好担心的。'随着我渐渐长大,她成为我生命中更重要的部分,事情也变得容易了许多。显而易见,在婚礼的筹备中,她给了我巨大的帮助。"

让威廉王子感激的是女王始终站在他们一边。当这对年轻的夫妇开始做婚礼计划时,发现官方没有询问他们就拟好了宾客名单。"就说订婚以后我参加的第一次婚礼筹备会议吧。有人递给我一张有777个名字的官方名单——高官、地方长官、各行业人士——但没一个我认识。"威廉王子回忆起当初面对官员们这种诚恳而好心的干涉时自己的无助感,忍不住轻笑起来。"他们说:'这些都是我们应该邀请的人。'我看着单子,真正充满恐惧地说:'我想我们得重新开始。'"

最后是女王帮他解了围:"第二天我给她打电话问:'我们一定需要这样做吗?'她回答说:'不。从你的朋友开始,然后以此为起点重新邀请。'她告诉我扔掉原有的名单。但同时她也指出总有些时候你不得不保持必要的平衡。这建议非常关键,因为你知道这是她亲历亲为之后得到的启示。"最终旧名单被及时"装了(垃圾)箱"。而威廉王子在感激之余也吸取了另一个有用的经验,那就是如何在"个人"和"责任"之间寻求微妙的平衡。

然而,他随即也意识到关于婚礼筹备的其他环节完全没有商量的余地。"我当时想自己决定婚礼上穿什么衣服。"他回忆道。作为一位现役英国皇家空军军官,王子当然有选择的权利。但可惜的是他无能为力。"我得到的答复是无条件服从:'不,你必须穿这个!'"

女王刚刚任命王子为爱尔兰卫队上校,这是他迄今为止最高的军衔,女王还授权他领导自己的一支警卫团。女王很清楚她的孙子在大婚时应当身穿他的爱尔兰卫队制服。"所以,这么说来,你不是总能如愿以偿,"威廉王子笑道,"但我相当清楚这是出于好意。她的拒绝是为你着想。所以你照做就是!"另外,作为女王陛下的现役军官之一,他也不能违抗来自总司令的命令。

王子承认有许许多多的事情都想去问女王。但他同时也清楚女王非常忙碌,而且她一直相当信奉实践出真知。"那就又回到了起点,你得试图自己解决,"王子解释道,"我知道如果我问她问题,肯定会得到回答,但也可能被反问得更多。"那像2011年加拿大之行那样的重要任务之前女王是不是会有很多指示呢?"我更倾向'事后报告'而不是'提前报告',"他回答道,"因为前者更容易些,言语中不会表达期望,毕竟那可能会带来压力。"

他知道女王有满腹的智慧和经验供他参考,这对他来说是极大的安慰:"你问到的任何问题,提到的任何事情,没有她不知道的——她甚至比你还清楚。她随时可以应对这类情况。对于我,正在成长的年轻人来说,能够同祖母交谈、咨询并且每次都得到很好的反馈,让人非常安心。"

英国历史上只诞生过三位八旬君主。同是80岁耄耋之年,乔治三世和维多利亚女王已然不能主动左右国家命运。而现任女王的工作日程却在60岁后就再没怎么修改过。负责《宫廷公报》的见习生们也许注意到下午的约见数量稍有降低,海外的国事访问时间有所缩短,在温莎城堡(家庭)的活动略微增多,而在白金汉宫(办公室)的停留略有减少。但比起退出公众视野的维多利亚或是老态龙钟的乔治三世,这些变化完全可以忽略不计,无伤大雅。

官方从不谈及女王退隐或逐步卸任之事。他们认为女王正"充分利用她的时间"。难怪我们心中关于她的经典形象这些年都没有变过。为什么唯有她经久不衰呢?答案似乎总跟健康、信仰和态度有关——当然还应该加上菲利普亲王。

查特里斯勋爵,这位20世纪最具传奇色彩的皇室私人秘书之一,为此做过如下总结:"女王睡眠好,双腿很健康,可以一站站很久。女王的身体非常棒。"因此,她讨厌任何有关她年老体衰的暗示。皇家游艇服役的最后几年里,有一次女王乘游艇绕苏格兰航行,下楼吃早餐读报时,看到了有关她心脏病的传言,当场愤怒不已。有记者看到她出入哈利街诊所,就草草下了结论,实际上她只是去进行常规体检。正巧次日早晨,"大不列颠号"要去一处灯塔游览。一名随从后来这样描述当时的场景:"获悉女王心脏有恙,媒体摄影记者蜂拥而至。我们到达灯塔后,女王自作主张,健步如飞——一路走上灯塔顶端。登顶之后,她向下面的摄影记者挥手示意。传言就此不攻自破。"

因为她一直保持健康,所以当身边的人身体出现问题时,女王并不是总能完全表示同情。玛格丽特·撒切尔某次在年度外交招待会上感到头昏,女王与其说关心,倒不如说是困惑。"外交接待会堂总是闷热难耐、空气不流通。会议已经进行了漫长的一天,撒切尔夫人最后不得不坐了下来。"一名王室成员回忆道,"这时,女王就像航行中的'大不列颠号'一样,从容沉稳地走过她身边,只说了一句话:'哦,看看,(她)这条船又翻了。'"从60年代到90年代一直担任私人秘书,在宫廷服务近30年的威廉·赫塞尔廷爵士(Sir William Heseltine)评价说:"在这方面,女王非常了解自己的身体状况。"

他回忆起女王银禧庆典之行的最后几站在北爱尔兰结束。当时恐怖主义威胁正处在最高点,内阁方面非常焦虑担忧。而且此时王室队伍已经跨越数万英里,见过数百万民众,又平添几分紧张,让大家都有些不堪重负。马丁·查特里斯爵士(当时还不是贵族)之前就已决定,这次将是他的告别演出,阿尔斯特之行结束后他就退休。

"那些日子很紧张。默林·里斯(Merlyn Rees,内政大臣以及前北爱尔兰事务大臣)更是忐忑不安,一直劝阻女王不要出去活动;但她坚持要四处走走,见见大家。"赫塞尔廷说道,"女王与马丁·查特里斯告别后,他在庆典最后一天正式离职退休了。我有一张马丁和我的照片。在最后那几天,大家都筋疲力尽。但即便再持续些日子,女王也没有问题。"

很少有人谈起王室责任所带来的压力,特别是因为这样做会遭到不可避免的尖锐批评:"压力?那些王室成员根本不知道什么是压力。"的确,他们如果不检票,飞机或火车就会乖乖等在那里;他们的工作安全全然无忧;他们永远不用因为遗失行李、违规停车、呼叫中心的白痴状态而郁闷纠结、尖声喊叫。但是与王权打交道不是职业,而是一种生活。"女王知道她不用非得乘地铁,排队等公交,或者应付我们生活中其他一些日常考验,"前任新闻秘书罗恩·艾利森(Ron Allison)说道,"所以这就是她执意照自己理解履行职责的部分原因之一,就像那次在倾盆大雨中访问贝尔法斯特一样。"此外,政客和所谓的名人们对聚光灯总是充满渴望,但王室却绝非如此。正如2011年奥斯卡获奖影片《国王的演讲》提醒我们的,乔治六世不喜欢公开演讲,他的后继者也没有热衷于此。然而,演讲总是在人们期待之中,必须要有。如果说女王这些年的事务变得更加富有挑战性,那么她的演讲并不在其中——相反,演讲内容通常都万全保险,很少提及她自己。一部分原因是正常情况下她是在"建议"下讲话,稿子由大臣、事务官、随从官员以及她自己共同起草完成。有时,所有人的力量联合起来,就可以完成一篇伟大的演讲,例如她在爱尔兰国事访问时的和解发言。① "9·11"暴行后她发给美国的唁电中有这样一

---

① 就连爱尔兰的新芬党主席格里·亚当斯(Gerry Adams)也承认女王在都柏林演讲的"真诚"。她讲道:"对于那些因我们问题重重的过去而遭受痛苦的人,我想表达真诚的想法和深切的同情。历史乃前车之鉴、后事之师,现在我们宁愿当初会有不同结局,或者根本没有发生。"她的开幕词——"A Uachtaráin agus a chairde"(亲爱的总统和各位朋友)——让爱尔兰总统玛丽·麦卡利斯(Mary McAleese)连声感叹:"哇!"

句话，它充满智慧，现在已经成了哀悼时的常用语："悲伤是我们为爱付出的代价。"然而，大部分时候，她和她的演讲撰稿团队犯错也是因为太过谨慎。"女王并不热衷——可能也不擅长——即兴演讲，"一位前任顾问说，"她觉得这样做很危险，事实也明显如此。但我觉得她可以顺其自然，就像威尔士亲王非常擅长的那样，尤其是面对美国听众的时候。她的直觉就是行事须谨慎。谨慎些有什么不好呢？对于从来不像政客般渴望麦克风的人来说，终生强制性的演讲有时一定就像可怕的负担。"

女王少有疲惫不堪的时候，仅有一次发生在1969年查尔斯王子受封威尔士亲王后。那个夏天皇家活动多得让人难以忍受，包括史上最引人注目的王室纪录片《王室》的录制与上映。亲王受封仪式是第一次通过电视转播的王室活动，在煞有介事用有机玻璃搭成的华盖下，一幕充满古老德鲁伊教色彩和中世纪效忠礼仪的童话剧呈现在60年代风格的拍摄镜头前。要知道这发生在威尔士早期分离主义者的恐怖行为背景下。王室成员正竭尽全力展现乐观光明的一面。正如女王后来告诉诺埃尔·科沃德（Noël Coward），她当时一直"强忍着不笑出声"，因为在服装彩排中，她放到王子头上的王冠太大了，搞得他"像根点着的蜡烛被剪灭了一样"。

"前一天晚上气氛相当紧张，我们还在皇家火车上听说有炸弹爆炸。"一位前任王室内府成员回忆道。列车还一度因为炸弹恶作剧被迫停下。受封仪式当天早晨，列车正缓慢驶往卡那封郡，车载电视播放着上一任威尔士亲王的受封录像，王太后试图让大家高兴起来。于是，王子来吃早餐时她开玩笑说："哦瞧，亲爱的，你来晚了，仪式已经开始了。"

但是炸弹在30英里外爆炸的消息并没就此隐瞒（炸死了两个人，据说是制造者）。另一场爆炸发生在卡那封郡堆货场，事实上王室完全可能听到了声音。夜幕降临后，一名士兵又在另一处汽车爆炸中丧生。这不光引起了政治和安全紧张，更糟的是世界各国的目光都聚焦于此。这可以说是自女王加冕礼后精心部署的最大一次王室活动，但却不再有与之相同的包容一切的友善之感。

一切结束后，威尔士亲王开始了威尔士之行，但女王立刻回到了伦敦，随即卧床数日。宫殿方面宣称女王陛下突然"发烧感冒"。已故王室医生罗纳德·博德利-斯科特爵士（Sir Ronald Bodley-Scott）当时建议取消所有的外出活动，包括温布尔登网球观战之行，女王原本计划去看安·琼斯和比利耶·吉恩·金之间的女单决赛。如今，一位王宫高级官员承认其实女王根本不是感冒，而是精神疲惫。六天之后女王才重回公众视野。这次经历让她着实紧张，实属罕见。

即便女王和她的家人清楚危险可能无处不在，他们也不会表现出来，因为这对安保工作毫无帮助。"逻辑会告诉你需要应付的威胁，"一位前任皇家卫队成员说道，"但历史告诉你最大的威胁却往往来自狂热疯癫的崇拜者。"

维多利亚女王曾躲过六次暗杀。她第二个儿子爱丁堡公爵阿尔弗雷德王子（Prince Alfred, Duke of Edinburgh）在1868年王室第一次访问澳大利亚时遭到枪击并且受伤严重，这位未来的爱德华七世还在1899年布鲁塞尔无政府主义者的枪击中逃过一劫。1974年3月，一名恐怖分子试图绑架安妮公主，她侥幸逃脱，但负责保护她的官员却身中三枪。① 公主当时泰然自若。绑匪命令她下车时，她回答："根本不可能。"哈罗德·威尔逊首相在阅读完相关秘密报告后在空白处批注："这是个很好的故事，可惜王宫方面不能公之于众。"女王和威尔士亲王也一直都是枪击的目标——比如，女王在1981年生日的游行，亲王1994年在悉尼一个公园中的经历。在这两起事件中，骚乱分子曾开枪射击，但没有命中，尽管当时没有人知道。2010年，威尔士亲王和康沃尔公爵夫人（Duchess of Cornwall）乘坐劳斯莱斯前往参加皇家文艺

---

① 她的保镖，探员吉姆·比顿（Jim Beaton）后来被授予乔治十字勋章，这已是战场以外对英勇行为的最高奖励。现在他已退休，但仍同王室保持定期联系，还帮助他们营运世界上最高等的俱乐部：维多利亚十字勋章和乔治十字勋章协会。

汇演途中误入一场骚乱,因此遭到袭击。但这对夫妇坚持准时参加了活动。"凡事都有第一次。"抵达时公爵夫人评论道。

危险不仅仅发生在街道上。让人难以想象的是1982年,女王竟然在卧室被一名闯入者惊醒。一系列的安保漏洞迫使她不得不设法同迈克尔·费根——又是一个精神疾病患者——交谈了十分钟。这时才有一名女仆进来喊道:"我的天啊,夫人!他在这儿做什么?""女王并没有因此得到什么赞扬,因为这件事实在太尴尬,根本没法说起,"罗恩·艾利森说道,"在我看来,那仍然是发生在女王身上最离奇的个别事件。"

女王的母亲也经受过同样的恐惧——第二次世界大战最黑暗的那段日子里,一个疯狂的逃兵突然出现在温莎城堡她住处的窗帘后面,"那一刻我的心跳都停止了"。

目前伦敦警察厅的一支秘密团队手中持有一份人员名单,但历史证明其作用有限。除去所有的怪胎和大多数无端暴徒,还有众所周知的一系列潜在威胁,如某些恐怖主义组织。警方知情人士承认,在温莎城堡火灾后数月,有可靠情报显示爱尔兰共和军企图用迫击炮袭击白金汉宫。女王随后得知这一消息,但拒绝改弦更张,更不必说临时转移了。

"美国人或是以色列人的方法完全不同,"一名皇家高级安全人员称,"他们并不冒险。一旦有袭击,他们的回应是镇压。但我们试图管理风险。并且,无论情况如何,王室都希望是暗中保护,不要那么张扬。部分原因是他们所做的是他们口中的'幸福事业',另外,他们也不想让人们抱怨周围有太多警力。"90年代后期,女王的私人秘书罗伯特·费洛斯(Robert Fellowes)事实上还曾呼吁郡警察局局长指导他们的警官在维护王室活动治安时不要那么高压粗暴。

这是皇家悖论的另一种表现形式。他们怎么能有权享受所有这些代价不菲的保护措施?但我们必须不惜一切代价保护他们。经历过相似处境的政客自然会对此表示同情。"13年来,我一直身处保护之下,"一位前任工党内阁大臣说道,"警察当然伟大,但他们也确实占据了你的空间。我妻子正祈祷这一切赶快结束。但对于王室而言却是无期徒刑。"

皇家传记作家伊丽莎白·朗福德（Elizabeth Longford）写道：女王的生活"扎根于身体和精神上的勇气"。提到皇室的冷静，人们很难想象，在某个不太平的时期，当一块水泥砖从贝尔法斯特摩天大楼掉落到她车顶上时，女王只是耸耸肩，观察了一下说道："这车很结实。"

毫无疑问，这种强大的斯多葛坚忍主义是遗传而来的，一定植根于女王战争年代的童年，那时她的家庭生活终日处在德国纳粹的暗杀和绑架阴谋等持续不断的恐怖活动中。最近肖克罗斯在传记中披露了伊丽莎白王太后的战时书信，王室像其他家庭一样，也曾担忧、恐惧、迟疑不决，但他们会有温斯顿·丘吉尔来串门给他们完整讲述战局如何残酷。这些书信很是诚实、谦逊，有时也非常有趣，很讨人喜欢——"老朋友，打倒纳粹！"——更多时候又很动人。比如下面这封特别感人的信，当时是1944年，伦敦正遭受大量飞弹空袭，女王母亲在信中指点伊丽莎白公主，万一她有疲惫不堪或遭遇不测时应该怎么做——"不要发火，遵守诺言……"甚至在最低谷的岁月，这位战时女王也从没想过撤退到更安全的海外领地。这一范例日后被她的女儿忠实地加以继承。

女王不喜欢对抗，尤其是跟她的首相们对抗。但如果涉及她自己的安全问题，她随时准备与人争论。1964年因为分裂动荡，英内阁曾建议她不要访问加拿大，但她完全不顾这些劝阻，毅然前行。1979年，新西兰总理罗伯特·马尔登（Robert Muldoon）力劝她不要参加卢萨卡英联邦峰会，因为那个城市最近刚遭到罗得西亚（今津巴布韦）的飞机轰炸。她也全然不顾。最有争议的就是1961年她计划访问加纳。因为之

哈罗德·麦克米伦于1957年至1963年出任英国首相

前的炸弹事件和国内动乱，英国国内对此广泛关注。许多议员和大部分媒体要求取消活动。首相哈罗德·麦克米伦已几乎同意取消——议会都支持延期。他后来把这段时间称为"我生命中最费劲的一周"。之前君主历来遵循首相的建议，但这一次，女王却决不妥协，以至于近乎演变成了一场宪政危机。女王坚定不移。回忆起这段经历，麦克米伦写道："如果当时压力太大，政府和人民决意限制她的活动，我认为她也许会放弃……但她热爱她的职责，有意成为一位女王而不是傀儡。"其实女王明白自己的义务所在，她曾在两年之前取消过一次访问（不是毫无理由，因为她当时怀着安德鲁王子），但她同样也非常清楚地缘政治的形势。加纳是原英国殖民地，而赫鲁晓夫领导的苏联一直想将其划入势力范围。麦克米伦和美国总统约翰·F. 肯尼迪（John F. Kennedy）都坚持认为加纳易怒的独裁者克瓦米·恩克鲁玛（Kwame Nkrumah）应该对西方保持友好。女王也一样。正如她跟麦克米伦所说："如果我因害怕而放弃访问加纳，然后赫鲁晓夫去了并受到很好的接待，那我看起来该多愚蠢啊。"

结果，这次旅行取得了巨大的成功。麦克米伦拿起电话跟肯尼迪总统愉快地宣布："我已经押上了女王。现在轮到你拿你的钱下注了。"一个月后，美国同意支持庞大的上沃尔特（Upper Volta，今布基纳法索）大坝工程。至此，苏联对西非的诱惑才告一段落。

每当安全形势恶化时，就会听到女王回答："我不得不去，人们见到我才会相信。"在最近一次私人午餐会上，她的观点依旧非常实际。"我不害怕被杀，"她说，"但别把我弄残废。"

回望女王的一生，唯一看上去可以困扰她的事跟机器有关。她不怎么喜欢协和式飞机，只使用过四次；并且很多年都拒绝乘坐直升机旅行，在女王前任专机队长英国空军准将约翰·布朗特（John Blount）1963年一次执行任务中殉职后更是如此。直到1977年的银禧周年纪念，她才最终被说服坐上一架直升机，但也只是飞越北爱尔兰的一部分，因为地面上存在恐怖威胁。目前可以由皇家永久使用的唯一飞机是一架租用的西科尔斯基直升机,她经常使用它。不管怎么说,她身边都是直升机驾驶员。菲利普亲王早在1956年就学习了驾驶直升机,安德鲁王子是皇家海军的直升机飞行员,威廉王子和哈里王子也追随他——分别为皇家空军和陆军效力。威尔士亲王甚至还参与过一次直升机紧急迫降(但王宫方面不愿让此事公之于众)。"那是一次放松之旅的尾声,我们正准备飞出埃克塞特机场,"伊丽莎白·布坎南回忆道,"向郡长告别后,我们就起飞了。我倒了一杯水,突然发现它向侧面倾斜,这时飞行员非常冷静地说一个引擎坏了,我们不得不返回并且紧急降落。我想:'好吧,明天可能就会有无关紧要的报道说有人死于皇家坠机。'但是亲王关心的是今晚有人前来赴他的家宴,这下他得乘车从陆路回家了。他只是说:'哦,该死,我还想晚宴前在花园逛逛呢。'"

  无论高峰或是低谷,日常的王室生活都可能令人感到单调乏味,但不是说女王会抱怨。"在为她工作的20多年里,我从没听她说过'那是最无聊的一天'或是'天啊,那个市长可真烦人'之类的话,"一位前任私人秘书说道,"如果有人不太明智地说:'夫人,看起来午餐进展会很枯燥。'她会回答:'你难道没有意识到这家伙的父亲是我父亲贴身男仆的儿子吗?'或诸如此类。女王总能发现让她感兴趣的事情。我也从没看见她在哪场约见或出访的中间打盹儿。记载在案的可能只有一次。① 想想看,这很让人佩服。我记得在一次加拿大原住民舞蹈表演中,我从头至尾都在熟睡。要是有人想对此加以总结,我想那只能说明她有极强的自律能力。"

  如果说女王感觉不到她的一些遭遇乏味之至,让人瞌睡连篇的话,那她就不是凡人了。但是,正如菲利普亲王所观察到的:"女王的忍耐力非同一般。"她还能从最单调的事情中注意到最微小的细节。

---

  ① 2004年对德国的国事访问中,有人发现女王在出席杜塞尔多夫大学的一次活动时打盹儿了。当时她正听一场讲座,题为"使用磁铁的生物和医学新视野"。

马尔科姆·罗斯先生也有同感:"这是她最令人惊异的技巧之一。她有时从授职仪式出来后会说:'你看到穿红袜子那人了吗?'我就想:'她是怎么看见他的?'有一次她出来对我说:'为什么在走廊里会多出来一个音乐指挥呢?'事实上,那个人一直坐着,很难被注意到。而且他是一个新手,想要见见世面。女王未曾忽略任何事情,尽管她有多达 120 张面孔需要留意。"

女王敏锐的观察力使得每个人都小心翼翼。罗恩·艾利森说,女王有时甚至会帮助他工作。在一次教堂礼拜仪式上她看见一个流氓摄影师溜进一个他不该去的地方。这时,她仅仅扬了下眉毛,轻轻地动了下头就引起了艾利森的注意,最终指引他找到了那个无赖。

如同爱在最刻板的情形下发现不寻常的细节一样,女王也很喜欢意料之外的事情。"作为一个外交官,你总是担心会出差错,"赫德勋爵(Lord Hurd)说,"但你想不到王室也会这么好奇,甚至希望出些什么意想不到的小插曲。夜深人静的时候,他们可能会聊道:'你看见那个没系衬衫扣子的小伙子了吗?你看见站左边那个人绊了一跤吗?'……"

女王乐于享受这些偶然即兴的小插曲,但她对他人的尴尬也很敏感。如果有人犯了无心之过,不管多么引人注目,她都愿意尽快翻过这一页而不是耿耿于怀。2011 年 5 月曾有过令人苦恼的一刻,巴拉克·奥巴马(Barack Obama)总统在他国宴演讲尾声向女王敬酒,但随即又继续讲话。这时,苏格兰卫队的管弦乐团已经开始演奏国歌,当双方都意识到时已经太迟了,但无论谁都不可能停下。等双方结束了,女王只是转向她的客人回复说:"这非常好。"

在某次抵达拉纳克郡进行会见的时候,女王注意到当时的郡长克莱兹米尔勋爵(Lord Clydesmuir)遇上点麻烦,他自己和佩剑都卡在了前方负责引领介绍的车中。就在这一尴尬时刻,女王打破了这个棘手的仪式僵局,走向欢迎人群,伸出手,说道:"我的郡长好像遇上点麻烦,从车里下不来了,所以我最好先自我介绍。我是女王。"

在唐宁街工作的岁月里，约翰·梅杰夫妇（John and Norma Major）曾举行晚宴来纪念爱德华·希思爵士（Sir Edward Heath）的80大寿。"女王来了，特德（希思的昵称）却在诺尔马·梅杰和女王中间睡着了，"梅杰愉快地说，"我记得我对陛下说：'特德已经睡着了。'她回答：'我知道，但不用担心。他过会儿就醒了。'确实如此。随后女王又继续同他愉快地交谈起来。"

在女王的任期中，曾有人抱怨说她的微笑不够多。但皇亲兼前任侍女帕梅拉·蒙巴顿女士（Lady Pamela Mountbatten）指出，如果女王在所有时间对所有人微笑，那她现在肯定会得肌肉痉挛症。

爱德华·米尔佐夫在1991年绝大部分时间都在近距离拍摄女王，他说女王的情绪——以及她的微笑——取决于那些她所见之人给她的反馈。"有些时候她会得到好的回应，接下来一切便自然流畅，"他回忆道，"但有些时候人们会在那一刻紧张得不知所措，甚至冷场。此时她便会继续谈笑风生，并且她很清楚这一点——也喜欢这一刻能被媒体捕捉到。"

"告诉你吧，女王真是令人愉快，"一位定期拜访王室的尊贵客人说，"那张深藏不露的面孔背后隐藏着敏锐的智慧和幽默感。"

在她前任私人秘书罗伯特·费洛斯爵士（现为勋爵）的告别派对上讲话时，女王的笑容绝无阿谀奉承之意。"罗伯特是我私人秘书中唯一可以和我手挽手的。"她如此宣称（费洛斯是她的教子）。女王喜欢不露声色的幽默，就像另一位私人秘书威廉·赫塞尔廷爵士那样。当她在巴尔莫勒尔小木屋吃过中饭后开始收拾时，爵士的一句话迅速引来王室一片欢笑，他说："伊丽莎白女王曾到此打扫……"

有时，她的问题在于需要收敛而不是展示她的愉悦。她执政初期曾去牛津大学三一学院访问，但后来场面变得相当混乱。先是郡长麦克尔莱斯菲尔德伯爵（Earl of Macclesfield）在午餐时昏倒，紧接着是他的妻子，她以为他已经死了。正如迈尔斯·杰布（Miles Jebb）在其郡长历史中所述，随后一个学院仆人在混乱中被绊倒在地，洒了一托盘的饮料。而这一时刻,女王却相当沉着,最终评论道:"今天我们的午餐非常美妙。看,这里到处都是动物的躯干!"

一句无心之语就能让女王在回家的路上咯咯地笑个不停。例如,多佛市长有一次向她展示玻璃盒里面一些古老的徽章时,女王问道:"你什么时候戴上它们?""只有在特别的场合。"他回答。(还有比见到女王更特别的场合吗?)前任保守党内阁大臣马尔科姆·里夫金德爵士(Sir Malcolm Rifkind)曾作为苏格兰事务大臣陪伴女王前往斯特灵城堡。"当时一直进行修复工程,女王问工长:'什么时候全部竣工?'后面传来回答:'您任期内是来不及了,夫人。'别忘了女王是以任期长闻名的!"

恰当的幽默总是让人念念不忘。政府高级党鞭,通常被称作女王陛下内府副总管,有一项由来已久的职责,就是要写"消息"。实际是记录下议院每日工作进程,为君主阅读提供方便。在 90 年代中期约翰·梅杰领导下的保守党政府,这一任务落到巴尼特区议员悉尼·查普曼(Sydney Chapman)肩上。[①] 随着托利党"回复本原"的道德改革运动以连续的个人丑闻而失败,这位议员发现自己有一天写"消息"时竟不知如何措辞了。"那是议院非常安静的一天,"查普曼说,"丑闻仍在继续,于是我写了这样一条,还是以传统第三人称说:即使是陛下的副总管也曾梦想他自己能卷入一场丑闻,正给一位住着大房子、身份显贵的已婚妇女写秘密纸条时被逮个正着。我想我可能有点过分了,但显然一切正常,因为我随后接到了宫殿里某人友好的电话:'这里每个人都希望自己现在是悉尼·查普曼。'"这当然没有对他造成任何影响。而且他最终卸任时,还立马被授予了骑士爵位,在当时这项殊荣是独一无二的。

当权者常常会说,高处不胜寒。有些时候女王倾向于寻求她的宠

[①] 每当女王出席国会开幕大典时,副总管要作为人质暂时扣留,他或她必须一直在白金汉宫直到君主归来。正如悉尼·查普曼爵士承认:"其实也算不上什么互换。"

政治名人传记

恩格斯传
作者：[英] 戴维·麦克莱伦
出版时间：2017-03　字数：65千字
ISBN：978-7-300-23547-9
　　英国著名学者戴维·麦克莱伦撰写的关于恩格斯生平与思想的简明传记。

林肯传
作者：[美] 理查德·布鲁克海瑟
出版时间：2017-03　字数：226千字
ISBN：978-7-300-23545-5
　　该书是非常特别的一本林肯生平传记，引用了许多林肯的演讲和信件，展现了他在领导拯救联邦和结束奴隶制的伟大斗争中，如何追寻先辈们的足迹。

曼德拉传（最新版）
作者：[美] 查伦·史密斯
出版时间：2017-03　字数：144千字
ISBN：978-7-300-23546-2
　　该书是曼德拉亲自授权的传记，生动描述了曼德拉追求平等、正义和自由的光辉一生。

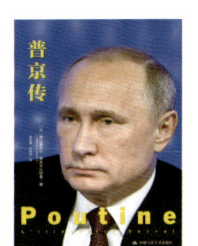

普京传
作者：[法] 弗拉基米尔·费多罗夫斯基
出版时间：2017-03　字数：129千字
ISBN：978-7-300-23690-2
　　该书以传记形式为读者勾勒出普京各个时期的画像，从其童年的经历到登上权力巅峰，从他的性格特征到家庭婚姻生活，均有细致的描绘。

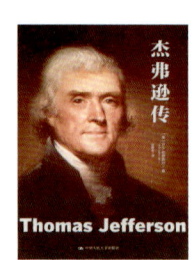

杰弗逊传

作者：[美] R. B. 伯恩斯坦
出版时间：2017-03　字数：160 千字
ISBN：978-7-300-23544-8

　　该书被誉为迄今为止关于杰弗逊的最佳短篇传记。

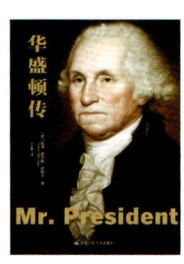

华盛顿传

作者：[美] 哈洛·贾尔斯·昂格尔
出版时间：2017-03　字数：156 千字
ISBN：978-7-300-23543-1

　　该书被美国《国民评论》誉为"可读性最强的美国历史学家作品"。

我们的女王：伊丽莎白二世

作者：[英] 罗伯特·哈德曼
出版时间：2017-03　字数：343 千字
ISBN：978-7-300-23548-6

　　该书是英国女王伊丽莎白二世的权威传记，讲述了王室内部、女王与大臣、女王与民众之间许多鲜为人知的故事，描绘了女王的日常生活点滴。

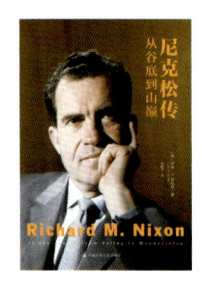

尼克松传：从谷底到山巅

作者：[美] 卢克·A. 尼科特
出版时间：2021-04　字数：169 千字
ISBN：978-7-300-29201-4

　　尼克松是美国历史上最有争议的总统之一，该书简述了尼克松跌宕传奇的一生。

物狗或驯马的陪伴。她头脑中有时会有紧迫的事情，却注定无法同最接近自己的人交流。但是她喜欢把学院的方法带到工作中。"她认为自己是团队的一部分，"一位前任私人秘书说道，"她是一位非常棒的同事。我从她身上学到了太多东西，比如：耐心；关注细节又不至于太挑剔；三思而后行，但一旦决定，就不能动摇变化，不要像风向标一样摇摆。对于为她工作的人们，她总是表现出无条件的诚恳。人们远不知晓她有时对自己的人是多么忠实可信。"

也许这在潜意识里与军事相关。女王来自一个军人家庭并且她自己也曾服过兵役。在她旗下，王室内府最接近正规军队。当她的职员行动时，她希望成为那个团队的一部分而不是一个旁观者。团队精神的最好体现是在出行中。

皇家游艇"大不列颠号"外出巡行的时候，有时会有一种远足的氛围。麻雀虽小，五脏俱全。罗恩·艾利森回忆，每个人有各自的角色和作用。对于来访的客人而言，登上"大不列颠号"可能会有些焦虑不安。艾利森和当时的女王专机队长英国空军准将阿奇·温斯基尔（Archie Winskill）负责调节气氛，让客人们轻松随意一些。"当然，我们不是宫廷小丑，但如果女王在游艇上招待客人，我们会稍微打破一下僵局。这跟放肆粗鲁不沾边，我们可能会互相开开玩笑，这样在场的其他人会觉得放松点没关系。"在漫长的一天结束后，女王也喜欢踢掉鞋子，好好放松下来，跟她的职员们打听交流一天下来的所有内部信息。"她总想成为其中一部分，从不错过一件事。"艾利森回忆道，"回到游艇上，她也许会说：'我注意到你同当地的记者相处得不错。'我会说：'是的，夫人。''我还看见你没少帮助那位为当地报社工作的金发女郎……'"

出访时，女王总是让她的外交大臣或高级外交大臣伴随左右。赫德勋爵是其中一位经验丰富的老手，他总是很享受一天行程结束后的反思。女王不但喜欢自己在旅行中的指挥官角色，有时也会像母亲一样对待她的军队。在2004年对俄罗斯的国事访问中赫德勋爵得了特别严重的感冒。"女王打发我上床睡觉,"他笑着说,"我当时很难受,然后她说:'我认为你的岗位现在是在床上,外交大臣。'还给我开了扑热息痛类的药,很快我就康复了。"

在女王执政期间,这种团队精神在最混乱的国事访问中显得尤为必要。1980年,女王的地中海之行最后阶段,是首次对摩洛哥和独裁善变的哈桑二世(King Hassan Ⅱ)进行访问。媒体称此行为"地狱之旅",真实细节之前从未透露。这是女王过去60年统治中所采用的各种王室技巧的一次有力展示。

摩洛哥是女王在意大利和北非两周之行的最后一站。此次旅行已经为女王展现了一些新鲜的挑战,尤其是在阿尔及利亚尝到的那道有趣的主菜。"我注意到女王面对烤羔羊却没有餐具时的特别表情,"时任外交大臣随船出行的赫德勋爵说,"羊肉很烫,所以她四处寻找勺子、叉子或是刀来对付它,但却没有这样的东西。然后她意识到可能她应该用手抓着吃,结果她真这样做了。"

即便如此,对于下一站摩洛哥来说,这也不算什么充分准备。"这是一次独一无二的国事访问,因为事先安排好的事情实际上一样也没按计划进行,"一位同行的外交部官员说,"即使是按计划进行了,地点也已是不同的地方,很可能已是几百英里之外。"

哈桑二世曾从若干起暗杀活动中幸免于难,包括9年前在他自己生日宴会上的大屠杀,因此,他的行踪总是刻意古怪。"他是总像猫一样蹑手蹑脚的人物,你甚至觉得他会在任何时刻扑向你。"一名英国外交官说,"可以接近他的唯一方式就是通过宫廷大臣,一个叫穆雷·哈菲德(Moulay Hafid)的小伙子,他实际上是大维齐尔(Grand Vizier),也是个令人恐惧的家伙,戴土耳其毡帽和黑色眼镜,只和女王的私人秘书菲利普·摩尔(Philip Moore)对话,从不把外交官放在眼里。"

即使是退役的英格兰橄榄球国际运动员菲利普·摩尔在世,从女王到达那一刻起也没有能力控制行程。午餐地点随时从一个宫殿换到另一个。还有一次户外活动，甚至连午餐也没有准备。国王离席去训斥和指挥他的厨师，把女王留在太阳下坐了几乎一个下午。他再次出现时带来了一些食物，但那已经是傍晚5点左右。

在国王的国宴上，女王着华服准时到达，却发现一直谈论的皇家宫殿大门紧闭。温文尔雅的鲁珀特·内维尔勋爵（Lord Rupert Nevill）——菲利普亲王的私人秘书和密友——不得不使出浑身解数哄王室开心，将近一小时后，国王才现身。这位哈桑二世着实让大家对"lady-in-waiting"这词有了新的认识。等候期间，鲁珀特勋爵设法搞到了一杯干马提尼，通过汽车窗户递给了女王。女王可以愉快平静地忍受所有这些怠慢。然而，她却不能忍受国王慢待她的员工。有一次，在另一场迟来的餐会上，国王指着女王当时的助理私人秘书罗伯特·费洛斯对女王说道："就是这个人应该对这恐怖的混乱负责任。"就在这一刻女王说了那句著名的话："请别这样说我的员工，非常感谢。"正如一位英国外交官所说，谈话自此就结束了，哈桑再没吭声。

同一天晚些时候还有一场君主间面对面的较量。女王为回报国王的盛情款待，准备带他去参观英国出资为残疾人设立的莱纳德柴郡中心。"国王也是军队指挥官，"一名随从解释道，"他认为去参加这种活动有失身份。所以他告诉女王现在太晚了，不能去了，他会把她送回下榻宫殿。"女王断然拒绝。"那好，既然如此，你停车吧，"女王回答，"我和我的保安人员去。"最后护卫按时把女王送到了那家慈善中心。

虽然如此，国王的行为也并非反英或是反对女王。他对所有的客人都是一样飘忽不定，并以此著称。多年以后，西班牙王后索菲亚（Queen Sofia）描述自己的摩洛哥之行像"一场噩梦"，并且谴责国王明知道她是素食主义者还用羔羊肉点缀她的食物。英国女王伊丽莎白二世这次出行看起来已经相对轻松容易了。显然，一些随从人员似乎已经开始享受这些有点离奇的遭遇了。但英国媒体却不怎么高兴。"我从没有如此心烦过，"英国广播公司的基思·格雷夫斯（Keith Graves）告诉女王的新闻秘书迈克尔·谢伊（Michael Shea），"你要认为你见了鬼？那我们又怎么办呢？"

哈桑有关礼节的闹剧在访问最后一晚达到了高潮，当时女王准备在"大不列颠号"上主持为国王举行的欢送宴会。"这时，哈桑的宫廷大臣出现了，说如果宴会能推迟几小时国王将非常感激，"赫德勋爵说，现在想到这一幕仍有些难以置信，"真正的原因是他出于安全考虑正迅速从一个宫殿转移到另一个。"这时，女王有权也有理由立即扬帆而去。然而，她只是平静地解释说这项活动不能推迟。"她没有屈于威胁而被迫更改宴会时间，因为所有的客人已经都按时到达，"赫德勋爵接着说，"但随后女王表示：'如果国王陛下迟到了，我很能理解。'"

国王居然迟到了 54 分钟，而且还有了更进一步的问题：不速之客。"国王同一些王子一起到达，主要是他的堂兄弟。他们并没有在邀请之列，所以我们不得不到处寻找额外的刀叉。"赫德勋爵说。据另一位客人回忆，国王来的时候自己带了冷藏的食物，以防有人试图给他下毒。他还因为赠予他部分家人的英国荣誉勋章中不包括骑士爵位而勃然大怒，但实际这是很久以前双方就已经敲定的事。

此时，女王已经对老怪物有了更多好感。"当时女王的话意味深长，"王室内府一名成员说道，"她之前给国王的孩子带了些玩具。所以她对他说：'哈桑，你把那些玩具给你的孩子们了吗？'他说：'不，我还没顾上。''哦，哈桑！'她故作绝望地喊道，'你真是不可救药！'这一幕很是动人。女王以牙还牙，让哈桑搬起石头砸了自己的脚！"

正如赫德勋爵回忆所说，国王事实上是害怕女王的。对他的人民而言哈桑二世也许是恐怖的独裁者，但即使是他也意识到对这位女王要礼让三分。晚宴期间，国王竭尽全力去讨好女王，但仍旧在缺少骑士爵位问题上对她的官员怒气相向。"他甚至开始嗤笑起哄，说我该解雇现任英国驻摩洛哥大使了，"赫德勋爵说，"而那个可怜的人原本第二天将在甲板上被授予爵位。我完全不知所措，就去找菲利普亲王商量，亲王得知大笑起来说：'你什么都不用做，等到明天吧。'"

果然，风暴平息了。"第二天，目之所及都是微笑，"赫德勋爵说,"我们向他们告别,对方送了地毯和其他一些礼物。""大不列颠号"外面的甲板上,英国大使西蒙·道巴恩(Simon Dawbarn)也顺利成为西蒙爵士并继续在摩洛哥度过了两年。

女王及时地给哈桑国王发了封感谢信,赞扬"其无比温暖和他的盛情款待",并补充说:"陛下对我们的项目是如此感兴趣,让我们尤为感动。"这成为一个教科书范例,即关于如何组织一次国事访问,使其免于一场外交灾难。在中东局势再度紧张时,英国当然不想同阿拉伯世界中一个更亲西方的国家进行高调争吵。但挽救此次访问的是女王自己。在极端的威胁与压力下,她都没有发脾气。同样地,在一些原则问题上也拒不让步妥协——例如,保护自己的员工,支持慈善事业,不让人们失望。至今,这仍是外交上的经典。更重要的是,这为王室提供了足够的逸事和恐怖故事,可以让他们谈论很多年。当然不会乏味无趣。"这很有意思,"女王团队的一名成员说,"你知道,我觉得她实际上相当享受这次旅行。"

Ⅲ
危机挑战

"我们必须把性和资金的问题撤下议程。"

2012年5月19日，女王在登基60周年庆典阅兵现场

威廉王子或许更喜欢待在其他地方。但他不得不在一年当中最炎热的一个下午穿上深色西装，而此时英格兰足球运动员正要参加一场关键的比赛。作为足球协会的主席，这位未来的剑桥公爵更希望自己现在可以观看这场比赛，即便不能亲临现场，看电视转播也好。但偏偏就在开场 37 分钟后，他必须放弃收听汽车里的广播评论，步入皇家节日音乐厅去接见来自全球的 700 位杰出人士。其中包括 10 名诺贝尔奖得主和万维网的创建者，他们正等着会见王子。即使与一个在地理学领域获得三个 A 等和高级二等学士学位的小伙子闲聊也要进行额外的准备。不能随便对忠实的支持者提出"你是做什么工作的？"这样的问题，因为在这种场合下即便是留着胡须、身穿破旧夹克衫的绅士也有可能是杰出的世界级 DNA 专家。

幸运的是，王子并不是孤身一人。这是一次家庭集体出行。事实上，除了数月之后将要举办的婚礼以及像女王生日阅兵这样的传统国事活动以外，其他活动在王室出席规模上都无法与此次相提并论。这是领先世界的英国皇家学会（Royal Society）成立 350 周年的庆典聚会。这一机构非常著名，不用说我们也知道它都由哪些部分组成。庆典盛大隆重，这不是一个聚会，而是一场"集会"。气氛欢快活跃。这是一个独特的科研机构，由查理二世本着"提升自然知识"的目的而建立。艾萨克·牛顿和查尔斯·达尔文曾经是该学会的成员，目前的 1 400 名成员中有 74 名是诺贝尔奖得主。在这 350 年的大部分时间里，皇家学会与王室关系紧密且富有成效。如今，学会成员对王室第三代表示欢迎，承认威廉王子作为王室的一员，此举将进一步加强两者之间的联系。这对于皇家学会的保护人——女王来说，同样是值得骄傲的一天。

王子要在座无虚席的皇家节日音乐厅演讲，他看起来非常放松。"我不知道为什么站在这里，"他谦虚地对欢迎委员会说，"我的手脚也很笨拙，所以我很可能第一个弄脏你们的350周年纪念册。"这番话使在场的气氛活跃起来，每个人都笑了。肯特公爵早就到场了。大公主在演讲开始前最后一秒冲了进来，大方地解释说她的列车在史云顿出现了故障。随即每个人都变得严肃起来。原来是女王和菲利普亲王已经到场，由盛装的英国科学家兼剑桥大学三一学院的院长——拉德洛的里斯勋爵（Lord Rees）护送而来。除了享有贵族和爵士的头衔以外，里斯勋爵15年来还一直出任皇家天文学家这一古老职位，并且还享有功绩勋章，全世界也仅有24位才华出众的学者享有这一荣誉。威尔士亲王曾就读于他的学院，32名诺贝尔奖得主是他的校友，学院以他们为荣。今天恰好是里斯勋爵的68岁生日，他又荣获了一个新头衔——英国皇家学会主席，就连他看起来都有些紧张。

首先，王室成员和皇家学会成员列队开始照相。阵容相当惹人注目！照片上的27个人中，26个有贵族头衔——大到女王，小到教授。甚至连剩下的那一个——菲利普·拉弗斯（Philip Ruffles）先生的名字后面都带有司令勋章、皇家工程院、皇家学会会员、英国大学国际课程教育机构（RDI）等的缩写。组织者授意乐队在女王进入礼堂时吹奏小号，宾虚风格的序曲随即此起彼伏，把科学的世界呈现在大家面前，王室成员也站到了舞台上。这是一种奇妙的氛围。远程控制的企鹅形状的氢气球飘浮在礼堂周围。女王面前摆放着一根权杖和一个墨台，这分别是查理二世和乔治三世赠送给学会的礼物。此外还有一座钟，是女王在皇家学会300岁生日时亲自赠送的礼物。女王和大臣为威廉王子宣读研究员荣誉状。他因为"成长中的领导才能"和"激发青年人科学兴趣的能力"得到了广泛的认可。王子用羽毛笔蘸了蘸曾曾曾曾曾曾祖父的墨水台,在这部已有 350 年历史的小册子上签下了自己的名字,并没如他所说弄得一团糟。随后,他走上了演说台宣布:"我们这代人,必须充分地接触科学,而不应该故步自封。"注意到父亲和祖父都是等到了 29 岁才获得这一殊荣,他又补充说:"我今年 28 岁,这仅仅说明了地理学专业的优势。"

台下响起了热烈的掌声,但绝不仅仅是出于礼貌。科学世界和"王冠"之间这条古老的纽带在今天得到了及时的更新。这非常重要,因为很明显今天有一名缺席者。如威廉王子所说,威尔士亲王也是皇家学会的一名成员。因有公务在身,他没能到场观看自己的长子正式接受皇家学会会员的殊荣,而是在半英里外的消费品论坛上做演讲。不过,众所周知,他和学会之间曾经发生过小的口角。针对转基因食品这一话题,威尔士亲王和皇家学会有不同的立场。威尔士亲王对此表示坚决反对,而皇家学会则谨慎地支持。这就是科学家们今天在这里看到王位继承人的嗣子而感到如此高兴的原因,这意味着即使学会失去了下一任君主的青睐,也会在随后的继任者统治期间重新获得信任。

尽管立场明确,但今天活动的目的自然不是当众争论。里斯勋爵的欢迎辞内容丰富,其中只是说:"我们必须要与担心转基因作物'会很快消失'的人抗衡。"更多的话并没有说出来。庆典之后紧接着就是另一个里程碑事件的公开庆祝活动,即君主立宪制度建立 350 周年纪念——自圆颅党人遭到驱逐,查理二世结束流放重返王位的那个夏天起,已过了 350 年的时间。无论以何种标准衡量,这都算得上是大型纪念活动。但事实上却似乎被完全忽视了。除了收藏者会从皇家铸币局得到面值 5 英镑的纪念币以外,再没有其他官方活动来庆祝现代君主制的诞生。女王的钻石周年庆典也即将来临,但她不想把王室的周年庆典搞得太过夸张(这位君主还取消了一套以她 70 岁生日为主题的纪念邮票,理由是不想小题大做)。因而今天这一活动可谓女王向王室复辟最为隆重的一次致敬。

王室的关注令科学家们感到高兴。有时普通民众会把王室跟非理性的陈旧思想挂钩而不以为然,但此刻在场的可谓是当今世上最理性的头脑,他们并不同意这种观点。"我认为这些成员都挺理智,也许,除了我不愿提到的那个人以外,"里斯勋爵随后俏皮地说,"他们都有象征性的重要意义。爱丁堡公爵就一直坚定地拥护科学。威廉王子或许不是科学家,但他对科学的兴趣使他在学会中占有了一席之地——这对他自身和我们大家来说都很重要。"科学大臣戴维·威利茨(David Willetts)则在反复思索着历史上的类似情况。"这非常有趣——这个理智、思想开明的组织竟然始终和君主制一起拍拖,"他说,"这只能说明君主制意味着开放与光明,与蒙昧黑暗毫无瓜葛。"

威廉王子离开庆典时,足球比赛早已结束。这位足协主席走向轿车的时候收到了第一条赛况报道,是由人群中某个精神亢奋的人提供的,他一下午都待在酒吧,此时正在那里大声嚷嚷着赛事概要。第二天,大部分报纸都在报道足球方面的新闻。也有一些报纸刊登了威廉王子在皇家学会的照片,但文字部分还是聚焦在他没有观看比赛这一事实上。不过王室对此也没什么抱怨。这一事件清晰地展示了今日的王室景象:祖孙三代正操持着古老的皇家事务,毕恭毕敬,以礼相待,让人感觉忠实、可敬、沉稳。而且任何出版物都没有提到威尔士亲王的缺席。要是在几年前,肯定会出现带有"冷落"或"王室不合"字眼的头版头条——王子与家庭,或者科研机构,或政府不合,或与三者都产生了分歧。而如今,他对转基因作物的观点众所周知,已经不再是新闻素材了。同样,也没有人再去争论他作为父亲是否称职。他在消费品论坛上的发言——零售业对环境有何帮助——在零售领域引起了广泛的关注。但关键是他缺席皇家学会的庆典没有被媒体炒作。

在英国皇家历史中,过去的几年是一段快乐的时光,在此期间一场盛大的婚礼标志着一段历史的结束和新篇章的开始。女王继续做她一直所做的事情,仍不向年龄屈服。因此她不仅受到人们尊重,更让人无比敬畏。她的孩子们都树立起了良好的公众角色,对此似乎都很满意。她的第一拨外孙也安然地度过了青春期,开始享受生活。威廉王子的婚姻幸福美满,现在他正和哈里王子一起在军队中不断成长。另一位刚刚步入婚姻殿堂的扎拉·菲利普斯通过拼搏在马术方面达到了国际最高水平,被誉为"2006年度英国广播公司体育风云人物"。"女王的声望极高,威尔士亲王为此感到很高兴,"一位退休的高级助理说,"有人总大声抱怨威尔士亲王的为人处世,但这丝毫没有损害王室的整体形象。他很稳重,许多事情处理得非常不错。现在,又有了威廉王子,未来就更有保障。威廉十分传统,却能像戴安娜王妃当年一样,与民众广泛地接触。大家都认为:'这个人很出色。'"

伊丽莎白二世的外孙女
扎拉·菲利普斯

然而,这段太平盛世之前经历了十年的动荡和混乱。有些动乱是可以预见的,有些却不能。当今王室之所以能有今日成就,正是因为曾经成功应对了自第二次世界大战结束以来最黑暗的时期——20世纪90年代的所有挑战。

"王宫不是个需要太多改变的地方,"当年经历过那些最艰难时刻的一位知情者说,"但一直以来困扰王室、分散人们对女王卓越工作注意力的两个问题依旧是性和资金,我们必须把它们撤下议程。"

就"性"而言,女王及其顾问对她家庭成员的私生活无权干涉。她三个年长子女(威尔士亲王和大公主都已再婚)的失败婚姻详细载入了史册。心理学家和知心姐姐们在接下来的几年势必会为导致这些离婚事件的王室因素争论不休,但这些终究都只是个人不幸。

女王称1992年为"多灾之年",多半是因为这一年遭遇的诸多厄运——分裂、丑闻和火灾,大部分灾难她都无法控制。她所能做的就是设法解决20世纪最后几年困扰王室的另一个危机——资金问题。她确实办到了。以乔治三世以来前所未有的规模对王室财政重新进行了调整。在位60年来，女王不用再等待议会筹集公共资金来维持王室的发展，而是转向房地产市场。

80年代中期是王室的全盛时期。首先，1981年威尔士亲王同戴安娜·斯宾塞女士结婚。戴安娜是一位幼儿园教师，比威尔士亲王年轻13岁。她性格腼腆，长着一双大眼睛，是女王前任侍从斯宾塞伯爵最小的女儿。这位漂亮的新威尔士王妃没有绯闻，又生性天真，从小受到王室的熏陶，懂得王室规矩。同样，她对素未相识的人也很随和。婚后一年，威廉王子就出生了，随后1984年是哈里王子。1986年在威廉王子刚有小俍相那么大的时候，安德鲁王子与萨拉·弗格森（Sarah Ferguson）结了婚，萨拉是一个活泼的姑娘，在城镇里从事美术出版工作。在安德鲁王子结婚那天，女王授予他约克公爵的头衔。新公爵夫人同样在王室熏陶中长大——她的父亲罗纳德·弗格森（Ronald Ferguson）是威尔士亲王的马球教练。同戴安娜王妃一样，萨拉儿时也遭受过父母离异的痛苦。她和戴安娜都被媒体称作注入王室的"新鲜空气"。

查尔斯王子和戴安娜王妃举行婚礼

安德鲁王子的两个女儿比阿特丽斯公主（Princess Beatrice）和尤金妮公主（Princess Eugenie）分别于 1988 年和 1990 年出生。这股"新鲜空气"来得快而猛烈。两对年轻夫妇的兴趣已经远远超出了传统的体育运动，交友范围也不再局限于王室内府，他们的举动得到了媒体的支持。在英国经济复苏的背景下，一种具有诱惑力的筹款新文化正在逐步形成。慈善成为时尚，王族也由此站在潮流前沿。威尔士亲王的王子信托基金会对国民生计产生了重大的影响，它为年轻人和弱势群体提供资助，这样他们就能学到一门技术或者启动某个项目。1986 年，也就是王子信托基金会成立十年之后，他又建立了王子青年商业信托基金会，向不能获得贷款的年轻人提供草创基金。其成功率很快超过了商业区的银行。在整个慈善领域，传统的彩券销售和上街募捐是两种不错的筹款方式，但是筹款人发现还可以进一步拓宽来源——那是一个名门闺秀、雅皮士和电视"名人效应"流行的时代，只要涉及王室，人们就会蜂拥而至。有王室支持的正式舞会或赞助活动——尤其是带有"戴女士"（Lady Di）或"菲姬"（Fergie）字样时——都会获得丰厚的回报。王室和名人之间的界线很快变得模糊起来。王室中的年轻成员个个都极具魅力、幸福快乐、高效多产（在各种意义上），国民都乐于迁就他们。

对于王室来说幸运的是，这种必胜的信念与王室另一位新人的到来不谋而合。他不是一个富有魅力的潮流引领者，但他标新立异、特立独行，他对王室的影响比自阿尔伯特亲王以来的任何一个人都深远。

当未来的历史学家汇编新伊丽莎白时代杰出人士名单时，很少有人会遗漏戴维·乔治·科克·帕特里克·奥格尔维（David George Coke Patrick Ogilvy）——第 13 代艾尔利伯爵。艾尔利勋爵和女王是同龄人，还是女王儿时的玩伴。甚至据说女王最初学会的几个词中就有"艾尔利"——［当时玛丽女王的侍女艾尔利伯爵夫人梅布尔（Mabell）的名字，她是艾尔利勋爵的奶奶］。艾尔利勋爵的父亲为王太后料理了几年家务，他的弟弟安格斯·奥格尔维（Angus Ogilvy）和女王的堂妹亚历山德拉公主结了婚。他的妻子金妮（Ginny）曾是女王跟前的一位当红侍女，自1973年以来就一直伴其左右。1984年艾尔利勋爵被任命为宫务大臣，王室观察员对此并不感到惊讶。这个职务经常被比作皇家非执行主席。尽管负责女王和世界各国政府之间日常沟通的私人秘书，发挥着十分重要的作用，但他仍然需要对宫务大臣负责。如果王室出现什么问题，宫务大臣就有责任去了解一切。用前任宫务大臣卢斯勋爵（Lord Luce）的话说，他还负责向包括女王在内的每一个人提供所谓的"大胆建议"。如果有人能办到这一点，那一定是戴维·艾尔利。"我们认识一辈子了，"他不好意思地说，"他对我了如指掌。"

拥有两处苏格兰城堡，出身名门的艾尔利勋爵理论上说更像是过去身穿粗花呢布的朝臣。但是女王选择宫务大臣并不感情用事。23年来，他一直活跃在伦敦金融区和商业领域，最初7年任施罗德集团投资公司董事长，随后又听从王室召唤成为宫务大臣。急切想任命艾尔利勋爵为宫务大臣的是威廉·赫塞尔廷，不久后他便成了女王的私人秘书。"因为我了解他在商业和银行业方面的成就，我觉得他会是一名称职的非执行主席。"赫塞尔廷说。王室的另一位成员至今仍把这次任命看作一个转折点："戴维·艾尔利来了，把一切都看得清清楚楚。他是最佳人选，因为他真正了解内情。"

艾尔利勋爵加入王室内府不是为了过上宁静的生活。"我11月30日离开施罗德集团，12月1日来到白金汉宫，"他回忆说，"了解这一机构着实耗费了我一段时间。它确实相当复杂。我花了很长时间去聆听，因为一开始我就意识到有些事情需要改变。"

艾尔利身材高大、和蔼可亲，既细致入微，又有一派自信的军人风度（先前是苏格兰卫队的军官，后来成为女王苏格兰贴身卫队皇家长弓连上校）。他很少接受采访。但凡接受采访，一向直言不讳。进宫后不久，他就视察了各级宫殿，发现了很多问题。他担心王室会出现赤字。

"王室内府的运营并不理想。日常事务开支超出了财政收入。这让人十分担忧。必须采取行动，不能再拖延了。这两个因素促使我向女王建议，应该从头到尾地进行一次内部审查。"

政府每年拨款给王室帮助国家元首行使职责，这笔款项称为王室年俸。大部分经费都用来支付员工工资，女王没有得到过一分钱。威尔士亲王及其家庭也没有享受到这部分经费，他们靠康沃尔公爵领地这一古老的产物投资地，向王位继承人提供独立的收入。这位新任宫务大臣一心想要彻底变革。在外界眼中，王室正呈现出一片美好景象，但越是如此，越要改变。

就在艾尔利勋爵接到任命的同时，威尔士亲王和王妃正在快乐地适应平添两个小孩子的生活，约克公爵准备步入婚姻的殿堂。现任宫务大臣皮尔勋爵想起当年，仍然对此后所发生的事情充满了敬畏。"艾尔利勋爵主动把各部门领导召集到一起，宣读了他引起轩然大波的改革方案，"他回忆，"然后说：'我们并没有在合理控制预算的前提下工作。这让人难以接受。各部门之间也不协调合作，我希望看到改变。'坦白说，这番话当时并没起到什么威慑作用。"

但如果那些朝臣就此认为他们能挤走这位雷厉风行的新人，那就大错特错了。在王宫里，任何事情没有女王的许可都毫无意义。女王不仅批准艾尔利勋爵的计划，还决定授予他特权去付诸实施。对于一个30多年来努力继承、效仿父亲和祖父的君主来说，那一刻定是非常痛苦。有些君主即位后就迫不及待地想取得政绩，证明自己。例如，爱德华八世在刚上任的几天内就一直忙于任命、解雇官员和重新装修宫廷。但女王没有这样做。出于对父亲的怀念，以及受保守看待任何改变的母亲影响，她一直喜欢保持现状。但这一次，做一位明智的君主比一个顺从的女儿更为重要。"很明显，女王天生是个保守主义者，可是她非常精明，对此考虑得十分谨慎，"当时的一位高级官员说，"你要是君主，你就住在了象牙塔里，你就是老板。但如果是位既体面又有深谋远虑的君主,那就一定想听听其他人的看法。"未来的历史学家在回顾这段历史时也许会把它看作女王任内最机敏的决断之一。皮尔勋爵则把它称作自宫务大臣职位设立以来漫长岁月中的一个"关键性时刻":"戴维·艾尔利来到女王面前说:'陛下,非常需要您赋予我实施这一计划的权力。'女王同意了这一请求。于是,我们才得以看到这位宫务大臣开始以前所未有的方式和力度制定新的内府政策。"

20世纪80年代中期的白金汉宫没有计算机,也没有太多的原创性思想者。甚至有人认为,自从维多利亚女王统治以来,王室的理念几乎没有什么变化。"阿尔伯特亲王曾经是提倡变革的重要力量,"有人在回忆起那个年代的王室内府时评论道,"但他去世后,宫廷又变得死气沉沉,直到戴维·艾尔利成为宫务大臣后才重获生机。"

当时刚去内府工作的一位新人回忆说:"那时候的内府看上去不错,人人身穿粗花呢夹克和法兰绒裤子,享受美味的茶饮,重复着各项美好的活动,度过美妙时光。但王室需要的是更加专业的人士。一直以来似乎宫廷生活的本质要么是四处闲荡、背后诽谤,要么是翻阅日历查看下一个活动,要么就是射击、钓鱼。可是宫廷需要的是办实事的人。打个比方,有些狗只供玩赏,无所事事,蜷在一边,有些狗喜欢追捕野兔和老鼠。我们需要找的就是那些捕鼠高手,给他们资金,为他们提供建制。"

艾尔利勋爵和女王的一些高级官员有一个计划。假如王室能变得更有效率,政府就会给予王室更多的权力管理自己的财政事务。"我们希望命运掌握在自己手中。"艾尔利勋爵解释说。在威廉·赫塞尔廷爵士看来,王室与政府财政部门的关系变得越来越紧张。"这是我们心里永远的痛,谁都不想受财政部的牵制,"他回忆说,"财政部越来越像我们的主人,小到马童的补助金,大到宫务大臣的薪水,无不在其掌控之中。"

王室年俸一旦增长,政府就需要增加拨款。媒体便会对此进行大肆报道。提高对拨款的使用效率有助于王室应对这一尴尬局面。赫塞尔廷回忆，他曾试图向新闻界解释王室年俸并非付给女王，但结果是徒劳的："甚至从一开始人们对'新伊丽莎白时代'充满希望时，就一直有人反对王室的开支，现在反对的呼声越来越大。为什么必须'支付'女王如此之多？新闻界总是强调王室开支就是女王的薪水。作为新闻秘书，我多年来试图使他们扭转这种错误的观念，但毫无效果。"

王室年俸这一安排可以追溯到 1760 年乔治三世统治时期。当时他与政府达成了一项协议，规定政府拨款给王室，但是作为交换条件，王室地产的全部收益必须交给政府。而 1984 年艾尔利勋爵已经预见了其中潜在的风险。王室年俸每年有 500 万英镑专款，但仍然不够。通胀肆虐，如果王室得不到更多的钱，那么它就会瘫痪。但凭什么政府就要提供更多的资金给这个爱德华创立的统治机构呢？而它偏偏又雇用着一大批男仆，分发着"肥皂补贴"，还例行公事地服侍着一位被称作"世上最富有女人"的君主。

"除非王室财务紧张，否则我才不会去财政部要钱，谁知道他们又会说些什么。"艾尔利勋爵说，"这就是促使我邀请迈克尔·皮特（Michael Peat）的原因。"

如果说艾尔利勋爵是指挥家，那么迈克尔·皮特就是管弦乐队。他接受过伊顿公学和牛津大学的教育，出身于注册会计师贵族——是备受推崇的毕马威会计师事务所合伙人皮特·马威克（Peat Marwick）的儿子，也是王室的审计师。对于王室的各种奇闻逸事，他并不陌生。过去，每当皮特的父亲被召唤进宫审计王室财务时，官员们一准儿会在王室内库办公室铺好桌布，摆好餐具。因为在当时，邀请会计在王室餐厅就餐并不合适。而现在，他的儿子正试图转变王室思维甚至就餐方式，把这些偏见统统抛到脑后。同时，他还不断想出新点子，从储藏室到宴会厅，让所有人都有些不知所措。

艾尔利勋爵始终记得迈克尔·皮特和他的小团队在把他们的理念

推及王室各个角落时是如何的迅速高效,当然还有他们出示推荐信时引起的紧张不安。"不管你信不信,迈克尔做到了,而且只用了六个月。其间我和他保持着密切的合作。其实我们只是重复了在施罗德集团所做的事情,但我非常清楚这已经掀起了巨大的波澜。人们只是不太喜欢改变,个别人感到不安,因为觉得自己成了被改造对象。"

迈克尔·皮特按时提交了一份长达 1 383 页的报告,其中包含了 188 条建议。"单独来说每条建议并不是多么重要,但放到一起就意义非凡。"艾尔利勋爵说。在王室内部,它们不仅仅被认为至关重要,有些甚至还引发了骚动。人们对大多数建议很难提出质疑——比如,在白金汉宫引进复式锅炉或者在温莎利用泰晤士河进行水力发电。那句流传甚广的王室幽默"换一个电灯泡需要几个人"也不再是什么笑料,因为改革之前每年都要化费 9.2 万英镑来更换电灯泡。不久的将来这些建议将会造就女王任内最重要的一个创造:英国皇家收藏从一个陈旧的管理机构变成了一个自筹经费、世界一流的收藏品集团,雇用数百位员工,吸引数百万人前来欣赏参观。然而有些计划也使王室的气氛变得紧张起来,尤其是在五个严格隔离的员工餐厅里实行定量控制——固定食量——的打算,更糟糕的是把这五个餐厅合并成一个的建议。

在任何大的变革中,往往是琐事细节最让人头疼。每年 6 月,王室都会举办为期一周的赛马活动,阿斯科特办公室对进入王室赛马场的人员进行审查,任务十分繁重。然而多年以来它却一直设在圣詹姆斯宫而非阿斯科特赛马场。迈克尔·皮特认为阿斯科特办公室应该搬出圣詹姆斯宫,这一建议遭到的反抗甚至有些滑稽,绝大部分来源于王太后。

"当时我想:'搬个阿斯科特办公室有什么值得大惊小怪的?阿斯科特赛马会每年只举办一周。'"一位王室成员回忆说,"后来我研究了一下,发现它就是个马蜂窝。我可不想靠近。这些问题很让人头疼,只有经验非常丰富的传统机构才有胆量挑战。比利时人有句俗语:'把一块卵石放在一个人的鞋子里,他就不会再询问关于生命的意义。'处理王室餐厅和阿斯科特办公室问题就是如此。它触及了根本,因此接下来很长时间人们都在谈论这些。"

让王室感到焦虑的另一个建议就是开放使用皇家阿尔伯特音乐厅的王室包厢。在没有王室成员到场参加音乐会的情况下,王室包厢可以供高级职员使用。迈克尔·皮特认为特权范围应该扩大到所有等级,这一建议点燃了王室成员心中的怒火,数月都没有平息。

"你要是个男仆或者职员,你的待遇当然会不同,"一位参与改革的现代派说,"但这恰恰是多年以来大家心照不宣的一个创口。"

不管女王怎么想——很多人还是会认为她安于现状——她还是能看到变革的必要性。1986年末宫务大臣把皮特的报告呈给了女王。"女王看完后批准了这一报告,仅仅说了句:'着手实施吧。'"艾尔利勋爵说,"她表示全力支持,菲利普亲王也起到了重要的作用。他想出了各种各样的点子,如果你认为这些想法不合适的话,必须和他好好争论一番。他实在不好应付!"

艾尔利勋爵坚定地认为不该裁员,自然淘汰就好。尽管如此,部分王室成员还是震惊地发现,他们自维多利亚女王时代至今沿袭的传统第一次不得已要发生改变了。在皇家马厩,员工们仍然穿着维多利亚时期的制服;在厨房,员工照常使用旧时平底锅烹饪。艾尔利勋爵尽管遭到了反对,但还是取得了成功。"可以这么说,他是一位极为出色的指挥官。"当时的一名高级官员说。艾尔利勋爵承认这并非一件容易的事情。"有一大群人反对,"他说,"但总体来说他们很被动。我召开了不少会议,如果你批评我,那结果只可能是我开更多的会。"他承认,即便现在还有一些人对他和迈克尔·皮特的革新行为表示怨恨。但他也指出:"重要的是我们改变了态度。"那份报告确定无疑地改变了一种关键态度,那就是政府的态度。

王室费用开始减少,财政部对此另眼相看。看起来这些大臣对自己的财务管理得还不错。70年代初期,王室财务状况相当糟糕,下议院特别委员会甚至建议把兰卡斯特公爵领地和康沃尔公爵领地收归国有（它们分别向女王和威尔士亲王提供私人收入），给大部分资深王室成员发国家工资。

将近 20 年以后，在玛格丽特·撒切尔首相任期结束时，王室已经证明他们对自己的财务可以有更多的支配权，值得信任。但是王宫仍然依赖王室年俸的分发。"这令人相当不满意，"艾尔利勋爵说，"那段时间通货膨胀严重，每年只要审计，就是'女王的收入又增加了。'我们想长期管理王室内府。这不是一年之计，需要进行长远的规划。"所以他带着一份方案去了财政部：如果王室能在十年内管理好自己的财务，它就会不计成败地着手去做。

这是一次大冒险。到 1989 年，王室年俸上升到 600 多万英镑。1990 年，艾尔利勋爵想在今后十年把数额固定下来。如果通货膨胀加剧，这一固定的数额在未来几年就可能远远不够。如果是这样，女王就不得不去财政部"乞讨"。王室的财政信誉就会完全毁坏，君主制可能真的会以白厅事务官接管王室而告终。

艾尔利勋爵和他的团队实际上拿王室的财务预算跟未来的通货膨胀率赌了一把。他们一致同意，王室年俸补贴金额为 790 万英镑，这一数字是基于前十年的平均通胀率得出的。情况看起来不错，但艾尔利勋爵认为这段时间非常紧张。

新政推行还需要征得议会同意。如果撒切尔事先没有就此和工党领袖尼尔·金诺克（Neil Kinnock）进行讨论，那么工党领导的反对派肯定会制造骚乱。不过这次撒切尔和金诺克难得一见地走到一起，组织了一次传统的联手。1990 年 7 月的一天下午，下议院在几个小时前才接到公告，只有 20 分钟时间来讨论这些计划。即便如此，艾尔利的团队还是感到不高兴。"我得说当时十分担心这笔交易不划算，因为通货膨胀会越来越厉害。"艾尔利勋爵说。但令他随即感到满意的是，这次他错了。"事实上通货膨胀率下降了。我们需要一点点运气，真的是这样，事实证明我们的确很幸运！"事情进展得很顺利，其实，王室的崛起不需要再等20年了。

同时，艾尔利及其团队还达成了另一笔交易。王室允许他们接管所有宫殿的维护运营工作。过去曾经是不同的政府部门负责此事，但王宫屋顶若是有了漏洞为什么一定要等公务人员来修补呢？在体制变革方面一直机智敏锐的迈克尔·皮特很快就开始了削减预算。"就是像家庭主妇一样思考，她们知道如何打理自己的屋子，"艾尔利勋爵说，"我们比事务官们更了解这些宫殿。"在接下来六年时间里，新产权制度的成功说服了政府削减关于公务人员的王室交通预算，并把这部分钱拨给了皮特团队。

结果，90年代王室的整体开销与国家在其余方面的支出情况完全相反。包括王室年俸、维修和出行在内的全部王室活动在1991年到1992年花费了6 550万英镑。到2000年，费用降至3 800万英镑。王室官员十分明智，他们预计不会有人拍手称赞。虽然他们在财务管理这一方面取得了巨大的成功，但是外界对此一点也不关注。"性和资金"这两个问题让王室陷入了更危险的境地。就媒体而言，正确地管理电灯泡预算与王室年轻成员频繁爆出耸人听闻的故事相比显得无关紧要。不过这些问题倒引起了一场完全不同的辩论：为什么女王不缴纳个人所得税？

无论是哪个机构或组织，总会有那么一件事情让人感到不可思议。一回想起这件事人们都摇头翻白眼、火冒三丈或是脸色苍白。就像当初所有拒绝发行甲壳虫乐队唱片的公司，或者后来所有拒绝出版《哈利·波特》的出版社一样，它们现在一定进行了沉痛的反思。2008年雷曼兄弟公司破产致使世界经济濒于崩溃时，英国国内大部分人，包括女王在内，都在询问银行业负责人相似的问题。对王室来说，类似甲壳虫乐队、波特和雷曼的低谷时刻仍旧是1987年，那一天爱德华王子穿上都铎王朝的奇异服装，以甜言蜜语哄骗王室成员参加了一个电视游戏节目。

"哦，天啊！"一位前私人秘书回忆起这一幕时闭着眼睛，绷着身子，龇牙咧嘴地说，就好像不愉快地等待医生来注射药物一样。"那完全是一场灾难啊。"另一个人叹息道。甚至今天人们一听到"勇往直前"（节目名称 It's a Royal Knockout）这几个字也是这种反应。

这个想法出于好意但却缺乏对公众舆论的认识。爱德华王子在剑桥大学毕业后加入皇家海军陆战队，但他没有完成基本训练就中途退出了，对于王室来说这是一件不光彩、不愉快的事情。他曾无畏地做出决定，选择了军队中可以说是最艰苦的地方；之后又大胆地离开了由自己亲生父亲担任总司令的军团。立志成为皇家海军陆战队员的人中，只有很少一部分会取得成功，而无情的新闻界却对这个事实视若无睹。王子踌躇满志地想要在其他方面求得成就。他决定重现曾经流行一时的节目——《勇往直前》，身穿奇异服装的竞争小组一边抛洒蛋奶馅饼一边欢呼雀跃。他请来了皇亲国戚，让他们充当游戏小组的带头人，卖掉电视转播权以获得大量的慈善资金。在此期间，王室的年轻成员为了支持慈善事业都尽情欢唱，不拘礼节。谁还会反对呢？

威尔士亲王和王妃觉察到很快会有麻烦产生，谢绝了邀请。但是长公主、约克公爵和公爵夫人报名参加了。他们是否真认为这主意不错，是否仅是对在军队遭遇挫折后的爱德华王子表示同情，具体都不清楚。但既然王室有一队活力十足的人马确定到场，也就有很多名人想要参加，如歌手汤姆·琼斯、足球队员加里·莱因克尔、赛车手奈杰尔·曼塞尔等等。

回想起来，让人意想不到的是女王和她的顾问竟没有找到一个能够悄悄阻止这个活动的办法。"我想女王和其他家长一样，很难对自己的孩子说'不'，"一位高级官员宽容地说，"换成我们也会这样做。"另一位高级官员说，王子曾"偷偷摸摸地"计划这件事情。"我们都试图阻止，"他说，"可王子早就组织好了，没有告诉王室里的任何人。唯一能阻止这一计划的人就是女王，但她不打算那样做。我打赌她现在一定后悔了。那是下坡路的起点，自此一发不可收拾，它让人们看了王室的笑话。"

从某种程度上说，这个节目的想法很好，而且在黄金娱乐时间播出，王室成员和社会名流在一系列并无恶意的争斗竞赛中相互嬉戏。然而，很大一部分民众认为这些行为有失身份。身穿中世纪服装的王室成员为队员的滑稽表演欢呼加油，这一场面出现在小特里亚农宫这个捧着拿铁悠闲度日的地方，不仅不协调而且不得体。

组织者在与媒体沟通时还犯了一个根本性的错误。报道权被一家报社独家买断，其余的人只能在附近的帐篷里通过电视转播观看。被拦在节目场地外的记者在活动开始前反应极其平淡。活动结束后，满身疲惫但却精神亢奋的爱德华王子来到赛后新闻发布会，以为记者们会有一些善意的玩笑。毕竟数月以来他都一直在为这次大型的慈善筹款活动努力工作。他发言说录制这期节目是他"所经历过的最有趣的一个下午"，随即问记者们是否同样尽兴，谁知他们都面无表情，没人搭腔。这一下激怒了他。"谢谢你们如此热情，"他厉声说道，"你们看了吗？你们觉得怎么样？"还没等有人回答，他就猛冲了出去。这下，记者们仅存的一点善意也随之消失殆尽。

从那一刻开始，王室年青一代成员的行为举止便成了媒体日益尖刻报道的对象。媒体总会抓住他们的奢侈或特定行为大做文章。约克公爵夫妇在桑宁希尔公园的新住宅就是早期的一个例子。1989年洛克比空难遇难者追悼会上王室成员的缺席也被媒体拿来列为王室脱离社会的证据。

扮演王室年幼成员的角色是个受累不讨好的差事。当然，礼服、地位这些外在之物不会改变，但随着下一代的出生，皇亲国戚们所发挥的作用也注定只会越来越小。但皇族的范围究竟有多大？王宫内部的《绿皮书》——王室名录——还记载了外围王室成员索尔顿夫人，她是女王远亲、已故的苏格兰邻居亚历山大·拉姆齐上尉的遗孀。然而，《宫廷公报》只记录16名王室成员的公开活动，最近又增添了一个人，是未来可能的王后——剑桥公爵夫人。他们每人都有专门办公室和各地郡长为之服务,此外,其余的人则各自出钱做自己的事情。但在他们之间很难划清界限。爱德华王子,也就是当今的威塞克斯伯爵——王位的第七位继承人——放弃了自己的电视节目制作公司,开始担负传统的王室职责。如今,伯爵夫人也开始代表女王在世界各地参加各种活动。比阿特丽斯公主和尤金妮公主——王位的第五和第六位继承人——不是同一代人,即将过上自己的普通生活。亚历山大公主——王位的第三十九位继承人,排名还在下滑,一年要参加大概90场约见。彼得·菲利普斯(Peter Phillips)——王位第十一位继承人——是一个职业营销人员,普普通通。

女王对皇亲国戚一向礼敬有加,满足他们的大部分开支需求,让他们参加王室所有的大型活动。生日阅兵礼过后,她还邀请他们所有人去了宫殿阳台。90年代中期,私人秘书办公室起草了削减外围王室成员的方案,王室的"领航团"召开会议就这一方案进行了讨论。"我们的一个联名建议就是:阳台上需要有人出现时,不该是成群结队,"一个小组成员说,"但是女王不打算接受这一建议,所以最终也没有通过。"甚至连最忠实于王室、最具皇族气息的威斯敏斯特教堂官员们都给王宫提建议,认为王室的礼仪规范繁多,将近20名王子公主"殿下"出现时,神职人员不得不对他们一一跪拜。然而,女王根本不想降低亲属的身份。当涉及公务职责时,她也不鼓励谁高谁一等。王宫职员坚持认为不要把每个人的职责都分得一清二楚,主张避免在文件中出现王室活动的"排行榜"。当然,那只是一个迷人的假象罢了。因为用计算机几秒钟就一目了然。

乔治五世对记录王室活动这一事情非常着迷,每年圣诞节都会宣读活动成果。可是如今伯克郡达切特的一位退休的保险经纪人蒂姆·奥多诺万(Tim O'Donovan)接管了这个差事。在这一年里,每天他都有条不紊地浏览《宫廷公报》,统计全部结果,并以书信的方式把它们传递给《泰晤士报》。不管怎样,王室里每一个人都承认,王室这个"活跃的"群体在将来会变得越来越小——只包括君主及其配偶、君主的孩子和他们的配偶。

尽管女王现在十分感激她的堂亲以她的名义所做的工作，但在女王统治期间王室成员的生活还是发生了彻底的改变。格洛斯特（Gloucesters）就是一个很好的例子。格洛斯特公爵——亨利王子——是爱德华八世和乔治六世的弟弟。他一直盼望着参军，但1936年爱德华八世宣布退位，他因此成为王位第三位继承人。假如乔治六世发生什么事情，格洛斯特公爵就会成为摄政王，辅佐伊丽莎白公主直到她长大成年。一年之内，他从自己原来的岗位隐退，从少校快速升到了少将，然后注定把余生都用来主持各种各样的揭幕仪式。他言简意赅、短小精悍的军人谈话风格仍然是宫殿里的一段传奇故事。在一个花展揭幕典礼上，他说："好大的一个西葫芦！幸好我不必吃。"如果某次国事访问安排到皇家歌剧院观看《托斯卡》歌剧，当玛丽亚·卡拉斯最终从城垛上跌下去时，格洛斯特公爵会深感欣慰。"嗨，如果她真的死了，"他对王室包厢的观众说，"我们就都可以回家了。"

尽管他说他的回忆录应该取名为"四十年的厌倦"，但他从来没有抱怨过。他的长子——格洛斯特的威廉王子在60年代设法突破王室禁规，在伦敦金融区追求自己的事业，之后又到了外交部工作。"在这个被称作王室的特殊机构里，我只不过是一个地位低下的下属而已。"威廉曾经解释说。但是这位钻石王老五也会在需要他的时候继续履行自己的职责。他回到家帮助年老的父母经营家里的北安普顿郡地产，他承认："看来我的余生只能猎取小鸟、与大鸟共眠了。"1972年威廉在一次空难中悲惨早逝，这就迫使他的弟弟理查德王子从一名专业的建筑师转变为一位"王室"见习生。1974年他的父亲逝世，这位新格洛斯特公爵接管了父亲在世时的大部分赞助活动。但是工作的本质正在发生变化。在爱丁堡公爵的带领下，许多王室成员在一些机构中从有名无实的角色发展成为半个行政人员。如今，他们还是在主持揭幕仪式，但也会列席王室会议。这是变化所在，非常适合这位接受过伊顿公学和剑桥大学教育的格洛斯特公爵。除了对一些较为传统的军队和农业提供赞助以外，他也积极主动地支持一些与建筑、防灾、医疗卫生和建筑工程有关的组织机构；还因为给理查德三世学会提供赞助而引以为傲，这一学会专门负责给这位史上最声名狼藉的格洛斯特公爵恢复名誉。最近的一个例子是拿他自己的争议说事儿，利用1984年他在上议院的初次演说攻击烟草业，主张政府应当做出更多的努力来解决这一问题。同时，他的丹麦籍妻子还是60多个组织机构的保护人，在音乐教育领域是一个尤其活跃的人物。然而，他们的孩子一个也没有过上"王室"生活。

格洛斯特公爵的继承人——阿尔斯特伯爵是一名士兵，娶了一位医生，他既没王室风度，也没有王室住宅，继承爵位后自然不会担任王室职责。如今，格洛斯特公爵已经当上了祖父，还拿到了老年人火车优惠卡。他继续积极参加王室活动，遵守与其说是传统倒不如说是他自己立下的规矩。每年他都会在世界各地出席大约300个王室约见活动。这些社交活动从来不会引起主流媒体太多兴趣，但却赢得了学校儿童、外交官、护士、退伍军人、科学家以及那些接待过他的王室或国家相应人员的赞赏，王室对此反应大体相同。他们认为公爵做这些事的目的在于"支持女王"，因为一直以来这都是王室的核心事务，每年都有成千上万普通民众参加数以千计的活动。只是90年代后，随着经济衰退和冷战结束后不确定性因素的影响，这些活动显得无足轻重了。

1991年2月，伊拉克入侵科威特，英国军队在海湾备战时，《星期日泰晤士报》在它的专栏对王室进行了多年以来最为尖刻的抨击。文章把英国青年分成两类进行对比——身穿制服准备参战的青年和正在度假的温莎王朝外围成员。题为《战争中的王室》的报道宣称："正是这些次要和外围王室成员所谓的英勇行为和公众风采引起了大家的反感。"但其中列举的例子都是站不住脚的。女王的外甥林利子爵（Viscount Linley）的一些聚会快照以及威尔士王妃的弟弟奥尔索普子爵（Viscount Althorp）最近的巴黎约会，都被拿来当作检举的证据。他们都是普通民众，并非国家的负担。然而他们留给人们的印象却是一个个骑在纳税人头上享有特权而且道德败坏的社会精英。

　　王室拥护者表态支持王室，热线广播和电视访谈节目上与此相关的讨论极为激烈。王宫新闻办公室还为此列出了一份详细清单，显示王室及其家庭成员在海湾战争中服役的情况。即使如此，对于和军队有着密切联系的女王来说，这也是一件伤心的事情。婚礼庆典、新王子降生和登基25周年纪念等一系列喜庆日子过后，懈怠在所难免。此时，部分媒体又发现了王室的一个"问题"，并且总是围绕着一个带有诽谤性质的不合理推论做文章："为什么女王不用纳税？"

　　纳税问题很快在主流报纸和通俗小报上引起了反响。女王免税不是财务上的阴谋，也不是古老的特殊待遇。这一制度建立不过半个世纪，在爱德华八世退位时由内维尔·张伯伦首相提出，并得到了女王父亲的赞同。乔治六世为此不得不向其兄长支付一笔巨额费用，但是减税终究要比同意拨付一项新的王室年俸更加明智。如若不然，就不得不将其送交国会审核通过，过程无比公开和痛苦。而达成减税协议可以产生相同的效果，却可以悄无声息地进行。女王适时沿袭了这一制度。几十年后的今天，在一个电视纪录片透露相关详情之后，它忽然成了一个存在争议的问题。与此相类似，媒体还流行起报道新的"富豪排行榜"，榜单上女王通常会被描绘成拥有王冠珠宝、温莎城堡和皇家游艇的亿万富翁。其实她不能卖掉这些资产，就好像首相不能出售大本钟一样，但是亿万富翁的形象却已深入人心。因为没有官方数字公布女王的私有财产，人们就会妄加猜测。当时女王的新闻秘书查尔斯·安森对此记得再清楚不过："日复一日，其他每个故事后面都要跟上这么一句话：'另外，女王不纳税。'"

　　然而媒体不知道的是，女王早就考虑过这个问题。王室表面上泰然自若，实际上却陷入了一片混乱。"这是个棘手的问题，"艾尔利勋爵说，"媒体正在施加压力。但是，对于这种十分重要的问题女王不想草率地解决。我常说：要是你正遭受媒体的压力，那么就数数，从一数到十。"艾尔利勋爵和王宫改革者不仅在考虑女王纳税的办法，他们还有进一步的计划：如果女王不把王室其他成员纳入决算表，而是自己负担他们费用的话，那么关于"外围王室成员"的讨论就会热度大减。15年来，女王一直在为她的堂亲——肯特一家和格洛斯特一家做这件事情。她在外围王室成员身上的花费将近180万英镑。"我们正在认真充分地考虑这件事，"艾尔利勋爵说，"必须确保她能支付得起这些费用。"

女王的大部分个人收入来自兰卡斯特公爵领地的年度盈余，这是一块古老的地产，由4.6万英亩乡野和市区的一些地块组成，包括伦敦沙威酒店周围的一些优质土地。1992年全年收入360万英镑。当然女王以此缴纳收益税不成问题，但要是替同一屋檐下的每个人都缴税的话会怎么样呢？王室内库的主要职责是减少王室对政府的依赖。行政部门需要多久才能完成这一重要任务，让整个王宫完全依靠公共基金运转？这是迈克尔·皮特和他的团队在整理财务时必须面对的最糟糕情况。媒体方面，王室的一些支持者强词夺理地认为，女王作为王权鲜活的化身，就像她不用检举自己一样，也不用纳税。但事实上以前的君主都被要求纳税，更何况女王情愿这么做。但有一块绊脚石——首相。他没有被说服。"实际情况是，我们不会要求女王纳税。我从未要求过女王纳税。"约翰·梅杰爵士坚定地说。于是出现了一种罕见的滑稽场面：一个非纳税人在违背政府的意愿下设法给税务局送钱。

当时，媒体议论纷纷而内阁却沉默不语。查尔斯·安森记起媒体和内阁当时回应此事的反差时说道："约翰·梅杰不想让女王纳税，连财政部也不愿意那样做。但是各大媒体，不单单是小报，都异口同声地呼吁所有人都要纳税。"

"我觉得不会有哪位首相能体会被如此督促纳税是什么滋味，"一位亲历者说，"我的意思是，通俗小报持续对君主特权施压，这让人感到相当厌烦。女王非常明智,她深知纳税的好处,那样的话人们对其财务问题的关注就会减弱很多。"

建议此事谨慎为之的不止约翰·梅杰。伊丽莎白王太后还在继续和克拉伦斯宫里的现代主义改革者打游击战。她强烈反对把嘉德勋章授予女性成员,直到她一直以来最喜爱的撒切尔夫人就职成为首相以后,才渐渐作罢。如今她听到了讨论纳税的风声。克拉伦斯王府准备好了再次开火。王太后不仅仅是反对纳税这一事件本身,她还害怕税制的任何变动会给她已故的丈夫带来不良影响,因为是他最初确保政府同意免税的决定。女王派她的私人秘书罗伯特·费洛斯爵士去向母亲陈述税改细节。"我说完以后,"罗伯特事后告诉威廉·肖克罗斯,"王太后沉默了很久,然后她说:'我觉得我们应该喝点什么。'换句话说,她认为这样做完全不对,但又不想听别人多说一句。"

女王依然遵从自己的直觉。她的顾问完成财务审计后,向她证明这一决定切实可行。最后,约翰·梅杰爵士也改变了观点。"她有理由去做,"他说,"王室支持这些理由。我们也对此进行了讨论,我表示同意。"他本来会忠诚地维持现状,但正是王室促成了这一变化。"我们为此付出了很大努力,"艾尔利勋爵回忆说,"随后,1992年2月,我们和税务局进行了讨论。"但要确定哪些科目纳税哪些不纳税,还需要进行彻底而秘密的调研。不过改革终究还是开始了。事实表明,9个月后,结果让各方都很满意。

40年前,确切地说是1952年2月,女王继承了王位。那时的她还经常躲在隐蔽的树屋里观察肯尼亚野生动物在黎明时的活动。1992年2月的今天,她不想举办任何形式的登基40周年庆祝活动,甚至还禁止了在议会广场上以她的名义修建喷泉。然而她却同意拍摄另一部王室史诗纪录片《伊丽莎白女王》。与1969年具有开拓性的《王室》不同的是,这部电影更多关注女王本身,却一样让人陶醉。影片时长107分钟,因刻画了一位尽职的母亲、祖母和国家元首的形象而大获成功。不过,原以为这部电影会使宫殿门口喧嚣的媒体平静下来,但这个希望在几周后就破灭了。那年年初,约克公爵夫人和一位德克萨斯商人的几张亲密照片在报纸上曝光,让人十分尴尬。而更令人担忧的是威尔士亲王与王妃的不合。这似乎已经成了一个公开的秘密。在同月进行的印度之旅中,女王独自一人(怅然地)出现在泰姬陵这一无比纯美的爱情象征面前,又被解读为似乎是有意向世人传达一个信息。即便她随后选择公开宣布,也不会比这一刻更明确无误。

1984 年 12 月,伊丽莎白二世(左二)与戴安娜(右二)等家人合影

在随后的一个月里,英国卷入了一场十分紧张的竞选中。在一年多以前取代玛格丽特·撒切尔夫人成为保守党领袖的约翰·梅杰开始寻求民意支持。13 年来一直扮演反对党角色的工党,在尼尔·金诺克的领导下,支持率开始步步逼近梅杰。在任何竞选时期,人们已经习惯了王室低调行事,不抢民主进程的风头。然而在此次竞选过程中,皇家故事从始至终都是人们关注的焦点。1992 年 3 月,王妃的父亲——斯宾塞伯爵八世去世,紧接着亲王和悲伤的王妃之间就传出了进一步的纷争。同月,又有声明称,律师起草了约克公爵和公爵夫人的分居方案。鉴于媒体最近对公爵夫人私生活的报道,这一决定并

不完全出人意料。但是竞选进展又一次被挤到了报纸的内页位置。在官方证实公爵夫妇分居，英国广播公司信誓旦旦地"要对菲姬兴师问罪"之后，不利局面进一步升温。不管怎样，女王一定对发生的这一切事情感到十分烦恼，觉得道义上她也应该为干扰到竞选向首相表示歉意。其中一位当事人后来回忆道："我还记得在女王急切的要求下，当时我给唐宁街打了个电话。"

约翰·梅杰最终赢得了竞选，政务又回归到更为熟悉和平稳的步伐上来。但王室却不一样，相反，媒体对大量王室隐私的披露愈发变本加厉。4月，王室宣布长公主已经提出离婚诉讼，这是王室子女的首起离婚案。6月，围绕威尔士亲王夫妇婚姻问题的谜团随着《戴安娜的真实故事》(Diana: Her True Story) 一书的出版而破解，安德鲁·莫顿 (Andrew Morton) 在书中讲述了王妃的不幸。起初，王妃向她的姐夫——罗伯特·费洛斯保证她从来没有和莫顿交谈过。但随后证明，她确实通过中间人和莫顿有过交流，这一消息被泄露之后，费洛斯向女王提交了辞呈，但遭到了女王的拒绝。

女王和往年一样去巴尔莫勒尔休假，但当年高地人也没有给女王喘息的机会。一开始，《每日镜报》刊登了一组约克公爵夫人和她的财政顾问在法国一个游泳池旁的亲密照片。同月，《太阳报》刊载了威尔士王妃和她的朋友詹姆斯·吉尔贝 (James Gilbey) 三年以来的谈话记录文本。其中，王妃向吉尔贝坦白了她在王室的种种不幸。随后五个月之内，另一段类似的对话——威尔士亲王和未来的康沃尔公爵夫人卡米拉·帕克·鲍尔斯 (Camilla Parker Bowles) 的谈话又以同样的方式被公之于众。1992年秋天，亲王和王妃出访韩国，此次出访势必会让这对夫妇成为国际关注的焦点，故而意义重大。事后证明，这是一次成功的商业和外交访问，但却是公关活动的一场噩梦。媒体就像婚姻顾问一样仔细地观察他们每一次握手以及每一句问候。

即使这对夫妇在阵亡将士公墓前拍照时流露出应有的肃穆表情，也会被媒体描绘成为王室婚姻不幸的又一佐证。"这是公墓，"一位绝望的新闻发布官一边摆放花圈一边抱怨道,"你们期待看到什么?庆典侧手翻吗?"但这并不能改变媒体的叙述。毕竟他们也不是完全错误。这在后来证明是亲王和王妃最后一次共同出行。他们回到王宫不久,女王又遭受了一次沉重打击,同时也标志着一连串恶劣事件的到来——11月20日上午,温莎城堡东北角的一组施工人员在离开休息时,不小心把窗帘搭在了炽热的工作灯上。

几分钟内,温莎城堡这个王室最大的住所就陷入火海之中。幸运的是施工队在此之前就已经清空了这一区域的人员和物品。但是火势无法控制。在这里居住的唯一王室成员约克公爵迅速有效地协调大家,冒着大火在拥有1500个房间的城堡内上上下下,进进出出,把全部文物转移了出去。无价之宝通过"人链"一个接一个完好无损地传到了室外。幸好(至少对艺术品来说是幸运的)那天下午温莎没有遭遇暴雨。女王从伦敦迅速赶来,亲自加入抢救的行列。"对女王来说实在是太糟了,"艾尔利勋爵说,"糟透了。这是11月忧郁、痛苦的一天,下着毛毛细雨,大火却熊熊燃烧着这座神奇的建筑。"回忆起女王注视着火焰吞噬她童年住所那一幕,他仍不禁颤抖。"不用说,她面对这一切表现得非常坚忍,让人不可思议。"但这会对她产生什么样的影响?她的职员都在担心。"对一个失去住宅、失去安乐窝的女人来说这是一件非常痛苦的事情。女王的大部分心思都用在了温莎,"查尔斯·安森说,"事故发生时,爱丁堡公爵还在国外进行官方访问。显然,女王不得不在起火的那天晚上独自回到白金汉宫,我们大概六个人在去往她的私人住宅路上想:'菲利普亲王还没有回来,而女王却要在这种天气独处,这对她来说是多么孤独的一件事情啊。'我记得当时明显感觉到了紧张,不知道该说些什么。这时,女王进来了,我们都低声咕哝:'夫人,我们都非常难过。'那一刻女王表现出色。她看起来非常冷静地说:'令人恼火的事情是我的嗓子哑了。我感冒了,烟雾一呛,更严重了。'我们再次对此表示难过,但她却说:'这场大火太可怕了,可是我们设法保住了名画。'这么说并非虚伪,她只是打算平安地度过这次灾难。"

我们无从得知女王当时的真实想法,只能等待某个未来的传记作者在某朝某代获准翻阅女王的文件时去揭晓。接下来的几天,女王和王太后一起在皇家旅馆度过。那几周她所遭受的痛苦可以从她随后写给王太后的信中窥见一二:"这场恐怖的大火让我清醒了。"

有些人或许认为这场大火在某种意义上标志着王室历史上悲惨一章的结束,但事实并非如此。"那场大火仅仅只是开始。"艾尔利勋爵说。烧毁的中世纪圣乔治大厅还在继续冒着烟时,政府已着手安定民心,保证一切都会好起来。国家文物局局长彼得·布鲁克(Peter Brooke)视察了温莎的损毁情况,向民众许诺国家会把它们原来的荣耀完全恢复。但他错误判断了国民的情绪。与婚姻纠纷和王室财务有关的所有故事已经产生了灾难性影响,大部分民众对布鲁克乐于助人的慷慨精神并不买账。"我不会轻易大惊小怪,"一位前私人秘书说,"但大家对温莎火灾的反应比任何事都让我吃惊。我觉得和我一起工作的大部分人都会对此表示赞同。彼得·布鲁克说得没错,但他遭到了嘲笑。"

民众开始滋生不满情绪,这种情绪不断地蔓延,超越了左右翼的传统界限。证据表明,温莎没有购买保险。而温莎里的物品都是无价之宝这一事实却被选择性忽视。评论员们纷纷发问:女王显然没买家庭财产保险,那为什么政府就一定要这么做呢?

"彼得·布鲁克是一个非常好的人,我对他深表同情,"艾尔利勋爵说,"他这次演讲,其实是想表达:'不要担心,夫人。我们会办好的。'但这点燃了另一根导火索。媒体的报道让那个周末变得相当悲惨。"

历来支持女王的报纸此时也倒戈了。《每日邮报》把温莎大火、纳税问题和一系列丑闻都放到一起,认为是国家危机,并抛出头条标题《为什么女王必须听我们说》(Why the Queen Must Listen)。报纸在谴责布鲁克的言论时评论道:"人们对此的印象就是:一个与外界失去联系的政府正在纵容一个不受欢迎的王室的麻木不仁。"《泰晤士报》的记者珍妮特·戴利（Janet Daley）用一句后来广为流传的话总结了这种新近产生的情绪："城堡屹立时，是他们的；城堡坍塌了，是我们的。"

"我认为媒体对温莎大火的反应极其刻薄，我感到非常震惊，"约翰·梅杰爵士说，"温莎城堡是国家资产。声称温莎不是国家财产的言论实际上是在含沙射影。"

人们有意忽略了世界上有人居住的最大城堡——温莎城堡的绝大部分并不是皇家住宅这一事实。包括神职人员、卫队、管家、会议组织者、退役陆军军官及其家人在内大约两百人居住在这片 13 英亩的土地上，以城堡和大教堂为中心，社区结构紧密。城堡被大火损毁的部分实际上是国有和半国有性质的公寓群，自 19 世纪中期以来已经对外开放。到今天为止，这些寓所每年能吸引 100 多万游客。即便如此，公众还是顽固地认为，那些娇惯成性的王室成员失去了他们豪华的避难所，所以他们必须自己掏钱支付修理费。

4 天后，女王在她登基 40 周年的伦敦城午宴上发表了统治时期最生动的一次演讲，这次演讲在一切事情发生之前已计划了很久。大家都还记得她提到了"多灾之年"，当时她嗓子状态不好，但演讲却因此有了更具戏剧性的效果。事实上，演讲差一点就取消了。由于患感冒，又吸入烟尘，女王精神一直不佳，她本来考虑取消演讲，并告诉罗伯特·费洛斯："我今天不能做演讲了，嗓子不合适。就让菲利普亲王去做吧。"费洛斯心里明白，如果王室要传达一些声音给民众，那一定非女王自己莫属。最终他们达成了妥协：女王要在市政厅午宴开始前而不是结束后做演讲（就此开创先例，至今午餐和宴会仍在遵守，以便女王有更多的时间享受午餐）。演讲最重要的部分就是——女王承认"任何机构……都不要期待摆脱其忠实支持者的监督，更不用说那些既不忠实也不支持的人了"。观众没有料到演讲会提出这种说法，都很震惊。"我当时迅速坐直了身子。"赫德勋爵回忆说。一位前私人秘书认为:"这些话后来被解读为求助的呼声。"但她当时试图要说的其实是:"你们对付的不仅仅是我和我的家庭,而且是一个机构,现在你们真的有点伤害到它了。"我想女王感觉到了自己的子女们在媒体掌控下正处境艰难,她宁愿一切是冲她而来。她想要人们多一点常识和理性,少一点歇斯底里。

但在当时的主导舆论下,无法确保每个人都听从号召。回到宫里,女王的顾问们决定先发制人。最初的计划本来是同财政部和税务总署一起把新税制的细节确定下来,并在3月宣布女王新近的财政安排。"财政部负责此事的人中只有两三个有十足的信心,我们实际上也是如此。"艾尔利勋爵说。然而,就在温莎起火和女王发表"多灾之年"演讲之间的那个周末,他们决定尽快将此事公之于众。事后一些人可能会欢呼,王室在向通俗小报屈服。但事实上,近一年之前王室就做出了女王要纳税的决定。可是以当前的情况看来,最好还是马上行动。

"选得太不是时候了,我们还没有完全准备就绪,不得不快速行动。"艾尔利勋爵说,"纳税细节已经制定完毕,最好是花上一些时间悄悄仔细审查一遍,但是女王第二天就做了'多灾之年'的演讲,而且还患了感冒。所以我们不得已只是飞快地给她读了一遍计划。女王的反应真是不可思议。她非常理智,对此也充分理解。这个例子能够很好地证明女王有多务实。"

仅仅两天后,约翰·梅杰在下议院宣布,女王自愿和其他人一样纳税。她还会把除"保守派"、爱丁堡公爵和王太后外所有王室成员的王室专款开销偿还给政府。这是在极富戏剧性的环境下宣布的一次实质性改革。议会各党派一致认为女王做了一件正确的事情。

三个月后,王室宣布了新税制的全部细节,包括成立即将成为女王统治期间最重要成果之一的皇家收藏基金会(Royal Collection Trust)。这是一个注册慈善机构,它的建立是为了保存和维护世界级文物——绘画、雕塑、家具、枪、钟表、珠宝、瓷器、书籍、盔甲、法贝彩蛋等等。直至今天，它仍被授权"增强公众对这些收藏品的理解和欣赏力"。如此一来，再也没有人能嘲讽这些文物"属于"女王自己了。现在有一点非常清楚，那就是，继任的君主只是以国家的名义拥有这些文物遗产。约翰·梅杰向下议院公布了这些计划，而艾尔利勋爵和迈克尔·皮特则另有空前之举，他们在圣詹姆斯宫举办了一场新闻发布会。

媒体有大量可以发挥的素材，尤其是受宠若惊地被邀请到圣詹姆斯宫的画廊，听宫务大臣坦率地评估女王私人财产。媒体曾把女王的私人财产胡乱估计为一亿到上万亿英镑，艾尔利勋爵对此进行了驳斥，他宣布："女王陛下授权我跟各位说明，即便这些估价中最低的数目都是极其夸张的。"其实际总额大概是 6 000 万英镑。

新计划的实行往往不是那么简单。女王要自愿纳税，但是法律并没有强迫她或者她的继承人这样做。最具争议的问题是君主的更迭将免除继承税。首相规定，此举是为确保"王室在一定程度上对政府的财政独立"。这是有实际原因的。君主不会制定传统意义上的遗产分配计划，他们不会退休，也不会把自己的事业或家庭住宅在某些时候移交给继承人。更何况像桑德灵汉姆庄园和巴尔莫勒尔城堡这种地方，既属官邸，又是私人住宅。在下议院，梅杰曾警告大家，如果没有免税，他们可能会像"切香肠"一样慢慢削弱。工党领袖约翰·史密斯并不完全认同免税，但除了左翼党派有些活跃的过激言论外，这一计划还是得到了大多数人的首肯。

不出所料，媒体对此的反应正如预料之中好坏参半。就近些年该行业的混乱而言，大部分情况下，总会有条界线把媒体分成两派：《星期日泰晤士报》是改革的拥护者，觉察到新的历史正在酝酿中，因此宣称："自英国内战以来，王室还从来没有为寻求民意举行过这样毅然决然的行动。"如果这么说有一点夸张的话，那《每日镜报》围绕遗产税问题而发起的报复性人身攻击更是如此。新闻头条是《逃税人女王陛下》(HM the Tax Dodger)。"女王就这样成了英国最大的

'逃税人'——她拥有大笔财产，却只需缴纳200万英镑的税款。"该报的政论编辑阿拉斯泰尔·坎贝尔（Alastair Campbell）如此写道。而五年之后，他摇身一变出现在宫殿的会议上，成了首相的新闻秘书。但这一次，他却让居住在宫殿里的一些人流下了眼泪。即便是经过了前几年的风雨考验，王室成员及其职员看到女王在国家报纸头版被描画成了"教唆犯费根"时，还是非常震惊。终于，1993年4月底，艾尔利勋爵又公布了一项改革措施。未来五年里，白金汉宫将会在夏季对公众开放，从而为温莎的重建筹措资金，这笔钱就此不会从纳税人身上出了。正如《泰晤士报》的社论专版在第二天总结的一样："对于温莎王室的整修来说，白金汉宫的开放是富有想象力的一步。"

在这些不确定而且让人情绪不佳的日子里，坏事总是接踵而至，人们很难立刻意识到改革的进展程度。一系列持续的变革后，尽管有时也会因为与自身与生俱来的保守性格相左而烦恼不已，但女王依然坚持着两个世纪以来王室最根本的金融整顿。从爱德华家庭聚会模式到一个准备好迎接21世纪的机构，这一转变用了九年的时间。而一种专业主义的新文化要想融入这个机构还需要至少十年的时间。如今资金问题至少可以不列入主要议程了。然而，性这个问题还在。

在温莎遭遇大火、女王发表"多灾之年"演讲以及宣布税制改革这段时间内，首相还有一条爆炸性消息要传达给下议院。议会虽然刻意地一本正经对待此事，但它还是会在这个世纪的沙龙酒吧里、饮水冷却器旁，乃至操场上成为一个持久的话题。"白金汉宫遗憾地宣布威尔士夫妇决定分居，"约翰·梅杰说，"亲王和王妃殿下还没有离婚的打算，而且他们的宪制地位也不会受到影响。他们心平气和地做出了这个决定，并且他们将继续共同全力抚养他们的孩子。"直到今天，前首相仍然拒绝详细描述他当初的这份声明。"这些事情不在我的回忆录里。在我去世的时候它们也不会出现在我留下的文件里。我现在不想谈论它们，将来也不会。"

接下来的周末,有些值得庆祝的事情,长公主在巴尔莫勒尔附近的克拉西教堂举行了再婚婚礼。不过婚礼低调得甚至有些过分,她的新夫婿是皇家海军军官,原王宫侍从长官蒂莫西·劳伦斯(Timothy Laurence)。即使最苛刻的王室评论在这次有史以来最朴素的皇家婚礼上也挑不出任何瑕疵。新郎和新娘并没有在巴尔莫勒尔城堡举行隆重的婚礼宴会,而是在城堡的一个多功能厅举行了两个小时的茶点招待会。他们只在庄园小屋享受了36个小时的蜜月就返回工作岗位了。这与七八十年代那些梦幻式的童话婚礼相比,简直有天壤之别。

就像当初如饥似渴捕捉查尔斯王子与戴安娜王妃的每个浪漫细节一样,公众现在也不会放过他们走向婚姻尽头的伤感的每一步。王室纵贯90年代的主要事件就是所谓的"威尔士王室之战"。那些年真正的历史事件是:女王正在进行划时代的出访,这些国家的国民大多都不曾见过英国君主。1996年为女王而专程赶到华沙的人数之多,恐怕只有当年的教皇可以与之媲美。除了与沙皇有亲属关系的之外,英国没有一个君主曾经踏进过红场,直到1994年那个灰色秋日。(遗憾的是,广场空无一人,紧张的俄罗斯内务部官员早已把公众驱逐出去了。)在同一年,当民主在后苏维埃时期的爱沙尼亚扎根之时,爱沙尼亚政党联合新政府吸纳了一个保皇党加入。其领导认为确保国家长时间民主自由就得实行君主立宪制。一封加急信件送到白金汉宫,询问当时依然单身且行使自身职责的爱德华王子是否可以考虑就任爱沙尼亚国王(与菲利普亲王的丹麦籍祖父曾受邀成为希腊国王如出一辙)。女王和她的小儿子都被这份邀请所触动,这是鼓舞士气的良方,提醒人们世界上还有些地方认为君主制很重要,绝非肥皂泡。但他们还是婉拒了这份邀请。

1995年3月的一个清晨,女王走下皇家游艇,踏上开普敦的码头,受到了纳尔逊·曼德拉(Nelson Mandela)总统的热烈欢迎,作为国事访问的开始,没有什么比这一刻更令人愉快了。纳尔逊·曼德拉总统上任最初的行动之一就是宣布南非返回英联邦。此举是永恒友谊的见证。时值诺曼底登陆、欧洲胜利和第二次世界大战胜利50周年纪念日,人们总会在这一伟大时刻追忆往昔,而女王和王室也恰在此时成为国内和国际复杂情绪的焦点。"我们不过是从战争存活下来的老古董。"王太后在与玛格丽特公主一同出席欧洲胜利周年纪念活动时,站在王宫阳台上幽默地对女王说。换了丘吉尔或许会说:有战争,就有牺牲。这是举国百万人参与的隆重场合。无论温莎王朝有什么样的内部问题,它始终具有民族团结的象征意义。

女王与曼德拉一起出席活动

但是,威尔士亲王和王妃的关系无论是在私下还是在公众面前都处于紧张状态。关系同样敏感的还有王妃与君主制的若即若离,她显然已超然于外,却又因为儿子的关系与其密不可分。"王妃是政治上的一块烫手山芋,有几家报社都拥护她。"一位前高级官员说道。女王需要多加小心,因为这块烫手山芋有很多支持者。

此外,白金汉宫的工作人员和威尔士亲王在圣詹姆斯宫强行孤立办公的官员之间的关系也很紧张。亲王的新团队志在为其重塑形象,他们不满女王办公室里旧派思想的各种干涉。亲王的环境保护事务越是风生水起，他母亲的智囊团就越是躁动不安。有人说："我们当时听到了不少诸如此类的话：'如果亲王想讨论环境问题，他自然可以讨论，直接与环境部沟通即可。所以别再来招惹我们了。大家都是成年人，跟政府打交道我们绰绰有余。'大致基调就是如此。"

然而没过多久，"多灾之年"那令人不寒而栗的幽灵就复活了。

"诺曼底登陆和欧洲胜利周年纪念日的感觉固然很棒，但随之而来的就是1995年的《全景》节目，"查尔斯·安森说道，"忽然之间我们就回到过去，所有的担心恐惧又卷土重来。那时的感觉是王宫里的每个角落都有问题，而摆脱这种紧张需要很长时间。"1995年11月，戴安娜王妃接受英国广播公司的《全景》节目采访对英王室来说是一个转折点。王妃后来声称，威尔士亲王一年前就已经批准了这次采访。1994年，亲王允许广播员乔纳森·丁布尔比制作了关于他自己生平的一部书籍和一部电影，它们对亲王的工作进行了绘声绘色的描述，扣人心弦。无论是评论者还是读者和观众都笃信他对未来子民的情感之深，他所从事事业的范围之广。在将近两小时坦诚无比的近距离拍摄中，只有几秒钟的镜头有些黯淡失色。亲王关于直到婚姻"无法挽回"时自己仍对王妃矢志不渝、忠贞无二的坦言，也将长期萦绕在公众脑海中。他的一些智囊认为，针对几年来人们对他与卡米拉关系的推测，如此坦白有助于消除误解。然而，却带来了民间新一轮更加疯狂的揣测，人们始终在追问一个根本问题：接下来呢？女王和爱丁堡公爵很是不安，不仅仅是因为亲王在屏幕上的坦率，更伤人的是随后发行的书籍给人留下这样一种印象：亲王曾经经历过不幸的童年。这本书在《星期日泰晤士报》上连载几周之后，被揭露的真相如滴水穿石一般破坏着王室的所有努力，包括期待已久的对俄罗斯的历史性访问。温莎城堡内部的失落情绪也最终爆发开来。"我从来没有讨论过私事，我认为女王也不会，这个大家庭中只有极少数人这么做。"爱丁堡公爵在王室出访莫斯科的前一晚干脆地说。王太后对此也怀有类似的保留意见。几年后她告诉埃里克·安德森爵士（Sir Eric Anderson）（前伊顿公学主管、王室心腹）："无论何时谈论你的婚姻都是错误的。"

丁布尔比的书籍和电影所造成的毁灭性结果是：媒体邀请王妃就此事做出了某种回应。一年以后，王妃在英国广播公司《全景》节目中的表现机敏又不失礼貌，为此她进行了非常保密的准备工作。然而这并不单单是她生活工作的剪影。虽然亲王在他的节目中曾小心翼翼地回避任何关于他妻子的批评，但这次对王妃的采访却是在全球观众面前对他们婚姻的一次深度剖析。更糟糕的是，她对亲王继承王位的可能性表示了怀疑。女王出马了。在此之前，女王和菲利普亲王一直在安抚劝解儿媳妇。但在这种情况下，君主不能再袖手旁观了。她不仅给亲王和王妃致信敦促其离婚，还让王宫发表了相关声明。这样，两党最近忙得不亦乐乎的高级幕僚们就不会生出什么歪心思。女王想要人们绝对清楚她的立场。不久以后，律师便开始着手处理此事，1996年7月15日，他们的离婚协议最终盖上了最高法院的印章，而此时距离约克公爵和夫人经历同样的过程不过三个月。

表面上女王还是一如既往地忙于事务，但她非常清楚地意识到：若想重新赢得民众的爱戴，王室不能总是一成不变。无论她再怎么不喜欢为改变而改变，但脑海里总是回荡着被征引多次的王室颂歌，出自朱塞佩·迪·兰佩杜萨（Giuseppe di Lampedusa）1958年的小说《豹》（*The Leopard*）："凡事若想保持不变，那凡事也就不得不变。"毕竟，激进的工党政府时代已经近在眼前。由王室元老和其官员组成的"领航团"的创立就是这个变化过程的一部分。《全景》节目之后，"领航团"开始讨论最基本的问题，几乎无事不谈。威尔士亲王离婚后的几个星期，成员们在巴尔莫勒尔集合，讨论诸如长子继承王位或天主教徒继承王位等问题。这些是政府应该决定的问题，而非由君主决定。但是，在此类事情上，女王和她的智囊团认为，如果需要他们表明立场，那就应该是明确而且深思熟虑后的决定，而不是被迫对事件做出下意识的反应。私人秘书办公室的职员承担起检查王室各种事务的工作。"在某种意义上，这是激动人心的时刻，"其中一员回忆道，"20世纪整个90年代，我们都在追问自己：这么做对吗？"这一改变还有助于保持正确的判断力。查尔斯·安森这样描述当时的情景："比如，玛丽·弗朗西斯（她入职不久，将升职为副私人秘书）在唐宁街10号的私人办公室里已经做到了高级职务。她出席王室的早间会议时问道：'为什么我们要浪费一早晨时间讨论菲姬？'"我当时想："哦，天啊，我也讨厌讨论这个！这为我们敲响了警钟。我们本来需要讨论王室应该做什么，而不是公爵夫人或戴安娜如何操纵了媒体。"

女王坚决认为不能让局外人误以为她与王妃竞争。即便如此，有时候也难免给人一种印象：王妃是在和王室角逐。1996年秋，女王出访泰国，纪念国王普密蓬登基50周年。当她回来的时候，威尔士亲王正准备进行他首次重要的皇家访问——横跨中亚，出访原本陌生的皇家领土。但是，在外交部和王宫确定了最终计划后，王妃却宣布亲王出访期间她将出席悉尼的一个慈善舞会，并在一家小餐馆用午餐。大多数媒体选择了与她同行。而后当王妃开始关注地雷问题时，王宫和议会内越来越多的保守分子变得更加警觉。1997年初，她呼吁世界禁止使用武器，随后被一位国防政务次官说成是"没谱儿的大炮筒"，这正中反对派下怀。她的立场受到大多数人支持，但由于之前各政党对此态度明确——这属于王室成员干预政治活动，所以非常不合适。除非她不再是王室成员，离婚后也不再享有王室封号。那么，她的准确身份是什么？未来君主的非王室身份母亲将扮演怎样的角色？对她非王室的身份，又该如何约束才合适呢？

然而，王妃再没有机会知道答案了。1997年8月31日清晨，她与多迪·法耶德（Dodi Fayed）一起在车祸中与世长辞，同时殒命的还有载着他们穿越巴黎的那名法国司机。接下来的七天对王室的考验在某种程度上说，与1992年没有分别。那一周之内发生的事情——

车祸悲剧，因君主第一时间未能出现而招致的歇斯底里，女王归来时的剑拔弩张，以及最终圆满的结局——已经成为众多庭审、书籍、纪录片甚至奥斯卡获奖电影的主题。只是，我们还没听到真正知道内情的人透露过任何故事。十多年来，他们一直把自己的看法埋在心里。即使到现在，依然保持着谦逊的作风，当然，私下里还是会对自己的工作感到万分自豪。"我当时非常不安，焦虑万分！"艾尔利勋爵说道。作为宫务大臣的他负责安排葬礼全过程。"那真是艰难的时刻啊！温莎大火已经让我们捉襟见肘，因为它烧毁了王宫很多地方。遗憾的是，葬礼的安排又迫在眉睫。十分坦诚地说，我们根本没有时间去考虑其他任何事情。接到任务就开始行动。"

各种级别的王室葬礼，宫里都有一些精心准备的设计方案。为确保这类事件万无一失，每六个月就会举行内部彩排和军事化演练。尽管如此，因为戴安娜王妃，他们还是再一次打破了数代传承的规矩。

"我们没有参照任何档案，"艾尔利勋爵说道，"一眼也没看，我当时说：'不！'一切重新开始。"

接手这一重任的是不久前刚从苏格兰卫队离职的马尔科姆·罗斯中校，当时是宫务大臣办公室的监察官。实际上，他主管王室所有的仪式和盛典。

"36岁的王妃虽然不再是王室成员，但是从没离开过公众的视线。"罗斯说道，"她受到了极大的欢迎，我们都低估了这一点。第一天我们把威尔士亲王送到了巴黎，把王妃的遗体带回。当时航行路线都是未知水域并且有相关法律条文规定，而我们之前又没有把王室成员的遗体运送回国的先例。"

王妃既以王室规格运送回国，那她的葬礼准备就要格外认真。"我们在白金汉宫一直待到了凌晨两点钟，"罗斯说道，"我返回圣詹姆斯宫的家中时，见到那儿有成百上千的人手捧着蜡烛，跪在维多利亚女王纪念馆周围。我平生从未见过如此感人至深的场面。那里的安宁与沉静让人难以置信。当时媒体还不知道这一消息，当然，之后骚动就爆发了。"

　　压抑已久的公众情绪需要有目标宣泄。首先就是狗仔队，他们一直追随着王妃的车穿过巴黎。但随后枪口就对准了王室和女王本人。王室全体都受到了指责，因为威廉王子和哈里王子在母亲去世那天早晨被带去了教堂，因为仪式上只字未提王妃的名字，因为在圣詹姆斯宫的悼念簿上签字还需要排队，还因为白金汉宫并没有因此降半旗。其实这些都情有可原。王子们自己想去教堂；苏格兰教堂举行的仪式是管理大臣的问题，托尼·布莱尔在他的回忆录《旅程》（*A Journey*）中写道，女王当时做的是她认为对的事："我知道女王当时一定感到职责需要她按规矩办事。因此阿拉斯泰尔们（具体指阿拉斯泰尔·坎贝尔，首相的新闻秘书）将不会随行，他们如果在，或许会建议提及这个悲剧可能更明智一些。女王为人真实诚恳，并不虚伪……她处理事情从不矫揉造作。"

　　戴安娜的名字在仪式上的缺失仍然使很多人困惑不满。但如果苏格兰教堂的牧师真的在女王授意下在仪式中加入明确的祷词，那熟悉女王的人们也同样会感到惊讶。里弗·罗伯特·斯隆（Rev Robert Sloan）后来解释说，他没有提到王妃的名字是出于对她儿子们的考虑。"我当时想的是，孩子们在几个小时前才被人从梦中叫醒，得知他们母亲的死讯。"如今，王妃去世十多年之后，有关那一周的细枝末节仍在继续两极分化。

　　同时，悼念簿也是前所未有的创新之举。意识到它存在的人越多，想要在上面签名的人也就越多。至于王宫旗杆，只能飘扬王旗，不可能为任何人降半旗，女王也不例外。在超然事外的巴尔莫勒尔这边看来，一切似乎都是微不足道的小问题，但是，对伦敦激增的情绪化人群来说，这些却迅速变得如图腾般重要。正如1992年的火灾损失、纳税问题和婚姻不合后来逐渐演变成了王室危机一样，这些所谓的小事对当时的影响也要深远得多：评论家认为，这恰好证明了"王室外围"素来的无所谓态度。这个问题还掺和进了一种新现象：王室之前从来没有成为电视新闻节目24小时滚动播出的焦点。媒体这只魔兽找不到大量的新鲜材料,只能继续倒嚼旧的新闻信息。肯辛顿花园和大商场里到处都有想对此事发表意见的人。他们对未降半旗感觉越愤怒,就让越来越多的其他人意识到他们其实也在为此生气,想想吧!王宫的人们对此都看在眼里。伦敦市警察厅值班大队的一位资深成员这样回忆那周的情景:"我曾在商场看见过一个身背十字架扮成耶稣的人,遇见了另一个背着降了半旗旗杆的家伙。他们像老朋友一样嘘寒问暖,看起来竟没什么不寻常。那就是当时的氛围。"王室内府一位元老也认为:如果女王当时是在温莎而非苏格兰高地,情况将大不相同。"在巴尔莫勒尔,你可能觉得身处另一个世界,"他说道,"女王当时就是如此。"

在王宫内,最初的震惊很快就被坚定一致的目标所取代。"你根本想象不到当时人们如何齐心协力。"马尔科姆·罗斯先生回忆道,"我们每天都和大主教或其代表、威斯敏斯特院长、伦敦警察厅厅长以及军队长官等人参见艾尔利勋爵主持的例会,他边在桌前走来走去边问:'你今天午饭前能完成吗?''能!'警察厅厅长答道。'可以。'大教主回答道。'可以!''好的''可以''没问题。'"王室成员也不像评论家所暗示的那样对此冷漠不理。每天清晨,负责葬礼的成员都齐聚在白金汉宫的画室里,定时参加菲利普亲王的电话会议。一位曾在场的成员回忆道:"当时菲利普亲王成了来自巴尔莫勒尔的会议主席,典型的干脆高效,经常说:'等等,这样做怎么样,那样呢?'"

新首相正逐步赢得赞赏,即便是《每日电讯报》这样的宿敌也为其喝彩。有些人对托尼·布莱尔在王妃逝世后几小时里用悲痛通俗的语言称她为"人民的王妃"感到吃惊不已,而他的声望也因为保卫王室免于不逊言论的伤害而得到持续提升。王室正需要这样的助力。小报头条作者和左翼倾向的大报评论家罕见地有了共同话题。他们变本加厉地批判王室不理解现代的大不列颠。《独立报》的一篇社论认为一场"情绪革命"的序幕就此拉开,甚至做出了以下暗示:"对王室来讲，真正明智的表明他们已经领悟了戴安娜的人气所带来的教训的做法，就是本周六女王和威尔士亲王精神崩溃，在大教堂的台阶上彼此相拥，失声痛哭。"现在回头看这段话，是很幽默，但当时绝非如此。

尽管一直颂扬"新不列颠"，但托尼·布莱尔意识到他的主要职责应是维护媒体口中描述的"旧不列颠"。王旗事件发展到最高点时，他敦促人们要给王室以同情，要理解温莎正试图处理这个非常棘手的问题。他在回忆录中写道："我真的特别同情女王。"他还叙述了自己是如何与威尔士亲王密切合作劝说女王返回伦敦，与公众见面发言的，她不能不这样做。与《伊丽莎白女王》电影中对这些事情的刻画相反，实际上是威尔士亲王帮助王室转危为安。"我很敬重她（女王），还有一点敬畏。"布莱尔写道，"但是，作为新首相，我并不了解她，也不知道她将如何对待我给她的建议，这些建议都是我认为非给不可的。于是我就去找查尔斯了。"亲王完全同意首相的建议，在巴尔莫勒尔，女王也及时表示了首肯。这将彻底改变国民的情绪。现在回想起来，布莱尔表示，女王恰当地审视了公众和媒体非理性的异常情绪，同时也能非常实际地看待这一问题。"她完全看清了事实，她不得不面对这一切，最起码要露个面。"布莱尔说道，"一旦她准备做，那一定驾轻就熟。"

对布莱尔派密使参加王宫计划会议这一行为，王室心情比较复杂。就在五年之前，阿拉斯泰尔·坎贝尔在《镜报》上的文章《逃税人女王陛下》还曾使王室伤心不已。现在，他又以援助者的角色，或像他日记中所写的"救世主"角色重回此地。在他看来，王宫已陈旧过时、权力不再、毫无希望。参加例会的一个成员回顾："阿拉斯泰尔·坎贝尔高调接管了这件事：'我们来处理，她是人民的王妃，就这么简单。'"唐宁街团队主张允许公众跟在王妃的灵柩后游行，举办一个"人民葬礼"。坎贝尔把这个主意称作"花衣魔笛手"方案。但警察和王室成员却没有多大热情。"如果我们听从了坎贝尔的建议，举办一个'人民葬礼'，那么我们就有大麻烦了。他的想法太疯狂了。"伦敦警方一位策划者说道，"首先是庞大的送葬行列尾随其后。

一个主管官员当时对他说：'你想害死多少人？'然后所有人都会去议会广场，那样人山人海的局面你完全不能掌控。他们都要挤到下边的地铁站去了。"来自唐宁街的另一个建议是灵柩围绕着特拉法加广场行进。不过那时广场内一样人潮涌动，警察对此仍然不看好。据王宫和警方消息人士透露，在这之后，唐宁街10号就退到一旁不再作声，让盛典专家来负责这支现代和传统相结合的历史性组曲了。

但据坎贝尔的回忆录记载，事情并非如此。他认为他的"花衣魔笛手"方案得到了警察的认可，只是王室成员及其职员需要他"始终保证他们的步调一致"。但同时，他也总是提及王室对他提出的真知灼见不吝溢美之词。当时王室确实非常感激（现在也是）唐宁街能在他们最糟糕的一周给予支持，但坎贝尔把真挚的感谢当成了他们无能的表现。

他也许没意识到自己制造的紧张情绪，但别人记起的情况大不相同。"他被罚出场了。"王宫计划团队的一员说道，"罗伯特·费洛斯处理得很漂亮，他把坎贝尔叫了出去，也就此有效地摆脱了他的掌控。事情解决得很好，后来双方提及彼此时也都非常友善，没有任何怨恨可言。"在回忆录中，布莱尔把费洛斯描写成一个"极为通晓事理的人"；同时补充道："我不清楚他到底怎样看待戴安娜——我个人认为他看到了她的两面性，他喜欢她的一面，对另一面却无可奈何——但他是专业人士，就像你经常从有教养的上层人士身上看到的一样，他比自己表现出来的更加圆通精明。"后来，费洛斯退休时，女王为他在白金汉宫举行了告别宴会，坎贝尔也在邀请之列。

"花衣魔笛手"方案就这样悄然夭折了，取而代之的是更实际的做法。尽管会有"军队即是王室"的弦外之音，大家还是一致同意把王妃的灵柩放在炮架上。"我想让人们能够看到灵柩，"马尔科姆·罗斯说道，"如果我们在伦敦聚集声势浩大的人群，那么在公众和灵柩之间仅仅安排一辆灵车和一辆安有玻璃窗的低矮车辆显然远远不够。"自从维多利亚女王葬礼上出现马匹脱缰后，就一直是由皇家海军中挑选出的士兵炮架。而现在，一个世纪后，罗斯决定给马队一个补偿机会,她召集来了国王中队里的皇家乘骑炮兵团。"在十分钟内你能集合国王中队,但要换成 200 名海员,想都别想!"

即便是葬礼最小的细节也需要召开一次小型高级会议。威斯敏斯特教堂方面倾向于让埃尔顿·约翰爵士(Sir Elton John)为王妃演唱挽歌,但他们对威尔第的《安魂曲》持有保留意见,理由是这是一首世俗音乐(教堂已经温和地做出了让步)。"我还接到多明戈(Plácido Domingo)从圣弗朗西斯科打来的电话,他问自己能不能参与,"罗斯说,"我只能回复:'非常抱歉,已经有人选了。'"

到那时为止,组织者最关心的两个问题是:女王即将回到首都,民众做何反应;还有就是参加葬礼的总人数。据警方透露,王宫计划团队提出了三条建议,从而避免严重的人群拥挤或有人因此丧命。第一条是对葬礼路线进行扩展,从王妃以前居住的肯辛顿宫出发,而不是圣詹姆斯宫。第二条是在伦敦公园立起一个巨大的电视屏幕,以缓和威斯敏斯特教堂附近的拥堵压力。第三条是将灵车从伦敦到王妃故里北安普敦郡奥尔索普的全程行进路线公之于众。

所有的目光都落在从巴尔莫勒尔归来的女王身上,她将与公众见面并发表演讲。这时人们突然在肯辛顿宫外发现了威廉王子和哈里王子,他们与父亲一同出现在哀悼人群和花海中的一刹那竟是惊人的平静,此刻,这一周以来民众集聚的大部分愤怒瞬间都荡然无存。有关葬礼安排的最新细节也给新闻频道的滚动报道提供了大量可挖掘的素材。

纵然如此,一些经验老到的王室成员依然认为那一刻是女王整个任期中的关键所在。一位退休的助理这样说道:"女王从巴尔莫勒尔归来进行广播讲话的时候,风险达到了顶峰。女王做了一个重要的决定:直播演讲!这是一件很冒险的事情,但是女王处理得很睿智。之后她又做了一个重要的决定:走到宫外,当灵车经过时向其鞠躬致意。这是她主动提出来的,她想做并且认为她应该做。那是一个伟大的时刻,确实如此。"

在全世界目光注视中,女王宣读给她已故前儿媳的颂词时,任何关于君主制核心力量的疑虑自然就烟消云散了。此刻，我既是你们的女王，更是一位祖母，我所说的一切都发自内心。她说道（"更是一位祖母"无疑是阿拉斯泰尔·坎贝尔的杰作）。第二天，她带领家庭成员到宫外为经过的灵车鞠躬致意，这一举动的诚挚和重要性无人能够质疑。这位之前不会向任何人鞠躬的君主，不仅表现出了她的领导能力和谦卑，更向世人展示了她真正的威严。

"重要的是，从那个周六傍晚开始，事情就变得顺利起来。"艾尔利伯爵说道，他还套用他在伦敦工作时的一个比喻补充说："在随后的几年中，回头去看当时的危机，那可怕的处境就好比我们股票市场的最低点，或许如此。但王室挺了过来，安然无恙。"

两年之后，英国王室在另一场王室婚礼中重聚。爱德华王子与公关经理索菲·里斯-琼斯（Sophie Rhys-Jones）没有让首都在工作日驻足欢庆，而是选择了周六下午在温莎圣乔治教堂举行婚礼。仪式上没有80年代他两位兄长婚礼时那些彩旗飞扬，也没有街头派对的喧闹庆祝。这场婚礼本来也没打算成为"童话"。全世界可以关注，但不要期望能介入其中。即使这样，重新修葺且壮丽超前的温莎城堡，还是装扮得美轮美奂。两家主要电视台专为婚礼清空了日程表，全程追踪。许多其他国家电视台也将进行直播。选择温莎作为仪式举行地明显是把这次婚礼定义为家事，而非国事。婚礼的规模与气氛恰如其分。同样的想法促使威尔士亲王与卡米拉在2005年也选择在圣乔治教堂进行他们的婚姻祝祷。鉴于双方都有过离婚经历，亲王在未来又是英国国教管理者，还有戴安娜的去世，整个事件自始至终都带上了敏感的色彩。敲定这一场普通婚礼①的地点甚至时间都是问题，但完

---

① 据说城堡只有获得一张结婚许可证明之后才能举行普通婚礼，因此这一计划曾被一度搁置。最终仪式在市政厅举行，女王没有参加。她的缺席并非表示她对安排不满，也不是对这桩婚事不满。她参加了在圣乔治教堂的祝祷，主持了接待会，还以赛马为主题做了深情慈爱的演讲。那一天是全国越野障碍赛马日。

美的古老庄园还是难以阻挡现代的脚步。这一天来临时，温莎城堡内外都萦绕着节日狂欢的气氛，仪式温暖快乐，威廉王子和哈里王子溢于言表的幸福就是证明。事情终归有了结局，全世界都祝福威尔士亲王与新康沃尔公爵夫人能够幸福美满。一切总要向前看。

对于女王自己而言，2002年是她登基50周年，虽在忧伤中开始，但后来参加庆典的庞大人群完全超出所有人预期。3年之后，80岁生日那天，女王在人们的欢呼声中穿过温莎拥挤的街道，这时，她"民族的母亲"的尊位已毋庸置疑。

自此以后，王室可以展望未来了。当然，约克公爵夫人还会继续偶尔制造小小波澜，尤其是企图向卧底记者出卖王室访问的那次。有些人认为她该让渡头衔，特别是因为这一头衔在早年曾属于王太后。人们普遍认为她是自作自受——或许还实现了不可或缺的作用。有40年王室经验的王室活动观察员安东尼·杰伊爵士赞同查特里斯伯爵晚年提出的那条颇受欢迎的理论——王室"雷电制造者"的重要性。"每个王室都需要一个邪恶精灵，有人会被选中，"他指出，"这就是移位取代的活动。先是玛格丽特公主，然后是安妮公主，接着是肯特的迈克尔王妃。新闻试图对哈里王子去夜总会进行报道，但是失败了。现在是安德鲁王子，总要有人承担此角色。"

2011年4月，伴随威廉王子与凯特·米德尔顿婚礼带给人们的幸福感连最乐观的保皇派都觉得意外。2010年11月，这对夫妻宣布订婚后，新闻媒体和英国公众都有明显的约束和收敛，不想冒险。媒体报道中常见的主题是：30年前那场梦幻般的婚礼后来证明是骗局，民众们不想再次被愚弄。然而，世界其他地方的观众却没这么小心翼翼。这是世界上最著名的家庭千年故事里的新篇章，为什么不享受每一分钟呢？

那天，来自世界10 000家媒体的强大分遣队齐聚伦敦，见证了百万人在这个城市中心享受简单而隆重的一天。在英国国内，之前的疑虑和小心也都无影无踪。人们忽然发现自己比预想的还要兴奋。威廉王子和哈里王子一起走向大教堂的画面，强烈地唤起了人们记忆中1997年两个男孩心痛地走在他们母亲灵柩后的场景。而此刻两个年轻人身着整洁的军装，脸上洋溢着灿烂的笑容，向近乎疯狂的人群挥手致意，这是戴安娜的骄傲，是君主的骄傲，也是整个国家的骄傲。①

2011年4月，威廉王子和凯特王妃举行婚礼

凯特·米德尔顿挽着她父亲迈克尔的臂膀，脸上洋溢着温暖的幸福，而她的父亲也展示出了自有的超然镇静，这一幕瞬间引起了公众的共鸣。有些评论员之前还试图先入为主地让人们相信，这对夫妇的结合实际上是阶层和文化的冲突，出身于伦敦周边郡县快乐企业家庭的姑娘，跳进了痴迷于血统又顽固不化的名利场火坑。但在这一刻，这所谓的简·奥斯汀阴谋理论忽然瓦解。所有婚礼的细节都在表明，这是一段坚实的真爱姻缘。虽然距离较远，但舰队街雇来在一旁对每个细微场景进行破译的大批唇读专家更是证实了普通民众这一印

---

① 威廉王子身着爱尔兰卫队上校制服，哈里王子身着皇家骑兵上尉制服。

象。"我非常骄傲你能成为我的妻子。"新任剑桥公爵在帮助夫人进入停靠在教堂外的皇家马车时曾这样低语。从少年时期开始,威廉王子就肩负着巨大的期望,有时候这种压力会难以抗拒。而现在,至少有人可以帮他分担了。

难免会有人把这次盛典与 30 年前查尔斯王子和戴安娜·斯宾塞的婚礼相比较,但背景却截然不同。1981 年那场皇家大婚举行之际,正值王室顶峰时期。而这次婚礼的筹备过程却一直弥漫着某种不良气氛,比如,有人抱怨费用问题(即便国库用于此项的费用总计仅是 2012 年伦敦奥运会筹办费用的 0.2%)。时髦的左派也发牢骚说又一轮查尔斯-戴安娜风格热潮袭来,不过是在呈现不列颠的落日余晖而已。就在婚礼前夕,副首相尼克·克莱格宣布他正计划结束王室的长嗣继承制,将来无论男女,只要是最年长的孩子都可以继承王权。这一想法在各党派间早已有共识,并总是能成为头条新闻,但最终却屡屡被几乎不可逾越的复杂宪法体系挫败。这一次,也仅仅是在一场婚礼前夜重新启动了关于整个君主制的辩论。

关于婚礼的宾客名单也争吵不断,特别是两位前任工党首相托尼·布莱尔和戈登·布朗的缺席。这一遗漏虽都不是故意,但却又释放着令人不爽的潜在政治讯息。对很多人来说,有点怠慢冷落的味道。问题在于两位依然健在的保守党前首相撒切尔夫人和约翰·梅杰爵士都在受邀之列。负责起草宾客名单的克拉伦斯宫团队当初决定所有嘉德勋章获得者都应该到场,理由是威廉王子自己也是一名嘉德骑士。这里面就包括撒切尔夫人和约翰爵士。但布莱尔和布朗不是嘉德骑士,所以并没有"怠慢"之意,只是个疏忽,或像一位白金汉宫高级助理承认的,"一团糟"。布莱尔曾多次会见威廉王子,而且在王室处于最低谷的时期不厌其烦地挺身而出予以维护。布朗在与王室打交道的过程中不但一直严谨小心,而且作为首相,他还曾经主持会议为威尔士王妃戴安娜修建了向公众永久开放的纪念碑。

对王室来说,中立的看法与中立的行为一样关键。既然宾客里面包括每位郡治安官，甚至还有足球运动员戴维·贝克汉姆，当然也应该邀请这两位前任首相。但首要的顾虑是当时的气氛。婚礼举行正值经济艰难和公共支出大幅缩减时期。虽然形势不像1947年伊丽莎白公主与菲利普王子大婚时弥漫于战后英国的那种严峻与萧条，但跟当时一样，王室必须在壮观盛典和节省国用之间调和折中，达到和谐平衡。

1947年11月，伊丽莎白公主与菲利普王子结婚

然而，所有这些担心在2011年4月29日上午都消失得无影无踪了。新娘穿着Alexander McQueen品牌现任设计师萨拉·伯顿（Sarah Burton）设计的象牙色蕾丝绸缎婚纱出现在圣坛的一刹那，这次盛会已然取得了巨大成功。额外让人高兴的是经济萎靡不振的英国也因此恢复了不少信心。从这个意义上说，此次婚礼最接近的不是80年代那场大吹大擂的皇家婚礼，而是重现了1977年银禧庆典上意料之外的王室复兴。

总的来看，王室几代人之间的关系没有比现在更融洽了。曾经针锋相对的威尔士亲王部下和女王官员目前联络密切，一起用餐，甚至每天都共同解决问题。代表女王进行所有王宫改革的设计师迈克尔·皮特获得了骑士爵位，继续担任亲王的私人秘书，这一职务调动对双方团队的和谐相处颇有益处。2011年，在为王室效力20多年后，皮特终于宣布卸任回归私人生活，接替他的是一位高级公务员威廉·奈（William Nye）。威尔士亲王也仿照白金汉宫重新布置了他的克拉伦斯宫内府，还配备了一名内府主管。女王非常清楚，从威尔士亲王之后,每代人都需要适当合理的独立。

因此,原本依靠父亲克拉伦斯宫团队的威廉王子和哈里王子现在也在圣詹姆斯宫的一角成立了自己的独立办公室。女王还替威廉王子支付费用聘请了独立的宪法顾问,即前任英国驻美大使戴维·曼宁爵士(Sir David Manning)。

婚礼前很长时间里,王子和他的准新娘一直租住在安格尔西岛的一所农场住宅里,因为他在那里的皇家空军基地就职。但现在已经完婚的他们显然需要在伦敦有一处新的落脚地。没几个人会期待这对新任剑桥公爵和夫人继续与哈里王子一起分享克拉伦斯宫的单身公寓。①于是,肯辛顿宫私人区的一所简朴的公寓就分配给了他们,公爵曾在这里度过了他童年的大部分时光。

然而,哈里王子不可能搬出他们曾经共享的办公室。两兄弟关系非常亲密,婚礼后的晚宴上哈里王子有点不恭但却深刻动人的致词,对兄长帮助他度过母亲去世后那段混乱时间表达了感谢,几位宾客还为此感动得流下了热泪。如今,公爵、公爵夫人、小王子和其他九名办公人员同在一所原来指定用作宫务大臣居住地的小型排屋中处理公务。走进办公室,宾客会先看到一座女王的半身雕像和乔治七世的画像,旁边是一间非常普通的厨房,里面有一台王室成员和职员们共用的咖啡机,一把铁壶还有一张铺满报纸的桌子。还有布莱尼,一条西班牙长耳工作犬,它的主人是高级助理海伦·阿斯普雷,现在它也是这里的一部分。

屋内唯一的楼梯处(这里没有专给职员用的楼梯)悬挂着弗朗兹·温特哈尔特(Franz Winterhalter)创作的维多利亚女王画像,四周还点缀着一些小幅军事照片和一张从伊顿拍摄的温莎全景。虽不豪华壮观,却整洁漂亮。年轻助理们手持信件或是服装样本在楼梯间快

---

① 原来两兄弟的居住环境相当轻松。据说他们还曾采取在各自鞋底标记名字首字母的办法来区分,不然极有可能一个人穿错另外一个人的鞋走了。

步上下，气氛轻松随意，有种生机勃勃的感觉。要是赶上约见活动的间歇，参观者还可能会撞见身穿斜纹布裤、开领衬衫和背心的公爵——他并不总是西装革履。

但这里的空间确实狭小。这也许是地球上最著名的一对年轻夫妇，但在一层他们不仅互相分享同一间书房，还和哈里王子共用。因为房间里只能放下两张书桌，所以三个人只能——用现在办公室俚语来说——"轮用办公桌"。一名工作人员解释说："由于他们很少同时出现在那里，因此这倒不是问题。"私人秘书在隔壁房间工作，其他官员和助手则在楼上办公。这里的环境布置更是随意，墙上挂的不是皇家收藏的作品，而是王子们小时候画的有趣素描。这支队伍小而团结，没有大型王室内府那般豪华阵容——侍从官、高级侍女、勤务兵等等。这就是下下任君主在人生现有阶段喜欢的风格。

王室内部形势一片大好稳定之时，资金问题再次悄然提上日程。如今，这一工作由金禧庆典后就任王室内库主管的艾伦·里德爵士负责。这位和迈克尔·皮特爵士一样来自毕马威会计师事务所的国际管理咨询师已经悄无声息地为王室引入了一整套新型财政系统。2010年，王室年俸制度创建整整250周年，但王宫所有人刻意忽略了这一点。也就是在这一年，传统财政体制寿终正寝。十年期的王室年俸协议已经结束，里德和内阁政府都认为是时候采用更为简单的计划了。王室不再接收国家固定的元首补贴，或是须经复杂审批程序的维护和巡行基金，取而代之的是每年从王室地产年收益中划拨的一次性总款。2011年6月，财政大臣乔治·奥斯本（George Osborne）宣布了这一计划，为满足王室预期3 500万英镑支出需要，首批款项为地产收益的15％。但他同时补充，这一数字会根据实际情况进行略微调整。此外，这一新政还有了新名字"君主基金"，原有的"王室年俸"一词将来只能在历史书中才能见到了。

很久之前，全部王室地产收入都归君主所有。1760年，乔治三世将其转移给政府，换来了王室年俸。如今，250年后，王室又将依靠其中的一小部分地产收入维系运营了。无论从哪个方面看，这都是笔不错的交易。王室内府终于实现了艾尔利勋爵"主宰自己命运"的梦想。国会将通过国家审计办公室监督全部王室预算。不过，长远来看，风险依然存在。在竞争残酷的市场里，王室地产是动态的地产开发商，其任何不受欢迎的决定都可能直接对女王产生意料不到的影响。另外，新政是在严峻的经济危机背景下宣布的，而且与大多数公共领域不同，王室在过去的20年里一直在缩减支出。因此，现在没有什么浮资可扣减了。但里德已经确定了新的缩减项目，尤其是他在王室访问咨询委员会中谋得一席之地。之前，王室访问都是由外交办公室和王室访问者协商决定，而相关账单会送到财政部。现在，这部分费用既然必须从王室的预算中支出，将来里德的工作可能就意味着限制王室自由了。当然，一次国事访问不可能因为交通费用问题而被迫取消，但如果是在送一位年轻王室成员去太平洋和雇用一位新侍从这两件事之间取舍，那此举可能就有所帮助。

艾尔利伯爵第一个承认，他和迈克尔·皮特在90年代的王室支出削减改革并没有给他们的继任者带来什么便利。"我觉得我们没那么受欢迎。"他开玩笑说。后来的接班人观察到，改革的副作用之一是会计人员大多不愿承担风险，只满足于在表格上打钩。"这就是典型的钟摆现象，"王室内府一位现任成员解释说，"20世纪80年代没有任何财政控制，而到了2002年的金禧庆典时期，控制又太过严格，随处可见财务人员在核对他们的费用报表。"另一位官员回忆时表示，一段时间之后，财务控制水平又出现反转。"你刚想出个好主意，有人立马说'不行'，然后你不得不奋力解释为什么这是个好主意。"这种逃避风险文化发展到顶点时，王宫职员因为惧怕黑客甚至不敢发送或接收电子邮件。里德在2002年接管王宫财务工作后首先采取的措施之一就是缩减会计人员的数量，配备新计算机。

但人们并没有忘记艾尔利/皮特伟大改革的重要性。"艾尔利伯爵的所作所为非常勇敢，足见其深谋远虑，况且这一切不是轻而易举能够完成的，"现任宫务大臣皮尔勋爵这样评价道，"我明白他当时面对的事是何等困难，遇到的是什么阻力，但他成功地改变了内府的面貌。从那时起，它就一直在迅速发展。"

约克公爵认为改革的迅猛势头还会继续，这并非不切实际的幻想。"这个机构在艾尔利伯爵的带领下经历了重组，我觉得还会有像君主基金这样巨大的变化不断出现。"他说，"整体不得不变，问题在于如何去完成。不会再有妥协折中的解决方法。唯一的途径是找到最好的方式，适应时代的需要。"

尽管如此，女王在钻石庆典年到来之际还是可以回首这一小段王室经济奇迹。1952年继承王位时，她从王室年俸中拿到的薪酬是47.5万英镑，相当于王室地产收益的60%，更不要说所有其他的补贴了。当时整个王室都要依靠国家提供资金，而且女王并不纳税。而今天的王室只花费了王室地产收益的15%。除去女王和菲利普亲王，王室中的其他人都不再享受国家提供的年金。此外，君主也在缴纳税费。原有的王室预算"王室年俸"也已经被取代。1990年到2010年的20年间，王室年俸没有过任何增长。换句话说，王室是国内唯一在20年内预算拨款从未变过的部门（相比而言，同一时期一名议员的薪水也已经翻了3倍）。"商业界肯定觉得我们疯了！"约克公爵开玩笑说。在耗资94亿英镑的奥运年，王室内府为整个钻石庆典计划的预算也才100万英镑，还不及现在一个奥林匹克篮球馆建设费用的1/13。

对于王室的批评者们来说，这个数字无论多少，都是"我们负担不起的奢侈"。但既然一名总统上台也得组织全国大选（现价为800万英镑），这一说法仍存在争议。但历经25年变革之后，现在的王室内府显然可以更有力地为自己辩护了。如果当初艾尔利/皮特改革没有按期启动，谁知道90年代初性与资金这些爆炸性问题最终引爆时，还会有怎样进一步的灾难性因素出现。"不得不改，"艾尔利勋爵说，"如果当初没有改变，人们会说什么？"毫无疑问，他愿意承认，对女王陛下内府进行彻底变革的最大荣誉还是来源于女王陛下自己，因为是她先给予他任命，准许他行使特殊权力。约克公爵自然也是这么认为的。"这取决于最高领导的才能和作风，"他说，"我不确定这一体制中是否还有具备类似这种勇气的人存在。"

女王肯定也曾想过自己所做的事情正确与否。事后来看，她也一定希望自己能更迅速地完成其中一些改变。在 20 世纪 80 年代，王室确实曾经志得意满。而 90 年代的阴影可能还历历在目，必须确保不要再犯相同的错误。新成立的君主基金是自乔治三世继位，放弃世袭的"法国国王"头衔以来，最伟大王室变革的顶峰。当艾尔利勋爵起身离开时，这位现代最具影响力的宫务大臣终于露出了羞涩的微笑。"你看，现在一切都好了，"他说，"没有问题了。"

Ⅳ
王宫内臣

"女王不喜欢'商业化'这个词。"

2006年12月，女王参加桑赫斯特皇家军事学院年度游行

这里没有号角,只有雷·惠顿(Ray Wheaton)。惠顿是白金汉宫的一名高级职员。他身穿制服,思维敏捷,是议会的一名侍从和内卫。他先于女王穿过宫殿,用锐利的目光审视这里的一切,确保所有都已如女王所愿安排妥当。看到他从通往白色会客厅的巨大玻璃门后探出头时,已聚集在这里的工作人员和宾客立刻停止说话,清了清喉咙,变得严肃起来。不一会儿,女王走了进来,看上去果敢坚定。当有人把300位宾客中位列第一的宾客引见给她时,女王脸上马上绽放出光彩。两个小时后,这里的每位宾客都将会得到她的接见。

这是王宫的聚会时间。今晚的宾客有慈善工作者、金融家、富豪宇航员、医生、护士、酿酒师和流行歌手——他们有一个共同点:都来自南非。一周后,这些传统世界的排场和现代的热情好客将会融合为一场金碧辉煌的盛会,以欢迎南非共和国的新任总统——雅各布·祖马(Jacob Zuma)。

英国与南非之间的关系密切且重要。为了强调这一点,英国政府在祖马先生刚刚任职满一年就邀请他来进行全面国事访问。决定谁受邀进行国事访问的权力掌握于英国政府,通常每年会有两个名额,但主持活动的是女王。她必须确保公平地对待所有访客。不过对于这次会见,她情有独钟。南非是她出访的第一个国家。之前她从来没有冒险离开过怀特岛,直到1947年陪伴她的父亲、母亲和妹妹开始那场伟大的战后巡行,访问了当时还是英帝国一部分的殖民地。正是在开普敦,她21岁生日当天,女王在广播中承诺将毕生献给英国王室。

据说温斯顿·丘吉尔先生在伦敦听到广播后感动得热泪盈眶。50年后，在外交大臣道格拉斯·赫德的陪同下，她再次回到开普敦。"那篇演讲在女王心里占据非常重要的位置，"赫德说，"她非常在意。"今天南非是她挚爱的英联邦的重要成员。"因此，与祖马先生不会缺少交流语言。"

在女王统治的前50年，国事访问曾停滞不前。可如今，在耄耋之年，大多数同龄人不得不把娱乐形式转向高雅艺术时，女王却决定做一些改变。她认为国事访问之前的预先狂欢聚会颇有益处，所以开始举办热身派对。如此一来，不仅每个人对访问更为兴奋，女王也更加了解她所邀请的国家。今天的招待会就达到了如期的效果。女王会见的人员包括歌手安妮·伦诺克斯（Annie Lennox）、工党政治家曼德尔森勋爵（Lord Mandelson）和第一位"非洲宇航员"马克·沙特尔沃思（Mark Shuttleworth）（软件大亨，他解释说唯有他能进行太空航行的原因是他"从俄罗斯人那里买到了一张票"）。话题渐渐转到了纳尔逊·曼德拉。女王说，现代南非之父虽年逾90，但依然精神矍铄，尽管她有点担心他膝盖的健康状况。对此大家一致赞同。事后伦诺克斯承认，她自己真的被王室的明星风范所吸引，对于一位流行歌手来说，这种情况可不多见。她参加过2002年宫廷花园举行的金禧庆典流行音乐会，但这是她第一次见到女王。"她高贵典雅、平易近人。"伦诺克斯向女王致意时满面笑容、彬彬有礼，教科书般标准。"我之前以为她会很威严，但她其实温文尔雅，眼睛里闪烁着迷人的光辉。"回顾自己作为反种族隔离者的那段岁月，这次王宫之行对她来说又有了特殊的意义，"我们正在与女王共同庆祝新南非，对此我非常感动"。

在白人专制期间，伦敦是反种族隔离运动的中心。今晚南非非洲人国民大会的许多资深人士都在这里。"我简直不能相信我刚刚在与女王交谈。太荣幸了！"非洲人国民大会伦敦分支主席恩都那·比亚斯（Nduna Biyase）说。他不是唯一一个感到难以置信的人。南非足球运动员昆顿·福琼（Quinton Fortune）（以前属于曼彻斯特联队，现在效力于唐卡斯特队）接到邀请函时还以为是恶作剧。这位32岁的中卫也感到非常吃惊，他的老板竟然同意他晚上去王宫参加聚会，即便这意味着他将错过一场重要的比赛（老板事后肯定被自己的决定气得发疯了；就在那晚的关键时刻，唐卡斯特队主场输给了莱斯特城队）。福琼说没有人比他母亲更兴奋，她坐在南非的家中，要求儿子完整地讲述整个情形（当然她说的并不是足球比赛）。"我母亲不敢相信这是真的。南非就是个袖珍英国。"宾客中他并不是唯一的球员。前热刺队队员、英格兰队后卫加里·马布特（Gary Mabbutt）一直是王子信托基金会的大使，帮助南非申办过2010年世界杯。"看看这一切，"他打量着房间惊叹道，"看看女王完成的工作。查尔斯王子所做的也同样令人惊叹，但媒体却从不对此进行报道，总是负面新闻。"

关于这个话题，两国元首肯定有话要说。祖马先生紧张忙碌的私人生活占据了此次访问新闻报道的头版。新闻界想知道他的三位现任妻子中的哪一位将会和他一起同行。今晚，他早年出生的一个女儿也在这儿——恩科萨扎娜·祖马（Nkosazana Zuma），今年28岁，是伦敦大学国际关系与外交专业的一名学生。当爱丁堡公爵得知她正在就读外交专业时，立即引她走向外交大臣，并开玩笑说："你可以从他身上学到一些本领。"她最近几天一直都在努力练习屈膝礼，这让她的同学们都觉得很滑稽。但她担心今晚的屈膝礼不够完美。"我认为我的屈膝礼不对，但女王一点都没感到不快。有人告诉我对礼节比较敏感的其实是工作人员，而不是女王。"

今晚王宫工作人员肯定全体出动。职位较低的工作人员身穿制服正在分发香槟和桑德灵汉姆庄园苹果汁。20位王室最高级官员——包括一部分侍女、一部分私人秘书，和几乎来自所有王室成员办公室的侍从——都在画廊里为宾客提供贴身服务。他们统一佩戴着蓝色胸卡，分散在宾客中。许多人是第一次来这儿，谁也不认识，但所有的工作人员已经提前从王室内府总管及其小组那里拿到了详细简报。他们会为客人讲解，确保没有宾客因为无人交谈而只能尴尬地独自欣赏画作。会场热闹嘈杂，但处处温和友善。开始时原本有条接待线，所有人员站成一排，等待一一引见给女王和菲利普亲王。但气氛破冰变得活跃起来后（在一定程度上），女王夫妇就开始在宫殿里四处走动，同时工作人员可以把任意宾客介绍给他们。任何人身边几步以外就有一名温莎工作人员为其服务，这是女王再三强调过的。今晚王室出席者中也包括格洛斯特公爵和公爵夫人、肯特公爵、肯特的迈克尔王子和王妃。这是一场盛大的聚会，但却仍无法与一星期后举行的外国元首欢迎仪式相媲美。祖马总统对国外这种盛大仪式和车队已经司空见惯，但他的女儿恩科萨扎娜深信这次的欢迎仪式与众不同。"我们与英国有着密切的联系。得到女王的认可，对于南非来说是非常重要的事情。并不是每个人都可以搭上这辆马车！"

包括女王在内的每位王室成员都清楚与南非保持密切关系的重要性。王室内府也加倍紧张忙碌。不久之后美国总统巴拉克·奥巴马访问英国时，也是如此。除了加冕礼，没有什么可比准备国事访问更能一览王室体制运转的全貌了。

"一切都是团队努力的结果。如果没有团队合作，不会这么顺利。"皮尔勋爵说。他的工作相当于王室内府的非执行主席[①]。如今王宫的每个职位都有正式的工作细则描述，甚至连中世纪就已存在、配有"权杖"且腰间挂有一把神秘钥匙（没有人知道它能用来干什么）的宫务大臣也不例外。宫务大臣要承担许多职责：他必须"确保内府的战略方向……确保其作为综合性机构顺利平稳地运转"；他需要"对女王负责，以确保为王室内府提供清晰的战略方向，还要留意发掘有适当才干和经验的人才履任高级职位"；他必须"支持女王和威尔士亲王之间的密切配合"，并帮助其"创造令人愉快且专业性的

[①] 宫务大臣与掌礼大臣（The Lord Great Chamberlain）不同，后者完全是一种世袭的礼仪职位，负责在议会开幕大典时护送女王。英国现任掌礼大臣是乔姆利侯爵。

氛围"。工作细则还指出合格的候选人应为五六十岁,到70岁退休,每周一半的时间用于工作,年收入为82 000英镑。理想的宫务大臣应该"明智、睿智、善于平衡",有"担任主席的经验",在许多领域中具备威信和地位,"对公共部门有所了解,实质上他应该是个调解者、医治者和促进者"。

皮尔勋爵身材魁梧、天性快活,这位约克郡地主、曾经的保守党首相和警察制度奠基人罗伯特·皮尔勋爵的直系后裔得到了威尔士亲王的强烈推荐。在就职之前,他在康沃尔公爵领地为亲王担任了12年的类似职务(那一职位有着更加怪异的头衔:矿区监管大臣)。宫务大臣通常需要智勇双全。跟任何家族企业一样,一个局外人要想给家族成员讲清楚家族的情况并非易事,因为后者可能比前者更了解事实。

"每当我穿梭于各个宫殿时,我总是随身带着很多润滑油,"皮尔勋爵开玩笑说,"你永远不知道将要发生什么,所以必要时我就在接合处抹一抹。"

他负责主持各部门领导的每月例会——"相当于董事会议"——还有每周二上午的信息通气会。他曾为威尔士亲王工作多年,非常善于管理,总能使克拉伦斯宫的工作人员感觉自己就是更大的皇家团队的一部分。他还定期为亲王的官员和与他们对应的竞争者们组织联席会议和午餐。热衷于足球的大臣们对于这种全新的皇家团队精神常用一个词来形容:"男子联队"(Mon United)。

"当然,他们彼此都很了解对方,但什么都替代不了面对面看着对方的对话,"皮尔勋爵说,"我想我们现在太依赖电脑了,有时候失去了人与人之间的交流。"

王室内府一直是新旧世界的混合,有时会令人感到困惑不解。这里是可替代性能源的率先使用者,但即便在如今的21世纪,也还会有人悄悄告诉女性职员办公时穿裤装有些"不得体"(现在规则已经改变了)。

皮尔勋爵2007年来到王室内府工作，这种反差给他留下了深刻的印象。"最让我吃惊的是这正式庄重的宫殿背后竟是一个高效的现代化系统，或者说这是个混合体。资深员工为王室带来安全感，敢于挑战旧体制的年轻员工不断补充新鲜想法。人们因在这里工作而感到自豪，同时也喜欢炫耀一下。"

如今的王室内府与乔治一世的宫廷相比已截然是另一个世界。当初乔治一世的随行人员还包括一个波兰矮人和一个在汉诺威附近森林中发现的野性十足的小孩儿。如今无论是管理团队还是个人都更具前瞻性，因此，现代管理文化显然更具优势。但这里行事之怪异、等级之繁复仍可能令人充满困惑。有一支43人的团队仍然身穿华丽的侍从制服——负责王宫公众区的侍从是红黑相间的燕尾服，高级内侍则是一袭黑色或蓝黑制服。其中可能有英王卫士或者英国最后一拨手工琴匠。但更为卑微的一些头衔，比如"女职员"等现在已经消失了。尽管人们总在谈论"服务"，但这里并不存在"服务员"，只有"职员"。从皮尔勋爵到受训侍从，所有职员都可享有24小时求助热线，加入读书俱乐部，参加自我提升的课程，去英国最美的高尔夫球场，品尝最便宜的卡布奇诺，更不用说去王宫里的游泳池游泳了。这里提倡毫无保留的彻底沟通。好比这个潮湿的春日清晨，皮尔勋爵就正在斟酌一位初级员工在电子邮件中提出的关于安排新型太阳能面板的建议（桑德灵汉姆庄园当时安装的新太阳能面板尚属国内首批）。

桑德灵汉姆庄园曾由非专业的绅士管理。如今却可以"专业"和"卓越"为傲。但这里有一个词不被提倡。"这个词就是'商业化'，"皮尔勋爵说，"女王不喜欢这个词。每每谈起王室内府的话题时，她总是说：'我理解成效、效率的必要性，但我们不能太商业化了。'掌握这个平衡真的很难。我的确同意她的观点。我们不想太过于商业化了。这会损害我们所从事工作的本质。"正如空军少将戴维·沃克爵士所说："王室内府不是一个企业，但我们要以企业的方式管理它。"沃克是王室内府五大部门的负责人之一。他作为王室内府总管，负责内府两个职责范围最大的岗位：一是管理王室内府的一切，从日常生活到后勤，保证其井然有序；二是负责各种形式的接待任务。女王可能是英国历史上在位时间最长的一位君主，但与40年前相比，如今的王室娱乐活动反倒多了起来——各种招待会、主题日、特殊游园会和其他王室成员参加的慈善活动等等。所以在过去的5年里，接待活动量增加了50%。然而沃克的员工人数没有改变，仍然是240位。"这只是提高工作效率的结果。"他解释说他们采取了一个非常好的办法，可以帮助员工顺利应对不断增多的活动。很简单——培训清洁人员，在重大的节日里协助侍从（女王甚至已经批准为清洁人员配备两套特殊制服——蓝色制服为官方活动，红色制服为国事活动），同时，侍从们也接受各种清洁工作的培训。

"无论你指挥的是10万人还是100人，都不重要。但其中的原理是一样的，因为实际指挥的人数相同，不会改变，只能通过员工来指挥员工。"在历史上王室内府总管一直由陆海军高级军官来担任。沃克是首位来自英国皇家空军的工作人员，2005年入职时对王室并不陌生，因为将近20年前，他曾任女王侍从，在此度过了3年时光。这是由陆海空三军轮岗的一个职位，各部队会选派一名新星，为女王做3年的日记管理员、邮递员和接待员。沃克当年接手这份工作时，迈克尔·皮特和他的顾问团队对内府和其古旧工作准则的彻底改革只是刚刚开始。像王宫维护这样的工作还大都由公务人员而不是王室员工来完成。当时王宫还是相对比较安静的地方。"王宫与其他地方不同，"沃克说，"人们没那么多元化，是一个较小的组织。如今王室内府的队伍已经大幅扩展了。现在的环境也不再那么争强好胜、官司不断，而是变得更为高效。当然也有人会说，一些珍贵的东西随着变革一同丧失了，但我认为是在越变越好。"

他至今仍记得五个餐厅的严格等级——王室内府餐厅（王室内府最资深"成员"餐厅）、政府官员餐厅、基层官员餐厅、管理员餐厅和员工餐厅——再加上一个内部酒吧。改变这种情形花费了十多年的

1990年12月23日,桑德灵汉姆庄园,约克公爵夫人萨拉为女儿尤金妮公主举行洗礼仪式

时间,基层员工对此反抗最强烈。(参与改革的一位资深官员说:"办事员们不想和清洁人员一起用餐。")现在保留下来的只有王室餐厅和员工餐厅。从高层到底层,每个人都在员工餐厅用餐,而王室餐厅仍然只用于会议和偶尔的宾客午宴。

沃克很清楚,所有的改革都是把双刃剑。无论多小的变化,在王宫这样传统的地方都需审慎实施。"人人都说自己是变革的推动者。但把变化强加于人是一回事,而对他人来讲接受变化又是完全不同的另外一回事。依我之见,变革通常容易出现失误。有效的变革需要大量的思考。"

他提起了员工餐厅的例子。当有同事把它称为"食堂"时,他开玩笑说:"好好洗洗你的嘴。"实际上这个餐厅包括一层的好几个房间,有一种舒适但有点古怪的精品酒店氛围。这里有18世纪的肖像画,皇家礼物展览——模型船、康提市市长呈送的银托盘、女王心爱的缅甸母马青铜像——以及菲利普亲王的漫画集选。以前是王宫酒吧的大片区域现在改造成了餐厅自助区。餐厅有一幅壁画描绘的是女王父母婚宴当天早晨菜单的放大照片："温莎清炖肉汤、玛丽女王鲑鱼片、阿尔伯特亲王羔羊肉排、斯特拉斯莫尔风味阉鸡、火腿鸭舌沙拉、芦笋奶油酱、伊丽莎白公爵夫人草莓、美味佳肴篮（甜点）、甜点（水果）、奶酪。"

现在的员工菜单长度并没什么变化，但已经变成了英文，而且更加健康。当然员工把所有都吃掉是不大可能的："扁豆汤（适合素食者）、鸡肉料理、牛肉熏肉馅饼、辣椒蔬菜玉米粥、烤马铃薯、冻肉、苹果奶油酥、香蕉慕斯、水果拼盘、酸奶和奶酪。"含有奶制品、面筋和坚果的食物会有特别提示，但没有价格标签。在这里工作可享受免费午餐，餐厅是开放式的，面积很大。厅内到处都铺着奶油色、米色的柔软地毯，座位全部免费。隔壁，1954年《每日快报》上的盖尔斯漫画旁边是全天出售快餐的咖啡馆，其头顶是加冕礼海报，一幅等离子屏幕正播放天空电视台的新闻。这里的卡布奇诺一杯75便士，自然会让人想起女王不要太"商业化"的指令——这里的任何盈利都将汇入员工的福利基金，当然，制定这种价格后的盈利也不会太多。

咖啡馆的旁边是早餐室，室内挂有一幅路易斯公爵的巨大肖像，还摆放着为没有配备桌子和电脑的侍从、清洁工等人员准备的显示器。出于安全考虑，王宫内没有无线网络，接入互联网的机会非常有限。这里是为单身员工提供加班餐的地方，现在单身员工的数量正逐渐减少，一般住在楼上军事化管理的单间（今晚的菜单上有"香肠鸡肉"和"黑醋栗"）。王室内府总管和他的团队决心将这里的居住人数控制在最低限度。皇家马厩上方的办公区已经被改造成了现代的三居室公寓，带有公共厨房和起居室。这一决策并非出于经济原因而是出于文化考虑。"我们投了很多资金，让员工离开这座公寓。他们中的大多数人回'家'了，"沃克表示，"他们离开这里，走出大门，沿着街道，重新回到家中。从心理学角度来看，这非常有益。他们还不是那么制度化。"

也许员工公寓中最华丽的部分要数纪念室。房间虽在拐角，但却非常宽敞、空气清新，里面摆满了沙发、扶手椅，还有一个小狗形状的大皮脚凳。感觉就像圣詹姆斯宫绅士俱乐部中的图书馆。人们在这阅读，或边啜饮咖啡，边沉思。这里也是白金汉宫读书俱乐部的聚会之地。外面走廊里的图书交换台上堆着高高的旧平装书，两边墙上悬挂的不是绘画大师的珍品，而是入选王室内府艺术比赛的作品。

而还在不久之前，这里每天总有某个时间段弥漫着浓重的烟草和啤酒气味。现在，和英国其他工作场所一样有了限制，员工们只允许在后院抽烟。也不再设酒吧，只有在庆祝女王（至少她会庆祝两次生日）和菲利普亲王的生日时，员工酒店才会供应酒水，但也仅是一杯葡萄酒。"如今这个组织的文化已经完全不同了，"王室内府总管助理迈克·泰勒（Mike Taylor）说道，"人们可能对健身房、游泳池、壁球场或网球场感兴趣，而不一定要去酒吧。他们完成工作后就回家了，如果想喝酒，可以在家里喝。"2003年，有个小报记者在王宫卧底做了两个月的侍从，最终被迫归还了他已经带走的各种物品。管理人员对这种欺骗感到非常愤怒，然而，被盗的一件物品却让他们暗自得意，那是王室内府高级成员每日午餐的饮料单。没有一位曾点过酒水。但内府并非完全排斥酒精。桑德灵汉姆庄园和巴尔莫勒尔因为与外部世界距离较远，都建有员工酒吧。但桑德灵汉姆庄园从不提倡豪饮。皇家村庄都没有酒吧，喝酒只限于社交俱乐部。在巴尔莫勒尔，那些派来照顾王室及其宾客的伦敦员工偶尔会出现饮酒问题。温莎城堡里的人们像其他员工一样也不怎么喜欢高地。有些员工对自己是城市动物这一点毫不避讳，对他们来说，大雨中远足登山丝毫没有魅力可言。这里的工作是皇家轮值岗位中最偏远的一个，所以他们在轮休时宁愿去酒吧消遣，也不愿意欣赏风景。

几年前，王室内府总管和他的团队决定让工作人员的生活变得更为丰富，因此给他们提供了山地自行车和橡皮船。女王也让他们骑乘皇家驯马，有些员工是第一次坐在马鞍上。鉴于有些员工仍然对苏格兰高地不感兴趣，他们便利用王室咖啡厅的收入为每间员工卧室配备了电视。伦敦警察厅在为巴尔莫勒尔招募值岗志愿者时也注意到了一些问题。"你需要找到在寒风呼啸的夜里不惧外出的城市警察,"一位前王宫工作人员说,"但让人吃惊的是不喜欢夜里外出的人竟如此之多。"

在这样一个制服里仍穿着长外套,还存在一整个部门致力于马车管理的地方,很难使公众不对其抱有像《唐顿庄园》《楼上、楼下》里那种毕恭毕敬等级阶层文化的想法。戴维·沃克爵士一直很坚定地拥护传统,反对王室废除一些古老仪式。"玻璃和瓷器卫士仍然照看玻璃和瓷器。我们也可以重新任命这一职位为玻璃和瓷器经理,但我想他可能会不高兴。也许我们正在慢慢地遗忘我们从何而来,那样的话还需要王室内府总管吗?他们会怎么称呼我呢,行政餐饮总经理吗?"

但文化还是暗地里悄悄发生了改变。令沃克感到自豪的是,他的部门最近成了"人民计划"中政府批准的首位投资方。其他王宫部门纷纷效仿。沃克也谨防自满情绪:"你不能坐在这里,只想着很优秀。我们可能会感觉自己非常出色。但你总能做得更好,必须一直对自己持批判态度。"

为了实现这一目标,他决定让资深员工拜访他在红箭飞行表演队的老同事。对于飞行员来说,自满通常意味着死亡。在英国皇家空军飞行队表演和在温莎城堡分发鱼子烤面包之间,并没有什么可比性。但沃克说这对他的团队产生了巨大的影响。"红箭飞行表演队总是以系统的方法一遍又一遍地做着同样的事情,这给员工留下了深刻的印象。在表演季他们会表演一百次,而对待每次表演都像是第一次登场一样,事后还要毫不留情地自我盘问。每人都要想清楚自己哪方面做得还不够,哪方面本应该做。这就是我们应该落到实处的文化。我们不会自责,但要说:'好吧,我们会一遍又一遍地做同一件事情,要坐下来仔细想想怎样才能做得更好。告诉你们吧,每次我们都能发现可以改善的地方。'"

这位王室内府总管自己也曾在空中翱翔。因此他在烹饪或餐饮礼仪方面从不以专家自居，而是把自己的工作分配给两位副手管理。一位是查尔斯·理查兹（Charles Richards）中校，主要负责安排女王的私人和家庭娱乐活动，以及出席所有如皇家阿斯科特赛马会这种重大场合时的着装；另一位是爱德华·格里菲思（Edward Griffiths），曾担任洛克斯兄弟餐饮帝国的高级主管。他把现在的工作比作王宫的"酒店服务"部分，尽管是他首先明确表示："我们这里是私人住宅而不是酒店。"这个团队有135人，分成F组（饮食）、G组（一般事务—侍从工作等）和H组（家务）。直到最近他们才成为真正自治的整体。在此之前，工作是为了生活，升职是等前任退休或死亡。没人试图冒险进入其他人的领地。来自外部世界的爱德华·格里菲思一开始对此感到惊讶。"假设你是酒店的一名服务员，经过时发现地板上有某个东西却没有把它捡起来，理由是'这不是我该干的事'，那么你服务员的工作估计也到头了。"他解释道，"我得说原来旧的运行机制有优点，就是人们都尽心尽力。但这里的头衔实在繁多，彼此的工作却又联系非常紧密。一位管家助手可能在餐具室清洁瓷器和玻璃制品，摆放桌子，但却不会参与宴会服务。大家的态度是'这是我的工作，你不能指手画脚'。"

而今一切均已改变。"轮岗培训"和"多重任务"这样的词已经悄然进入王宫。像林赛·斯蒂尔（Lindsay Steele）这样的人也可以平步青云。她是第一批女侍从中的一员，在流行"女职员"和"女仆"的时代，这完全是个异类概念。然而没人建议就"footman"这一职务进行什么修订。"当人们问及为什么不是'footwoman'或'footperson'时，我说'footman'是历史的一部分，如果现在更改，那我们就会失去它。"斯蒂尔说。她25岁时是米其林星级餐厅的前台，在餐饮杂志上看到了一则关于招聘王宫侍从的广告。这位来自柴郡的乡村女孩说，是对历史的热爱让她萌生了效力王室的念头。最让她感到吃惊的是这里工作的多样化——擦洗鞋子、为来访的财政大臣准备凌晨五点的早餐，以及在皇家列车上服务等等。在休息日，她最喜欢骑马旅行和在巴尔莫勒尔玩宾果游戏（一些员工谈及在迪塞德最精彩的回忆时都会提到每周的宾果聚会）。斯蒂尔说，她职业生涯的亮点是听女王亲自传授技巧，学会让快熄灭的火复燃。

当问及侍从具体从事哪些工作时，她会不假思索地答道类似管家负责的事务。如果对方仍不知道什么意思，斯蒂尔就会提到《吉福斯和伍斯特》*。但斯蒂尔与之前侍从的区别并非在于她是一名女性，而是因为她拥有英国首批大学授予的侍从文凭。此外，她正在实训教授这门课程。

英国王室内府与西伦敦大学以及服务行业合作，构建了一种从洗车服务到射猎午餐再到雪茄存储，全方位考察现代"吉福斯"的国家资格。大多数课程大纲是由王宫管家（身穿最资深制服的王室内府工作人员）编制的。在过去，一个男孩毕业后进入王室内府工作，直到年老时才能得到该职位。现任王宫管家是奈杰尔·麦克沃伊（Nigel McEvoy）。19岁时他意识到自己不想成为一名厨师，决定作为一名见习男仆进入王室内府工作。虽然现在他才30岁，但已晋升到最高职位。与前任一样他也是完美主义者。但这并没有妨碍他接受像大型活动中使用无线耳机这样的新事物。他的团队还都穿着乔治亚燕尾服，但这并不影响工作。如果高等法院法官仍在等待他的肉汁，而外交大臣的妻子已经用完了巴尔莫勒尔鹿肉里脊，那么随时会有人迅速完成服务。

爱德华·格里菲思承认，员工接受训练越多，被挖走的机会就越大。"我认为人员流动不是件坏事，新生力量至关重要。"他说。有人转到酒店工作或在私人住宅担任管家。"重要的是要理解年轻人与像我这样写招聘广告的婴儿潮时期出生的人有着不同的观点，"格里菲

---

* P. G. 沃德豪斯（P. G. Wodehouse）所著小说，吉福斯和伍斯洛是书中的人物，为理想男仆。——译者注

思说,"与前两代人相比,他们更感兴趣的是工作/生活的平衡。人们来这儿工作并非要在此终老,如果他们在王宫就职过,这非常好,面试时只需一提他们有三年王宫工作经验,很多雇主就会另眼相看。"

通过网络招聘,王室内府越来越被视为一名真正的主流现代雇主而不是封建君主。其工资等级达到了酒店服务行业的中等水平。王宫已经向英国四所大学和瑞士一所大学的酒店服务专业学生提供了实习项目。伯恩茅斯大学的一名优秀学生曾在这儿实习,毕业后获得服务业学士学位。几年后,他又重新回到这里,目前已晋升到王宫侍从的高级职位之一。

实际上,更多王宫工作人员获得的是其他专业学位。打扫阿尔伯特王子半身像的清洁工或开车门的男仆很可能拥有从历史学到心理学的任一学位。不少于70%的家务助理都是大学毕业生,这一数字在男性侍从中略微低些,但也达到了60%。然而,考虑到王宫主管的部门每年员工流动率为5.5%——其实在任一行业50%都不算异常——员工的工作满意度似乎不是问题。一般来说,员工可向急需人手的餐饮公司提供一份可信的简历,通过兼职来增加收入。王室内府员工到伦敦的一座洋房里吃晚餐,却发现端酒水的侍者是自己的同事,是很平常的事。但人人都知道,一旦兼职影响到日常工作,就会有麻烦。格里菲思说,如果有人需要别人提醒他的忠诚所在,那他在王室内府的日子就已经屈指可数了。

戴维·沃克爵士和爱德华·格里菲思非常热衷于基准调查——把王宫与相似机构进行比较。如果是世上独一无二的事物,比如手工琴匠,就很难进行基准调查,但格里菲思表示只在相似事物之间进行比较会很容易。他利用大使馆、酒店和大型机构来评估自己的团队,并且常设计一些交流项目。例如,一组男仆刚被派往丽兹酒店去学习寒暄技巧和"客人历史系统",他们回来后要写一份报告。事实证明,这种交流比想象的更科学。

"如果你观察人们选择餐馆时的做法,"格里菲思说,"会发现大多数人会再次光顾服务员熟悉自己的地方，那里的酒店经理会说："您好，很高兴再次见到您。"这些酒店早就意识到前台的鸡肋意义。所以他们不等顾客进来后再询问他们的姓名，而是及时发现他们什么时候到达。"

利兹精神反之也会起另一种作用。一些大酒店的员工会应邀来王宫几天，观看国宴的准备流程。七年前，王室加入了一个神秘的俱乐部。这个俱乐部在餐饮界有着巨大的影响力，最近格里菲思当选该俱乐部的主席。恐怕没有什么机构会比这个所谓餐饮服务管理集团更让人提不起兴趣了。然而，它的成员却包括议会大厦、银行、百货商店、公共机构——实际上，除酒店和餐馆外任何供应食物的地方。他们所有的商议完全保密，通过共享信息，能确保从供应商和相关机构那里获得最大利益。这听起来像是餐饮业的教皇秘密会议。至于反对这一机构的供应商则马上发现自己举步维艰。

王宫对食品极为重视。整个王宫内联网系统中最受欢迎的页面是王宫餐厅的日常菜单。从一日汤食到女王的农家馅饼，各种食物都在同一厨房内由皇家主厨马克·弗拉纳根（Mark Flanagan）监督准备。他于2002年进入王室内府工作时，要遵守极其严格的条例。他的前任莱昂内尔·曼（Lionel Mann）非常受王室喜爱，为女王掌勺42年。放在过去，弗拉纳根得从学校毕业后直接进入王室工作，然后从削马铃薯皮开始一步一步晋升。而如今，女王像服务行业中的主流商业领袖一样，也进行员工招聘。弗拉纳根与雷蒙德·布朗、洛克斯兄弟这些家喻户晓的名字打过多年交道，他受邀向王室内府递交简历时正经营着温特沃斯执行俱乐部。现在他负责管理53人的厨房团队，每天要为王宫全体员工、女王及其家庭准备1 000份膳食。在某些特殊的日子里，他的工作更是一次大规模行动，有时甚至要为5座王室住宅中的4座准备膳食（白金汉宫、温莎城堡、荷里路德宫、桑德灵汉姆庄园或巴尔莫勒尔城堡）。因为这份工作他也自动成为直接以

P. G. 沃德豪斯命名的俱乐部会员。这一御厨协会成员一般只限于各国元首的私人厨师。这里有世界上最出色的厨师，但却不接纳任何一位社会上的明星厨师，也不接纳唐宁街 10 号或美国参议院的主厨。只有为国家元首准备过膳食的厨师才有资格加入御厨协会。

俱乐部每年集会一次——最近一次集会是在中国——目的是交流思想，提升成员的烹饪水平。在国事访问前热线咨询相关人员，了解访问者喜欢的膳食往往非常有用。当然，最好是咨询大使馆的工作人员，但外交官们通常太忙，有很多事情要考虑，没空跟人闲谈。马克·弗拉纳根对即将到来的南非国事访问颇为平静。"我跟照顾祖马总统起居的那个小伙子非常熟，"弗拉纳根解释道，"我可以直接联系他，问问'你确实需要我弄清楚什么'。有时候人们非常谨慎不愿作答，而我可以联系到合适对象。他们知道我需要了解什么，什么时候需要了解。"毫无疑问，谨慎是俱乐部的首要原则。弗拉纳根总被问到女王最喜欢吃什么，但他不肯透露。除了要遵守严格的秘密规则外，他也指出，如果每个人都知道女王最喜欢的菜肴，那她永远不会吃到其他更新颖、更有特色的东西了。

弗拉纳根还就人员管理总结了王宫的新风气。他是厨艺协会的成员，这是一个专为新手提供实习机会的厨师网络。弗拉纳根在王宫总是培训新手，一般是两名，为期三年的学徒生涯结束后，他们都可以自行举办王室聚会。当有像国事访问这样的大事件来临时，他也会给特定餐饮专业的优秀学生提供一个"千载难逢的工作机会"。像格里菲思一样，他很高兴王宫已经摆脱了旧有的"终身任职"文化。"我们积极鼓励年轻人重返外界就业，而不是在这里梦想一条更闲适的路径。这里是精英管理的社区，我们想知道你能为机构做出什么贡献。"但他同时对所有员工都要继承王室古老传统这一点也很坚决。这可能会是类似于做黄瓜三明治这样的芝麻小事（不仅削皮，而且要切成块状，而不是指状），也会涉及历史方面的教训。"这里曾涌现过一些非常优秀的厨师，比如卡列姆——他是个传奇人物，我一直以他为例提醒年轻人。他们对我说：'这个人是谁？'我就给他们一本书，说：'读读去吧。'他与我们这些名人厨师不同，却依然非常受人尊敬。"①

　　厨房员工们总是处于历史感浓重的氛围中，尤其是在温莎城堡的中世纪厨房工作时。皇家烹饪是古今融合的另一个例子。准备一般王室膳食时，通常会用到传统炖锅和日本制造的最新器具。在白金汉宫下方乔治亚烹饪大厅里，主厨房一侧的旧式烤肉架和一个被称作玛丽女王烤炉的巨大烧柴火炉如今都不常使用了。但还有一个历史同样悠久、差不多膝盖高的加热板仍然在正常使用，因为它高度合适，便于两位厨师轻易地抬走和放上汤料锅与炒锅。一排架子上挂满了锃亮的铜盘，上面刻有属于不同君主的印迹。其中很多铜盘都来自维多利亚女王统治时期。一些可追溯到乔治四世。这里还有一个爱德华时代的水槽，是专门为烹制比目鱼设计的。隔壁的"铜器商店"里有一只婴儿浴盆大小的平底锅。弗拉纳根解释说，他已经投资购进了大量新不锈钢设备，但真正有大行动时它们都派不上用场，在均匀受热方面没有什么金属可与铜相媲美。

　　相邻的储藏室可以称得上是烹饪展览馆，摆满了制作老式冰淇淋的球形模、制作手指粗细朗姆酒蛋糕的小萨伐仑松饼模，还有只能在历史剧里看到的那种牛奶果冻山的模具。它们一直沿用至今。这些宝贝旁边摆放着最现代的餐饮设备。弗拉纳根最近购入的是新款低温炖锅，它会慢慢地炖烂菜中的肉。其他的创新包括照相机和电脑。令人吃惊的是，直到最近才有人愿意费事写下特定宴会的食谱。在多数情况下，仅有的食谱只包括一些注解，剩下的都装在任职多年的副厨师

---

　　① 玛丽-安托万（安东尼）·卡列姆［Marie-Antoine（Antonin）Carême］是高级烹饪术的创始人，19 世纪初的皇家主厨。曾经在一次宴会上烹饪了 909 道不同的菜肴。他还发明了乔治四世最喜欢的菜肴——甲鱼汤，在乔治五世 1821 年加冕礼上卡列姆做了 80 盆甲鱼汤。另一位优秀的法国人是雷内·卢森，他是乔治六世的厨师。他甚至连烟熏腓鱼这样的基本菜都要仔细筛分，平铺在烤面包上，放在折叠的餐巾里以供享用。

长马克·弗洛蒙特（Mark Fromont）脑中。"在过去，我们仅仅依靠马克非凡的记忆。而现在，我们把一切都拍成照片，做一个标准的使用手册，有助于培训并保持一致性。在过去，从来没拍过一张照片；要是也没有手写笔记，那就没法完成工作了。"

2008年3月26日，在萨科齐总统对英国进行国事访问期间，伊丽莎白二世在温莎城堡国宴上发言

厨房的人员结构与大型餐馆并无太大差别。排在首位的是皇家主厨——他们做的管理工作要比烹饪多——下面是厨师长、副厨师长（负责不同部分的工作）、厨师主管（负责特定领域——比如调味汁或是西式点心），然后是副厨师主管（初级），最后是学徒。在这里，王室美食和员工饮食并没有分开烹饪。通常，爱丁堡公爵和守门人可能会得到相同的烤鸡和肉汁。"我们发现如果让每个人都参与进来，而且王室和员工餐食不加区分，效果会好很多。"弗拉纳根解释道。当然，王室成员可以自己点餐。厨房对王宫中的重要人物都设有开放专线。女王想吃煮鸡蛋当然不需要再通过私人秘书传话。如果她有特殊要求，可能会自己直接下达。但王室美食是烹饪中的一小部分。比起为长公主烹饪一条迪河中的新鲜鲑鱼，厨师们更多时候是为200名员

工做烤宽面条。"我们厨师至少75％的工作都是在为员工服务。"弗拉纳根说。

自古以来，君主都有私人厨师。然而，在女王在90年代对王室内府进行变革之前，没有一位君主曾有过人事主管这一职位。管理员工的任务就交给了某位被称为当权官员的绅士，由几位女职员和几位内阁成员协助。如今，是由伊丽莎白·汉卡（Elizabeth Hunka）带领的25人团队在负责。她于1999年来此工作，之前曾在某商业部门担任高层领导。她根本没感觉到自己是在协助一个古老机构跟上世界的步伐。她认为英国王室内府是最先进的工作场所之一。

"想成为一个优秀的机构，必须吸引各方面的人才，"她说，"就人才招聘而言，我们的视野已经有所拓宽。"•她列举了一系列变化，尤其是去年收到的5 000份工作申请中有80％是通过互联网发来的。她说，一些人感觉，与给王宫写信相比，网上申请没有那么令人畏惧。她非常中意但并不满足于目前员工的多样性——王室内府女性员工和男性员工各有50人，其中最高级职位有30％是女性（"与白厅大致相同"），王宫走在了男女同工同酬的"前列"。少数族裔的员工总数不到6％，而财务部门就占了将近11％。没有关于同性恋员工的类似统计——"我们没有问过"——但在外界眼中王宫内这一数字的比例也从未少过。

王宫工会成立于20世纪70年代，人数一直保持稳定，1/5的员工分散在3个组织之中（联合工会、核工业工会和公共与商业服务工会）。这里的员工们非常热衷交际。每年付费5英镑的王室内府足球、运动和社交俱乐部吸纳了来自各个王室府邸的成员。除了与其他机构（伦敦企业，或者是英格兰银行）共同组织激烈的体育比赛外，也安排夜晚猜谜会和烧烤派对。最近还在伦敦塔桥的整个上层区域举办了一场员工舞会。对这些定期举办8 000人游园会的雇员来说，这样的活动并不具有特别的挑战性。温莎城堡的板球场和高尔夫球场，加上肯辛顿宫的足球场都对外开放。除了提供24小时的独立咨询服务，还有各种福利，包括产假、陪产假和抚养假以及允许员工"购买"额外的假期。这里还提供免费的午餐和业余课程，比如"客户服务""非财务经理财务学习"，甚至还有"搞定语法小精灵"。如果你愿意继续努力，还可以进修取得英国特许管理协会颁发的资格证书。

这一切都已得到了女王的批准，连同退休金计划和购买自行车的贷款特权改革也包括在内。"我认为这些改革相当成功，都是在女王的领导下，"汉卡说，"我从不记得她对进步的事情说不。她非常务实。我还记得1999年首次员工调查，当时大家对此都有点陌生，但女王和公爵却很热衷阅读这份报告。"

汉卡的上司是艾伦·里德爵士，他主要负责管理王宫财务，旧时这一工作被称为王室内库主管。"我们正在认真地进行培训，通过人力投资我们已经得到了巨大的回报，"他坚定地说，"但我们还得帮助他们成长，这需要很长时间。"他2002年来到王宫工作时，非常吃惊地发现这里与外界没有网络联系。"与外界沟通要花费三天时间，"他回忆道，"你只是收到一封信，然后回信，但却进行得异常缓慢，这完全基于风险规避的心理。这就是风险规避文化如此盛行的原因，其实女王根本不想规避风险。"导演爱德华·米尔佐夫肯定对此非常赞同。比他那晚在巴尔莫勒尔吉利斯舞会上的工作更令人沮丧的是，他1991年尝试为同一部纪录片《伊丽莎白女王》拍摄枢密院会议。他说，"当时那些限制条件几乎有点可笑。事情本该非常简单，但工作人员突然说：'你可以拍任务中的第一项，但第二项和第三项不行，所以你要离开房间，然后再回来拍第四项。'整个过程只持续几分钟，等我们带着所有装备回来时，会议都结束了。我们不可能完成任务。当时我看见女王正在走廊尽头跟罗伯特·费洛斯交谈，赶紧冲她尖声叫起来：'打扰了，陛下，但我遇到了个大问题。我们不能进去之后再出来。'女王看上去有点困惑，随后对罗伯特说：'我不认为会有什么问题。'罗伯特回答说：'当然，我觉得会很顺利。'"

历史学家肯尼斯·罗斯一直在研究古往今来的王室风险规避,他最喜欢的一个故事是关于乔治五世统治期间温莎两名王室内府大臣的对话。他们两个人向窗外望去,一个人说道:"草坪上有只画眉,别说是我说的。"不过从那时起,王室思想在某种程度上已经进步了。里德说他完全赞同现在这些年轻员工的建设性创新;也承认,新思想在不久之前王室内府大部分事务仍由退休的将军主持时并不太受欢迎。"某些人在他们的第二职业生涯中不再是最好的飞行员了。"里德说,"他们之前已经做得非常棒了。现在只想保守求稳。而且他们也没能很好地发挥年轻一辈的潜力。人们过去总想:'一切已经非常出色了,为什么还要冒险让男仆提什么建议呢?'"他说,通过使王宫的各个部门计算机化,员工之间的关系将发生重大的改变。"许多人不理解技术如何拆解管理结构。"他解释道,"某人可以轻松地给某个私人秘书发一封电子邮件。他可能不想收到它,但这显然比与他约见15 分钟要容易得多。"

王宫的内部网络向 1 100 名员工开放。2010 年重新启动后,与其说它是领导的喉舌,倒不如说它是员工的发声地。40 多个不同的部门都为此任命了专职的"编辑"。既然博客入驻王宫网络在所难免,因此相关建议从来没有中断过,他们还打算启动亿贝风格的王宫分类广告。计算机科学家妮古拉·尚克斯(Nicola Shanks)负责此事。她曾经运营过像巴布建筑师和芭蕾小精灵这样的儿童电视人物网站。如今她真正踏入了童话世界。从不扎领带,整天牛仔裤、T 恤衫的工作环境到王宫,让她始料未及的是,原以为乏味的王宫似乎有更多的乐趣。"我被王宫员工的团队意识所打动——所有俱乐部和他们进行的一切活动。他们非常善于社交,一点不亚于媒体行业。"

随便浏览一下内网网站,就会发现许多慈善和社会活动,包括穿着相扑服饰进行趣味长跑,以及在温莎举办的高尔夫马拉松募捐活动。王室内府读书俱乐部把目光投向了埃德蒙·德瓦尔(Edmund de Waal)的《琥珀色眼睛的兔子》和威廉·博伊德(William Boyd)的

《赤子之心》。王室内府电影俱乐部将在电影院旧址播放（现已被改名为南会客厅，但放映机仍在使用）《命运规划局》和《社交网络》。

改革并非总是一帆风顺。也有人私下里哀叹痛惜个别特权享受和偏好的消失。毋庸置疑，女王对改革肯定也存在疑虑。正如人们常说，女王不喜欢改革。但她也非常清楚什么时候个人感情必须向大势所趋妥协。

在整个王室内府，对于80年代和90年代的改革来说，来自皇家马厩的抵抗比任何部门都要强烈。这一部门从不录用女性，直到2004年才有所改变。皇家马厩是一个宏伟且繁忙的骑术中心和车库，位于伦敦的正中心，拥有70间马厩和一个建于1766年的室内骑手学校；同时也是主要的旅游景点之一。其工作就是为女王和她的家人提供出行工具。几乎所有任务都是由一支7名司机组成的团队使用8辆官方豪华轿车和几辆不太显眼的汽车完成。这些车辆都存放于马厩后面的低矮车库里。每年王室成员都在一些场合乘马车游行——这得需要30匹马，它们享受比王宫任何人更宽敞、更豪华的住宿。

英国人喜欢炫耀自己在盛大活动方面做得比别人都好。在任何宏大的国事活动中，都会发现马和马车处在重要位置。剑桥公爵和公爵夫人的婚礼就是一个极好的例子。

皇家马厩与皇家骑兵没有任何关系。皇家骑兵由承担礼节性职能的现役部队组成。在大多数国事访问期间——或皇家婚礼中——皇家骑兵都会在整个马车游行队伍的前后形成声势浩大的君主护卫队。皇家马厩则属于民用设施，主要负责女王及其家人的出行。但它们也一直按军事队列行进，由前任王室武官担任皇家御马官保驾护航。鉴于女王对马的喜爱，以及爱丁堡公爵相当丰富的赛马知识（他撰写了现代规则手册），王室总是对皇家马厩有着浓厚的兴趣。在迈克尔·皮特及其顾问80年代末开始对其进行改革时，皇家马厩还属于半自治区域。当时的皇家御马官由约翰·米勒爵士（Sir John Miller）担任，他是威尔士卫队一名杰出的退役军官,1944 年由于表现英勇,他在同一个月内被授予军功十字勋章和优异服务勋章。26 年来,他对干涉皇家马厩的任何人都持同样的强硬态度。正如 2006 年《每日电讯报》为他写的讣告一样:"米勒非常彬彬有礼,把自己的毕生精力奉献给了君主——尽管他对那些他认为社会地位模糊的人比较严肃。"威尔士卫队军官肯尼斯·罗斯曾在温莎城堡用餐前与米勒有过一次谈话,这给他留下了深刻的印象。当时女王本打算举办一场宴后独奏会来款待客人,由时下堪称最伟大的大提琴家姆斯蒂斯拉夫·罗斯特罗波维奇演奏。米勒却没有那么兴奋,"我度过了非常艰难的一天。"他对罗斯说。随后朝着罗斯特罗波维奇做了个手势,继续道:"看到正与女王交谈的那家伙了吗?他一整天都在我的办公室外面拉他那该死的小提琴。"米勒与王室成员都很亲近,曾带着菲利普亲王驾驶马车,与威尔士王子一起去打猎,带领长公主去参加综合全能马术比赛。①

这就是 80 年代末对王宫改革者的抵制。皮特的会计师来到后发现不但会计系统令人费解,马匹数量也令人困惑。"米勒当着迈克尔·皮特的面摔门而去,"亲眼目睹两人较量的一位前私人秘书回忆说,"有人说,他当时有女王支持,所以绝非易事。"直到米勒 1987 年退休后,事情才部分得到了解决。米勒在皇家马厩度过了 1/4 个世纪还多,虽然因他而起的麻烦不断,但他却获得了维多利亚大十字勋章爵士头衔。② 此后几年内,皇家马厩逐渐衰退。"这是一个可怕的混乱时期,"其中一位有关人士称,"士气惊人的低沉,服务质量不断下降。这里简直成了一个非常糟糕的军事单位,司机成了地道的二等

---

① 米勒有点迷信,参加国事活动的前一天晚上,他从来不休息。1981 年女王生日游行的前夕,他异常焦虑。事后表明他的担心是正确的。一名男子在购物中心开枪(近距离)袭击女王,而且游行之后王太后跌倒,腿部受伤。爱丁堡公爵的马忽然失蹄,他的护卫也在事故中受伤。

② 维多利亚大十字勋章爵士是皇家最高荣誉头衔,该勋章只授予王室成员,以及少数最高级别和最值得信赖的平民官员。

公民。与马车相比,汽车的使用更为普遍,但它们并没那么强的吸引力。"最后,这种不满愈演愈烈,女王不得不采取措施。1999 年,她决定皇家马厩不再实行自治,转交由负责皇家礼仪事务的宫务大臣办公室进行管理。如今,员工只限男性的传统已结束。女性护卫——众所周知的"制服帮子"——的数量超过了 1/4,并仍在上升。一些新女性护卫确实非常适合她们所处的职位。出席重要场合要穿的许多制服——被称为"国家制服"——已有 150 年历史,更换一次需花费数千英镑。19 世纪为护卫设计的许多制服,对于体格健壮的 21 世纪男性来说太小了,但大多数制服却非常适合女性护卫的身材。

目前,皇家马厩正在蓬勃发展,同女王统治的任何时期一样,繁忙如初。其日常职责之一是接送新任大使及其高级随从人员往返王宫,向女王递交国书。有些人可能认为在现代外交时代这更像个哑剧仪式,但外交使节们都对此表示衷心满意,即使他们不得不在上午 11 点钟穿上晚礼服。而且当今参加仪式的大使比以往任何时候都多。1939 年,伦敦只有 20 多个使馆。而如今随着旧的世界体系解体,已经增加到了 157 个(还有几个较小国家的大使共享一座使馆)。无论其国家在英国有没有独立使馆,每位大使一到达伦敦,就会享受到皇家马厩提供的全方位接待。"现在面临的挑战是,如何将马套到 200 年前制造的马车上,然后拉上伦敦的街道。"少校西蒙·鲁宾逊(Simon Robinson)说。他一直担任王室武官,直到 2011 年为止。来这里之前他曾是英国乘骑炮兵,并曾担任已故王太后的业余骑师。"人会按照命令行事,但如果你没有合理地训练马匹,它们通常会冷不丁给你个下马威。"

每次国事访问中最壮观的活动都由王室武官负责——那就是女王及其宾客的马车游行。只有一两匹顽劣不化的马可能会破坏多年以来精心设计的外交计划。女王提前审批游行的每个细节,甚至连哪匹马拉哪辆车都经过女王的同意,一切都尽在掌握。2007 年,女王欢迎加纳总统库福尔(Kufour)到访期间,出现了非常棘手的情况。女王的马车临近时,数千名加纳人排队聚集在莫尔大道,彩旗飘飘,鼓乐齐鸣,载歌载舞,盛况空前。队列中几匹年轻的小马因此受到了惊吓。"当时人群出现骚动,马匹暴跳,马鞭乱甩,还有些马具破裂。"鲁宾逊回忆道。在某一时刻,他甚至不得不与女王的马车并排前进,以便抓住那匹领队马的嚼环,差不多是一直拉着这个家伙穿过人群。——"到达宫殿时,我已经大汗淋漓。"——回到宫殿,他跟女王详述了刚才发生的一幕。"她非常清楚是怎么回事。"

大多数时候,王室是乘汽车出行。四轮交通工具由交通运输经理、退役警察亚力克斯·加蒂(Alex Garty)负责管理。现在马夫和司机的关系已经非常友好,尽管司机还是喜欢提醒马夫们:女王全年365天乘坐汽车,而仅有6天坐马车。马车团队乐于指出的则是,他们自己可以维修和保养马车(皇家马厩的马车维修者堪称世界最优),但司机们碰上故障时不得不依赖于汽车协会和皇家俱乐部——皇家马厩可不雇用汽车维修工。

车队中有两辆王牌轿车——元首级宾利,是2002年英国女王登基50周年庆典时制造的,汇集了英国汽车制造业协会的共同智慧。每辆车重4吨,没有车牌(没有必要),没有路税牌(没有必要)和后视镜(为保护隐私),也没有全包真皮座椅。实际上,这款车的设计与公共马车类似,司机位置是真皮座椅,而乘客是布艺座椅。车上没有安装卫星导航系统,司机要熟知路线,但有一张所在地区的地形一览图,它通常是为爱丁堡公爵准备的。车载设备都是经女王批准的,制造商曾给她提供各种豪华设备,但女王只要了无线电广播和CD播放器。

元首级宾利可容纳各种体形的乘客,不过其中不包括司机。设计师根据女王司机队队长乔·拉斯特(Joe Last)的身材设计了车的前端,包括分隔汽车前后的间壁,这意味着司机的座椅不能再向后滑动。英国女王登基50周年庆典闭幕后,拉斯特就会退休,有更多时间去开他的福特福克斯。但他的继任者不得不拥有和他一样的体形。

澳大利亚政府送给女王的豪华马车

"我们会找一个 5.8 英尺的替代品。"亚力克斯·加蒂开玩笑说。7 位司机中大多数都是退役士兵,如拉斯特,或曾是警察,如加蒂,他们都非常忠诚。"我在这儿待了 3 年,没有一位员工离开。"加蒂说。有时他的团队会发现自己坐在车的后座上(比如,长公主经常喜欢自己开车)。他们也试驾皇家车队之外的车辆,每个汽车制造商都期望王室的授权,但标准是不可预知的。比如,某辆车可能加速很快,但车后面的衣帽间应如何设计?所有的司机都在伦敦警察厅、德文郡和康沃尔郡警察厅定期地学习如何反恐,他们还曾在达特姆尔高原开设了惊险的高速避险课程。可是,2010 年当伦敦的一个暴徒袭击威尔士亲王和康沃尔公爵夫人乘坐的劳斯莱斯幻影 VI 时,任何驾驶技能也补救不了汽车被抗议者包围这个事实。这辆车曾深受已故王太后的喜爱,却没有元首级宾利轿车那么坚固,车窗玻璃最终被击碎。自从那天晚上以后,使用皇家马厩中的老式车辆都要经过事先安全检测。

除了两辆元首级宾利,女王在白金汉宫的主车库里还保留了 3 辆其他官方元首级国务用车。这 3 辆劳斯莱斯轿车分别制造于 1988 年、

1977年和1949年（最后一辆幻影 IV，被称为"老怪兽"）。所有的汽车都是深紫红色的，其中一侧画有女王的手臂。在隔壁的一个车库里存放着3辆有20多年历史的戴姆勒豪华轿车，经常组成大型的皇家车队，此外还肩负着著名的"红皇冠使命"。当女王派遣一位代表以她的名义到某地方去时，汽车将会搭载一顶红皇冠而不是一面皇家王旗。在这8辆官方轿车中，恰好有一辆是女王自己选择的非官方车辆——一辆完全匿名的绿色戴姆勒轿车。她利用军队的卡车学会了驾驶，70年后这位曾经的自动测试系统维修师仍然喜欢自己开车，并且车速从来不慢。

当然，无论女王去哪里，总有护卫为她保驾护航。事实上，在过去的几个世纪里，很少有国家元首能召集如此多不同类型的护卫。与只有瑞士护卫队保护的教皇相比，女王身边的忠诚护卫比比皆是。除步兵卫队（Foot Guards）和皇家骑兵外，光荣的四十侍卫团（Honourable Corps of Gentlemen at Arms）也负责保护女王的安全。四十侍卫团由亨利八世创设，均为退役士官，他们身穿红衣，头戴白羽头盔，手持战斧来保护女王的安全。他们常与皇家卫队进行友好的竞争，因为后者总爱自称王宫中最早的护卫队，早在亨利七世时就已成形。皇家卫队侍从全部由退役军士和准尉组成，身穿鲜红紧身衣，手持七尺长戟保护女王。在北部边境地区，保护女王的是苏格兰卫队的皇家长弓连——用弓箭保护女王的名门绅士（身穿绿色制服），还有荷里路德宫的高级警官（身穿蓝色制服，手持警棍）。他们无比忠诚，但他们能提供的安全防护却没么确定。所以还要进一步加强护卫力量。

真正的护卫队是伦敦警察厅下辖的皇家保护团队，又称著名的SO14（每支特殊行动部队都有自己的"特殊行动"代号）。皇家保护团队大约有500名人员，分成静态保护（保护建筑物）团队和个人保护团队（大多数人将其等同于保镖）。如今，SO14与保护政府官员和贵宾的SO1（专家保护团队）以及SO6（外交保护团队）一起隶属于防护指挥部。

90年代末,有传言称王宫将进行精简,把皇家护卫和官员保护职能合并成一体。但唐宁街的高级官员们还是决定保留自己的警察精英,于是,这种想法被悄悄地压下去了。幸亏如此,因为在军方那里这种改革肯定非常不受欢迎。从考试、加班到理发等一切细节,SO14和SO1之间一直存在良性竞争。(就发型而言,专家保护团队往往比皇家保护团队更为极端。) 然而他们都引以为豪的是,他们在执行任务时并不像某些海外同人一样,自发摆出一副好斗的大男子气概。真正的保镖,越不起眼越好。

王室内府部门和皇家马厩的总管可谓现代宫廷中最为显著的角色。壮观、华丽的场景与服务都由他们负责。如果没有这些,国事访问就没有任何意义。像祖马总统这一级别的国家元首来访时,几乎会涉及王室内府的每个部门。首先是女王的私人秘书克里斯托弗·格蒂特爵士(Sir Christopher Geidt)会同外交部委员会一起决定向其发出邀请。会有人来咨询女王想让谁参加会见,但即便如此,有时候也不是她说了算。这么多年来,她不得不忍受一些非常讨厌的客人。1978年英国政府决定邀请罗马尼亚独裁者尼古拉·齐奥塞斯库(Nicolae Ceaușescu)进行全面的国事访问,这显然引起了女王的不满,最后她不得不采取激烈的措施避开与他一切不必要的会面。几年后,女王在午餐时曾这样跟一位宾客讲述当年的情形,她在宫殿花园里遛狗时,发现齐奥塞斯库和他的妻子埃琳娜正向她走来。那一刻她认为最佳的措施便是躲在树丛后面,而不是上前礼貌地交谈。但没有哪位客人能比以下这两位更令女王恼怒,他们就是以堕落和精神错乱闻名的扎伊尔总统蒙博托(Mobutu)及其妻子——名副其实的玛丽-安托瓦妮特(Marie-Antoinette),他们于1973年对英进行了国事访问。蒙博托的嗜好是拿头衔开玩笑,让对方在众人面前难堪,因此小小的闲聊都会变得充满火药味。但令女王更生气的是听说蒙博托夫人通过海关偷运入境了一条小狗。更糟的是,这位总统夫人居然从宫殿厨房给她的狗点牛排。"女王非常非常生气。"女王的前新闻秘书罗恩·艾利森说。盛怒之下,女王召见了亲信——王室内府副总管普伦基特勋爵(Lord Plunket):"给我把那只狗从这里轰出去!""我不知道他是怎么做的,"艾利森说,"但狗最后被送到了希思罗机场的犬舍。"当时的女王私人秘书、已故的马丁·查特里斯曾回忆说:"女王确实气得浑身发抖。"

但是,无论政府的客人多么令人厌恶,女王都有义务善待他们。如马尔科姆·里夫金德爵士所说:"她是国家的一名仆人,与你我一样,她没有心存幻想高居你我之上。"

无论任何时候,都会有一长队的世界领导人希望会见这位西方世界中任期最长的国家元首。"通常,我们会从英国大使那里得到信息——有些国家的政府首脑想访问英国,希望会见女王,"里夫金德说,"如目前情况下不可能实现,我们会有专门的反馈程序做出礼貌解释。"

这些技巧性很强的决定一般通过私人秘书来完成。他也帮助女王起草国宴演讲,陪同女王到国外访问,随时候命。但计划整个访问行程、协调整体通力合作的部门是宫务大臣办公室。虽然名为宫务大臣办公室,实际上它不是由宫务大臣管理,而是由监察官管理。无论是皇家婚礼和葬礼、中世纪仪式、晦涩难懂的头衔、古老的制服、烦琐的礼仪,还是女王纪念杯御印的使用,一切都由管理宫务大臣办公室的这支出奇年轻和务实的团队掌控。而皇家马厩则负责监管授衔仪式和皇家卫队、所有御用医生、御用神职人员以及一年一度的泰晤士河天鹅喙标记活动。这个部门管理着200余名往来于王宫的名誉公职人员——从牧师到顺势疗法药剂师。如果需要回答一些细枝末节的礼仪问题,负责监察的官员都能给出最详尽的解释。

1968年相关法律改革之前,监察官还代表宫务大臣审批所有的戏剧和剧院演出,就涉及裸体、脏话以及针对王室的描述等出台详细规定(直至1966年英国舞台上才允许出现上帝形象,而裸体应在

"光线昏暗"的环境下保持静止、面无表情）。在 60 年代末期各种新思潮影响下，事情似乎变得越来越荒谬。伦敦西区的戏剧审查工作竟由王宫的一名退役军官负责。时任监察官的约翰尼·约翰斯通爵士 (Sir Johnnie Johnston) 对此也无可奈何，因此，当政府最终被说服废除这一职位时，内府上下都如释重负。20 年后，宫务大臣艾尔利勋爵整顿旧王宫体制期间，对此有了进一步改革。他认为，如果宫务大臣办公室改变名称，可以简化很多事情，因为宫务大臣办公室和宫务大臣本人没有任何关系。他想更名为"礼仪部"，这样比较清楚并符合常理。但宫务大臣办公室并不这么看，因为如此一改表明了宫务大臣办公室的独立和权力丧失，它便无法断然回绝宫务大臣的要求。"'监察官'完全是一个误称，"享有这一头衔 15 年之久的马克科姆·罗斯爵士说，"我认为历史上真正理解它的最后一个人是维多利亚女王。但这一头衔于王宫太过根深蒂固，改变它可能会导致更多的混乱。"

在过去的几年里，国事访问模式也像王室其他事务一样，已经有了很大的变化。现在国家领导人都更加繁忙，所以访问时间较以前有所缩短。他们都想尽可能地见缝插针。祖马总统不仅黎明即起，而且想在白金汉宫的音乐厅吃早餐时同时举行一个商业峰会。这一愿望能否达成由宫务大臣办公室决定。"这里的重磅人物相当密集，"宫务大臣办公室的乔纳森·斯宾塞说，"并且更愿意在清晨办事，而省略午餐。"

必须迁就这些不寻常的请求，而且要眉头不皱一下地当机立断。美国总统需要一个隔音通信枢纽，于是摄政厅照办，还安装了防弹玻璃，每次美国人来访停留都是如此。2011 年 5 月，奥巴马总统来英访问时，英国传统的欢迎仪式不得不做出调整。他的安全顾问不同意在皇家骑兵卫队阅兵场举行欢迎仪式，也不想让总统和女王沿着林荫大道乘马车游行。最终，奥巴马是由他那辆重达 8 吨的防弹总统豪华轿车载入宫殿，欢迎仪式改在白金汉宫的草坪上举行。

像每位国事访问者一样，奥巴马夫妇下榻在白金汉宫最豪华的比利时套房，威廉王子及其新娘也恰好曾在这里度过了新婚之夜。比利时套房是按照爱德华七世标准建造的一套坚固的花园式公寓，由两个主卧室、两个浴室和两个大客厅组成，可直接通往白金汉宫的游泳池。比邻主卧的浴室内设有很大的浴缸和一个奢华的红木便携箱式马桶。但最近有位国事访问者却对此仍不满意。这位特殊的国家元首认为浴缸不干净，而且他庞大的身躯使得淋浴间显得狭窄。最后的解决办法是修建了一个宽敞的临时电控淋浴房。

一些最为复杂棘手的问题处理起来也要有礼有节。皇家评论员常把白金汉宫描述成规则繁多的雷区，充满社交陷阱；在这点上，与其他国家元首相比，英国君主比较落后。"这纯属另一种误解。我们没有规则手册，只是指南。与很多国家相比，我们都没那么礼仪至上。"乔纳森·斯宾塞说。他指出，从未曾遇到过一位不聘用"礼仪官"的国家元首，但英国王室内府就没有这一头衔。"如果你想看严肃的礼节、那些难以置信的条条框框，恐怕得去别处找找。"他的批评也带着外交辞令，没有公开指名道姓，一些外交部资深官员则常提到日本人和法国人，认为他们才属于奥林匹克级的墨守成规者。

王室内府还有另外两个部门也在每次国事活动中发挥着自身的作用。其中，王室内库办公室管理每项活动的开销，甚至包括哪顿餐点应该由外交部预算支出，哪顿应由王室年俸支出。

每次国事访问，皇家收藏都参与其中。职员们会组织艺术品、信件、礼物、照片的展览，展品大部分源于皇家图书馆，以此说明不列颠与访问国的联系。①

从收藏中遴选出的艺术品会在国宴上聚集起来，有大型烛台、镀

---

① 在奥巴马总统国事访问期间，陈列品包括女王日记里谴责奴隶贸易的影印文件（"对于什么使人性沦陷……"），乔治三世手写的痛惜之词："迷失的美利坚！"还有一封伊丽莎白女王写给伊丽莎白公主的信，上面记述了1939年与罗斯福一家野营午餐的情景："我也来一份热狗！"

金银盘，还有华丽的瓷器，比如，18世纪的图尔奈餐具就会在这种场合使用。这仍然是"活动的"收藏品，它们不仅仅是博物馆里的陈列品，也时不时要为晚餐做准备。

随着重要日子的临近，这些宝物开始打包装箱放在王宫宴会厅周围各处。为国宴摆放餐具是招待部门的奇观之一，耗时冗长。在逐一单独摆放1026个布里奇玻璃杯（每个都刻有EIIR）和餐叉前，玻璃和瓷器餐具室侍从史蒂夫·马歇尔（Steve Marshall）必须用尺子严格丈量以配备171套餐具。这是个U形桌，女王和在U字边底部就座的10位宾客，每人有22英寸宽的活动空间，但是坐在两边的客人会减少5英寸。每人有6只完美摆放的空杯子（分别用来饮用祝酒的香槟、白葡萄酒、红葡萄酒、水和布丁搭配的香槟，还有波特酒）和极尽王室内府设计之能事的餐巾。今晚的餐巾是荷兰软帽形。

在宴会厅的边缘，一队身着统一制服的王室总务助理腰间系着可照明的真空吸尘器，倒退着向后走去（倒着走可以保证清洁后不留脚印）。王宫管家奈杰尔·麦克沃伊正在检查房间周围的服务站点。一共有19个，每个都配有一个4人小组，负责照顾9位宾客。工作人员用餐巾端热盘子，而不用手套，为的是避免留下指印。每个人都要留心观察不显眼的信号灯系统，蓝灯表示"各就各位"，绿灯表示"开始服务"。

宾客得到的是"管家服务"而不是"银盘服务"。这就意味着侍从将提供一大道菜，然后他们各取所需（而银盘服务中服务生只提供预先确定的餐量）。"这是女王钟爱的方式。"麦克沃伊解释道，"如果他们只想要一半，他们就拿一半，不需要说'我要一个这个、两个那个'，这样他们在自助用餐时，依然能够继续交谈。"

除了40名侍从全部出动外，今晚的服务人员还包括12名总务助理，届时他们将收好吸尘器，换上新的国家制服。一些已经退休的侍从也会重返岗位，为今晚的宴会提供酒水服务，这里所说的酒水也包括调味汁。所有人都知道宴会将持续1小时15分钟，老员工们清楚吃得最慢的往往是坐在远端的宾客，而且很难监督那里的员工是否一直踩着女王赞赏的轻快步伐服务。因此，内府管家和监察官经常坐在U形桌的两个最远端。

麦克沃伊总是让他的高级侍从去轻轻地打扰那些"咖啡馆"的客人，"咖啡馆"是王宫俚语，意思是说话太多。今晚的171位宾客有一些王室内府的成员。如果他们当中有谁拖了宴会的后腿，那就会有人对他们不太客气了。曾经有位新晋王宫主管在首次参加国宴时被一位侍从在耳边小声告之："女王陛下注意到你是最后一个用餐的。"他感到羞愧难当。后来才知道那只是个玩笑，但是，当时他已经完全没了胃口。

一股沁人心脾的芬芳从宴会厅侧楼散发而出，25个巨大花篮引人注目，但在后面工作的女王花商莎伦·加兹（Sharon Gaddes）和她的团队却常被人忽略。这些花篮会渐渐变成100盆单独的插花。其中，21盆1 000多朵玫瑰的花束会放置在餐桌上。加兹采用的是桃色、红色、金色主题搭配舞厅豪华的装饰，她从上周就已经进驻，分类整理香雪兰、兰花（源于新加坡）、大戟、康乃馨（"必须得有康乃馨"）、洋桔梗……正值3月，但全部宴会所有花草都源于温莎公园，包括正在绽放的连翘。这里最近几年也发生了变化。以前的国宴照片中桌饰要小很多，只临时点缀些棕榈树。今天则更加注重颜色和冲击力。加兹喜欢制造效果，某次为向阿森纳足球俱乐部致敬而进行的一场招待会请她准备鲜花布景，人们都觉得她会多层次突出俱乐部的红白色标志。但她并没这么做，而是用蓝色基调装扮国宾楼，因为她是一名狂热的（蓝白色）切尔西队粉丝，而切尔西与阿森纳是同城死敌。今天她承认那次设计或许做得太过火了。当时两个花簇喷泉极尽花哨华丽，从女王宝座后面的巨鼎倾泻而下，如果她当时没把花束再修剪得靠后一点的话，摄像机实际上根本连女王和贵宾们的入席都拍不到了。

当祖马总统最终与皇家骑兵卫队护卫的女王和菲利普亲王会面

时，格林公园鸣枪 41 响向这一伟大时刻致敬。在演奏国歌和检阅仪仗队之前，女王逐一给祖马总统引见了首相、外交大臣、宴会服务主管以及其他几位官员。今天接受检阅的是掷弹兵卫队。他们的上校菲利普亲王陪同总统进行队列检阅。

该四轮马车登场了。女王身着紫罗兰色外套，祖马总统则戴着墨镜和厚手套，两人一起踏进这驾两吨重的澳大利亚马车，这是车队中唯一装载着发电机的马车，可以支持中央空调和电动窗户。爱丁堡公爵和总统夫人马蒂芭·祖马（Madiba Zuma）乘坐的苏格兰式马车则要冰冷陈旧一些。她是目前三位祖马夫人中最近结婚的一个（总统结过五次婚），成为第一夫人才三个月。皇家马厩团队身着制服，帽檐下露出统一的假发。南非代表团（代表团常用此称呼）统一着装，所有人都戴着民族色彩的围巾，用来庆祝足球世界杯在他们的国家举行。鉴于这里的寒带气候，此举非常明智。这是近几年来最庞大的车队阵容——有七驾马车（大多数国事访问只有五驾）。第六驾马车是半国家级的四轮马车，乘员有奥姆·柯林斯·沙巴纳（Ohm Collins Chabane），他的头衔让王室内府花名册里的任何人都相形见绌：执行、监督、评估和管理大臣。

马车在林荫道上一路欢快小跑的时候，其他人员正乘汽车在前面加速飞奔，为的是在另一端的终点迎接女王和她的贵宾。其中还有一位身着红色小外套、手拿轮挡和用来装马匹排泄物的簸箕的驻车侍从。四轮马车快速掠过宫殿前场，穿过拱门，进入方院，威尔士卫队乐队开始演奏南非国歌《上帝保佑非洲》。巡视入口的皇家骑兵马上整队立正，喧哗声让一些在场的媒体人员吃了一惊。灰尘在无尽的马蹄声和车轮碾砾石声中起舞。马车还未停稳，随队侍从和骑马侍从已经优雅地下来驻马开门了。

公爵手持礼帽扶着祖马夫人走下马车。对高跟鞋来说，这一刻并不美妙。当女王、公爵与祖马在台阶上照相的时候，各位随从必须在寒风中等待。在大厅里，所有王室内府部门领导已列队完毕，准备欢迎来宾。金碧辉煌又盛情的接待之后是音乐厅的清淡午餐。那里没有演讲报告，没有祝酒，只是十个人围坐在圆桌旁，但却总能起到破冰的作用。人们交换礼物，环视王宫的时候，要感到轻松得多。女王赠送给祖马先生的是一只铜雄鹿，附带一本介绍猎鹿的书，还有一枚大十字勋章，即巴斯爵级大十字勋章。礼尚往来，祖马先生赠予女王当代南非与之同等级的奥利弗·坦博名誉勋章，还有一套带有祖鲁和科萨勇士特色的国际象棋。楼上的画廊里，媒体已聚集在一起拍摄主人和她的宾客们检阅皇家收藏关于盎格鲁-南非大事记的展览。展品都是精挑细选的。这种场合不宜展出祖鲁或布尔战争的纪念品。相反，重点展出的是当代的王室访问，包括1947年女王跟随她父母的伟大的南非之旅。在一张桌子上摆放的是假花，是她在开普敦从21岁生日蛋糕上取下的花，作为给"亲爱的奶奶"的礼物一直保存着。那儿还有一封伊丽莎白公主给玛丽女王的信："亲爱的奶奶，当我第一眼看到桌山的时候，我简直不敢相信世界上还有这么美的地方……"接下来的展品来自半个世纪之后，女王和纳尔逊·曼德拉的通信吸引了人们的注意，通信始于1995年他邀请女王对南非进行第一次访问。他称呼她"女士"，结束语是："非常欢迎您。N. R. 曼德拉"。在那次旅行后，她手写的感谢信以"尊敬的总统先生"开头，但结尾是："你真挚的朋友，伊丽莎白女王"。这个签名比给其他英联邦首脑写信的落款——你的好朋友，伊丽莎白女王——要亲切很多。1999年，曼德拉写给女王的信开头是"亲爱的伊丽莎白"，落款是"尊敬的陛下，请接受我们最真诚的保证，纳尔逊"。很长时间没有其他领导人直白地称呼女王"伊丽莎白"了。即便祖马总统的访问是南非在外交领域的突破性胜利，那也不代表他会直呼女王的名字。

尽管有媒体与宾客在场，女王仍然神游于1947年的记忆，那是她生命中最重要的一年：她的首次出国之旅、21岁生日、订婚、结婚。"这非常有意思。"她说道。端详着白色列车的照片，当时人们本想让这列著名的快车载着王室快速穿越南非，但因为等候人群对国王和王后的热烈欢迎，它不得不在每一站都停靠。"那曾是最快的交通工具。"祖马先生默默地说。"在我们看来，它可不是。"女王面带微笑回忆道。

接着，他们停下来观看女王21岁生日时致英帝国的广播原始文本。"这就是我做的演讲。"女王说道，"在户外做的，现在可不能啦，因为飞机太多了。"

祖马先生礼貌地进行了回应。那是南非的另一个时代，在那次旅行中，当时的南非政府曾阻止乔治六世授予黑人士兵奖牌。展览进入近现代时期后，来访者的兴趣愈发浓厚起来。他们参观了纳尔逊·曼德拉总统就职纪念品，还有曼德拉赠送女王的红色丝巾。南非代表团的其他成员也进入了展厅。有许多人还依然围着他们自己世界杯的围巾，在午餐时也戴着——这是一种国家的荣誉感，而并非身体需要，因为王宫里是很暖和的。王室内府团队根本没为此感到困扰。如果客人想戴足球围巾，那就戴吧——每个代表团都有点小怪癖。2009年，墨西哥总统来访的时候，晚上大部分时间，王室成员都在带领墨西哥宾客进出王宫吸烟室。

突然，一个令人尴尬的时刻来临了。展品中出现了曼德拉先生在1996年来伦敦进行国事访问时送给菲利普亲王的礼物。那是一套非洲勇士的国际象棋。祖马先生刚刚送给女王的……也是一套非洲勇士的国际象棋。总统脸色略显尴尬，仿佛要说："怎么没人告诉我曼德拉送过一套国际象棋？"女王转向菲利普亲王，清楚地说道："那是你的！"表现出她很高兴自己也拥有了一套国际象棋，巧妙地消除了尴尬。

接下来等待祖马先生的是一个充满敬意的下午。他要到威斯敏斯特大教堂向无名勇士墓碑致敬；还要去伦敦北部的奥利弗·坦博旧居和纪念碑，追忆缅怀这位反抗种族隔离运动的英雄，那里已是当代南非人的参拜圣地。在此期间，女王要准备盛宴。没有哪位在任国家元首像女王一样举办过这么多宴会，然而，每次她还是喜欢亲自检查各项安排。员工们都知道,那将是事无巨细的全面检查。万事俱备,包括装饰桌子的菠萝,每个都打开露出里面完美的圈环,所有的葡萄也已事先分为四颗一串摆好。女王同主管和副主管刚一走进来,就注意到了问题。从入口到舞厅一直有气流吹着脚踝。"希望我们能解决这个问题。"她告诉空军少将戴维·沃克,"我们的客人是从夏天来的。"站在桌子的一端,她锐利的目光投向了桌上摆放的餐具。有一张桌子的餐具似乎偏离了中心。"我觉得放得不对,是那边那张……"王室内府主管在女王指引下去寻找有问题的桌子。"不……不是这张……不是……那张!"主管停住脚步仔细察看了上面的餐具,是有一些不整齐,因为餐具恰好在桌子的接缝处。"不过我可以去移动所有其他的。"他开玩笑说道。"不,别那样。"女王也笑起来。

她检查了她自己的位置。祖马总统将坐在她的右侧。他们两个要讲话,麦克风用前面的花饰掩盖着。"你能听到吗?"她问音响师。他能听到。接着女王的注意力被莎伦·加兹的大花瓶吸引了(她肯定不会错过它们)。显然女王对此印象深刻,问道:"谁做的这个?"加兹向前走了几步,行了屈膝礼。"这些玫瑰是从哪里找到的?"

加兹解释说这些花来自世界各地,有厄瓜多尔、以色列和温莎的花园。没有非洲情调的花正迎合了女王的意愿:"给他们看自己国家的花没有意义。"

她还注意到一些蜡烛不是笔直的。"它们看起来歪歪扭扭,有人把它们扶正吗?"银餐具室的仆人向她保证,他们会扶正蜡烛。"我就是担心它们倒了。"她说,"曾在哪里倒过一次来着?"爱德华·格里菲思提醒她是为意大利总统钱皮(Ciampi)举办宴会的时候,他们对那晚由松动的烛台导致花卉着火的事件仍记忆犹新。女王向门口走去时,又感觉到了吹向她脚踝的风。"谁负责通风系统?"主管明白女王的意思。

在楼下厨房里,马克·弗拉纳根的团队正在准备格拉姆斯鲑鱼、香煎小羊排和桑德灵汉姆苹果派。他必须为那些有特殊要求的来宾准备素食宴会——出奇多的宾客总是在晚上才"想起"他们是素食者。今晚供选择的菜单是番茄塔、玉米粥、炖菜、扁豆沙拉和桑德灵汉姆苹果酥饼。(和主菜单不同,素食菜单用英文书写。)楼上的阳台,椅子已摆放妥当,只为了最不寻常的王宫宴会仪式之一——尽管往往不为人知。这是可追溯到中世纪的传统习俗,当时王室的餐饭是公众的娱乐时间,20个人能拿到票坐在近卫步兵团乐队后面,只是为了观看宴会。查理二世在位的时候,公众可以观看君主和他的客人们费力地用完145道菜——今晚的宴会只涉及3道——加上"甜点",因为这里的水果远近闻名(咖啡和小饼干将在会客厅呈上)。"观众"由职员组成,他们每人可以带来一位客人。因为"观众"会享受额外赠送的晚餐,所以这一活动总是非常受欢迎。开始进入宴会的时候,那是极其热闹、极其受欢迎的。然而,一旦入座,这两小时就不允许你自作安排了。

今晚还有单独为政府官员亲朋好友准备的宴会,包括12位高级官员——通常是一两位医生,一位高级王室成员的私人秘书,还有一些外交官。他们也要遵循相同的着装要求,和其他人坐在一起品评酒水饮料,享用相同的食物。只不过他们是在王室内府餐厅用餐——这里据说是国宴的备用餐厅。如果计划内的171位宾客有延误、生病或突然离席,那么备用餐厅的宾客就会补上,这样国宴桌上就不会有令人尴尬的空缺了。

今晚宾客名单上近一半的人能正常出席——内阁大臣、高级外交人群,还有王室成员和最高级官员。另一半是祖马总统代表团加上与南非有紧密联系的名人——小说家吉莉恩・斯洛沃(Gillian Slovo)、巴克莱银行总裁等等。总统将坐在女王的右侧,康沃尔公爵夫人在他的另一侧,祖马夫人坐在公爵的左侧,右侧是威尔士亲王。总统的女儿恩科萨扎娜回到王宫后还有另一场邀请,现在这位伦敦大学外交专业学生坐在桌子头端,两边分别是空军上尉乔克・斯特拉普爵士(Sir Jock Stirrup)和自由民主党议员麦克纳利勋爵(Lord McNally)。

从一端到另一端平均散坐着王室成员，确保没有宾客会产生自己无足轻重的感觉。几个世纪以来，王室成员一直坐在头端的优先席上。但是，2000年丹麦女王来访时，女王改变了这种格局。她让她的家庭成员散坐在桌子远端，这样每个人都能得到王族的陪伴和祝贺。现在成了惯例。比如今晚，肯特公爵将坐到桌子的另一端，在身兼数职的奥姆·柯林斯·沙巴纳先生和坎特伯雷大主教夫人中间。格洛斯特公爵夫人将被安排到另一边，她右侧是纳西·米特斯瓦（Nathi Mthethwa）先生，左侧是乔姆利侯爵（Marquess of Cholmondeley）。

奈杰尔·麦克沃伊的团队已经拿到了详细的纸质版说明了。在桌子头端，首先服务女王，然后是祖马总统，菲利普亲王是第三位。在19个服务站点有许多饮食的特别要求。一位高级金融人士不要红辣椒，他的夫人对鲑鱼过敏。一位政治家"不吃肉类和小麦"，而另一位"不吃猪肉和甜瓜"。酒水服务员正列出一系列不含酒精的饮料——健怡可乐、莫尔文水和桑德灵汉姆苹果汁。国际媒体先于宾客到来，被引到了南客厅。今晚，这里还原了王宫影院的原始角色。一台巨大的显示器将向媒体转播宴会过程。

每位宾客在落座参加晚宴前，都要三五成群地经人引见给女王、公爵和总统。他们都知道自己的座位，因为已经事先拿到了一个小册子，里面有所有宾客的列表和座次表。即使这样，作为第一个进入巨大舞厅的宾客也难免有些紧张，于是乐队演奏一系列欢快的曲子，开场曲为《出其不意》——众人熟知的英国广播公司《体育报道》的主旋律。王宫人员都清楚他们可以依赖坎特伯雷大主教来领路，他就像个忠于职守的牧羊人一样。今晚的氛围轻松而不拘礼节。南非代表团没有戴足球围巾，正在与等待为女士拉椅子和服务的侍从们高兴地聊天。萨曼莎·卡梅伦（Samantha Cameron）走来，与女王的侍女玛丽·莫里森（Mary Morrison）交谈。戴维·卡梅伦则与威尔士亲王的新闻秘书帕迪·哈瓦森（Paddy Harverson）畅聊。

所有的非王室宾客一旦就位，王室成员就在音乐厅列队迎接晚宴的重要客人了，男士在右，女士在左，女王和祖马总统站中间。领路的是张伯伦勋爵、皮尔勋爵，旁边还有内务府大臣达尔豪斯伯爵，一位只在国宴场合才出现的人物。

之前的传统是两位最高级的朝臣要倒步进入宴会厅，这一惯例总是能让媒体找到乐子。让大家庆幸的是几年前这一规矩有所改变，女王最终认为她的部下可以直接走到她前面。官员这么走是有特定作用的，他们可以照顾女王和她的宾客，保持队伍以适当的速度行进。既然这种办法有效，就依旧要有人这么走进宴会厅。于是，这便成了王宫侍从雷·惠顿的另一项工作。"对女王和来访的国家首脑来说，如果我们走得快了，那么雷就会伸出手说：'好了，放慢脚步。'"皮尔勋爵说道，"这很滑稽，但是确实有这么做的原因。"

今晚，雷·惠顿引导王室护航队进入晚宴的时间刚刚好。女王穿了一件蕾丝薄纱白缎面长裙，在这几夜中今晚是女王自谓戴着"最好的钻石"的场合。21颗钻石镶嵌在项链和手镯上，这是南非人民赠送给伊丽莎白公主21岁的生日礼物。她还戴着亚历山德拉王后的俄罗斯条纹头饰和刚刚得到的奥利弗·坦博名誉勋章。总统系着白色领带，红色饰带上戴着巴斯勋章。不管之前他感觉天气有多冷，现在肯定开始有点热了。坐在女王旁边，不断地擦拭额头，略显紧张。但至少，他不用遵守国宴的旧例，在宴会结束时发表讲话了。

女王不需要去提醒人们肃静，短暂的击鼓后，舞厅就鸦雀无声了。她简要回忆了1947年的旅行，重点放在了现在和将来。演讲稿是由外交部草拟的，因此有些老生常谈，语句沉闷，如"承诺携手面对全球贫困问题、发展问题和气候变化的挑战"。但她用了非洲的一句谚语结束："如果你想走得快，那么自己走；如果你想走得远，那就一起走。"女王为她的宾客与南非人民祝酒，但是老到的宾客们知道还不能喝香槟呢。两段漫长的南非国歌必须先奏起，之后才能举起酒杯。女王和总统都选择端起水杯致意，而非宝禄爵香槟杯。然后是总统讲话，他称赞在那些反种族隔离的日子里，不列颠奋战在"全球解放非洲运动的最前线"。他指出英国是南非目前最大的投资商,这种关系建立在"团结的基石上"。他为女王、公爵祝酒,这次,每人都知道他们要等到《天佑女王》曲子结束后才能举杯。最后,晚宴开始了。奈杰尔·麦克沃伊的团队呈上了马克·弗拉纳根精心烹饪的鲑鱼。空军少将戴维·沃克爵士一直留心桌子的另一端,这时所有的王室成员转向了他们的宾客,菲利普亲王转向了祖马夫人,女王则开始询问祖马先生他将如何享受生命中最值得回忆的事情。楼上阳台光线暗淡的凹处,20位观众坐在那里观看21世纪新王室如何熟稔地举办这场完全现代的皇家盛会,此刻,即便是讲究门面的乔治王们在这里也一定觉得舒服自在。

V
王国卿相

"这是她努力的原因所在。"

女王出席温莎城堡举办的嘉德勋章授勋仪式

在这个细雨交织的日暮，那些被选定的少数电视台记者，把电线通过窗户连接到室内的旧式插座上，兴奋地播报着令人激动的实时新闻。自乔治六世即位以来，王宫的布线从未更换过，但仍有足够的电量去应付一些影视灯和显示器。一般来说，新闻记者们应该去播报王室以外的新闻，但这次不同寻常。经过大选后长达四天的商讨，首相戈登·布朗意识到他不可能成功组建内阁，最终决定辞职。但是，如果他打算今晚就做这件事，便不得不马上采取行动，因为女王要出席一场晚宴，他必须赶在此之前向女王递交辞呈。

英国前首相戈登·布朗（左）在白金汉宫向女王伊丽莎白二世正式递交辞呈，布朗于 2007 年至 2010 年任英国首相

预定的晚宴是为赛马俱乐部里女王的引礼武官而举行的，本书将有大量篇幅提到他们。这些御用的侍者是王室内府最忠诚的荣誉人员。他们从精心策划大型王室活动的三大服务部门中退休后，补助金微薄，几乎只能支付日常的火车票费用，但女王不会让他们失望。他们仍然能像往常一样在王宫里生活。早些时候，女王在她新整修的草坪上检阅了刚刚从阿富汗回来的掷弹兵卫队第一团，并且赠送给他们全新的军服。随后她准备出发去用餐，同时，一列现代车队正从另一个方向平稳驶来，在王宫拱门下的四方院平稳停下。长公主正在这里为她名下一个重要慈善机构"拯救儿童"的支持者们举行晚宴。今晚她的客人们如同国事访问的宾客一样，将在前厅受到迎接，然后进入王宫。如果有政客当真决定出现在众人面前，也会有侍者引领他们从一个名叫"国王之门"的侧门进入。自始全终规矩就是这样，即便这是 21 世纪迄今为止最重要的政治时刻，也没有任何理由去破坏由来已久的王室规定。如果布朗不想把自身的苦闷再拖一个晚上，最终落得个痴迷权力的孤独失败者形象，那么他必须以最快的速度赶到王宫。

恍然间，全国的民众意识到女王并不像评论员口中所说，只负责抬抬印章，无足轻重。但有一点是对的，女王很少被迫做出决定。一旦布朗辞职，她便要推举唯一的候选人——保守党的戴维·卡梅伦。卡梅伦或许并没有做好准备，因为他还在和自由民主党谈判。但是，女王不想让国家陷入无政府状态，哪怕这种状态只持续一个晚上。

君主显然已在整个进程中发挥了重要作用。亲自到场，或是在侧翼等候，女王已经帮助填补了最近几天的政治真空期。社会和市场保持稳定，公共部门也按部就班开展工作，什么都没有发生。在这种情况下，没有消息就是好消息。卡梅伦解释道："我们所拥有的体系，正因为君主在发挥作用，才保证了政权更迭空缺时不会导致宪法危机。"

尽管在这长篇故事的高潮部分，我们根本见不到女王，但王室中心成员不得不在女王专用通道来回进出国家最高行政办公室,这一事实正诠释了君主制的意义所在。正如一位前任女王私人秘书所言,这便是"属于宪法的力量"。不远处,媒体的新闻直升机在盘旋升空,好戏才真正开始。14位媒体代表蹲守在王宫四方院内的砾石路上,用便携式监测仪捕捉着任何蛛丝马迹,等候事情的进展。媒体总监们急切地要求站在唐宁街外的工作人员去采访路人,让他们预测或者大体估计会发生什么变化,以及这一变化什么时候发生,毕竟选区内的传言多过事实。忽然,在沙沙作响的屏幕上,布朗从唐宁街10号走出来,宣布他正式递交了辞呈。随后他的妻子萨拉也出现在镜头中,两人携手沿街走了一小段路,同行的还有首次进入公众视野的他们的两个儿子。对唐宁街工作人员来说,这一刻高度紧张又令人激动,但这也意味着王宫要开始行动了。记者们立马跳起站在摄像机位前,对接下来发生的事情进行解说评论:布朗的车队如何进入拥堵的道路中,摩托车警卫如何帮其开道,等等。在接下来的几分钟里,他仍然是英国首相,并享有一个首相应有的全部待遇。

晚上7点27分,女王的私人秘书克里斯托弗·格蒂特,侍从武官、皇家空军中校安德鲁·卡拉姆,以及侍女苏珊·赫西(Susan Hussey)女士一同出现在国王之门,欢迎从蓝色捷豹元首汽车中走出来的布朗夫妇。苏珊女士满面同情,几乎比这位马上就变成前任首相的布朗还要伤心。这是人之常情,与政治无关(约翰·梅杰离职时,苏珊女士曾一样失落沮丧)。布朗先生被迎送到楼上,直接去觐见女王陛下,布朗夫人则在接待室里等候。不一会儿,楼上传来命令,在已经熄火的福特轿车中耐心等候的孩子们也得到了邀请。就在这时,出现了戏剧性的一幕,一位警车司机把福特轿车开到了国王之门,架势就像在老贝利街蹲守主要嫌犯一样。女王的一个侍从快步穿过砾石路,朝媒体记者走来,边走边挥舞胳膊,分明是在宣称:"不许拍摄!"片刻前还出现在唐宁街上、为世界瞩目的两个小男孩儿,现在却像一对特工一样悄悄潜入了王宫。没有人拍摄到他们。

晚上 7 点 43 分，前任首相走了出来，试图保持微笑，但掩饰不住的是一种不言而喻的痛楚。整个过程中，他一直高昂着头，却忘了自己接下来该做什么。他径直上车，撇下布朗夫人独自一人绕到车的另一边。当由两辆车组成的小型车队离开时，布朗先生可能没有注意到，王室方面也在以自己的方式向他告别。女王的侍从武官站在砾石路上，向布朗十分恭敬地鞠了一躬（尽管侍从武官的培训手册中并没有向前首相鞠躬这一条要求）。

过了一会儿，时任女王新闻秘书的萨曼莎·科恩（Samantha Cohen）向众人分发了带有女王印章的奶油色简报。上面写着："今晚，戈登·布朗阁下当面正式向女王提出辞去首相兼首席财政大臣的职务，这一决定得到了女王陛下批准。"在接下来的半小时内，英国将处于无首相状态，一旦国家出现分裂或者外敌入侵的状况，女王将有权主动采取措施。戴维·卡梅伦接到了女王私人秘书的通知，已和他的妻子萨曼莎从下议院向王宫进发。在唐宁街执政一年后回想起这一刻，卡梅伦认为，布朗有些操之过急了。"我的观点是如果他当时能在这里住一晚，等到第二天早晨再离开的话，一切都会变得更容易一些。但他可能想的是'既然我不该再待在这里，那就一刻不要耽误'，而王宫里每个人都很乐于与人方便。在我看来，一切发生得悲伤而仓促，实际上本没有必要那么做。"

随着天气转晴，王宫四方院的气氛也忽然有所改变。细雨渐弱，落日也探出头来，王宫东面的内墙瞬时沐浴在一片柔和的光芒中。戴维·卡梅伦还没有成为英国首相，他还没有享受到气派的办公室，暂时也没有警车护送。英国处在新旧交替之间的同时，媒体的直升机正盘旋在空中，实时播报着未来首相在特拉法尔加广场等待信号灯的情况。卡梅伦的车被堵在路上，前面是一个骑黄蜂牌摩托的上班族，还有一个小伙子正在一辆装有 BSM 盲区监控的车上听课。"那真是太奇妙了！"卡梅伦回忆时说道，"这就是典型的英国风格。世界上再没有一个国家可以让你经历这种转变。在美国，也是在一周以后才会有如此盛况。但我们竟然有点滑稽地因为人们拍照而被困在购物中心，车堵在路上，而我正绞尽脑汁地想踏上唐宁街台阶的那一刻该说些什么。"

未来首相的车在拥堵中走走停停的当口，聚集在王宫四方院内的记者们也在尽职尽责地搜集每一丁点与此有关的琐事细节。英国广播公司第五频道向听众报道说：卡梅伦将成为第一任比女王任何一个孩子都要年轻的英国首相。英国广播公司的王牌记者尼古拉斯·威彻尔（Nicholas Witchell）也在提醒电视观众：卡梅伦将成为继1812年的利物浦勋爵以来最年轻的首相。

2010年5月，布朗先生的继任者戴维·卡梅伦成为女王的第12位英国首相。在她任期内，整个英联邦已经有150位首相或总理任职

卡梅伦的银色捷豹在晚上8点10分疾驶入王宫，后面跟着的宝马车内坐着两个便衣警察。"当汽车驶入白金汉宫的那一刻，一切都超乎想象，你不敢相信这里所发生的一切。"卡梅伦回忆说，"虽然已经从电视上看过很多次这个场景，但还是不敢相信现在居然轮到自己这么做了。"侍从武官和青年助理上前欢迎卡梅伦夫妇，并引领他们

进入白金汉宫。卡梅伦被带到私人觐见室，通常在这里正式觐见女王时要行"吻手礼"，但他没这么做。"那只是个传闻。"卡梅伦这样说道。第二天的正式典礼上会有此仪式，到那时，所有人的时间也就都能充裕一点，压力小一点了。女王询问卡梅伦是否可以组建一个新政府。但当时他还没有获得议会绝大多数席位，仍然与自由民主党处于谈判中。女王问了一个有趣的问题。当卡梅伦回顾这些的时候，他开玩笑说他的回答并不直接。"我想，在女王要求组建政府时，迄今为止我是众多首相中第一个没有回答'是的，女王陛下'的，而是说：'好吧，我会尽我所能，给您一个答复。'"

觐见时间不长。因为就像托尼·布莱尔在自己的回忆录中所说，新首相一般都疲惫不堪、心事重重，照他自己的例子来看，"甚至还有点狂躁失常"。在卡梅伦离开之前，女王和他的妻子萨曼莎进行了一次简短而友好的谈话（托尼·布莱尔回忆女王当时接见他夫人，曾为她经历这一"家庭突变"而"啧啧表示同情"）。与此同时，女王的青年助理从王宫出来，走到院内，提醒正在砾石路上闲聊的卡梅伦司机和警务人员准备开始工作。他们已经迅速发觉生活节奏大不同前了。女王的私人秘书克里斯托弗·格蒂特（他后来成为克里斯托弗爵士）明白，新首相马上要面向全世界亮相了，因此主动为其安排了一个短暂的休息时间。卡梅伦回忆这一刻时说："他和蔼地对我说：'您在下一项行程之前，还有时间整理思路。您可以用我的办公室。'于是我急匆匆地走进了他的办公室，多想了一会儿我接下来要说的话。"

晚上8点35分，卡梅伦从国王之门中走了出来。女王任期记录上的英国首相也就此达到12位。唐宁街10号的下一任主人护送着他已怀孕的妻子来到汽车右手边的门前，等她进入并将车门关好后，才走向另一侧。在车驶出王宫时他向记者们挥手致意。几分钟后，记者们又拿到了另一份公告，宣布："女王接见了戴维·卡梅伦阁下，并要求他组建新政府。戴维·卡梅伦阁下接受了女王陛下的建议，正式被任命为英国首相及首席财政大臣，并向女王行吻手礼。"

这不仅是个惊喜，也结束了几天来的各种传言。当记者们向全国播报这一公告时，他们并没有注意到另一辆车正在驶离王宫花园门口。女王已经让她的引礼武官们在赛马俱乐部等候了太长时间，现在终于可以吃上晚餐了。

女王和首相们讨论的内容始终只保留在他们共有的记忆中，惊人地保密，此外再无人知晓。但是有很多关于两者之间基调与氛围的暗示可以让我们从中窥得一二。已故的詹姆斯·卡拉汉勋爵曾就此有过简短总结，他说："人们得到的是友好并非友谊。女王对政治方面非常感兴趣——谁上台了，谁又下台了，但是对最低贷款利率这种财政问题没什么热情。"和前任首相们一样，戴维·卡梅伦也对他周三的王宫之行非常充满期待："每次觐见都很友好愉快，因为只有彼此两个人，所以你可以说你喜欢的，她可以说她喜欢的。除了要详细讨论政府的目标，还有很多事务性的东西——比如，我的行程、她的行程、国事访问等等。"

首相和女王都非常热衷闲聊国务以外的事情。当初谢丽·布莱尔（Cherie Blair）怀上利奥的时候，托尼·布莱尔第一个通知的就是女王。

约翰·梅杰爵士认为，身在王宫之内才发现这里远比想象的要舒适。"原来看似遥不可及，但实际近距离接触时却让人感觉非常温馨，充满人情味。"他从来没有觉得有什么事情需要小心翼翼，"除了偶尔会有柯基犬以外，与女王谈话时不会有他人在场。这是一种绝对的信任。我从未对女王欲言又止或是有所保留，一向想说就说，我觉得换作女王也是一样。"他相信，觐见女王是保持政府健全的关键因素。"女王阅览政府文件，但她无法了解一些没有记录在文件中的东西，比如首相的想法。如果没有觐见女王这一环节，这条至关重要的沟通渠道将不复存在。"

女王身边的工作人员都能证明，女王确实很享受每天的政治事务。正如一人所说："这便是她的意义所在。"她对所有的人事变动都十分感兴趣。吸引她关注第一届联合政府的不光是政治因素还有个人原因。"关于这件事她问了很多问题,"戴维·卡梅伦说,"她还问到我们相处得如何。"

威廉王子见过很多女王在世界各地的首相(总理),他认为,毫无疑问议会的两党对觐见女王都充满感激。"想想她在不同时期曾和多少不同的首相进行过多少次会议,真是不可思议,"威廉王子说道,"他们当中的一些人很希望女王能直接下令,告诉他们某事如何去做,但女王喜欢觐见这种形式,一贯对它评价很高。"

在英国的选举年中,首相每个星期都要觐见女王(官方规定,首相要拜见女王,而非女王召见首相)。每年夏天,首相会被邀请前往巴尔莫勒尔参加布雷马村高地竞赛(可选择),以及享受由菲利普亲王掌厨的皇家烧烤野餐(没有选择)。这是一段奇妙的经历。托尼·布莱尔曾写道,他的第一次巴尔莫勒尔周末之旅"离奇迷人,还十分怪异",有浓烈的"火箭"鸡尾酒和只有"在特罗洛普和司各特作品中才有的"早中晚三餐。如此一来,他发现王室人员用餐都十分节俭就不足为奇了。①

鉴于当时戴安娜王妃刚刚仙逝不久,不难理解布莱尔的初次访问为何让人担忧。

约翰爵士的美好回忆,是散步去巴尔莫勒尔的板球场和到柏克馆喝茶。"女王常开车载我去柏克馆,在那里我们和王太后一同享用茶水和糕点。我很欣赏她收集的间谍漫画,看到满满一书架的《老爷军》录像,总是充满敬畏。"其后,或许会有一场上流社会的晚宴,大部分时候是由菲利普亲王和另一位王室成员制作的烧烤野餐。梅杰说:"在那些非正式但其乐融融的晚宴尾声,女王会和其他王室成员

---

① 一些人曾指责布莱尔在其回忆录中打破了秘密准则,透露了君主与首相的会议内容。但王宫方面对此却没有抱怨。他也许在背景描写中过于放纵自己,有些轻率,但同时该回忆录的可读性却很强,而且在恪守宪制上一直十分谨慎。因此,至于女王真正想些什么,我们还是一无所知。

清洗餐具，客人如果想主动帮忙，都会被婉言谢绝。"但是轻松寒暄过后，漫长的一对一觐见活动还是不能避免。"8月的巴尔莫勒尔城堡里没有人，所以很多事要在9月补上。"

女王的政治触角远远不只停留在从觐见和媒体（早报、广播、晚间新闻）收集信息。每天上午11点，她都会准时打电话给她的高级私人秘书，问一个完全多余的问题："你有时间上楼来一趟吗？"据目前所知，史上还从来没有任何一位私人秘书回答说："抱歉，我现在有点忙。"私人秘书的工作事无巨细，涵盖所有王室相关事宜，大到阿富汗战争的伤亡、新西兰内阁的重组，小到圣诞致辞的创意，甚至女王的工作日程。半个小时后，女王则会给楼下打电话问她的副私人秘书或助理私人秘书是否"有空"，他们中的某人随即会把文书送到楼上，包括需要签署的文件。文书通常有一打左右，根据文件的不同，她或签署"伊丽莎白女王核准"，或签署"伊丽莎白女王"。文件有可能是军方的条例，或是皇家御用担保，抑或是他国大使呈递的国书以及议会法案。签署过程不只是一条流水线那么简单，女王虽不会逐句阅读，但她对于所签署的文件会了然于胸。如果日复一日都有此类文书被送到你的办公桌上，那你一定会觉得整个国家都在掌控之中。

每隔几周，她都会接见副宫务大臣，也就是负责周旋于下议院与王宫之间的政府党鞭。副宫务大臣手执"办公权杖"（一根能从中间旋开的黑色木杖似的物品），在议会议员与君主之间传递信息。信息可能涉及女王的演讲或是下议院为女王送上生日祝福的决定。副宫务大臣还要负责写每日简报，对议会的运行状况做出个人总结。

如我们所知，这些信息有时可能很轻松愉快，但也会反映后座议员的真实感受。女王并不希望看到千篇一律的政绩赞扬。这些信息常密密麻麻地填满A4纸，女王会仔细阅读整理，连同一些政府公文和她在大臣文件箱里找到的文件。每晚7点，私人秘书办公室就会送来一只破旧的文件箱（外面皮革，里层金属）。

第二天早上 8 点，文件箱又会被送回去，女王关注的内容会用红色铅笔标注。这里面包括需要女王签署的文件，她必须过目的文件（尤其是最新会议记录的复印件），还有她感兴趣的东西（或许是一捆外交部的电报）。工作日的晚上，文件箱的型号略小，"选件"（Reader）通常会被堆得很高，除非晚上有约见或者国宴，内容才有希望被压缩一下。但私人秘书得到的信息是，女王更喜欢多看点东西，而不愿意漏掉重要内容。到了周末，文件箱的尺寸就变大了，又被称为"标准"（Standard），里面的阅读材料已经过挑选，内容更广泛，还有女王 15 块海外疆土送来的周报，有些加拿大的简报是用法文写的（女王精通法语，所以不用翻译），这些文件都会被一一加工处理并在下周一送回。即便有时候女王一点也不想阅读，不管怎样，她还是会继续。"女王文件箱里有大量材料，相当多的部分是关于需要以她名义进行的任命。"前任副私人秘书玛丽·弗朗西斯说道，"这些文件都会被送进去，但返还给你的并不是很多。她一般会读外交部电报和内阁会议记录，然后在上面打个钩。她不轻易提出问题或发表评论。但是，文件的内容她悉数了解，而且她会利用每周会见首相或接见新任大使的机会把其中一些问题反馈给他们。"

女王从不图省事，既然文件在她的文件箱，那就有出现的理由。"她十分勤勉，阅读文件细致认真。当你和她讨论问题时，会发现她已经十分认真地把这些问题研究过了，"弗朗西斯接着说，"女王有过人之处，不是说她学识渊博、知性睿智，而是说她完全理解到位，并且立马能发现主要信息和问题关键所在。"

然而，究竟为什么大家期待女王这么做呢？毫无疑问，她一向忠于职守，对呈送的任何文件都会认真阅读，但她真的有必要对官员任命的细枝末节或者她无法更改的立法问题事事躬亲吗？为什么她一定要研读那些晦涩难懂的外交公文或者即便职业律师和专家们都感到费解的技术性问题呢？有人曾暗示说，女王有时会把文件箱作为一种牵制，或是使自己暂时与外界隔离的借口。玛丽·弗朗西斯认为这其实是君主立宪制的核心精髓所在。"坦白讲,我常常想这么做有什么意义。但作为立宪制君主,无论是接见首相还是其他大臣,抑或是进行职务任命,女王亲力亲为都有她的理由。如果从事这些事务的人对政府工作和日常发生的事情一概不知,那多少会有些奇怪。"换句话说,这些可能是空洞无用的公文或者是复杂烦琐的小事,但如果女王没有仔细看,政府就予以通过,那么她便会认为自己失职。

1972年9月,女王在巴尔莫勒尔城堡休养。即使远离伦敦,女王每天都会在自己的办公桌上看官方报纸

除了批准新法案通过以外,女王还有一项她非常热衷但鲜为人知的政治责任。枢密院是英国最古老的咨询机构,曾充当女王内阁的角色,如今,它的工作已不再具有机密性质,而仅仅处理一些不涉及议会的低端政府事务,内容林林总总却又单调乏味,包括授权海峡群岛通过新的法律或者铸币,甚至还有宣布银行的法定假期。数以百万计的(工作日程)记事要仔细分类后才能打印。根据《皇家婚姻法案》,女王还必须批准乔治二世直系后裔的婚姻——他们当中许多人都将平凡地度过一生,也不会见到女王,有些人甚至根本就不知道有这样的规定。但如果他们未经女王和枢密院认可就结婚,那么依照法律规

定，这样的婚姻是无效的，而且从理论上讲，他们的孩子也就是私生子。当然，可以得到女王个人的祝福让这些王族后裔的夫妻激动万分。但枢密院办公室知道还是有一些例外。这些王族后裔不必担心掌管婚礼的警察会突然造访。一位工作人员说："我们不会去找他们，我们的办法很实际，就是既不问也不说。"

枢密院的很多职责涉及修改大学的条例或者任何需要皇家特许证的事情（包括英国广播公司），它还设有司法部门，相当于处理英联邦国家案件的上诉法院，因为有些国家自身尚未建设此类机构。极少情况下，这些在白金汉宫 1 844 号房间里进行的严肃碰头会，甚至还可以合法地把某个人处以死刑。一些保留枢密院的国家，同时也保留了死刑。枢密院并不执行宣判，仅负责对上诉进行裁决。但如果它驳回了一名加勒比海死囚的上诉，而且女王说出"同意"两个字，那么这个获罪的犯人就要被送上绞刑架了。这便是宪法赋予女王的责任。

这些会议不存在争论。所有的事情都已预先准备完毕，因此，会议在五分钟内就会结束。但它也并非程式化的仪式。枢密院办事员总是会为女王提前准备一份针对各项议题的简要说明，也许只是几句解释，比如，为何修改基尔大学的条例或者为何冻结某个恐怖主义嫌疑分子的财产。议题往往很多，但女王通常会研读绝大部分，就像读文件箱中的材料一样。这些内容通常晦涩难懂又索然无味，但这并不是重点。女王认为，如果她不知道她在这些会议上同意的是什么，那便是失职。

枢密院议长，也是高级内阁大臣，像副首相一样有着繁重的日常工作，总是与另外三名内阁大臣一起出现。这里的任何一次会议都要求有至少三名枢密院顾问官在场。[①] 他们在 1 844 号房间外排成一队，

---

① 枢密院成员被称为"顾问官"（Counsellor）而不是传统的"委员"（Councillor）。王室的高级成员会被任命为"国务顾问"，女王无论何时出国都必须指派其中两人临时代替她行使权力。在即将 18 岁的时候，女王自己也曾经被指派担任过这一角色。对当时还一直相对生活在庇护中的公主来说，那是一次严肃的考验。据说她曾为一件凶杀案的细节而震惊不已。

议长会提前进去与女王交谈一阵。待女王准备好以后,她便按铃,外面等候的顾问便随文书一同进入,并逐一与女王握手。

会议十分强调利落高效,所以实质上是站着开完的。众所周知,是维多利亚女王引入了这一节约时间的机制。政客们背对窗户站在女王一侧,工作人员则站在另一侧。枢密院议长大声宣读每页纸上的议题,随后女王回答"同意",大家再翻到下一页。[①] 当一切都结束时,议长会说:"尊敬的女王陛下,今天会议需议决的所有事务都已结束。"女王也许会对其中比较有趣的一项议题加以评论,然后她再次按铃,房门会随之打开,大臣们便一同走出去。因为他们全都是顾问官,所以不会像普通人那样在退出房间时还转身鞠躬行礼。这些名字前面有"阁下"称呼、后面有"顾问官"字样的成员在历史上就一直是女王最信任的顾问。因此离开时不必有什么表示。

"我总有种感觉,女王真的很享受这个过程的每一部分。"前任枢密院文书亚历山大·加洛韦(Alexander Galloway)说。他也承认一些规矩细节的确很烦琐,甚至连这个房间中最有经验的人,也就是女王和文书,都会感到迷惑。他指出:"作为文书,最棒的事情就是,如果有人向你提出问题,那几乎也可以确定没人知道答案。"

然而,女王任期中还是有六次枢密院会议不像以往平静,变成了介于闹剧与中世纪效忠仪式之间的混成品。这往往发生在执政党垮台,一群新任大臣着手组建新内阁的时期。不仅有很多内政大臣要在女王面前宣誓就职,也有大批枢密院顾问官需要任命。回顾带领他的新联合政府宣誓就职的那一天,戴维·卡梅伦面带微笑地说:"那就像是用橡胶管给婴儿进行洗礼。当时场面蔚为壮观,很多人涌入枢密院,行吻手礼,接受办公印章。然后,就有像大法官肯尼斯·克拉克(Kenneth Clarke)(肯尼斯·克拉克在撒切尔或梅杰内阁兼任过不下

[①] 女王前面也会有一套枢密院用具,包括封缄用的蜡和一根熔化蜡油的蜡烛。它们摸起来感觉很好,但这已经是历史性做法了。现在封缄会在其他地方用更为持久的塑料制品完成。

五个不同的职位)那样拥有几乎所有办公印章的人,也有像自由民主党人士丹尼·亚历山大(Danny Alexander)这种,从不认为有一天他也会得到某个印章。宣誓者排成长长的一排。他们先在这边的跪垫单膝跪地,行吻手礼,宣枢密院誓,然后再更换另外一个跪垫,成为内阁大臣,重新行吻手礼,宣誓。"让人觉得更加混乱的是,副首相尼克·克莱格要在首相之前宣誓就职,因为他同时还是新任枢密院议长。而如果没有议长,其他人就都无法宣誓就职。卡梅伦说:"关于那一天,我脑中的印象始终是,尼克·克莱格首先宣誓就职,然后所有自由民主党成员都在想:'哦,上帝,是我们在掌控整个英国!'还有就是,除了我之外,所有的人都拿到了办公印章,好比得到了进入这个巨大皮盒子的钥匙。每个人都有,除了只是行吻手礼的首相。一切都安排得很妥当,前期有彩排,有茶点,地点选在了白金汉宫一间非常漂亮的房间里,仪式过后还有闲聊时间。像此类其他事情一样,王宫方面一切都安排得很好,让每个人都感觉自己很出众。"新旧政府交替后的几天总是忙乱不堪。白金汉宫不仅要集合胜出者宣誓就职,女王还会召见落选者,举行正式的告别仪式。按照传统,一届内阁下台时每位离任的大臣都可以获准觐见女王。一位前任内阁大臣透露:"先是就形势发展进行十分钟相当愉快的谈话,然后女王向大家微笑握手,仪式结束。就这么简单,但却非常有帮助,让人觉得圆满。这是对前任政府的很好肯定,受到了君主的接见,会让人心生暖意,即使她只是说:'非常感谢,请不要再打电话给我,我会打给你们的。'"

当然,这些繁杂的宪法职责、惯例、义务,以及怪异反常的规矩和令人不知所措的仪式,并非总是白纸黑字那么一目了然。沃尔特·白哲特在他的《英国宪制》中或许提炼出了一些君主立宪制的精髓,但是他从未提及任何有关文件箱、英联邦、活动权杖或是吻手礼的内容。相反,君主与政治派别之间,经常让人困惑不解的整个相互作用过程,常常是在王室日历最为精彩而宏大的一段时光的描写中被巧妙地一笔带过。

此刻，白金汉宫的台球室人满为患。会计、秘书、清洁工，以及一些上议院议员，聚集在海军肖像画和陶瓷展品下面，出神地盯着球桌。当然了，没有人在打台球，展现在他们眼前的是璀璨夺目的王冠。

如今已成惯例，在议会大典开幕前，白金汉宫的工作人员都获准先睹大典中用到的王冠尊容。有些老员工就像首次进入伦敦塔珠宝厅的游客一样为之倾倒。珠宝厅中有很多空缺，王宫的展品会被拿走，取而代之的是"正在使用中"的标识。对于游客，这是个遗憾，但却提醒着人们，这些珍宝并非只是博物馆的古董碎片。在即将揭幕的立宪制盛典中，它们依然是众人瞩目的中心。

"你们现在看到的是3 000颗自然宝石——钻石、蓝宝石和绿宝石，有的是有史以来全世界最大的。"王冠珠宝商哈里·柯林斯（Harry Collins）边说边打开一只表面看起来破旧的盒子，里面却是华美的帝国王冠。再过一个小时左右，女王就要佩戴它出现在威斯敏斯特教堂。

王冠珠宝制造在业内拥有最高的荣誉，但这却是一份兼职工作，制造商仅仅是佩有"EⅡR"字样的领带夹，并负责保管世界上最珍贵的珠宝。2007年科林斯被委任制作王冠珠宝时，曾有段有趣的经历。他不是在伦敦邦德街开大古董店的商人，而是在皇家滕布里奇韦尔斯（唐桥井）经营家族传承的珠宝店，对珠宝的热情可以从他清晰洪亮的介绍中显露出来。"关于顶端的蓝宝石还有一段有趣的故事，"他指着王冠的顶端说，观众席鸦雀无声，"忏悔者爱德华生前一直佩戴着一枚戒指，上面镶有这枚蓝宝石，他希望死后能将其与自己埋葬在一起。这一愿望终于在1066年得以实现，也就是说，这颗宝石在地下埋藏了100年。每念及此，我都觉得脊背发凉。100年后，当人们挪动他遗体的时候，把戒指发掘出来并决定将这枚蓝宝石嵌在王冠上。"

对于这顶特殊王冠上的主要珠宝，柯林斯都能讲出类似的故事——黑太子爱德华的红宝石，伊丽莎白一世的珍珠，还有317克拉的天玺Ⅱ钻石（从世界上最大的钻石上切割而来）。

台球室里人头攒动、服饰各异，俨然歌剧院或者电影演出的后台。两位资历最深的员工——行政文员保罗·阿尔蒙德（Paul Almond）和马夫布赖恩·斯坦利（Brian Stanley）——将在当天担任警卫官。届时他们将身着维多利亚时期宫务大臣的制服，手持王权象征钉头锤，走在王室的队伍中。

几位已退休的侍从也会重返岗位担任看门人，他们身着深红色的外套，在整个出出进进过程中充当门卫。

还有4个一脸紧张、学生模样的小伙子，身穿及膝红色外套，白色马裤配白色长筒袜。他们是荣誉侍从，要托着女王的天鹅绒长袍（长18英尺，貂皮镶边），荣誉侍从通常是王室亲友或政府官员的孩子，但今天还包括一位王室成员——11岁的阿瑟·查托（Arthur Chatto）是玛格丽特公主女儿萨拉·查托夫人（Lady Sarah Chatto）的小儿子。女王是他的伯祖母，目前，他是王室的第十八位继承人。

这一刻待在副宫务大臣办公室的是保守党议员马克·弗朗索瓦（Mark Francois），他身着晨礼服，手持办公权杖。作为女王的"人质"，整个早上他都会留在此处，直到女王从议会安全归来。"被囚禁"的过程是快乐的，摄政厅提供点心，还可以看电视。"手铐什么的我们早不用了。"白金汉宫的一位官员解释说。

突然气氛急转，人们不再随意说笑，都严肃起来。女王已经从她的住所出发。没有人比女王经历过更多的议会开幕大典了。她仅缺席过两次开幕大典（因为怀孕），这使得维多利亚女王相形见绌，因为在后者40年的人生中，仅仅举办过7次议会开幕大典。许多王室成员都是仪式上经验丰富的老手。但即便如此，也没有人对如今立宪制的意义心生厌倦，更没有人愿意在电视直播时出错，特别是没有人不愿一睹女王的风采。女王身着斯图尔特·帕尔文牌长裙，杏黄色的缎面上用金线绣着巴黎珠子，庄严之气感染全场。

这次共有两轮马车游行，第一轮运送王冠，第二轮女王乘坐。皇家马厩的员工整个早上都在忙着给砾石路洒水，确保200匹马规模的车队通过院子时不会尘土飞扬（其中包括已故王太后的那匹精力充沛的前比赛用马"初恋"。"初恋"曾帮助她获得了人生中最后一次赛马的胜利。今天驾驭它的是护送王冠的侍从）。

女王在万众瞩目中走下爱丽士典礼马车，头戴乔治四世王冠，光彩夺目。这是一顶女士王冠，在同类王冠中体积较大，但与先期送来的帝国王冠相比，顶多像个发卡。

所有皇家马厩员工当然都身着国家制服。马车夫约翰·纳尔逊（John Nelson）头戴假发三角帽，驾着马车驶上林荫道，途经皇家骑兵卫队，驶入上议院的君主入口，此时，王旗已经在这里高高升起（或者用王室的惯用语叫"broken"）。

女王先进入礼服间，穿上长袍，戴上王冠。嘹亮的号角声响起，标志着她再次出现。这次皇家仪式缺少了一个重要角色——自1620年起，枢密院议长将首次不出席开幕式。新任自由民主党领袖，同时也是新任副首相尼克·克莱格，希望走在新班底成员的前面，而不是默默地跟在15位号手、着装随意的随从等人的身后。

上议院内，议员们身着深红色长袍，低声交谈，静候女王坐上王位。隔壁的下议院里则喧闹无比，议员们等待女王召见他们进入上议院倾听演讲。他们着装随意，大声喧哗，装作对此漠不关心。当大门在上议院的女王信使黑杖侍卫面前"砰"的一声关闭时，大伙儿无不欢呼雀跃。这些都是仪式的一部分，议员们总是想弄清楚在这里谁说了才算。

最后，他们为黑杖侍卫打开门，听取他的传讯，然后不紧不慢地向上议院走去。上议院的后厅只有有限的空间，即使是首相也仅有站立的位置。如果这是个剧场，这里的票价一定最便宜（事实上，根据现今的安全守则，议员甚至可能因为堵塞入口而被驱逐出去）。然而，就是这些穿着普通工作制服、姗姗来迟、挤在后面、没有座位又有碍观瞻的人，为那位头戴3 000颗珠宝的女王，一字一句写下了演讲稿。仪式异常森严复杂,千年来关于英国王室加冕一直没有一个明确的定义,但这一盛会仍传达了一条非常简单但又根本的信息。我们不清楚女王是否钟爱于此,但有一点容不得半点怀疑,就是在她看来,一切都神圣而不可侵犯。

毫无疑问,女王是超越政治的存在。这就是君主制的全部意义。但是女王也是人,像其他人一样,她一定也有判断是非的个人观点和价值观,它们都是什么呢?政治家和政治评论员有时会猜想或分析女王对某一问题的个人观点,总是试图依据她战时一代、家底丰厚、略微保守、由衷喜爱乡村的身份对此进行推测。因此,对于那些有着相当政治嗅觉的人来说,当他们看到女王真正根深蒂固的中立态度时,自然会是无比惊讶。虽然这会冒犯一些政客,但是女王看起来是真的将他们视为同一类人。担任尊贵的枢密院大臣一职20多年的戈弗雷·阿格纽爵士(Sir Godfrey Agnew)总结道:"女王从不刻意区分政客们的不同派别。在她看来,他们大体上属于同一社会阶层。"马尔科姆·里夫金德先生曾担任的3个内阁职位都要密切接触君主,他曾被女王在荷里路德宫的一番话所震惊:"女王对我说:'伊朗国王问我和工党或保守党首相谁共事时间更长。我回答说我一点也不清楚他在说什么,因为我从来没想过这件事。'在我看来确实如此。因为对她而言,政党派别最微不足道。我曾在女王身边做过苏格兰事务大臣、国防大臣和外交大臣,在此期间女王从来没发表过任何有争议的政治观点。"

女王在位的60年间,有34年是保守党执政,24年是工党执政,然后有一段时间是保守党/自由民主党联合执政。如果让她就自己的政治观点发表议论的话,那么客观地讲,她可能比较喜欢偶尔产生的共识。"我认为联合政府对国家是有益的。"在2010年选举结束几周后的一次午餐中,她对旁边的客人说道,"既然我们所处时代正经历着空前变化,那就让我们尽可能地去利用它。"两党之间经过长达半个多世纪摇摆不定的政治局面后,女王竟然对第一届联合政府的新意青睐有加(世界上还有16国政府与此类似,其中还有一两个属于女王),并不出人意料。更重要的是,围绕2010年大选产生的不确定性已经提醒公众:君主正是稳定和公平的保护者。

"王室十分喜爱那些与众不同的事情。"玛丽·弗朗西斯说道,"就是有把椅子翻倒了或者窗帘没拉开,都会成为他们谈论的话题。以此类推,联合政府也是新事物,而且很明确地涉及女王。人们对女王所发挥的作用,或潜在的重要性,以及可能的举动都给予了极大关注,这令人感到十分欣慰。"

最终,女王没有被迫在参加2010年大选的两位候选人中做出决定。无论是保守党还是工党,都没有取得压倒性优势,这种僵持状态很可能会让君主做出一个令她很不满意的决定,即重新进行选举。但这次她的政客们自己解决了问题。一旦自由民主党明确表示要与保守党共享权力,君主便可摆脱两难选择。但如果布朗辞职后,保守党与自由民主党之间的对话也随之瓦解,那也可能造成一种宪法上的困境出现。

在大选前,高级事务官与宪法专家们已经开始起草内阁办公室手册。手册必须完全依据现实条件来制定约束议会、政府和王室等关系的法律及公约。出人意料的是,此类文件无例可循。随着大选的临近,专家们优先考虑的事情是准备一份草案,为这次没有产生多数优势的议会选举提供指导方针。他们也研究了其他类似威斯敏斯特的议会,尤其是新西兰内阁,后者在过去的20年间一直在改进完善办公手册。

时至今日,新手册仍不具备法律效力,它并非规则,而只是指南(且只是草稿)。但是它提及了女王在普选中所要承担的角色,十分明确地强调应该由政客们自己负责找到解决方案,无论如何不能勉强让女王来挑选首相。"其中明确说明女王不是助选者,"手册起草人之一、牛津大学教授弗农·博格达诺(Vernon Bogdanor)解释道,"女王的职责不是团结政党,相反,她只负责接受协商的结果。"

现任的政党领导人中,没有几个能记得1974年2月大选后出现的激烈争论（最后以无多数议会和保守党首相爱德华·希思被免职而告终），但女王却记忆犹新。在此类无多数议会中，女王最不愿面对的便是媒体的狂热反应，比如，要求她一下子变出解决问题的良方。官方说明虽然枯燥无味，但其权威性足以让每个人都冷静下来，确保对当前情况进行合理分析。女王明确对这一文件表示赞成。她做出这一表态是在大选结束几个星期之后，当时她在几乎没有任何预先通知的情况下，突然宣布根据本人要求要首次亲自视察内阁办公室。作为宪法的仲裁人，君主们一般都习惯接见选举中的获胜者或落选者，而无须向服务人员致敬。

白厅事务官们看见女王在国家行政中心附近现身时，立刻嘈杂骚动起来。"我觉得大家之前不会想到看见女王时会有多兴奋，直到那一刻来临，"29岁的西尼德·凯勒（Sinead Keller）说道。凯勒在荣誉秘书处担任新闻发言人。荣誉秘书处是内阁办公室的一个小部门，管理着数以千计的员佐勋章、官佐勋章和骑士爵位的授予派发。她参与过授衔仪式，曾亲眼目睹这些王室认可对受勋者产生的影响。然而，今天是她自己得到了同女王握手的机会，对于自己当时的反应，她颇感惊讶。"那一刻到来时，整个人就像一下被击中要害。我不是一个狂热的爱国者，但还是很容易低估自己对女王的爱戴与情感。"

君主此次访问有另外的潜台词。最近一段时间，新政府一直在就行政事务放权进行严正警告。女王这么做是在展现一种姿态，表明王室与像女王一样在宪法约定下不得不保持中立的人们站在一起。

内阁秘书长格斯·奥唐奈爵士（Sir Gus O'Donnell）为这次女王之行上上下下都配备了颇具代表性的工作人员。从事前台接待的里尔·基布怀特（Lil Kibblewhite）已经在此工作了22年，她的女儿和孙女都在这同一座大楼里共事。"我只是接到通知说，今天上午我会见到女王陛下。"她兴奋地说道。私人助理雷吉娜·阿杜（Regina Adu）也是昨天悄悄得到这一消息，她用了整整一晚练习屈膝礼。

奥唐奈爵士首先向女王介绍了进行宪法手册筹备的"过渡团队"

的部分成员，然后陪女王上楼旁听他与来自政府所有部门的32名常任秘书的每周例行召见。今天的日程包括选举改革和即将到来的教皇访问。会议房间正面装饰有玻璃幕墙，四周看不到任何景观，只用几张从职工摄影比赛中挑选出的照片进行点缀，略显沉闷。虽然没有唐宁街内阁会议厅富丽堂皇，但这房间里的人却都是英国最具权势的政界高官，管理着数以百万的事务官。据说他们才是真正意义上操控国家的人。得到来自国家元首的鼓励与赞扬，他们倍感得意。会议结束时，奥唐奈爵士带领女王返回大厅，并发表了简短讲话，对工作人员面对过渡时期挑战的优秀表现表示祝贺，也对女王的工作人员表达了赞扬与敬意。此时，楼梯平台、阳台挤满了白厅的官员，他们都目不转睛地看着眼前一幕，而奥唐奈爵士也还有一条好消息要宣布——在这种氛围下，他自然不能宣布放假一天，或是奖励喝酒庆祝——他最后声明女王已经同意，让他主持今年在白金汉宫举行的行政服务奖，这相当于英国政府部门的奥斯卡奖。随后，女王受到了热烈欢送。对每个人来说，激动的心情几个星期都难以平复。

  由于英国没有成文宪法，一些议员便认为这部手册是最接近宪法的文件。它确认了一条原则，即议会出现无多数优势局面时，现有政府应坚持充当守护者的角色，直至新政府成立，并且要尽一切可能避免迫使君主挑选新首相。人们是否就此见证了权力平衡中另一种微妙却又极为重要的变化呢？女王不惜以牺牲自己为代价暗中掌控了某种权力转移吗？戴维·卡梅伦并不这样认为，他觉得我们不应该失去理智。"对于无多数议会这一理念，格斯·奥唐奈和事务官们都显得格外兴奋。他们很赞同。正试图把他们认为应该实施的东西写下来，形成条文。"

  卡梅伦认为英国不成文宪法的一大优点是可以适应突发情况，这在戈登·布朗辞去首相一职，而其他政党还没有确定是否可以在一起工作时得以很好地体现。"英国宪法始终在以不可思议的灵活性和尊严，不断应对着各种问题。这要发生在其他国家也许会引起很大争论,但我们却进展顺利,没有任何人大惊小怪。"这是为什么呢?就是因为有位正直的中间人坚守在王宫里。

然而,在女王当政期间,政权也几经更迭。她继任王位之时,人们还是"期待"由她选出首相,尽管这一任务非常令人不悦。现在,时过境迁,不但没有人再期待她来挑选首相,而且貌似她只在最后关头才不得已如此行动。对此她似乎很是满意。戴维·卡梅伦承认,自从女王选定哈罗德·麦克米伦和亚历克·道格拉斯-霍姆爵士作为保守党首相后,女王"助选者"的角色就发生了改变,但他认为那属于历史进程的一部分。"她的角色的淡化是因为现在保守党自身有了一套选举领导人的机制。回首过去300年就会发现,权力已经变得越来越局限。现在更是如此。"

一般人认为君主这种"惰性"是很正常的,因为这与我们脑中君主立宪制下君主不干涉政务的观点相一致。但女王当政期间还有另外一个特征。我们认为女王之所以不干涉,是因为君主本就不应该这样做。事实上,先前的君主们乐于整天和政府争论不休,现有迹象表明,未来的君主也可能如此。但女王却不在此列,她始终对政府采取谨慎的不对抗态度,因此,她是个例外。

当亨利·坎贝尔-班纳曼爵士(Sir Henry Campbell-Bannerman)谈论"人民的意志"时,爱德华七世因为他的话中含有"共和"味道而曾向政府提出抗议。而乔治五世发现共产主义者遍布各地,因此就找茬挑衅政府,鸡毛蒜皮的小事也不放过,甚至因为财政大臣伯肯黑德勋爵(Lord Birkenhead)戴了一顶软毡帽也进行谴责。乔治六世更是乐于当着福利制度创设者的面对其加以批判。

相比之下,有12位英国首相曾为女王效忠,如果把她所有的管辖范围算在内,为其效忠的首相或总理则超过了150位。但很难从中找出女王曾与谁因为政策产生过分歧。她当然也从没有批评过政客们的时尚品位,即便她的一位首相曾对王室着装做出过侮辱性的手势。2002年,时任新西兰总理的海伦·克拉克(Helen Clark)仅穿衫裤套装出席国宴。当时身着舞会袍、头戴罗马教皇三重冠的女王也仅仅是盯着她看了一眼，什么也没说。

女王与首相们的谈话自然非常机密。但从不缺少关于这些会面的丑闻传言和道听途说，这些似乎暗示着某些严肃的争辩即将大白于天下。女王当政期内，有两件事情将国家史无前例地分成了两派，一是1956年的苏伊士危机，另一件是2003年的伊拉克战争，但我们无从得知女王在这两个问题上的想法。事情本该如此。但如果我们比较一下以前内阁的软肋，例如，内维尔·张伯伦对纳粹德国施行的绥靖政策，就会发现当时王室立场如何毋庸置疑。张伯伦与国王和王后一同出现在白金汉宫阳台更是说明问题。然而，女王又在何时、怎样表达过她对某项政策的坚决拥护或是愤然反对呢？曾有人暗示，20世纪80年代时，她曾因为生性好斗的前首相玛格丽特·撒切尔对矿工罢工和整个联邦的强硬态度而与其闹得不可开交。然而，正如我们看到的，即便如此，也并不存在传言中的争论。什么时候见过女王轻易被谁利用？她行事与众不同。

女王显然乐于在某些直接影响到她的事情上提出反对意见。她不顾内阁对她安全问题的担忧，执意决定1961年对加纳、1964年对加拿大和1979年对赞比亚进行访问的例子就是很好的证明。当托尼·布莱尔政府提议废除英国最古老的职务之一——上议院议长时，王宫毫无疑问持反对意见。提议立即被延缓执行。但就大局问题而言，争论不是女王的风格。因为君主和首相之间的关系属于机密，所以有可能与某个首相发生过火冒三丈的激烈争论，数年后细节才得以披露。话说回来，也许没这可能。女王有其独特的方式来表示不赞成或是劝导她的臣僚们予以重新考虑。方法很简单，她只需要不断询问更多的相关信息。曾经有圣保罗大教堂的主教问她，如果首相做出令她不快的任命的话，她会做些什么。女王回答说："这不涉及宪法，但是我可能会一直表明我乐于了解更多信息。"这种方式更为温婉，有人也许会说女人味十足，但却屡试不爽。

2010年，女王巧妙干预了一场极具争议的房屋纠纷，可谓是一个典型例证。英国王室地产计划将伦敦的1 230所住宅出售给一家私营企业。这笔交易收益达2.5亿英镑，将帮助其改善在伦敦市中心的商业地产投资。此举让当地居民感到不满，他们担心住宅落入私人开发商之手，会面临租金上涨和被驱逐的局面。当地议员和各党派政务会委员都对这项计划持严厉批评态度。下议院发言人的妻子萨莉·伯科（Sally Bercow）在《卫报》上发表了一篇文章，"恳求"女王对其进行阻止。实际上，居民们类似的请求信件早已如洪水般涌向女王。但女王不能这么做，就像她不能出售王冠上的宝石一样。尽管王室地产名义上归女王所有，但实际上由财政部掌控，盈利也属于财政部，她如果试图干涉其经营策略，则极有可能引起围绕立宪的争吵。但事情发展至此，她自然不能袖手旁观。她令王室内库主管艾伦·里德爵士联系王室地产，向专员询问为何一定要在这个时候尽数出售这些住所，他们要用那笔钱来做什么。对方回答说，这笔钱计划投资摄政街，声称当时是投资的最佳时机。女王对此不以为然。她表示，目前正处于经济衰退期，恐怕并不是出售1 230所住宅的理想时机。正如她曾向圣保罗大教堂主教描述的那样，整个夏天，女王都利用这一策略：如果有疑问，那就继续提出更多问题。我们不知道双方对话的具体细节，也不清楚王室地产内部进行了怎样的讨论。但有一点众所周知：2010年10月出台了新政，宣布这些住宅不再以2.5亿英镑的价格出售给私人开发商，而是以1.5亿英镑的价格转让给了一家很有声望的住房协会——皮博迪信托基金会（Peabody Trust）。争议也随之消散，居民们安居乐业。王室地产主席发表声明称："每一个关心首都可负担住房未来的人都会对这一消息表示欢迎。"之前为此抗议的政客们也在互相鼓励加油。没有人想到去询问女王在这件事上的态度。为什么他们想不到呢？因为女王不可能参与任何政治事件。果真如此吗？

那么，女王是怎么看待她的首相们的呢？我们不可能发现任何蛛丝马迹,除非许多年后,未来的传记作者获准看到女王的日记。然而,吉姆·卡拉汉有另一种强有力的观察:"每位首相都认为女王对自己比对前任更为友好,但我确信事实并非如此。女王只是更公平公正了。"

显然,女王对待温斯顿·丘吉尔爵士总是有一种特殊的尊重,她怎么能不这样做呢?丘吉尔是她的第一任首相,也是她家族生活中的一个重要人物。1954年,王太后在给女王的信中提道:"能生活在他的任期中是何等的幸运——这才是真正的伟人。"1965年在丘吉尔的葬礼上,女王将地位等级置于一边,让丘吉尔的家人晚于君主到场却先于君主离开,在一场精心策划的国事活动中,这一细节虽小,却显得尤为重要。

丘吉尔迎接伊丽莎白二世

至于其他首相,很难否认戈弗雷·阿格纽爵士所说的那番话:"在女王眼中,他们都是一样的。"一些人明显感到与君主相处非常融洽。哈罗德·麦克米伦喜欢讲述1959年那个忙乱的皇家圣诞节之后,他在桑德灵汉姆撞见格洛斯特老公爵的情形。麦克米伦总爱回想的一段是,老公爵见到他惊呼道:"感谢上帝!你终于来了,首相先生。女王现在状态很不好。台球室有个叫琼斯的家伙想娶她的妹妹,而菲利普亲王正在图书馆，想把家族姓氏改为蒙巴顿。"①

另外一位认为自己与女王关系特殊的首相是哈罗德·威尔逊，他是女王当政后的第一位工党首相，曾经不厌其烦地对抗准改革派，捍卫王室财政。平心而论，威尔逊有充分理由认为他与女王之间有"特殊"纽带，不光是因为他在1975年曾将王室年俸增加了近50%。"哈罗德·威尔逊肯定会觉得自己十分受优待，"女王的前私人秘书威廉·赫塞尔廷爵士回忆道，"马丁·查特里斯（1972—1977年任女王私人秘书）曾告诉过他，女王称呼哈罗德·威尔逊为'哈罗德'，而把哈罗德·麦克米伦叫作'哈罗德叔叔'，我想他更喜欢成为'哈罗德'。"威尔逊一贯维护君主立宪制，无论何时，凡是其政党左派有想要缩减王室财政或动摇女王权威的行为，他都会采取行动。甚至在首相生涯的末期，他仍设法为君主效劳。早在1975年，他就已经做出决定，辞去首相职务。但是，直到1976年3月才公之于众，并且时间选择在与玛格丽特公主宣布与斯诺登勋爵离婚的同一个星期。作为首相，他肯定已经就离婚这个不愉快的决定参加过商议。公主将成为自亨利八世以来第一位离婚的王室高级成员。威尔逊辞职的消息势必会转移媒体对王室的大部分注意力。"我们原本计划等到星期五公主的孩子们从学校返回家中时，再宣布这个公告，"时任新闻秘书的罗恩·艾利森回忆此事时说道，"随后，就在那一星期的星期二，威尔逊走进来告诉女王，说他打算在那年的下半年辞职。"他这是有意在帮王室解围吗？"也许吧，"艾利森说，"乔·海恩斯（Joe Haines，威尔逊的新闻秘书）对此事了如指掌。"

至于女王与保守党首相爱德华·希思（执政期从1970年至1974年）之间的一种"特殊"融洽关系，却始终没人提起。当然，女王对他也是一样以礼相待，敬重有加。然而，政治以外，这位单身议员的

---

① 正如所述，玛格丽特公主于1960年5月嫁给了安东尼·阿姆斯特朗-琼斯（Antony Armstrong-Jones，后来被封为斯诺登伯爵），同年王室（尽管不是王朝）的姓氏也变更为了蒙巴顿-温莎（Mountbatten-Windsor）。

唯一爱好是音乐和帆船运动，这显然不是女王感兴趣的闲谈话题。政治上，希思支持新欧盟甚于英联邦，无论谁是联邦首脑，对此都很难满意。他也曾给过女王一些建议，但女王照此行事的结果却是抱憾终生。1971年在新加坡召开的英联邦联合大会前，关于南非问题的巨大分歧已经有所显露。希思觉得一个矛盾重重的高级会议无疑会让君主陷入一种尴尬的境地。"他（希思）认为这将是一场艰难的糟糕会议，女王不出席为好，"威廉·赫塞尔廷爵士说道，"但是我知道女王一直对此感到遗憾，所以后来她坚决拒绝缺席任何此类会议。"假如女王的父辈或儿女面对相同的情况，他们会如何应对呢？其实她原本可以参照一个貌似合理的立宪判例，忽视希思的建议。英联邦首脑会议上，女王不负责对她的16个首相（总理）提出的问题予以解释，只需对英联邦秘书长的疑问做出回应。但在这件事上，最终她还是照别人说的做了。

希思显然认为，在君主眼中，自己是个坦率的人。依据他的字典里关于"神秘莫测"的定义，可能是这样。后来他说："我主张将所有的事情都告诉女王。制定日程总是需要私人秘书的同意。女王把日程记在卡片上，放在旁边的桌子上，以确保完成所有条目。我觉得应该将其他的事情也告诉她。"这对于双方来说，都不是什么有趣的事。"我一点也不认为他喜欢觐见，"罗恩·艾利森说，"他也没能充分利用这一机会。这非常不明智。显然他们之间没有过闲谈，他是一个十分奇怪的人。"艾利森在进入王宫之前是英国广播公司的播音员，1970年大选前几天采访过保守党领袖。他发现希思一个人住在伦敦的一套公寓中，总爱摆弄一台电唱机。另一位前任大臣对本·平洛特回忆道："特德（爱德华·希思的昵称）很有心机，女王与他相处从未感到自在过。"

女王与她的第一位女首相玛格丽特·撒切尔之间的关系一直为众多的史学家所着迷。尽管常有轰动一时的小道消息称女王对撒切尔夫人在某些问题上的态度感到非常失望与惊愕，但双方还是表现出了牢固的相互尊重,正如一些主张自由市场改革的新保守党人士觉得王宫守卫单调乏味的贵族气派让人无法忍受一样,女王也许会对撒切尔夫人的某些政策保留个人意见,但是双方的前高级官员都坚定不移地持有一点共识,即双方都没想过要进行对抗。"我一直觉得那些传闻言过其实。撒切尔夫人的成就在世界上的影响一直深深吸引着女王,"80年代初期在唐宁街10号曾为撒切尔夫人工作过的查尔斯·安森说道,"女王或许为撒切尔夫人的某些言论感到无奈或惊愕,但这并不能改变她的观点,在她看来,撒切尔夫人身上有一种了不起的力量,不可忽视。而且,从宪法意义上讲,女王对首相的看法也不能过于武断。"同样,如果有哪个建议困扰到了女王,撒切尔夫人也会因此而大为震惊。作为回报,她不仅会把屈膝礼做得近似体操般标准,还会坚持在每星期觐见女王的时候早早到场,避免让女王久等。

如果有哪一方在威胁另一方的感觉,那事实证明是女王在积极向首相施压。威廉·赫塞尔廷回想起1979年英联邦高级会议时,罗得西亚(后改名为津巴布韦)这个受战乱影响的殖民地的未来被提上了议程。时任英国外交大臣的卡林顿勋爵(Lord Carrington)想出一个主意,试图说服大会,罗得西亚问题应该由英国而非英联邦来解决。但是,他首先要说服撒切尔夫人赞同他的策略。"那次女王帮助外交大臣促使撒切尔夫人接受了这一计划,"赫塞尔廷回忆道,"女王在安抚受撒切尔态度困扰的非洲领导人的问题上,也显得尤为成功。"①

1983年,当美国总统里根命令军队入侵独立的加勒比海岛国格林纳达时,却无人愿意向英联邦首脑——女王报告此事,对此,女王丝毫没有掩饰自己的愤怒。王宫向唐宁街10号大发雷霆,撒切尔夫人与里根总统的友善关系在此时显得无足轻重。格林纳达已经不再是英国的殖民地,而是一个独立的国家。时任英国驻美大使馆外交官的

---

① 卡林顿勋爵的策略效果明显,先是在伦敦兰卡斯特宫(Lancaster House)举行了制宪会议,然后宣布停火,随即津巴布韦独立。后来津巴布韦蜕变为独裁政权则是另一回事。

查尔斯·安森对此事记忆犹新。"美国人在入侵的最后阶段并没有与我们进行过多的商议。这件事进展得太迅速了。地中海地区的苏联海军甚至进入紧急战备状态,因为听说美国入侵了'格林纳达'"。

大约一年后,安森以女王新闻秘书的身份重返美国,此时女王与撒切尔夫人的对话已经悄然发生了变化。

"从另一个方面看,布莱顿爆炸案①发生时,我与女王正在美国肯塔基州。消息刚一传出,我们并不确定首相在爆炸中是否受了伤。我记得女王当时显得无比担忧,考虑是否立即返回英国。"明确得知撒切尔夫人安好后,两人随即进行了短暂的电话交谈,撒切尔夫人对此毫不在意,她对君主说的第一句话是:"您旅途愉快吗?"

连续在撒切尔夫人政府和梅杰政府担任大臣的赫德勋爵,曾跟随女王和撒切尔夫人在全世界进行访问。他说,尽管女王偶尔会因为撒切尔夫人在某件事上的强硬态度感到"好笑",但从未发现她们彼此之间有过一丁点敌意。撒切尔夫人当政期间,据说女王谈到她的首相时,喜欢假装绝望地说:"撒切尔夫人一个字也不听我的。"反过来,撒切尔夫人对一些王室作风同样感到困惑,尤其是对巴尔莫勒尔烧烤野餐后,女王要赤手清洗餐具这个习惯。一次苏格兰高地旅行之后,她送了女王一副洗碗手套。

撒切尔之后,女王的首相都是男性,她与他们打交道的方式显得更为直截了当。"我认为觐见女王要比想象中惬意得多,"约翰·梅杰爵士说,"会议总是很正式的,但气氛会很轻松。而且心事聊得越多,心情无疑会更为舒畅。但这可不是任何意义上的狎近。君主就是君主,首相也只是在行使他的公共职责。但女王总是把觐见的气氛拿捏得很轻松。这可以说是非常惬意的交流。"

帮助王室度过90年代低谷时期的是梅杰首相。梅杰也有其自身

---

① 1984年,在布莱顿召开保守党大会期间,爱尔兰共和军的一枚炸弹在首相下榻的宾馆内爆炸,导致5人死亡。

的问题,尤其是 1992 年的经济危机。"黑色星期三之前的几天,我一直在巴尔莫勒尔,当时其他国家的经济也陷入危机之中。"梅杰后来回忆道,"我记得与一位欧洲国家的总理就此进行商讨时,谈话进展得十分困难,因为有一个吹笛人演奏着风笛,不停地在外面的草坪上走来走去。那位总理一直在问:'这是什么声音?到底是从哪里来的?'"

在梅杰看来,他在唐宁街工作期间最美好的时光都是与女王一起度过的,尤其是在诺曼底海滩上举行的盟军诺曼底登陆 50 周年纪念活动。"当时女王在阿罗芒什(Arromanches)接受敬礼,官员们曾试图限制到场老兵的数量,但完全不可能。成千上万的老兵汇聚于此,这些白发苍苍的老人都参加过第二次世界大战并幸运地活了下来,他们都为最终取得的胜利而感到自豪不已。游行队伍长得见不到尾,我们当时甚至担心会被人潮淹没,但是女王始终屹立不动,直到最后一名士兵从她身边走过。这是我有生以来见过的最为动人的场景。简直太不可思议了,让人终生难忘。"

人们可能认为他们最了解女王与托尼·布莱尔的关系。那是因为那部名叫《女王》(The Queen)的电影正是以此为题材。王宫方面当然不会对此进行核实,甚至连女王是否看过这部影片也不得而知。托尼·布莱尔坚称他自己没有看过,他担心有些人对这部电影太当真了:"特别是在美国,我经常会听到有人对我说:'我非常喜欢你在电影中的表现。'"

所有首相中,谈到与君主会见的本质(尽管没言及任何内容),布莱尔是最为坦诚的一位,这一点在他的回忆录《旅程》一书中有所体现。回想起戴安娜王妃葬礼后的第一次觐见,他在书中写道:"我谈起应该从中吸取教训,当时语气可能有些过于谨慎。随后我就担心她会不会认为我在责备她或者觉得我很自以为是。在整个谈话过程中,她时不时地会表现出某种傲慢姿态;但到结束的时候,她自己说,必须吸取教训。这其实是她工作中的睿智所在,不断反思,通盘

1997年，女王与当时的英国首相托尼·布莱尔

考虑，而且善于应变。"

保守党执政18年之后，布莱尔代表的新工党势力得以确立，这对君主立宪制来说无疑是种挑战。新工党宣言包含自争取妇女选举权运动以来最为引人注目的一些宪法改革项目，尤其是废除上议院贵族的世袭制。布莱尔在他1997年党派大选宣言中明确提出："我们没有取代君主立宪制的计划。"对此声明，王宫方面也了然于心。那他到底在想什么呢？"我们并没有替代王室的计划，因此也没必要占用时间考虑此事。"布莱尔坐在位于伦敦中心新成立的托尼·布莱尔信仰基金会（Tony Blair Faith Foundation）办公室里说道。但回顾当初，他也承认自己明白为什么会有这样的担忧出现。"因为我们当时出台了许多变革措施，尤其是废除了上议院贵族的世袭制，所以才会有人产生这些担忧，认为我是个更为聪明的激进改革派。但事实上我并不是！"他觉得王室的部分焦虑只是因为缺乏了解。布莱尔在任反对党领袖期间就与威尔士亲王及他的团队彼此相熟，但和白金汉宫的女王办公室却是另一种状况："当时，我与查尔斯王子的关系比与其他任何王室成员都要亲密。"

尽管布莱尔本人从未对君主立宪制提出过批评，但他的一些内阁成员和普通议员却这么做过。在某些情况下，还会显得有一点青春期的叛逆，比如，1981年共和主义者日夜兼程横渡英吉利海峡到布伦（Boulogne）去"阻止"皇家婚礼。当时船上的人中就有未来工党的杰出人物哈丽雅特·哈曼（Harriet Harman）和曼德尔森勋爵。就连杰克·斯特劳这样的高级官员也在反对党阵营的同化下提倡对君主立宪制立即进行现代化改革。话虽这样说，但他们在职期间却都对王宫之行赞叹不已。杰克·斯特劳担任英国内政大臣时，甚至曾在一天早晨为主教的宣誓就职仪式穿上了晨礼服（他解释道："如果有着装标准，那就应该遵守。"）。

然而，对工党阵营中的许多人来说，废除上议院贵族的世袭制以后，废除君主的世袭制就是一个合乎情理的愿望。竞选一触即发时，有人曾在活动中打出一条夺人眼球的抢头条的标语："皇家游艇——'大不列颠号'将何去何从"。由此，王室也被牵扯到了其中，王宫的戒心也因此提高。保守党发誓要建造一艘新船，而工党则表示反对。道格拉斯·赫德甚至把整个情形描述为他供职以来保守党政府所犯下的最大错误。

1994年，约翰·梅杰的保守党政府宣布，已服役41年的皇家游艇将在它下一次大修时退役。大臣们宣称他们将集思广益，征集方案，建造接替的新船，但人们对此反应冷淡。针对最近出现的关于王室财政的争论以及国内的种种麻烦，女王和王室保持了沉默。

无论王室中每个人的想法如何，皇家游艇的问题确应由政府来处理。约翰·梅杰爵士在这件事上始终态度坚决："在90年代初期，王室度过了一段十分困难的时间，扪心自问：在经济衰退之中，英国人民面对经济困难之时，斥资5 000万英镑建造皇家私人用途的新游艇，会有几个人表示欢迎呢？媒体又会怎么报道此事？我还记得两年前我宣布重建温莎城堡时所引发的那场风暴。"同时他也认为，当初设计"大不列颠号"的目的是用于远洋航行，但那个时代已经过去了。航空出行早已宣告了"大不列颠号"的半失业状态。

但建造一艘新船的理由还是非常充分的。1951 年，当建造"大不列颠号"的计划宣布时，初衷是将其设计为一艘两用船只——王室住所和战时医务船。而后一个功用从未得以认真考虑。无论船身两侧的红十字再怎么引人注目，没有直升机停机坪，"大不列颠号"就永远不能成为真正的医务船，而它的皇家身份反而会成为被攻击的目标。此后，它又在和平时期发展出了一个重要的角色，即促进贸易的平台。因此，不管哪次出行，它用在商业活动上的时间都比其皇家职责要多。"大不列颠号"上不一定都是王室成员。如果一个英国商务代表团邀请一群华尔街巨头在纽约会议室用商务早餐，那到场者肯定会寥寥无几。谁愿意跑去一家酒店吃自助餐呢？但如果把相同的客人邀请到皇家游艇餐厅吃同样的饭菜，那一定会如意料之中的高朋满座、无一缺席。同样，如果一位英国驻海湾地区的大使邀请他最重要的社会关系到皇家游艇上畅饮——关键是其配偶也在邀请之列，那他一定会立刻成为全城最受欢迎的外交官。

1993 年，位于印度的英国公司接到通知，"大不列颠号"将在孟买退役，届时欢迎任何准备与之签署契约的公司邀请印方相关人士登船，参加在女王的客厅中进行的签字仪式。方圆 1 000 英里没有任何王室成员，但皇家风范仍然十足。多年无人问津的交易突然重获新生。针对附属细则的持久不休的争论出乎意料地让位给了积极的建设性对话。某些法律上的细微分歧也立刻得以解决。赫德勋爵回忆道："成群结队的百万富翁来到船上签约，踩得皇家游艇在孟买港中'直打晃'。"仪式结束时，合约总价已经高达 11 亿英镑。"有一次我和威尔士亲王到科威特展示私营化模式时也遇到过一次类似事件。"赫德勋爵继续回忆道，"当时船上到处都是人，他们享用了丰盛的午餐，边签合约边低声交谈。那可是非常珍贵的附带品。"在一次旅行中，海军上将、"大不列颠号"的船长罗伯特·伍达德爵士（Sir Robert Woodard）受到了来自中英格兰西部一位实业家的热烈拥抱，这位实业家在加勒比海上举行的"大不列颠号"招待会刚结束，就卖出了总价为150万英镑的香肠加工机。

游艇每年1100万英镑的运营费用一直饱受诟病，而上述这些活动正是对此强有力的驳斥。

约翰·梅杰爵士说，他研究了所有相关的商业观点。"我们当时讨论审核了各种不同的方案。皇家游艇作为一艘贸易商船仍有很高的威望。而一旦进行更深层次的调查，就很难发现足够理想的例子。如果可以，从个人角度讲，我想留下它吗？当然。但此类事情需要讲求实效，我觉得这样的决定对特殊时期的王室不会有什么帮助。要是既能留住它，经济上又切实可行，并且不会冒给王室带来更多挫败和不幸的风险，我们当然希望那样去做。"

皇家游艇存在的首要目的不是经济用途。尽管"大不列颠号"无疑会为君主出国访问提供安全的住所，但那个古老陈旧、似能解释一切的"安全"借口也不是它留下来的理由。保留皇家游艇的呼声更多来自政治与情感。许多人认为，英国作为一个海上岛国，应该拥有一艘国家王牌旗舰，尤其是一艘全世界都知晓的旗舰。"大不列颠号的出色之处在于它突出的影响力，而非权力。"一位前高级驻外大使说道，"而现在影响力就是竞争力。"

赫德勋爵认为，与女王及菲利普亲王进行远洋访问是他整个外交大臣生涯中"最为惬意"的时刻。"女王在船上强调了一个事实，即王室是与众不同的，跟首相并不一样。"他说道，"我与玛格丽特·撒切尔及约翰·梅杰一同出行过多次，但多是住在宾馆。那感觉当然不同。'大不列颠号'有种魔力，并不是说它富丽堂皇——因为它本来就不是艘宏伟壮观的船，而是朴素得恰到好处，让人印象非常深刻，而是因为这也是女王的家。"

但是，"大不列颠号"也有反对者。议员中，大部分工党成员以及一部分保守党成员认为它既昂贵又不合时宜，令人为难。财政大臣诺曼·拉蒙特（Norman Lamont）可以轻易找来购买新船所需的

6 000万英镑，但他不想向政府其他部门就此提出特别请求。财政部官员从来都不是浪漫型的，必然不会喜欢他们的账目中出现异常情况。国防部来自陆海空三军的高级官员们均对皇家游艇的特殊地位耿耿于怀。而首相约翰·梅杰还有很多更重要的事情需要考虑，因此他把这个问题搁在了一边，直到 1997 年大选临近。距选举还剩不到四个月时，国防大臣迈克尔·波蒂略（Michael Portillo）突然提出一项新政策，并在眼看将近失败的时候设法得到了疲惫不堪的内阁的批准。"如果再度当选，保守党便会建造一艘新的皇家游艇。"但是波蒂略遗漏了一项至关重要的处理王室问题的惯例。他没有与工党反对派就此计划进行沟通。结果是，工党竞选者有充分的权利反对这项新政策，他们也确实这么做了。这艘受人爱戴的皇家游艇如今成了烫手的政治问题。连日来，像约翰·普雷斯科特（John Prescott）一样的老派工党政治家，通过宣扬皇家游艇不过是百万富翁的玩具，应该报废等等，扭转了不利局面。而当年"大不列颠号"就是工党首相克莱门特·艾德礼（Clement Attlee）授权投入使用的这一事实却无人提及。

数年后，爱丁堡公爵向盖尔斯·布兰德雷思评述说："艾德礼当时做得很正确。他带领反对党支持此事。"而对 1997 年保守党采取的策略，公爵基本不为所动："梅杰被拉蒙特阻止，没让反对党参与支持。随后波蒂略介入此事，招来一顿臭骂。简直就是白痴。"

赫德勋爵认为自己对此也负有一些责任。"我心中有些自责，作为外交大臣，我本应核实确认布莱尔和罗宾·库克（Robin Cook）等反对派成员都体验过'大不列颠号'并知道其意义所在。但其实他们没有。没人问过他们关于船上的事情。这便是错误所在，因为对整个国家来说他们浪费了一笔巨额资产。他们没有体验过这艘船，也就无从知晓这艘船的价值所在，更不明白它为何在世界上是独一无二的。"

他主动承担责任是合乎情理的。最终结果表明，工党以绝对优势在 1997 年 5 月的大选中取得胜利后，一切都变得不同了。"我告诉你吧，"托尼·布莱尔低声说道，"我并不想废弃它（'大不列颠号'）。

在我们同意其退役后，我曾登上过这艘船，踏上船的那一刻我就想：
'这样做真是犯下了一个错误。'当时是查尔斯王子带我到船上四处参
观了一下，我知道他在想：'瞧你干的好事。'"新政府执政，到处洋
溢着蓄势待发的改革能量，因此，布莱尔没有时间为"大不列颠号"
这种有些古怪的事情分心走神。除此之外，戈登·布朗的财政部顾问
也迫不及待地要把这艘游艇一劳永逸地彻底解决。"我没有让布朗这
么做，"布莱尔说，"但财政部一直在讲'这简直是荒谬'之类的。"
最能说明问题的是，他还补充说，女王从未跟他提起过这个问题，一
次也没有。

　　撇开政治不谈，菲利普亲王仍然坚决表示游艇不需要更换。"应该
换掉它的蒸汽涡轮机，装上内燃机。"在为庆祝他 90 岁生日录制的一
部电视纪录片中，他说道，"它的发动机声音仍然像铃声一般清脆，还
可以继续工作 50 年。"但结果是，在新政府手中它仅仅工作了 7 个月
就退役了。

　　"大不列颠号"的最后一次世界旅行，是送威尔士亲王参加中国
对香港恢复行使主权的仪式，它为英国带来了尊严。返程后，王室在
1997 年 12 月齐聚朴茨茅斯，为它举行退役仪式。那天，不只是女王
一人泪流满面。皇家游艇并不只是皇家的交通工具，它更是一个家，
充满了王室成员童年的回忆以及家族值得纪念的事物——菲利普亲王
收集的浮木和各种罕见的小饰品，以及那些在白金汉宫或温莎城堡抑
或是其他地方都不好存放的小礼物。"大不列颠号"上有女王非常喜
爱的铜质咖啡桌，那是她在赞比亚时收到的礼物，还有一套原装的
"G Plan"家具。环境氛围如同一幢袖珍的乡间别墅，风格质朴又独
具特色。舰船工程师甚至专门设计了皇家观光甲板，以在强风来袭时
向下通风。这样的话，王室女性成员就不会遭遇玛丽莲·梦露那样经
典的尴尬时刻。

　　最终，在 1998 年 4 月，官方宣布"大不列颠号"将会拖至苏格
兰的利兹港作为观光景点。时至今日，它仍然在慈善基金会的管理下

留在此处。

也许,"大不列颠号"内在的问题是它的出色工作都在海外完成,为它支付费用的纳税人对此关注不到。直到今天,全世界仍然因为女王失去了她的海上住宅而困惑不已。"我希望英国政府能够将那艘船还给女王,"马尔代夫总统纳希德说道,"让那艘船退役的想法简直太疯狂了。"他甚至还半开玩笑地提出一个英联邦解决方案:"我认为我们应该为皇家游艇共同出钱。"然而,在英国国内,"大不列颠号"却始终与王室假日紧密联系在一起——考斯帆船周(Cowes Week)、每年的苏格兰巡游以及偶尔的皇家蜜月。也许一开始称它为"皇家游艇"就是一个错误。对许多人而言,"游艇"一词意味着太多闲暇和愉快,总能让人联想起豪华大饭店、黄金水龙头和地中海美食。

或许,这一切都要进入倒计时阶段了。在王室财政处于战后低谷时期,"大不列颠号"要么被整修,要么被替换。如果有人晚几年提出废弃它的建议,可能什么都不会发生。布莱尔承认:"要是这件事在我执政后五年再出现,我的回答可能会是:'不!'"但不管怎样,"大不列颠号"是"古老"英国的象征。而新纪元和新世纪都需要新的象征取而代之。

两年之后,在1999年的最后一个晚上,布莱尔邀请女王宣布一份大胆的新声明,这份声明阐述了"新"英国概念,包括英国的价值观以及英国在全球的地位。伦敦千禧穹顶的造价是一艘新皇家游艇的12倍以上。在百叶窗安装完成和风滚草铺设完毕之前,这项工程已持续了一年之久。多年以后,这里重新开放,成为一个出色的演唱会场地。但是它从未售出过一台香肠加工机。

布莱尔政府执政的最初几年是女王当政以来最为动荡的时期。四个月里,新首相发现自己帮助王室度过了戴安娜王妃去世后的那段躁动不安的日子。正如一个新工党政府成员回忆的那样:"在面对重大危机时,他们的关系比自身所能预想的要更亲近。虽然最终人们还是要回到关于他们的话题上来,但他们对此都有点惊讶。"

"新工党没有任何理由需要对王室示好,"玛丽·弗朗西斯说,"但在那个时候,托尼·布莱尔认识到要支持王室并坚持到底,因为事情在他眼皮底下不可收拾对谁都不利。"

一个月后,女王对印度进行国事访问。她的新任外交大臣罗宾·库克不明智的言论使之变成了一系列尴尬的外交冷落事件。赴印度前一星期,库克曾随女王出访巴基斯坦,他无意中透露自己支持克什米尔地区的领土争端通过国际途径解决。巴基斯坦对此兴奋不已,但印度方面根本不想如此,故而十分愤怒。

结果,女王抵达新德里时,迎接她的只有媒体无端的谩骂。在她到达的前夜,印度总理还曾将女王描述成"三流国家"的领导人。原本在城里等待陪同女王巡行的英国皇家海军陆战队乐队也突然收到了邀请取消的通知,不能参加为女王而设的接待会。从一开始外交气氛就极为糟糕。当英国媒体将责任完全归咎于库克时,他采取了不同寻常的手段。他请求女王的私人秘书罗伯特·费洛斯爵士发表声明说女王"对外交大臣的建议十分满意"。

由于女王一直是依据大臣们的意见行事,所以费洛斯别无选择。然而,像肯尼思·罗斯指出的那样,这件事开了一个危险的先例。如果君主可以受迫于某位大臣,为其说话,那么如果她不再对他"十分满意"时,又能说什么呢?

仅仅五个月之后,另一件事再次证明人们对古老宪政传统的漫不经心。一位议员发起运动,试图将性别平等引入王位继承序列(联合政府副首相尼克·克莱格在13年后想尝试类似的事情,刚好是在剑桥公爵夫妇婚礼之前),政府决定对此表示支持。在悠久的王位继承法则中,王室的男嗣自动排在王室女嗣之前,但当韦斯顿的阿彻勋爵(Lord Archer)将这项议案带到上议院予以介绍后,这条法则似乎已岌岌可危。内政大臣、莫斯廷(Mostyn)的威廉斯勋爵在议会宣称已与女王就此事进行了商议,女王表示"不反对"。但保守党议员中传来一阵骚动。议会程序的权威宝典《厄斯金·梅议事惯例》早已明文规定，不应透露君主的观点，更不用说利用君主观点去影响任何争论了。如果人们知道了女王对某项议案的观点，像目前情况一样，他们也许还想知道她对另一项议案怎么看。这时就要及时召集一个专门委员会，对是否有滥用宪法的情况进行调查。在本次事件中，威廉斯勋爵最终免于重责，但政府认为这绝不能成为某种先例（换言之，"这种事情不能再次发生"）。不久之后，王位继承议案便悄无声息地夭折了。

这些事件虽说哪个也无法动摇王位，但多少体现出政府工作的不同思维模式。王室自然不能期待一些陈旧的习俗与惯例稳固如初，不会受到质疑。担任重大皇家活动设计师将近20年的马尔科姆·罗斯爵士清楚地记得新工党上台之初一次国事活动中的情绪变化。像往常一样，英王四十侍卫团（君主"最贴身"的卫士）头戴羽饰头盔，身着19世纪的制服，正在集合接受检阅。但是，在新任外交大臣那里，他们的影响力却不复存在。罗斯饶有兴致地回忆道："罗宾·库克入场时，卫队士兵也在继续前进。突然，传来库克一贯的大嗓门：'这些奇葩的老男人是谁？'"

文化上的冲突也如期而至。女王的高级顾问真正关心的是工党的宪政改革计划，尤其是新苏格兰议会的设立和废除上议院贵族世袭制的提议。建议本身并不是问题。一个压倒一切的政党在大选宣言中提出的政策，往往都已经过深思熟虑。女王的官员们所面临的最大问题是，如何以最好的方法确保王室超然于这些问题之外。上议院的改革是明显的障碍。"我不知道女王对这个问题的个人意见是什么，"玛丽·弗朗西斯说，"但王室十分清楚眼前即将要发生的事情。至关重要的是要清楚表明，君主立宪制决非依赖于世袭贵族，我们不得不把上议院的贵族世袭制原则和王室的世袭制原则区分开来。"这一任务并没有得到保皇党评论员的帮助，因为他们在报道中一直坚称，废除上议院的伯爵和公爵就会威胁到王室本身。

玛丽·弗朗西斯和她的同僚们会感激来自像《每日电讯报》的这

种所谓忠诚支持吗?"不会的,"她笑着说道,"我们不想别人那样为我们辩护。君主立宪制的运行不应该有那些虚的东西,关键是要确保除此之外人们没有其他想法。"

托尼·布莱尔有同样的顾虑。"有人会说:'如果你打算破坏世袭制原则,这仅仅是很小的一步。'"他回忆道,"但我认为这不是一小步,而是完全不同的问题。"但向女王阐明自己的观点时他务必要小心谨慎。"我曾与女王谈过这一问题。我当时的意思是,我是现代观点的典型代表。老实说,如果法律依据'出身'而定,那么我无法对其进行辩护。我做不到这一点。除此之外,法律还给了保守党在议会上永久的多数席位。但王室问题与此截然不同。"

实际上,王宫和政府将王室与"上等有钱人"划清界限的努力收效很好,从上议院中去除一半的世袭贵族对君主立宪制并没有造成附带的损害。① 我们不会知道女王的真实想法。但一些前高级大臣认为,议会取消世袭贵族席位对王室来说其实是莫大的福音。因为如此一来,世袭制这一话题就不再是公开的政治痛处了。

对于玛丽·弗朗西斯和她的同僚们而言,还有一件同样危险的争论需要规避。布莱尔和他的大臣们计划组建新的苏格兰议会和威尔士议会。无论结果如何,女王关心的首要问题是确保王室置身事外,不卷入任何关于国家认同的纷争。"人们总是愿意花大把时间琢磨:这些事情对女王本身和她在这个国家的整体角色有多大影响?不能说他们对此忧心忡忡,但他们无疑想确定自己的看法是对的。"弗朗西斯回忆道。当政府中的王室代表为此在各团体间奔走运作时,弗朗西斯仍一丝不苟地保持中立。"并没有倾向表明需要对其提出任何质疑。"

---

① 但上议院并非取消了所有的世袭贵族。为避免议会游击战,在最后一分钟的交涉中,政府同意继续保留 92 名贵族议员,直到进一步改革为止。同时上议院女王的两个世袭官职也得以留任,分别是纹章院院长(这一职位由世袭的诺福克公爵担任)和掌礼大臣(一般由乔姆利侯爵担任)。但两者都属于礼仪性职位,并不参与政事。

广泛出现的公众热议都在关注新立法机构的象征和仪式。谁会出席活动？著名的苏格兰民族主义者肖恩·康纳利（Sean Connery）会到场吗？而对这一事件的重大宪政改革性质，却并没有多少公众发表意见。实际上，女王的权力是降低了。她拥有宪法赋予她的任免英国首相的权力，但对于首位苏格兰政府首脑是谁，她只能从苏格兰议会主席（或发言人）递给她盘子时才知道。

托尼·布莱尔不会提及当时的细节，但可以确定的是他一定组织了"很多讨论"，不仅和女王，还和女王的私人秘书以及威尔士亲王。尽管王室并没有向政府发起挑战，但仍需一个协商过程。"他们并没有说'我们不同意你的观点'，只是对此事阐述了他们的思考。我认为这不仅恰当，而且很有帮助，"布莱尔说，"他们担心分权的下一步可能就是独立，对此我很认同。对于女王而言，如果在她执政期间英国出现分裂，那绝不是什么光彩之事。所以我得阐释自己在这件事上的想法，如果不在英国国内采取这一折中方案，那在某个时刻就真会发现迈向独立的步伐已经势不可挡。结果证明，这件事并没有发生，实际上，我认为是金融危机取代了问题出现的严重可能性。对那件事，我还是跟大家说，这种担忧完全合乎情理。"在这次讨论后不久，苏格兰民族党便在2011年苏格兰议会选举中获得绝对多数席位，前面的担忧无疑变得更加合理。据报道，女王要求首相戴维·卡梅伦就此事进行特别汇报。无论独立的苏格兰是否保留君主立宪制，英国任何意义上的分裂都会给君主带来巨大的立宪挑战。

考虑到民意调查中政党的授权问题，工党中一些年轻成员认为是时候提出质疑了，或许还能废除他们认为已经过时的虚夸和恭维。有这种情绪的人并非只限于政治精英。在事务官当中，很多激进的年轻人也觉得这是少有的能彻底清除诸多陈旧传统的机会。所以，当工党在2001年的选举中再度获胜，议会和王室开始着手筹备议会开幕大典时，一些相关人员便提议改革典礼形式。"为什么她不能乘车来呢？"有人问道。还有的好奇为什么女王一定要在非民选的上议院发表讲话呢？难道不能到威斯敏斯特议会大厅对两院演讲吗？托尼·布莱尔坚称，尽管他的顾问们对国民生活其他方面的现代化改革热情高涨，但这些建议绝非来自他们。"讽刺的是，这不是我们干的。当今也根本没什么阿拉斯泰尔·坎贝尔（曾任工党新闻秘书）们，他们对此其实并不在乎。是事务官中那些铤而走险的人突然想道：'现在是工党执政，看在上帝的份上，如果你们没准备好跟所有关于君主立宪制的虚夸进行较量，那么……'除去媒体一直报道的内容之外，我的态度非常明确。女王讲话是重大事件。为什么非要她在两处同时出现呢？这简直荒谬至极。另外，她每回都是乘坐马车到这儿，这一镜头已经传播到了全世界！"布莱尔说他不得不与这些干涉者一再划清界限："总是听到一些年轻的事务官对此事进行议论，每每我都会说：'不。我有更重要的事情要考虑，再说，我觉得现在这样挺好。'"

他承认，他的官员们将女王演讲的文本做了太多不必要的政治化润色，让君主说出的都是一些不合时宜的官僚术语，在她70岁的时候这么说尚情有可原。"可怜的女王宣读的总是'新工党'之类的无聊废话。我曾表示：'我已经听够了，不会再让它出现。'每当听见'新工党，新英国'之词，我都很尴尬！"

即便如此，这种现代化氛围还是令女王的一些代表感到紧张不安。诺福克公爵既是世袭英国纹章院院长，也是威斯敏斯特教堂国事活动的组织者，被授权对运行程序进行各种微调，还将英国皇家仪仗队的长度稍稍缩短了一些。因此，一些像西尔弗（Silver）侍官（皇家骑兵高级军官）这样的常驻人物突然发现仪仗队里没有了自己的位置。

总体说来，在新工党执政期内，王室与政府之间的关系虽充满变数，但仍可称得上诚恳得体；偶尔发生一些磕碰牵绊，却不存在长期的紧张状况。从这方面来讲，王室与撒切尔夫人领导下的激进改革的政府之间的关系与此并没什么两样。这绝非单向努力使然。2003年夏天的一个晚上，托尼·布莱尔拉开了改组内阁的帷幕，议会两院的政客们都震惊不已。他宣布了对司法机构的重大调整，包括废除司法体制中的最高职位——上议院议长。上议院议长无疑是一个极具影响力的人物。他负责管理法官，充当上议院发言人，同时兼任内阁成员。因此，他在司法、立法和国家行政机构三个阵营中都有所涉足。这一体制自诺曼人入侵以来一直运行良好，但此刻新工党的现代化进程却要将其扫地出门。

迄今为止，女王的官员们对以前的感觉更为确定。自戴安娜王妃仙逝到2002年金禧庆典，重振王室信心用了六年时间。现在正是王室有资格正视政府，与其摊牌的恰当时机。毕竟，女王完全有权这么做。更何况，除去要协调整个司法体系运行，上议院议长还是特殊五人组中的一位，享有裁决君主是否英明、是否适合执政、是否有必要采取摄政的权力。女王在行使很多职权时都要会见他（议长从未由女性担任），他也应如期到场。当年杰克·斯特劳刚刚就任大法官第二天，皇家礼服设计师伊德（Ede）和雷文斯克罗夫特（Ravenscroft）就来拜访，要为其量身定做宫廷服和鞋子。当他们即时拿出一套半成品服装时，斯特劳更是惊讶不已。"他们竟然早就跟我的裁缝联系，拿到我的尺寸了！"斯特劳说。此外，关键的是，上议院议长还拥有英国最富趣味的头衔之一。他一上任便自动成为"皇家良心保管者"。正如女王的一位顾问所说："政府要废除女王的'良心'。这简直骇人听闻。没人与女王就此进行商议，我觉得也没人认真地把这件事想清楚。"

这位"皇家良心保管者"还曾经代替国王为"婴儿、白痴和精神病人……以及英国所有的慈善用途"行使职权。如今，他的工作还包括处理涉及牧师的微妙问题。回想起来，未经与女王商议就决定废除一个与王室关系很深的古老部门实在太不同寻常，毕竟这是女王的宪法权利之一。我们不得不从一系列关联事件中获得信息，但王官方面的消息人士已经很清楚，女王对此坚决反对。六年后，最后一位议长欧文勋爵（Lord Irvine）离职时，透露了当年给上议院专门委员会的一项声明内容："我问他（托尼·布莱尔），在事先未与我、司法部……以及王室进行商议的情况下，是如何做出这个重大决定的。首相面露难色地说道,因为担心走漏消息,此类改革政策在宣布执行前都不得不禁止讨论。"但托尼·布莱尔的回忆稍有不同。"也许当时的压力比我意识到的要大。也许是有此顾虑,"他说,"但我的观点很简单,我对所有人都不停地谈及此事。事实上,议长的部门成员有一万人,我需要他在这个部门发挥作用。"最终,王室占了上风。司法制度的重大调整开始着手进行,但是议长的职位逃过一劫。女王设法保留了这个保管她"良心"的人。

2007年,托尼·布莱尔向他在唐宁街11号的邻居移交了权力。在过去的几年里,戈登·布朗入主唐宁街10号,可能预示着政府与王室之间的对话将更富挑战性。理论上,布朗无疑是女王当政期内最为左倾的首相。他的政治英雄包括奥利弗·克伦威尔(Oliver Cromwell)和詹姆斯·马克斯顿(James Maxton),他们是战争过渡年代中"红色克莱德"(Red Clydeside)反政府运动的支持者(布朗在他的传记中写到)。布朗一直对正式国事活动明确表示反感,只要有可能,他就会避开需要打领带出席的国宴和任何可能强迫他穿上苏格兰短褶裙的场合。必须到场时,他也会身穿西服出现,从不把着装要求当回事。然而,当他掌权,他与王室的关系便显得轻松从容起来。这一届内阁中仍然会有某些奇怪姿态带有无故的现代化味道,令王宫中的某些人感到紧张不安,尤其是决定放弃使用皇家盾徽作为英国最高法院的象征。新的最高法院成立于2009年,取而代之的是花卉标识。到目前为止,新工党对于他们的宪政改革已经大体上心满意足,在就职后的大部分时间里,布朗有更为紧迫的问题要应对,比如全球性经济动荡。作为首相,他尽职尽责地出席了所有适当的活动,为了女王,他也愿意穿上全套礼服(但他仍设法躲避短褶裙)。实际上,他和爱丁堡公爵在年轻的时候就建立了一个似乎不太可能的同盟。1972年,爱丁堡大学的学生们推选布朗为他们的主席(大学管理会主席)。根据传统,这在很大程度上是一个无比光荣的职务,往往由名人或杰出的苏格兰人担任。布朗不仅是第一个被推选任此职务的学生,而且是历史上最年轻的主席。学校高层有些不安,但爱丁堡大学校长爱丁堡公爵却并不担心。"毫无疑问,当时坐在裁决席上的学者或者专业人士没有一个希望我来主持这样一个大学理事团体,"布朗在 2008 年时回忆道,"只有一个人给予了我巨大的鼓励和支持,并对学生们希望有人在那里代表自己的利益表示认同,这个人就是爱丁堡公爵。"

布朗在其十年财政大臣的任期内就已经开始了解女王,并对偶尔在王宫中举行的觐见活动颇为赞赏。提到对女王的印象,他是首相中把"不苟言笑"这个词挂在嘴边最多的人。但他也发现,与君主的对话中有很多率性时刻。财政大臣任期内,布朗就曾表示:"人们没有料到的事情之一就是女王很有幽默感——他们大多认为女王不该如此。但实际情况是,她谈起事情时会把自己和我都逗笑。她也总是打破砂锅问到底。"

然而,有一个问题女王因太讲究策略而无法问及,即 2010 年夏末到期的王室年俸安排。就像"大不列颠号"一样,这也涉及王室的切身利益。布朗并没有急于给出答案。但赤裸裸的事实摆在面前:如果不采取什么措施的话,王室财政很快就会出现赤字。王宫的会计师和财政部官员几个月来一直在进行建设性对话,计划利用部分公有财产利润来为整个机构提供资金支持。但不论哪种解决途径,都不可避免地要经过议会批准,而且在此之前势必会引起相关政界和媒体的激烈讨论。最终,布朗决定将此议题搁置到 2010 年大选之后再解决,因此,所有商讨都暂告一段落。这样一来,也许会轮到下一任首相决定此事,事实也确实如此。

戴维·卡梅伦是女王的第 12 位首相,也是第一位跟女王沾亲的首相,虽然关系远得有点八竿子打不着。作为威廉四世当年一段婚外情的曾曾曾曾曾孙,他得算作女王第五房表亲的孙辈。他自己甚至都不知道这一渊源,直到他成为保守党党首之后,系谱专家们才追根溯源地挖出了这层继承关系。他小时候会不时见到女王,但不是以远亲身份,而是因为他是爱德华王子预科学校的同窗。女王也许会认为,早在半个世纪前的 1964 年，当亚历克·道格拉斯-霍姆爵士竞选落败后，就是她最后一次跟老伊顿公学走出来的首相说再见了。卡梅伦和每位首相一样，对女王的直觉和从全球到地方性事件的把握能力钦佩不已。"她总是紧跟时事、观点犀利，"他说，"并总在会见刚到任的驻英大使或者刚离任的英国驻外使臣。"

无论政治窘境令他感到多么困惑，卡梅伦都记得对面椅子上这位君主的丰富经验。他承认："在这一体制的整个发展过程中，你很清楚自己已经是女王的第 12 位首相。"

卡梅伦就任几周后，布朗遗留下来的皇家财政问题就浮出了水面。王室年俸的十年计划在大选后约一个月内面临期满。卡梅伦和他的财政大臣乔治·奥斯本没有回避这一事件。他们倾向抽取公共财产利润给予支持的方案，但同时也准备宣布要在这代人中进行最大程度的公共支出削减。因此，他们决定先保留现有的王室年俸款项安排，直到女王登基 60 周年庆典之后，到那时，新的王室拨款细目也已经过讨论得以出台。卡梅伦把这看作对王室很重要的一项长期决议。"这确实是一次进行适当改革的机会。"他说。这一直以来是个敏感的政治话题。不论皇家财政如何安排，总会是万无一失的新闻头条。

在任期的前几年中，先是一场大型的王室婚礼，随后就是女王登基 60 周年庆典活动，接二连三地落在他的头上，卡梅伦与王室的最初接触要比约翰·梅杰和托尼·布莱尔快乐得多。他的联邦政府伙伴，自由民主党领导人尼克·克莱格给了王室一个突然袭击，要求修改继承法，就像 13 年前莫斯廷的威廉斯勋爵一样。克莱格认同瑞典式制度，即不论性别，由年长的孩子继承王位，这一提议在民意调查中得到了一如既往的广泛支持。王室是在女王领导下才兴盛起来的，尤其是维多利亚女王和伊丽莎白女王时期，而为男性继承人辩护的声音却很微弱。但是继承规则的改变不仅需要女王管辖范围内 16 个属地国家议会的一致同意，还会引起专门针对《王位继承法》的又一争论，这一法案剥夺了罗马天主教徒或是与罗马天主教徒联姻者继位的权利。对于一些天主教徒来说，这是赤裸裸的歧视与侵犯，但这同时也和英国宪法决议的法律基础密切相关，包括英国建国的根基《联合法案》。瓦解一项法案的结果可能是将所有其他法案暴露给对君主立宪制不太赞成的政客们进行调整。因而，迄今为止，还没有哪个左派或者右派的政治家有时间或者倾向于着手进行此事，这在政治上来说，就类似于想治感冒却开了心脏病的处方。

* * *

在女王与首相的相处过程中，王室内府有一个极其重要的人物一直为她提供建议，那就是她的私人秘书。他的级别可能处于宫务大臣之下，也不像高级侍女那样亲近女王，但他的办公室却是君主与外界联系的主要途径。他是守卫者、甄选者、计时员、防卫者，也是女王获取建议的第一站。他必须积极主动且反应敏捷，能够更好地预判危机而不是被动应对。同时他还必须有全球性思维，因为他是管辖16个国家的女王的私人秘书。如果伯利兹或者澳大利亚总理需要和女王进行紧急磋商，那么一切都要通过私人秘书来完成。因此在任何时候他都必须分身有术：他可能是私人秘书、副私人秘书和助理私人秘书三个角色中的任何一个。那段时间时刻听候的人就被称为私人秘书。王室头衔打最初设计时就不直截了当。所以他有时候会变成"她"，尽管私人秘书办公室还从未有女性担任过此高职。"私人秘书任务的核心，"弗农·博格达诺教授写道："是保证君主立宪制的有效运行。"戴维·卡梅伦（博格达诺在牛津曾教过他）解释说，在首相每星期的觐见之前，他的常务秘书会先和女王的私人秘书进行一次沟通。"他们往往递来一份议事日程，然后说：'你要涵盖这些要点。'女王通常会在她的身旁也放这样一张纸。但是我们也会岔到别的话题上，"卡梅伦说，"觐见之后我一般都去找她的私人秘书聊一聊，在他办公室喝上一杯，如果有意见一致的地方，我会明确告诉他。"

但不是所有首相都采取学院派的观点。吉姆·卡拉汉可能是保密性原则最谨慎的遵守者之一。他在第一次觐见结束后,找到女王精明能干的私人秘书马丁·查特里斯,查特里斯主动递给他一杯威士忌,想坐下来聊聊,但他都一一婉拒了,表示他不喝酒,而且不会和任何人谈论会见内容,即使是女王的私人秘书也不行。

然而,托尼·布莱尔却一直很感激私人秘书这一聪慧的中间人角色。"这个制度最大的优点就是,要见女王之前或者偶尔在觐见之后,你可以和她的私人秘书坐下来聊上半个小时,"他回想道,"大多数时间与我共事的是罗宾·詹弗林,他对我非常友好,我也很了解他。最大的好处在于私人秘书会提醒你,他可能会跟你说些女王不方便表达的东西。我记得和罗宾讨论议长职位的去留问题时,我解释个中缘由,我认为他大致明白了我的意图。这样他就可以从他的角度说:'你看,这么做的原因是……'"

就像政治历史学家哈罗德·拉斯基(Harold Laski)曾经解释的那样,私人秘书"必须无所不知……必须时刻准备对任何事情给出建议。他了解成百上千的秘密,但必须搞清楚哪些可以公之于众,哪些要他继续保持缄默"。负责化解对君主不利言论的人也是私人秘书,必要的话还要自己承担。如果某次会见出现问题或一些人觉得本应受到重视的事情被王室忽略了,那么私人秘书要首先承担责任。1996年,女王在波兰议会的演讲中忘记提及有关大屠杀的一些重要细节,她的私人秘书罗伯特·费洛斯爵士在被媒体团团围住时举手认错,说:"是我的错,你们就报道全都是我的过错。"(实际是因为打印机装错了纸张,关键的一段没有出现在页面上,也没人注意到这一细节。)

私人秘书另一项重要的任务就是保护君主不受接近她的人的伤害。玛丽·弗朗西斯回忆起这样几个例子:"总有一些人试图给私人秘书办公室找麻烦,想让女王听他们抱怨一些事情,同时又不理解有些事情也许女王也无能为力。"皇家私人秘书的典型形象是做事十二分谨慎、保护欲极强、一本正经的看守者,永远需要揣测解读君主那些奇思妙想。如果有候选人具备以上品质，那过不了多久就会成为私人秘书。魅力、直觉、幽默、思想开阔也至关重要。还可能会有点小怪癖，像弗雷德里克·庞森比爵士（Sir Frederick Ponsonby）一样，这位三任君主的助理私人秘书和乔治五世时期的财务主管可能会拒绝和任何穿戴有闪亮扣子服饰或绒面皮鞋的人交谈，但他却能尝试写些电影剧本，或者弄出个夸张的方案把约翰国王的财富从瓦士湾（Wash）追回来。女王的私人秘书团中（迄今为止是八位），有几位可以说是深藏不露——在绘画、雕刻、干砌石墙方面都相当有天分。就像肯尼思·罗斯曾经指出的，良好的侍臣艺术是要同时关注到最主要和最次要的事情。因此，1917年帕斯尚尔战役（Battle of Passchendaele）前夜，乔治五世的助理私人秘书克莱夫·威格拉姆爵士（Sir Clive Wigram），就在解决军工厂的女工是否可以在女王参观时和其握手的紧迫问题。亚瑟·比格爵士（Sir Arthur Bigge），也就是之后的斯坦福德汉姆勋爵（Lord Stamfordham），是当代最杰出的皇家顾问之一。他可能是最极端挑剔之人，但同时也会监督萨克森-科堡-哥达王族（Saxe-Coburg-Gothas）向温莎王室的转化。"是他教会我如何做个国王。"乔治五世曾如此评价。

迈克尔·阿迪恩爵士（Sir Michael Adeane）是为女王服务时间最长的私人秘书，曾总结出这一职位两大不可或缺的工作："不要认为你身居高位，你还是一个保姆。这会儿你还在给首相写信，过一会儿可能就拿着小男孩儿的面具。"女王继续任用了她父亲的私人秘书艾伦·拉塞尔斯爵士。他机敏勇敢（曾获得十字勋章），同时也聪明绝顶。他极其憎恶自负感，还曾因此拒绝接受一个贵族爵位。"如果你在走廊遇见他，肯定会觉得他是个恐怖的人，"一位高级官员回忆道，"那不怒自威的眼神，还有稍显突兀的眉毛，让人觉得他是私人秘书里最吓人的一个。"拉塞尔斯爵士曾执意阻止爱丁堡公爵插手他的事务，这不但促使公爵要重塑自己在公众生活中的角色，也让他成了私人秘书办公室长期以来引人注目的对象。

加冕礼后,拉塞尔斯很快就离职了,由他的副手、斯坦福德汉姆勋爵的孙子迈克尔·阿迪恩爵士继任。如果工作中有裙带之嫌存在的话,那么能力却是不可替代的。有些王室内府职位,比如皇家掌马官,也许可以依靠裙带关系生存。但私人秘书需要凭能力谋生计。阿迪恩具有剑桥大学一等历史学位,在他周围有一支同样理智的团队(尽管他们都身着"花呢套装")。阿迪恩一直谨言慎行,比较低调。据说,某日清晨,菲利普亲王的传记作者巴兹尔·布斯罗伊德(Basil Boothroyd)看到他,上前搭讪,他礼貌地听了一两分钟后说:"希望你能原谅我,我刚听说我的房子失火了,我虽不介意,但它毕竟是圣詹姆斯宫的一部分……"他是机敏的政治家,帮助王室度过了很多微妙关头,尤其是女王被迫要在两个首相之间进行取舍的时候。他还捍卫王室免于受到当时据称是自逊位呼声以来最严重的一次威胁。1971年,下议院关于王室财政问题的选举委员会声称女王的俸禄应该相当于带薪的政府官员,王太后的薪俸标准应该与首相津贴挂钩,而康沃尔公爵的领地也应国有化。在阿迪恩的干预下,王室非但没有认同以上任何一项,还使王室年俸翻了倍。

几年之后,阿迪恩作为私人秘书长达19年的经历又重新萦绕在了后辈心头,那是在女王当政期间王宫重大丑闻之一公之于众之后。1979年,玛格丽特·撒切尔通知下议院,女王照片的前检验员安东尼·布伦特爵士(Sir Anthony Blunt)是苏联间谍。据透露,阿迪恩在1964年就已经知晓布伦特叛变,并曾和内政大臣多次沟通。结果是如果布伦特同意向情报部门坦白他的间谍往来细节,他可以获准留职直至退休,而政府也会免于一起间谍丑闻。难以置信的是女王竟然对此事一无所知。遵循一贯的传统,又是私人秘书处为此承担了批评。

下一位要说的是马丁·查特里斯爵士(后来成为勋爵)。这是一个聪明、富于创新又经常搞怪的人。他很乐于承认从1950年第一次见到女王的时候就爱上了她。他还是一个鼻烟爱好者,每天要被侍从指责很多次,尤其是在与女王的日常会面之前。但这古怪的表象背后隐藏的却是坚定的现代化变革者。在他任内，电视机不再是危险事物，而是成了广为接受的一种工具。王室也不再难以接近，而是变得平易近人。"其实对于哪些事情需要改变，都经过了深思熟虑，"当时女王的新闻秘书罗恩·艾利森回忆道："关键在于马丁·查特里斯——我见过的最睿智的人，他的作用无论何时都不应被低估。"查特里斯最辉煌的时刻是1977年的银禧庆典。他的下一任菲利普·摩尔爵士（后来成为勋爵）相对要保守一些，但却是个多面手，曾参加过战争，后因伤退役，为王室内府工作之前曾是牛津大学奖学金获得者、橄榄球员和雄心勃勃的外交家。他是战时一代的最后一位私人秘书，2009年去世，当时他突然在床上坐起来说："来吧，摩尔，振作起来。"直到生命最后一刻仍保持着老派作风。

全新的私人秘书一代要从威廉·"比尔"·赫塞尔廷爵士开始，他是澳大利亚事务官的后起之秀，在入职私人秘书办公室之前曾担任新闻秘书。他和艾尔利勋爵的任命密切相关，正是艾尔利这位宫务大臣后来引入了20世纪以来最为激进的内部改革。在撒切尔任期内，他要确保王宫和唐宁街步调一致，也给予反对党同样关注。撒切尔夫人就任首相期间最后几个政策之一就是想达成在20年内有效的王室年俸协议。但就像日后的"大不列颠号"事件一样，关于王室的高额开支条目必须得到全党支持。而当时工党正在尼尔·金诺克的领导下开始复兴。"我做了件相当不同寻常的事，"赫塞尔廷（现在他已经退休，居住在澳大利亚西部）说，"我之前只在某些场合见过金诺克几次，在他成为反对党领导人之后，我说：'哪天你愿意来和我一起共进晚餐吗？'他说：'我能带上格莱尼丝（Glenys）吗？'我说：'当然可以。'于是我们就在家里愉快地吃了顿饭，只有我们两个和各自的妻子，之后就建立了可靠的关系。"这一来往在之后赫塞尔廷和艾尔利勋爵去拜访金诺克商讨王室年俸提议的时候派上了用场。"他对此也很内行，"赫塞尔廷说，"问了一两个很中肯的问题，因为像哈罗德·威尔逊一样，他的党中也有心怀不满的左翼会对此大惊小怪，但他还是相当支持。"

赫塞尔廷在王室财政低迷期到来之前退休了。那一时期常被称为"多灾之年",今天一位高级大臣还将其描述成"十年困境"。女王带领王室度过了无疑是她当政时期最艰难的年头,此时她的首席顾问是罗伯特·费洛斯爵士,一个稳重的乐观主义者,一贯信奉快乐的实用主义。他在父亲经营的桑德灵汉姆庄园长大,和女王也是自小相识。所有这些在危机到来时都不可或缺。危机始于1992年约克公爵夫人出轨一事,五年后随着戴安娜王妃仙逝王室陷入低谷。作为前者的侄子和后者的表兄,费洛斯经常进退两难,但他还是称职地为各方给出了坦诚的意见。他常用高尔夫比赛中的一个术语来比喻这种复杂棘手的状况:"我们曾站在第十七洞果岭上。"每当有人暗示女王曾被迫纳税的时候,他就会如此评论。在陪伴王室经历了这一最为艰难的时期后,他的副手罗宾·詹弗林爵士接替了他的工作。罗宾·詹弗林曾做过皇家海军军官和外交官,他也一直在仿效艾尔利的改革举措,引入更为专业的全新方法。王室内府上下有更多的女性升到了高管职位,资深专家们也得到了来自工业领域和白厅的支持。王太后仙逝和50周年庆典之后,王室与过去这段不堪的往事划清了界线,皇家重拾信心。正如一位官员所说:"那一时期,似乎把女王当政期分成了两半——第一幕:很好,第二幕:很糟糕。然后,我们突然又进入了第三幕。"

如今,第三幕比低迷年份更为持久。一场美好的王室婚礼揭开了这一历史里程碑的序幕,史上类似盛事只有一次,那还要回到半个多世纪之前。登基60周年庆典的到来,使女王在众多伟大君主中的地位进一步提升,而她的高级官员们却在默默无闻中欣然隐藏在幕后。如今的私人秘书克里斯托弗·盖特爵士(Sir Christopher Geidt)非常乐于成为低调的官员,很少出镜,也没有任何言谈被媒体引述。作为曾经的外交官和巴尔干问题专家,他巧妙地协调了三代王室的事务,同时也调整了女王的日程,以便更适合这位历史上年龄最大的君主。

一切进行得那么悄无声息，不知不觉中，女王在 2010 年的工作量实际"增加"了不少，约见提升到了 444 次，比前一年多了 69 次。

"调整并不意味着减少工作量，而是要更有效地管理她的时间。"一位官员解释道，"当然，她要会见新任驻白俄罗斯大使，但是一对一的交谈需要多长时间呢？"约克公爵建议还可以缩短出访时间："并非要避开她必须参加的活动，如英联邦政府首脑会议。你可以舒舒服服地把她送到那里，但问题是时区不同。"坐在清爽的白金汉宫办公室里俯瞰广场，清风吹拂着纱帘，伴着军乐队的演奏，公爵补充说，未来还有更多的约见要安排在家里："你可能会发现这里正变得更加繁忙，因为女王在这里办公要比出访全世界更加得心应手。这是一个明智的做法。"就像汤菜悄悄退出现代国宴，以节省所需的 20 分钟时间一样，王室日程的每一分钟都在持续不断地接受审核，看是否能够缩减。在盖特的领导下，王室又设立了一个新的部门，叫作秘书处，负责探索如何用新方法来处理例行公事。但就大多数君主最为重要的宪政责任而言，并没有什么改变，比如，女王与首相的会谈。女王执政开始曾建议、提醒和咨询的首相（丘吉尔），受领军衔还是在维多利亚女王时期。如今，跟她打交道的这位首相（卡梅伦）却成了她小儿子（爱德华王子）当年读预科（希瑟当贵族小学）时低两届的学弟。

VI

女王英姿

"谁都不想看上去和别人一样。"

年轻时的伊丽莎白二世

这或许是有史以来最不寻常的一部关于王室的纪录片。镜头前是真正拥有至高无上皇家权利的女王。但这一刻她不单是愤怒了，而且似乎忘掉了身份，一边满口威胁，一边用力地把鞋子、各种体育器材扔到别处。若在以前，这样的君威早已要了某些人的脑袋。一切都是因为爱丁堡公爵。如此情形下，他明智却又出人意料地选择了溜之大吉。这令人惊讶的一幕未公之于世，在当时不足为奇。更让人吃惊的是，直到今天，这场奇怪的皇家争吵也鲜为人知。为此，女王要感谢热心的澳大利亚摄制组和以下提到的那位在她60年执政期间为王室尽心服务的人。那一天，也就是1954年3月6日，作为乔治六世和女王两任新闻秘书的理查德·科尔维尔（Richard Colville）中校肯定是在努力工作。当时女王已开始了为期八个星期的澳大利亚之旅，这只是加冕后六个月环球之旅的一部分。环球之旅可谓是现代历史上最伟大的皇家旅行。然而，不可避免地，像这种规模的巡行一路上十分紧张。女王和菲利普亲王这对年轻的皇家夫妇一直不断会见各色人等，得到百姓近乎狂热的拥护。现在终于可以忙里偷闲，享受一下周末的闲暇时光了。

他们来到维多利亚的奥沙纳西（O'Shannassy）水库岸边。城市工作委员会安排了一间豪华的度假小屋供他们使用。这里鱼类资源丰富。当局还用船运来考拉，以防当地的考拉藏起来找不到。女王和菲利普亲王这周末仅有两个活动：一是去教堂；二是和澳大利亚的摄制组有一次简短的会面。该摄制组正在拍摄澳大利亚第一部大型彩色纪

1954年，伊丽莎白二世访问澳大利亚

录片《女王在澳大利亚》（*The Queen in Australia*，女王离开后该纪录片上映数月，场场爆满）。在这个特别的星期日下午，摄制组计划拍摄女王观赏袋鼠的情景，可能还包括考拉。资深摄影师洛赫·汤森（Loch Townsend）以及他的副手弗兰克·巴格诺尔（Frank Bagnall）和一位不错的录音师到达拍摄地点。他们看了一下时间，眼看着下午的时光流逝。"上帝，他们到底什么时候来？"汤森嘀咕着，小屋的门突然开了。巴格诺尔凭借职业本能立即打开摄影机，但是接下来发生的事并不在剧本中。先是菲利普亲王从屋里冲出来，紧跟他身后飞出的是网球鞋、网球拍。女王紧随其后，冲亲王大喊，命令他停下来回去。此时，摄影机还在不停地转动。汤森后来回忆说女王当时硬拽着她的丈夫回到了小屋，砰地关上了门。

摄制组当时正想接下来该做什么，但他们没有多少时间考虑，因为科尔维尔中校比一头受伤的水牛还愤怒，突然闯进了大家的视线。他认为，拍摄女王驱车通过巴尔莫勒尔城堡大门的场景是对皇家隐私的严重侵犯，因此下令禁止英国广播公司这样做。此时，科尔维尔就像是维苏威火山。洛赫·汤森是一位勇敢的电影制作人，曾在第二次世界大战期间带着他的摄影机活跃在战场上，但他不打算和这个被英国记者称为"唱反调的讨厌家伙"——或者,简单称为"日光"(Sunshine)的人对抗。汤森自己也承认他当场投降了:"我说:'冷静点!'然后走向弗兰克,开始拧后面的底片盒。他问:'你要做什么?'我回答:'曝光胶片。你可能做完了你的事,但我还有我的工作。'我永远不会忘记我说过这话,反正,我拧开了底片盒。胶片大概有300英尺……我还说:'中校,我有个礼物给你。你可能愿意把它交给陛下。'"科尔维尔拿着胶片消失得无影无踪。不久,一名工作人员给摄制组送来了啤酒和三明治。没过多长时间,女王再次出现,冷静、平和、充满感激。"我说明我是谁后又介绍了唐和弗兰克。"汤森回忆道,"女王说:'哦,非常感谢。我为刚才那个小插曲感到抱歉,但你也知道,每段婚姻都会发生那样的事。现在,你要我做些什么?'"

汤森现已不在世。1996年他曾向一位历史学家详细地描述了这一情节。当时这位机智的历史学家正在悉尼科技大学(Sydney's University of Technology)撰写名为《辉煌之线》(*The Glittering Thread*)的博士论文。尽管这一情节从未对外公布,但在1954年之行的混乱中,它仍是不寻常的经历。而该文作者、澳大利亚国家广播电台高管简·康纳斯博士就汤森的这段经历采访过他两次。我们永远不会知道女王夫妇争吵的真实原因,但女王就职之初和媒体之间的互动则明白无误。关于那次旅行,还曾有个政府代表团专程造访澳大利亚《每日镜报》,要求他们交出爱丁堡公爵手握酒杯的照片。而仅仅过了10年时间,女王就成了英国国家电视台的讽刺对象;15年以后,她也许会批准他们拍摄自己的家庭烧烤情景。当年洛赫·汤森不得不在被逮捕的威胁下交出拍摄胶片。但40年后,王位继承人竟要面对镜头在全世界面前讨论他破裂的婚姻。一年后,威尔士王妃戴安娜也重蹈覆辙。到2010年,女王甚至允许电视摄像机进入王宫厨房拍摄《美厨竞赛》(*Masterchef*),在王宫花园拍摄《考古小队》(*Time Team*),而《约克郡邮报》(*Yorkshire Post*)也可以用以下标题报道她长孙女订婚的消息:"女王的孙女下嫁奥地利卖炸鱼和薯条的小伙"。

女王虽一贯以保守著称,但她在当代时期带领王室成员实现了有史以来最多的转型。其中最富戏剧性也最痛苦的莫过于与媒体打交道。女王执政之初,媒体还具有某种职业风险,人们忍受它们就像是忍受皇家阿斯科特赛马会的雨。而到 60 周年庆典的时候,媒体已然成了王室管理事务的必要工具。本着"如果不能打败它们,那就联合它们"的原则,王室现在居然能自己制作关于自身的在线影片了。

女王和她的家人肯定没有读遍所有的新闻报道,也没有看遍所有的节目。他们不相信上面说的一切,自然也不会认为别人相信。但是,现代王室工作内容的设计者安东尼·杰伊爵士和玛格丽特·撒切尔前新闻秘书伯纳德·英厄姆(Bernard Ingham)都喜欢将现代媒体比作印象派,这一观点很难辩驳。如果近距离研究,会发现它是不真实的、扭曲的。但如果退后一步,作为一个整体来看,就会体会到它展现的生动现实。王室的一位高级成员提供了一个很好的例证。英国王室地产最近在斯劳(Slough)购买了一块商业地产,包括一家快餐店。次日,一家全国性报纸刊出了一幅女王画像,她正戴着富有想象力的麦当劳帽子翻烤汉堡。这当然很荒谬,但也并非完全不靠谱。

今天,若没有新闻办公室的密切参与,白金汉宫则很少有事发生。这个机构很小,但却负责报道这位 16 个国家的首脑及其家族的方方面面。女王雇用了 10 个人为她及广义的王室处理媒体事务——规模仅相当于一个农村支付局新闻办公室。另有 9 个人在克拉伦斯宫和圣詹姆斯宫工作,负责威尔士亲王、康沃尔公爵夫人、剑桥公爵和公爵夫人、哈里王子的相关事务。整个机构规模同大彩票基金(Big Lottery Fund)新闻办公室一样——或者大约是健康与安全管理局(Health and Safety Executive)的一半。这个王室团队成员大多 30 几岁,包括一位前动物学家、一位前曼联足球俱乐部发言人、一两名记者和几名在公共和私营部门工作过的新闻官。女王最近的三位新闻秘书都是女士,并且先前都是政府工作人员中的佼佼者。新近上任的艾尔萨·安德森(Ailsa Anderson)和她的前任萨曼莎·科恩都曾是记者。但是,与大多数的公共关系行业不同——无论是政界还是商界——她们所处的是一个独特的空间,传统业界的工具在这里都无法使用。她们也无法通过指出对手的缺陷来反击批评,因为根本就没有竞争对手。倾向性报道和这一行业惯用的幕后伎俩也毫无可能。她们每天面对的挑战在其客户看来都是隐私,而新闻机构却认为连这些客户都是公共财产。然而,与女王相比,这个星球上再没有哪个公共关系客户的魅力能够如此持久。品牌意识从来不是一个问题。

大多数人对王室的大多数成员有根深蒂固的看法,或好或坏,因为人们觉得已经很了解他们了。大部分的工作是重复性的,同样的会见,年复一年(例如,嘉德骑士年度聚会上的唯一变化是午餐座位的安排——目的是确保十年后不会有谁和同一个人邻座)。但熟悉绝不能衍生出轻视。洒满阳光的 80 年代对媒体无动于衷,随后是 90 年代阴暗的媒体风暴,因而现在王室普遍对自满情绪有种近乎偏执的恐惧。当然人人都很容易自满。自从 1999 年进行了一次私人的莫里民意测验,白金汉宫的官员已对君主制或替代宪法这一英国舆论的根本问题进行了追踪。这个数字除 2002 年略有增加外,十多年几乎都没有变化。那一年是女王在位 50 周年,但就在庆祝前不久,她先后失去了姐姐和母亲。无论是处在高峰还是低谷,整体数字都保持在 70％支持,20％反对,10％不确定。莫里公司甚至试图用"王室"替代"君主制"一词,想看看体制或其代表者赢得的支持是多是少。但结果并没有明显差别。

然而,民意调查已确定的一点是,"君主制"的主要驱动力(市场营销所说的至关重要的因素)是"相关性"。当人们觉得这一制度与自身无关或与自身无法相容时，支持率便会下降。这就是王室总管、空军少将戴维·沃克爵士为什么迎接350位服装业客人到白金汉宫的原因，和他一起忙碌的还有他的厨师、步兵以及门卫团队。每两年女王会针对国计民生的某个层面举行接待会。今年的主角是各种服装品牌——从高级时装到时尚运动服装Sweaty Betty，再到教会服装制造商J&M。这样做是为了展示所有领域的卓越成就。私人秘书办公室、王宫内务部和新闻办公室抽调人员组成了一个团队，数月来一直向贸易机构、行业利益团体、行业慈善机构和政府部门咨询，以保证嘉宾能来自全国各地，覆盖各行各业。届时主流和时尚媒体代表也会到场。此类活动如果不是为电视而设计，也越来越倾向于把媒体考虑在内。英国广播公司新闻24台已全天候在王宫内待命，准备进行现场报道。作为英国皇家空军的前通信主任，沃克了解媒体报道在各个层面上的重要性：“谁也不想费力做了事情却没人关注。媒体来不是因为'我们做得不好'，而是要造势。我们召开此类招待会的消息会不胫而走，有些人因为距离太远不能来，但是会说：'至少女王已经在关注我了。'"

沃克团队准备请柬、香槟、胸章等事项的同时，女王秘书和她的团队也在梳理嘉宾名单，为的是找出有趣的事例提供给媒体。桑德拉·亨特（Sandra Hunt）经营着Clothing Solutions，这是依托约克郡一家老纺织厂而成立的一个小规模慈善团体。桑德拉的团队在那儿为残疾客户改制服饰。接到附有安全说明的王室白卡片那一刻，真是激动人心。亨特说："收到邀请后，我读了三遍，还给白金汉宫打电话确认是否真有此事。"她的两个孩子太兴奋了，坚持要求跟她同去，还要在她所住的旅馆通宵庆祝。《布拉德福德电讯报》就当地勇敢的慈善机构即将参加女王的宴会进行了大幅报道。王室非常重视地方性媒体。如果女王在贝德福德郡待了一天，那此事肯定不可能由国家媒体进行报道。当然，贝德福德的媒体那天也不可能报道其他任何事情。

既然今晚王宫各部门设计高手云集，那么肯定免不了一场暗中的专业竞争。女王最后决定身着内部服装师安杰拉·凯莉的作品。开始时，到访客人会站成一排，方便女王和爱丁堡公爵会见每个人。女王认识其中大多数客人，于是当起了公爵的引见人。走到她的女帽设计师之一菲利普·萨默维尔（Philip Somerville）面前，女王说："是他给我做的帽子。"当宣读到玛丽·奥里甘（Marie O'Regan）的名字时，女王眼睛一亮："她过去常给我做帽子，现在已经隐退了。"接下来是斯图尔特·帕尔文（Stewart Parvin），现任皇家裁缝之一。"我的另一位设计师。"女王介绍道。米德尔斯堡的一位时装零售商史蒂夫·科克伦（Steve Cochrane）让公爵尤其印象深刻：当时他穿着一件尼龙外套。"你觉得这里会下雨吗？"公爵问。科克伦大笑，解释说这是他的系列商品之一。在王室的招待会上穿成这样比较奇怪，但和其他一些着装相比，也算不上多出格。英国皇家艺术学院24岁的纳比尔·艾尔-内雅尔（Nabil El-Nayal），因在学校获奖，也受邀参加招待会。他穿着黑白色的高速公路制服，称这套服装是"优雅的伊丽莎白一世"的展现。"我只穿黑色和白色。"他后来说道，"我认为世界上的颜色太多了。"

站在欢迎队列最后的是摄影师戴维·贝利（David Bailey）。他穿着牛仔裤、连帽衫和一件皱巴巴的斜纹软呢外套。女王不动声色地欢迎他来参加宴会，对他表示欢迎后便径直走向她的客人，和他们聊天。"我不知道我在这里做什么。"贝利告诉几个记者，"我算不上是保皇派。再说1980年以来，就没拍过时装作品。所以我到这儿来是打酱油的。"他说他之前来过白金汉宫，但不是来拍照，而是来接受查尔斯王子授予他的司令勋章。"那次我太冒险了。当时我对他说：'查尔斯王子，您要给什么东西就快点吧。我不是受邀参加的，而是偷偷潜入进来的。'查尔斯王子大笑起来。"

尽管感觉到受冷落，但贝利玩得却很尽兴。这成了新闻记者争相报道的好素材。另一个亮点是1981年戴安娜王妃婚纱礼服的设计者之一伊丽莎白·伊曼纽尔（Elizabeth Emanuel）。即便她是前任设计师，应付这样一个晚宴也是非常伤脑筋的。"为了今晚，我花了整整一个星期的时间准备服装。但就在宴会前一小时决定哪件也不穿了。"伊曼纽尔说。最后她选择了自己钟爱的黑色和鸭蛋青色外套，搭配黑色礼服。摄影师们今晚很忙。宾客大多早已习惯了面对镜头，其中包括模特索菲·达尔（Sophie Dahl）和亚斯明·勒·邦（Yasmin Le Bon），她们都称自己是女王的超级粉丝。"我喜欢她的风格，她的魅力经久不衰。"达尔说。"总是她驾驭服装，而不是服装驾驭她。"勒·邦补充道。"她处处皆优雅。"另有些客人如此评价。出生于西班牙、在伦敦工作的鞋品设计师马诺罗·布拉尼克（Manolo Blahnik）说："其实女王根本不用什么风格，她就是她，完美无缺。"

许多宾客来自拥有王室供货许可的古老家族企业，包括巴伯夹克的玛格丽特·巴伯（Margaret Barbour）、王室褶裥短裙制造商金洛克·安德森（Kinloch Anderson）第五代传人道格拉斯·安德森（Douglas Anderson）和戴尔德丽·安德森（Deirdre Anderson）。通常是道格拉斯的弟弟收到邀请［埃里克·安德森爵士，现为蓟花爵士（Knight of the Thistle），他曾在高登斯顿（Gordonstoun）教过威尔士亲王、在费蒂斯中学（Fettes）教过托尼·布莱尔，在伊顿公学教过戴维·卡梅伦］。但是今晚与女王聊天的是道格拉斯和戴尔德丽。他们聊到戴尔德丽对格子呢的最新注册，以及因此荣获官佐勋章的事。不用说，他们当时都穿着褶裥短裙。"你们是在做广告吗？"爱丁堡公爵开玩笑道。今晚，《每日电讯报》性格活泼的时尚编辑希拉丽·亚历山大（Hilary Alexander）却异乎寻常地紧张。她是女王的崇拜者，也是一位因说话坦率而受人尊敬的作家。她会直言不讳地发表文章说她不喜欢女王在最近一次国宴上穿的礼服（安杰拉·凯莉设计的另一件作品）。即使女王当初可能因此而恼怒，但现在没有任何表露。她只是同作家兴致勃勃地谈论时尚。女王今晚的礼服是淡金色和蓝绿色的柔软丝绸外套，内搭配套连衣裙，也由凯莉设计。亚历山大对此大加赞赏。"谁都不想看上去和别人一样。"女王说。"当然不会,您没穿黑色。"亚历山大回答。女王大笑起来。最后,亚历山大谨慎地早早就离开了,其他人则继续留下来享受晚宴,直到王室团队含蓄地引导大家走向门口,但没有人觉得是在下逐客令。桑德拉·亨特在宫殿的最后几分钟相当充实,记住了这里的一切。这次,她受到了和贾斯珀·康兰(Jasper Conran)以及布鲁斯·奥德菲尔德(Bruce Oldfield)同样的皇家待遇,即将满心欢喜地返回约克郡。

次日,全国性和地方性媒体都对该宴会进行了报道。大多数人读到的消息是女王邀请时尚偶像参加酒会,以此嘉奖他们。这虽不会改变人们对君主制的看法,但却是对于王室印象的又一浓墨重彩之笔。在这次招待会上没有出现什么抢头条的新闻,无论好坏。然而,女王与名人一起共度美好时光的照片,总能为新闻版面增色不少。希拉丽·亚历山大评论女王的礼服不仅"与自己的皇家气质搭配协调,而且紧随时尚动态,抛开了庄重场合百搭不厌的黑色小礼服"。她又写道:"镶有旭日形钻石的胸针在她左肩上闪闪发光。近看,女王的皮肤也一样富有光泽。时尚变换,这一形象却永处不败之地。"

"确实,昨晚能在白金汉宫见到女王,没有人不激动。"《时尚》(*Vogue*)杂志的编辑亚历山德拉·舒尔曼(Alexandra Shulman)在她的网站上如是写道。当然,王室也有对当晚的新闻发布。几年前,英国女王新闻办公室还完全依赖外界媒体报道君主及王室成员的活动。而现在,只有最优秀的媒体才可以跟他们打交道。独家新闻、剧透以及记者这一行业所需的技巧尽管不是新闻办公室必需的,但王室还是乐于采纳最新的技术来制作自己的报道和微电影,并已形成了一种激增的学习趋势。本质上这是一个回应性的组织,2002年以前,仍在以安全为由禁止使用电子邮件。那时,新闻办公室的事务只是偶尔筹备发布特殊公告,等待有人来电咨询相关事宜。如今它像其他政府部门一样积极主动,在视频分享网站YouTube上管理自己的英国王室频道,并在 Facebook、Twitter 以及网络 Flickr 上创建王室网页。它也承认自身的弱点是与公众交流的电子邮件系统还不尽如人意,写信的人虽会收到答复,但却可能被大量的垃圾邮件所淹没,既费时又麻烦。王室清楚不能因此就忽视这一大批社会公众,也没有人会忘记"主要驱动力"的相关性。网站编辑埃玛·古迪(Emma Goodey)说:"现在年轻人不再写信,而是通过电子邮件的方式,所以我们需要有针对他们的系统。但要经过认真的考虑。"公众写给王宫的邮件都要先经由古迪这一关。她曾经为伦敦巴比肯艺术中心(London's Barbican Arts Centre)维护网站,从没想到自己有一天会成为公众与君主之间的在线媒介。如果她发现突然有大量信件询问有代表性的问题,比如,关于花园宴会帽和皇家周年等,她就会将相关信息发布到网页上。来信中最常见的问题要数女王的威尔士矮脚狗了(它们有自己的网页)。此外,这个网站也就谁对君主感兴趣及其原因提供有益的反馈信息。2010 年上半年,有 226 个国家的 230 万人次访问了王室网站,其中英国(766 000 人次)以微弱的优势领先于美国(662 000 人次)。位居其后的加拿大(132 000 人次)和德国(103 000 人次)人数有明显下降。其次是法国(72 000 人次)、澳大利亚(65 000 人次)和意大利(42 000 人次)。近 70%是新访问者,他们在网站的平均停留时间为 3.3 分钟。最热门的网页仍然是那些关于女王、她的家人以及王室历史一类的传统内容。

尽管网站的浏览量可以提供有用的数据,以了解人们的兴趣所在,但要找出人们与女王通信过程中那些令人高兴或困惑的事,邮件还是有其无法替代的作用。在宴会结束短短几个小时内,就陆续收到许多感谢信。舰队街的一位时尚编辑第一个通过新闻办公室发来邮件:"非常感谢度过了这么美妙的夜晚。能得到女王对英国时尚和服装行业的支持真是无比荣幸。"另一封邮件来自约克郡,一位纺织品行业的主管写道:"女王陛下能抽出这么多时间,给予我们这么多关注,真的是非常慷慨。我所交谈的宾客中没有人之前想过居然可以和王室有这么近距离的接触。"他还想对一直为他提供美味土豆泥鹿肉馅饼的那位侍从表示感谢。

大多数人还是喜欢用传统的手写信件方式来表达自己的感激之情。接下来的几天里,大量感谢信如潮水般涌来。有打印的正式版纸质信件,也有手写的随意版信件。有一些写得非常动人,信中说,祖父、曾祖父或产业的创始人若能知道他们的继承人受邀与女王共饮该会何等自豪。出乎意料的是,许多人在信中对铺有一层土豆泥的鹿肉馅饼赞不绝口(谁曾想到在时尚达人的聚会上肉饼会如此受欢迎)。有一位女宾客想对女王的高级侍女格拉夫顿公爵夫人(Duchess of Grafton)表示感谢,因为在她独自赏画时,这位夫人待她如友。兰开夏郡时装店Sunday Best 的老板感谢的是格洛斯特公爵夫人:"她是可爱的同伴,让我们感到宾至如归。"人们常说电子邮件的普及已经取代了传统纸质信件,但至少王宫内并非如此。

"来信逐年增加。"负责女王邮件的高级通信主管索尼娅·伯尼奇说。2010 年,女王收到近 50 000 封信和卡片(其中有 1/3 来自海外),而 60 周年庆典又使这一数字成倍增加。许多都是对特定事件表示感谢或美好的祝愿。2010 年,女王收到普通百姓寄来的 2 000 多张生日贺卡和 4 000 多张圣诞贺卡。但更多的是为了寻求某种帮助或提出请求。各种非官方的王室家谱在网络上流传,这促使询问家谱的信件增多。"人们会问:'您能不能看看我的叔叔吉姆是不是和维多利亚女王有亲戚关系?'"伯尼奇说。对此类问题进行确认或否认本不是王室分内之事,但有关团队(两位全职,两位兼职)还是会就搜索网络和国家档案给他们提供建议。"我们确实想提供帮助,"伯尼奇说,"虽然能做的不多,但我们会尽力。"

虽然不是百分之百地科学,但王宫已意识到写给女王的信件可以很好地反映社会关注的广泛度。女王非常重视这些来信。"有人觉得这里可以终结烦恼。"在 1992 年的纪录片《伊丽莎白女王》中,女王这样说道,"今天早晨我收到一封来信。上面说:'我一直在原地转来转去，但您是唯一能阻止我兜圈子的人。'他能这样说让我很欣慰。"曾经那些可能不想因个人问题打扰女王的人，现在似乎更愿意向她吐露心声。"以前，他们在信中可能写一件事：'我家屋顶漏水'或者'没有人关心我'。现在，信中会谈及三四个问题，而且语气有所改变。"

2010年大选结果确定前，我们收到大量信件，就像2009年议员公费丑闻发生后一样。"我们收到不少人的来信，他们认为会发生骚乱，希望女王可以过问此事。"伯尼奇说。"公费丑闻发生后，民众失去了对政治的尊重，但他们认为：'女王不会做这样的事'，因此，他们希望'由女王来处理这一问题'。"有时，来信中提到女王本人时也是言辞犀利。尽管都是批评，但女王依然会读完它们，因为她想完全了解这些有代表性的观点。总之，直到"9·11"恐怖袭击事件发生前，她还常亲自拆开许多信件来读。目前，所有信件事先都要经过处理（除了某些标有特定验证码的私人信件）。多年来女王见闻广博，几乎处变不惊。"虽然舆论往往会很强大，但公众有言论自由。"伯尼奇的副文书员珍妮·瓦因（Jenny Vine）说道。她曾担任伦敦某顶级酒店经理，阅人无数。她能够很好地处理怀有敌意的匿名信，不过那毕竟是少数。"如果他们说要炸毁议会，那么显然，这是一封恐吓信。但要是有人写道：'首相很愚蠢。我对此很失望。'那么这是一封意见信，我们会转交给女王。"

先是信件接收和分类，之后就是回复。个别情况，女王会提出亲自回复。伯尼奇举例说，最近有一位男士写信质问女王为什么乘坐宾利元首级豪华轿车参加私人的教堂礼拜。女王退回信件时，附上短笺说那是一次官方正式的仪式。之后，我们起草了回信，给予对方合适的答复。当然，不可能形成惯例，由女王一一回复。孩子们和民众表示美好祝愿的来信，通常交由女王的侍女处理，由她代表女王起草回信。更多技术性问题由通信处解决。通常，每个人会在一个星期之内收到答复，不过这也取决于问题的类型。但没有什么事会超过一个月都不予答复。"人们现在对女王能为他们做些什么寄予了更大的期望。"伯尼奇说,"他们过去的要求并没有这么高,但常把女王当作最后的救命稻草。所以,他们会这样写:'我们已四处努力过了。因为您是国家元首,如今能不能找您来问问?'这些人可能是遇到了社会福利或者儿童保育方面的问题。我们总是引导他们去相关的政府部门,因为政府是'女王的'。之后,我们会收到他们的回信:'谢谢,事情已得到解决。'"

如果出现某政府部门忽略写信人的情况,王宫会把信件直接转交给相关办公室。有时候,王宫的信笺对解决涉及行政事务的难题有不可思议的效果。但毕竟王宫能采取的直接行动非常有限。伯尼奇在为王室工作前,曾经营过一家健身房,她说:"1998年我才来这里工作,多年来人们的期望值已发生了变化。"

她刚刚拦下了一个女孩的来信。这个女孩是女王外孙女扎拉·菲利普斯的崇拜者,想让女王赞助她的马术课。女孩的信以"敬爱的伊丽莎白"开头,并附有一张小马的照片。"因为这封信她遇到了很多困难。照片也很漂亮。"伯尼奇说,"我们会回复说:'谢谢。女王对一些慈善机构给予支持,但不能赞助个人计划。'"

通信团队清楚地意识到,无论他们写什么,最终都有可能被贴到墙上,或是刊登在报纸上。伦敦夏洛克·福尔摩斯博物馆(London's Sherlock Holmes Museum)就总自豪地给参观者展示一封"皇家信件"。该信件不过是官方给威尔士亲王的一封确认函。珍妮·瓦因有一条简单的原则:"我总试着想象:'如果这封信最终被刊登在《每日邮报》的头版上,我会是什么感觉?'但是,人们常曲解所做的答复,在其中加入自己想要的内容。我们可能会说该问题不是我们可以干涉的。他们仍会回复说,'谢谢女王陛下能有兴趣帮助我们解决这一问题'或者类似的话。"

这几乎是"亲君王,远邪恶"的一种现代变体。中世纪的人们相信触摸君主可以治愈淋巴结核。即便写信给女王没能解决你和邻居之间的争吵或者和税务局之间的矛盾，但知道有人对此给予了关注也是令人欣慰的。"我们总是把信读完。全部读完非常重要。"伯尼奇说。"信中可能会说：'我家屋顶正在漏水而政府委员会不管。'然后，在信的结尾还可能有这样一句：'我丈夫刚刚去世，我很难过。'如果没有把信读完，就不会了解全部情况。而这一点至关重要，否则女王就无法在回信中给予慰问。"

那么，女王这一"知心阿姨"兼"公民咨询师"的角色是从何而来的呢？当年可没有人因为街道照明而烦扰过乔治五世。乔治六世也未曾收到关于他选择什么车辆去教堂的抱怨信，想必即使收到了他也不会回复。

古往今来，人们视"好"君主为上帝赐予民众的捍卫者、百姓对抗强大势力的最终盟友、请愿人的倾听者等等。但是，现代英国并不相信这些。伊丽莎白一世时就是如此，而且一切风平浪静，但伊丽莎白二世统治时就一定不是这么回事吗？现代英国人比以往拥有更多的民主和专业性代表。例如，苏格兰人在三个议会中（苏格兰、英国和欧洲）都拥有自己的代表，在相关地区和社会委员会亦是如此。目前，如果君主是如此边缘化，那么我们为什么越来越热衷于和她接触呢？是所有这些政治家没尽职尽责吗？而且，如果王室仅仅是每天上演肥皂剧，那么公众为什么会对王室的花费、行为、形象以及活动发表比以往更多的意见呢？这恐怕是王室悖论的又一变体："我不关心君主制，但就此我想谈谈自己的看法……"

在女王的统治下，英国宫廷在各个方面都发生了深刻的变化，而公众对王室的看法也是如此。但问题一旦涉及公共关系，至少还是会有一条清晰的分界线。依此伊丽莎白二世的统治可以简单地分为两部分：科尔维尔时期和后科尔维尔时期。

理查德·科尔维尔中校成为女王的新闻秘书热门人选有两个原因。首先，他认为新闻报道比传染性疾病好不到哪儿去。其次，他干这一行已有20多年。事实上，他在这个职位上干了那么久——只是到了退休的年龄才卸任——显然，科尔维尔的方式在那时得到了王室的全面认可。科尔维尔是海军上将哈罗（Harrow）的儿子，训练有素，1947年来王室工作之前，一直服务于皇家海军。那时候流传一个老笑话，乔治六世总是分不清舰队和舰队街。更大的可能是，国王对1943年授予科尔维尔杰出服务十字勋章（等同于军功十字勋章的皇家海军奖章）印象深刻。"他有一颗金子般的心，不过（对待媒体）却非常粗鲁。他是最不应该成为新闻秘书的人。"曾经的一位王室成员说，"其余的王室成员非常喜欢他。但是，他与新闻界的关系，嗯，就另当别论了。"

"他做行政工作很有效率，所有与他打过交道的人对此都很佩服。"威廉·赫塞尔廷爵士说，他后来接替科尔维尔成为女王的私人秘书。"我曾经很喜欢他，可他处理公众关系的方式却非常不妥。"

在科尔维尔看来，所有的宣传报道都不怀好意。正如他在一次皇家旅行中宣称的："我不是你们北美所说的公共关系官员。"他的基本原则是，任何未特别载入《宫廷公报》的王室活动不得摄像、拍照，甚至讨论。那是一个媒体受到约束的时代。科尔维尔激怒了最受欢迎的评论员。1949年，亲王、女王和玛格丽特公主计划去澳大利亚巡行（该计划后来因为亲王的健康问题而取消），澳大利亚联合新闻社（Australian Consolidated Press）提交了一份关于王室喜好的问题清单，并没有恶意。处于兴奋之中的他们问这些问题既合情合理也是合法的。毕竟，如果巡行如期进行，就意味着澳大利亚将首次一睹在位君主的风采。王室对此给予什么简要答复了吗？有："无可奉告。"但科尔维尔同意他的副手戴安娜·利特尔顿（Diana Lyttleton）回答一个有关玛格丽特公主最喜欢的舞蹈的问题。"各种舞蹈，包括华尔兹、里尔舞（reel）和现代舞。"即便以今天的标准来衡量，这也是个单调无趣的回答。

在乔治六世后期，以这种应付、轻视的方式对待媒体是家常便饭。战后对于王室事件，英国报业依靠审查官就可以了。最近的一次王室丑闻是关于前任皇家保姆玛丽昂·克劳福德（Marion Crawford）的简略报道。1932年克劳菲（Crawfie）进入王室之后，为伊丽莎白公主和玛格丽特公主服务了18年，曾在空袭时找到了乱跑的玛格丽特。她认为要用严格、现代的体验方式甚至是乘坐公共交通工具来帮她们长见识。她在1947年伊丽莎白公主大婚前数月嫁给了陆军少校乔治·布思莱（George Buthlay），随后决定退休。王室给了她丰厚的赏赐，让她在肯辛顿宫安家。但布思莱却是一个金融投机分子。他不断怂恿妻子向王室求取更多优待，并因为她弄不到爵士这样的称谓或者不能成为一名高级侍女而轻视她。最终，他说服了克劳菲为一家美国出版商写有利可图的回忆录，其中的重要内容就是她所服务的王室。

她在回忆录中的措辞洋溢着喜爱，她透露，"莉莉贝特"（Lilibet）是个"可爱的孩子，有着漂亮的头发和美丽的肌肤"。她不是业内第一个这样写的人。玛丽女王的侍女艾尔利夫人也写过一部回忆录。然而克劳菲对王室育儿生活的公开却被视为一种背叛。在为《妇女界》（Woman's Own）杂志写完女王1955年在皇家军队阅兵式上的情景后，她作为王室评论员的短暂职业生涯就彻底宣告结束了。阅兵因铁路罢工游行而取消，但在此之前，这篇文章已出版。因此，克劳菲的信誉尽毁。她和丈夫搬到了阿伯丁（Aberdeen）。丈夫去世后，她也于1988年离世。曾有报道称她起初试图自杀。最终在她的葬礼上王室也没有送鲜花。

然而，"步克劳菲后尘"依然是王室词汇中的一部分。这大概是王室对这位悲惨的前任保姆无恶意泄密的条件反射。这次泄密也让主管科尔维尔形成了日后对王室报道的看法。他坚持认为，除了明确规定面向公众的事件外，任何事情，无论多无伤大雅，都不应该被看成是公共问题。如果媒体想在女王就职后看到新的景象，或者此类干涉有所减少（也许，甚至一个新的新闻秘书），那他们恐怕要失望了。在这一点上，女王赞同她已故的父亲。有关加冕典礼电视报道的争议就是一个很好的例子。女王、她的新闻秘书和首相都反对摄影机入内。由菲利普亲王主持的组委会则正式否定了这一想法，理由是会出现各种技术问题，但他们连问都没问一下英国广播公司。于是，在很多议会议员的支持下，掀起了一场媒体代表广大被排除在外的民众的抗议活动，要求对此重新进行考虑。但是王室依然没有改变对媒体的态度。英国广播公司的一位管理者因斗胆暗示王室对有关乔治六世葬礼的报道感到满意而遭到科尔维尔的谴责。英国广播公司总监威廉·海利爵士（Sir William Hayley）立即发布一项规定，停播《广播时代》（Radio Times），甚至禁止猜测王室对广播的看法。

当女王着手准备1953—1954年的世界之旅时，科尔维尔也在忙着给各国媒体定规则。新西兰政府很快收到通知，在女王访问期间官方不得拍照。尽管她也是他们的女王，尽管这是女王第一次访问新西兰，而且会在此停留数星期。科尔维尔写信给惠灵顿的官员说："我相信，女王不希望拍这样的照片。因为每天都会有相当多的人给陛下拍照，我认为我们不应该得寸进尺。"澳大利亚广播公司也接到了意想不到的奇怪指示：不得向非澳大利亚的听众播放女王的讲话。因此，世界上其他地区的人可以通过报纸阅读女王演讲的内容，但却不允许观看或收听女王的演讲。"陛下或殿下们不希望他们的任何发言向北美、欧洲等地播送。"科尔维尔在给澳大利亚主管媒体的政府官员奥利弗·霍格（Oliver Hogue）的信中写道。

"理查德·科尔维尔用老派贵族的方式与人打交道，"威廉·赫塞尔廷爵士回忆说，"他坚持以姓氏称呼别人，可伦敦新闻界的记者却不怎么喜欢被别人用专制的口吻称作'史密斯'或'琼斯'。雷·贝利萨里奥（Ray Bellisario，原是追踪王室的摄影记者）对此组织深为反感的原因就是科尔维尔对他的处理。"

风平浪静时科尔维尔对待媒体的态度使他在风波骤起时更加难以控制形势。玛格丽特公主与上校彼得·汤森坠入爱河期间，王宫希望媒体保持平静，但这一要求无人理睬。事实上，时不时让科尔维尔感到烦恼倒好像是能引起媒体回应的唯一方式。爱丁堡公爵1956—1957年环球旅行期间，美国报纸相关新闻不断，科尔维尔不得不采取特别措施，发布了一份王宫的正式声明，否认王室婚姻破裂。这在许多层面上都证明是错的。对此事不予理睬的英国报纸突然被迫要对它们所忽略的事情做出解释。它们的克制不但没得到优待，反倒让自己看起来很蠢。而且，这么做对抑制人们的猜测根本于事无补。

女王婚后的前15年里，仅法国媒体就有73篇报道称她和公爵要离婚。然而，他们还是有一家新闻机构可以依赖，无视这些有关"破裂"或其他任何不友好的新闻报道。但即便是对王室忠心耿耿的英国广播公司也不得不与时俱进。整个50年代，它确实都在按要求来做。当被告知不能在电视剧中出现对爱德华七世的刻画时，英国广播公司服从了。1958年，又被告知不得为儿童节目拍摄皇家列车，他们也表示了同意。作家奥特林厄姆勋爵和广播员马尔科姆·马格里奇（Malcolm Muggeridge）曾以轻蔑的语气在报纸上评论女王，英国广播公司随即禁止他们在广播中讨论王室事务。这不单单是顺从尊重，也包含共同目的。英国广播公司想阻止独立电视台（于1955年开播）的新贵们从王室事件中谋利。

1957年，伊丽莎白二世以电视直播的形式进行圣诞讲话

但是，进入 60 年代，英国广播公司不能再对社会的剧变置之不理。到了 1963 年，君主制成了电视讽刺作品中新偶像破坏者们的攻击对象。在一部著名的短剧中，年轻的戴维·弗罗斯特（David Frost）模仿王室报道的奉承语气对皇家驳船沉没事件进行了嘲讽性的评论。尽管这部短剧出现在英国广播公司《上周发生了什么》（*That Was The Week That Was*）节目中，但对于伦敦影视界来说，依然被认为太过伤风败俗。（当时，所有戏剧作品需获得主管科尔维尔宫务大臣办公室的同人的批准。）对王室来说，如果媒体不满意它们所获得的访问和信息级别，那就会倒霉了。要是君主制跟不上时代，就随它去吧，毕竟当时也没什么大的危机。无论如何，玛格丽特公主大婚和她的孩子的出生已给王室故事加入了新鲜元素。为什么要费心改变呢？

有些人也试图就科尔维尔自满的危险性提醒王室。肯尼思·罗斯回忆道："我对这种毫无进展的方法感到失望，于是写信给迈克尔·阿迪恩（女王的私人秘书），我把他当作朋友。'你知道这对公众舆论和媒体的影响吗？'迈克尔·阿迪恩回信说：'你也许是对的，也许是错的，但我恐怕不能干预此事，这不在我的职权范围之内。'"实际上，那就是他的部门，因为新闻办公室是私人秘书办公室的一部分。只要科尔维尔还有顶头上司的支持，就没有什么事情会改变。报业委员会甚至批评过他的阻碍式方法，但因为有人为他撑腰，因而并没对他造成任何影响。1965 年，女王册封他为皇家维多利亚勋章的一名骑士指挥官，于是他成了理查德爵士。女王有很多理由对其表示感谢。大多数情况下，对王室的报道都是值得且受人尊重的。所有寻求新世界秩序的呼声，对于君主制没有明显的敌意。在 60 年代参加抗议活动的激进分子看来，温莎王室充其量也就是一群惨淡过时的资产阶级，不是无足轻重，就是上演了几出轻喜剧而已。

继任新闻秘书的罗恩·艾利森整个 60 年代都在电视广播业中工作。他曾激怒过科尔维尔，只不过是因为和他说了几句话。"我是英国广播公司驻南安普敦记者，听说菲利普亲王正在怀特岛。我打电话给科尔维尔确认,他彬彬有礼,但不怎么高兴。五分钟后,我的电话响了,是戈弗雷·塔尔伯特(Godfrey Talbot,英国广播公司的记者)。他说科尔维尔向他抱怨:'这是怎么回事,塔尔伯特?你是唯一能和我对话的人。'"科尔维尔视媒体为敌人。但现在,艾利森明白了为什么长久以来王室乐于坚持任用科尔维尔。"在早些时候,女王和公爵得到了媒体很好的关注。我的意思是,如果你仔细观察理查德·科尔维尔,会发现在专栏长度和照片宣传等方面他做了大量工作。"

在科尔维尔任期即将结束时,出现了与公众交流的新方式。1967年,帆船运动员弗朗西斯·奇切斯特(Francis Chichester)独自完成环球航行后回到英国。王室决定授予他骑士爵位。与以往的皇家授勋仪式不同,这次有些浪漫,突破了传统。女王在泰晤士河边的格林尼治进行骑士称号授予仪式。而她用的剑是当年伊丽莎白一世赐封弗朗西斯·德雷克(Francis Drake)时所用的。① 对此公众很是喜欢。

然后,似乎一切都变了,即便不是一夜之间,也是短短几个月的事。在暗杀(马丁·路德·金、博比·肯尼迪之死)、冲突(越南、捷克斯洛伐克)、公民骚乱频发的全球背景下,传媒界对王室和媒体关系的剧变几乎没有给予太多关注。1968年宫务大臣办公室不仅放弃戏剧审查员的角色,理查德·科尔维尔也在发表最后一次声明"无可奉告"后退休。他的继任者是来自澳大利亚行政部的一位新星,名叫威廉·赫塞尔廷。随即,一种新的行事方式孕育而生。

忽然间,摄影机不再是触犯红线的敏感之物,而是不断被加以利用。女王的圣诞致辞首次以彩色形式拍摄。与此同时,摄影机得以进入王宫拍摄欢迎意大利总统的国宴。但赫塞尔廷策划了一个更有雄心

---

① 骑士称号授予礼以剑面击肩,源于拉丁语 *ad collum*(到颈部),直到荣誉授予礼成,骑士才正式成为"爵士"。由于授予礼的军事内涵和战场起源,牧师不可以接受该荣誉,因为他们是"上帝的臣民"。即便他们成为爵士,也不可以在名前加爵士称呼,他们的妻子不能在名前加"夫人"一称。这只适用于圣公会牧师——英格兰教会最高总督歧视自己教会的一个奇怪例证。

的项目。查尔斯王子即将成年，受封为威尔士亲王。而安妮公主也将开始履行公共职责。新一代的王室成员正在着手准备服务活动。社会正在发生变化。难道现在还不是录制第一部有关君主制电视纪录片的恰当时机吗？

赫塞尔廷说："我当上新闻秘书时，授权仪式举行在即，每个人都开始就此提出建议，包括为威尔士亲王出版传记的主意，在我看来，这相当愚蠢，因为20来岁的年纪实在没有什么可说的。我打算为他展示一下未来要面临的种种情况，而不是平淡乏味的童年回顾。"赫塞尔廷相信电视节目有助于恢复公众对王室的兴趣。

"当时王室年青一代还在学校，远离新闻界。那时感觉他们非常沉闷。同时，女王和亲王几近中年，不再像执政之初那样具有报道价值。我感觉《宫廷公报》中那些浮夸的报道和八卦专栏的小道消息应得到纠正，这将有助于年青一代在世界上崭露头角。一切都表明，他们根本没什么不正常，相反是一对机智、有魅力的夫妇。"

他说，两名男士是该计划的关键。一位是约翰·布雷伯恩勋爵（Lord Brabourne），他的妻子是爱丁堡公爵的表妹帕特里夏·蒙巴顿夫人（Lady Patricia Mountbatten）。他是著名的电影制片人，也是王室在媒体事件上值得信赖的密友。他坚持认为君主制日渐衰落的名望会在公众意识中得到恢复。他还为该计划推荐了另一位合适的人选，富有经验的英国广播公司导演和制片人理查德·考斯顿（Richard Cawston）。"这是一个重要决定。"赫塞尔廷说，是他向女王提出这一建议的。她当时的反应热情而谨慎："去做吧，静观其变。"

如果以今天的纪录片标准来衡量当初的王室干预程度显然无法接受。一旦计划获准，所有的拍摄须事先得到爱丁堡公爵主持的一个委员会的同意。然而，女主角很快喜欢上了这个想法。"从一开始启动，女王就完全配合。"赫塞尔廷说。40多年后，重新审视《王室》，它依然是一部出色的作品。一些重要的角色都表现得很天真烂漫。他们做沙拉酱、滑水橇、招待英国奥运代表团或者请理查德·尼克松总统共进午餐。在那之前，他们对麦克风和摄影机的唯一体验仅是启动项目或主持揭幕仪式。随着为期 12 个月的拍摄逐步推进，女王显然在镜头前越来越自如。她最放松的时刻是做一位母亲而不是国家元首——无论是给爱德华王子在巴尔莫勒尔城堡买冰淇淋，还是带他和吵闹的安德鲁王子开车在桑德灵汉姆庄园兜风，都是真正的满心欢喜。

纪录片中，世界各国领导人在大厅入口来来去去。当女王问新任命的美国驻英大使沃尔特·安嫩伯格（Walter Annenberg）觉得这一新岗位如何时，我们看到的是，在皇家气场面前最优秀的人也可能会不知所措。"我们现住在使馆住宅区，因为翻修和重建问题确实遇到些挫折……"女王后来向托尼·本（Tony Benn）承认她觉得这一段应后期修改一下，以消除安嫩伯格的窘迫。这部纪录片也让观众们第一次看到首相（哈罗德·威尔逊）与女王一起出席每周的正式觐见。"这是民主制与君主制相遇的时刻。"严肃的评论员宣称。整个过程由迈克尔·弗兰德斯［Michael Flanders，演艺界名人"弗兰德斯和斯万二人组"之一，英国广播公司现任经济学编辑史蒂芬妮·弗兰德斯（Stephanie Flanders）的父亲］解说。而他的评论词却是由英国广播公司前制片人安东尼·杰伊撰写的。此人 20 年后为王室做出了重要贡献。他的解说词简短而庄重，谨慎地将一些重大的宪制话题点缀在了普通场景中，让全国观众兴奋不已。"女王代表的不是分裂政府的争论，而是团结人民的情感。"在英联邦领导人到场时，弗兰德斯这样解说道。纪录片时长 110 分钟，以低调含蓄的杰伊式分析结尾："只要女王在国家的最高职位上，任何人都不能替代。只要她是法律的首领，就没有政界人士可以接管法庭。只要她是国家元首，就没有上将能接管政府。只要她是军队领袖，就没有潜在的独裁者能使军队与人民为敌。君主制的力量不在于它赋予君主的权力，而在于它否认其他人可以获得这些权力。"

多数年龄足够大的人都看过这部纪录片,并至今记忆犹新。尤其是家庭烧烤那一幕——查尔斯王子搅拌沙拉酱,女王负责品尝(她做个鬼脸说"太油了"),菲利普亲王正翻动牛排,而安妮公主则在一旁预言"这(次烧烤)是一次完全有保证的失败"。该节目是演播史上的一次奇迹。它不仅创下当天约 3 500 万人观看的最新收视纪录,而且迫使英国广播公司与竞争对手独立电视台通力合作。该片在两个电视台隔晚轮流播出,仅英国观看人数累计就有 3 800 万。也不是没有批评的声音。一些人认为这是精心安排的作秀,像在同年夏天有人质疑那个男人是否真的登上了月球一样。"许多人怀疑他们之前是否真的会有家庭烧烤。"威廉·赫塞尔廷回忆道,他同时指出菲利普亲王的烧烤绝技已是多年来的固定节目。① 还有人嘲笑女王在商店里为买冰淇淋付钱——他们还是介意她从来不带钱的传说。"我想她不是商店的常客,"赫塞尔廷说,"但那是她自己提议的,理由是以前这么做过。"《伦敦晚报》(*Evening Standard*)的弥尔顿·舒尔曼(Milton Shulman,他的女儿亚历山德拉 41 年后作为《时尚》杂志的主编出席了前面提到的那场时尚宴会)认为,这部纪录片造成了不可挽回的损失。"此刻幸运的是我们有王室极佳地切合了公共关系人士的梦想,"他写道,"然而,从长远来看,对于女王的顾问来说,开此先例,赋予电视摄像机如此权力,让其为王室塑造形象,这样明智吗?到目前为止,尝试使用电视进行宣传推广的每个机构都遭到了电视媒体的轻视。"

电视节目主持人、爱丁堡公爵的密友戴维·阿滕伯勒(David Attenborough)提醒说,该节目打破了一个很大的人类禁忌,"正在扼杀君主制"。"整个机构依赖于神秘性和他小屋里的部落首领。"他

---

① 自从公爵在芬兰第一次看到烧烤这种形式,它就成了王室活动的主题之一。约克公爵说:"这种方式很好,让家人聚在一起,并随着时间的推移,不断发展。我们现在不得不都学会了烧烤。如果爱丁堡公爵不在那儿或者不想亲自出马,他就会说:'你们来吧。'"

当时说,"如果有部落人员看到小屋里的情况,那么首领的权威将被破坏,而部落最终也会瓦解。"但至今,赫塞尔廷对此依然毫无悔意,他说:"影片大获成功。有一两个反对的声音。弥尔顿·舒尔曼和一两个较古板的郡长认为这不是个好主意。以后等'缺乏尊重'变成一个严重的问题时,许多人就会开始指责说这全是'赫塞尔廷的错',我们本不应该放映《王室》这部纪录片。我当时认为这个观点很荒谬,现在也一样,因为你不可能像他们五六十年代所做的那样,到了70年代仍继续对电视的作用视而不见。"

自此,这部纪录片成了世界著名的广播界"雪人",除了20世纪70年代重播过一次,就再没出现在荧屏上。不但视频库里没有,而且也搜寻不到该片的录像带或者数码影碟。如今,电视研究人员只能在严密的监督下观看此片。其版权交由女王的私人秘书管理,由历任私人秘书妥善保管。虽然其中的一个片段临时获准用在另一部纪录片中,但该片本身仍不对公众开放。对此,官方给出的理由是,这一节目就是为那个时代而创作的。"我们严格限制该片,是因为我们意识到公众的态度有了巨大转变。"威廉·赫塞尔廷说,"此外,我们觉得它不是其他节目可挖掘的材料,也不适合每隔几个月就放映一次。"像任何40多年前的家庭视频一样,里面肯定包含了一些家庭成员不愿透露的隐私,比如,一根大提琴断弦打到了爱德华王子的脸,查尔斯王子上大学时苦恼认真的样子,女王像"大猩猩"一样用手臂和一位外交官开玩笑。如果现在重播,一定程度上就会招来嘲笑、怀旧,以及和当下错误的比较。另外,也会突出一种有趣的皇家发展趋势。女王渐渐变老,她的工作人员越来越年轻化。从储藏室到私人秘书办公室,几乎每个在纪录片《王室》中出现的人都已近退休。与这些上了年纪的人相比,如今的王室内府正由一群年轻人管理。但是,这部纪录片真的过时了吗?它的中心主题几乎没有变过:君主生来便与人民有约——这是它的成功之道。

纪录片《王室》不仅标志着王室与新闻界关系的转变,也体现了王室与人民之间关系的动态性。新想法不再被视为对王室的威胁，而是能得到积极考虑。一年后，女王的新西兰之旅就是一个很好的例证。一份交通计划的微调，重新定义了此后王室成员，甚至是政府官员与公众建立密切关系的方式。亲民巡行（walkabout）应运而生。"这不是偶然的。"威廉·赫塞尔廷说。1953—1954 年女王的巡行获得巨大成功，但 1963 年，对澳大利亚和新西兰的访问却令人有些失望。民众必不可少，但人数比预期的要少，有点令人扫兴。王室成员想为 1970 年的旅行注入新鲜活力。"我们在想：'怎样做才能避免 1963 年的情景呢？'"赫塞尔廷说，"我们讨论的结果是要亲近民众，哪怕只是一次挥手、一个微笑，都不仅仅是针对市长、议员和政府官员。"但是怎样才能做到呢？

　　之前君主从没有走到人群中与人们闲聊，没有引见，这当然不会发生。新西兰内务部负责人帕特里克·奥戴（Patrick O'Dea）有一个解决方案。赫塞尔廷说："讨论的结果是把汽车停在离市政厅五六十英尺的地方，而不是停在市政厅门口。女王下车徒步前行，沿街随时停下来与民众打招呼。"警察不怎么支持。但是，奥戴和赫塞尔廷把这一想法告诉了女王和公爵后，他们表示很高兴在抵达惠灵顿后进行一次尝试。这个方案很快取得了成功，不仅在民众中，关键是，在新闻界也获得了好评。"最重要的是人们用'亲民'两字形容此事。"赫塞尔廷说，"为此应予以表扬的是《每日邮报》的文森特·马尔克罗恩（Vincent Mulchrone）。这个令人愉快又愤世嫉俗的老男孩，当时完全曲解了'walkabout'一词的意思。这个词原意本是一种大洋洲土著现象——短期丛林流浪，指的是一种独自行走在丛林，其间不与任何人联系、闲谈，而不是人群中的散步与交谈。但此词一出，因其笼罩的浪漫光环，竟成了举世公认的术语！"女王回国后，在考文垂进行了首次亲民巡行——那是一次媒体的胜利。政治人物随即效仿她，在 1970 年的大选中进行巡回宣传。从那时起，亲民巡行已成为公众生活的一部分。

值得称赞的是理查德·科尔维尔爵士对此自始至终表示支持。"之后这些年，我看到他很多次。他的健康状况不太好，但见到我总是夸赞，从未提出过批评。我想他觉得是该有所改变了。"赫塞尔廷说。

赫塞尔廷很快晋升为助理私人秘书，后来一路晋升到王室内府的最高职位。女王选择更换新闻秘书标志着科尔维尔时代的彻底结束。罗恩·艾利森是第一个加入皇家团队的专业记者。他直接从英国广播公司被聘用过来，他作为皇家记者已在英国广播公司工作了4年。他记得英国广播公司在晚间新闻简报中报道他的任命如下："艾利森即将成为王室内府住在特威肯汉姆（Twickenham）一所三居室的半独立住宅里的第一位成员。"实际也是如此，但比起住进御赐的住所，他更喜欢作为通勤一族每天去王宫上班。艾利森说，从偷窥者到看守者的身份转变相对容易，因为之前对王室及其团队已有了解。他还说，工作方式上他并没有妥协。之前在英国广播公司的报道中他就直接回应各种问题，现在，王室也期待他有同样的表现。"担任新闻秘书期间，我保持了自己的职业操守。"他说，"我从来没有故意说谎。伦敦新闻界和其他方面，对此任命都表示欢迎。持谨慎态度的只有王室和独立电视新闻公司（ITN）里的少数人。"独立电视新闻公司肯定不满意，因为他们在英国广播公司的老对手如今居然进入王宫任职。艾利森很快就找到机会向新上司和媒体证明了自己的价值。他一上任正赶上筹备安妮公主和马克·菲利普斯上尉的婚礼。"我立即陷入千头万绪之中，但这也使我得以证明自己完全能够胜任。"

艾利森到来时恰逢王宫的另一重要变化。女王的私人秘书迈克尔·阿迪恩爵士退休，由感召力强的马丁·查特里斯继任。像科尔维尔一样，阿迪恩一直是被乔治六世信赖的人，接替他的也是一位天生的革新者。纵观整个君主统治时期，60年代末70年代初这一短暂时期无疑是一个转折点。王室的传记作家萨拉·布拉德福德将其形容为女王有意进行的一次精心"复兴"（relaunch）。但威廉·赫塞尔廷坚持认为，不会有如此盛大、战略性的规模："我不认同复兴的说法，这是许多因素赶在一起的结果。"刚刚获封的威尔士亲王和他的妹妹正成为皇家团队的一部分。从披头士到美国的民权运动，外部世界正在经历一系列社会和科技变革。人类不仅已经登月，而且还可以在舒适的房间里观察它的一切。

女王和菲利普亲王在位已久，如今已逐渐失去了新鲜感。在第二次环球之旅期间，到场观看的人寥寥无几已是证明。是时候打破乔治六世的君主制模式创建新秩序了。因此，将君主制过时的媒体形象全部归因于理查德·科尔维尔是不公平的。君主制不单单是因为科尔维尔才陷入 50 年代的思维模式。他是问题的表现，而不是原因。君主制与媒体的关系是检验其与公众关系的试金石，这种关系在 70 年代继续发展、完善，从 1977 年女王登基 25 周年彩旗飘扬的复兴开始进入十年平稳期；之后，《勇往直前》的阴云密布逐渐积聚成了 90 年代的疾风骤雨。

在王室订婚礼、婚礼、成员降生的快乐时光里，王宫和新闻界唯一一次严重的摩擦是由于《星期日泰晤士报》刊登了王室与唐宁街出现裂痕的报道。据说，根据可靠的消息来源，女王认为撒切尔夫人的政策"充满冷漠、对抗，会引起社会分裂"。该报道让王室非常难堪——因为这似乎打破了宪法规定的中立原则——并且首相也同样感到尴尬。《星期日泰晤士报》拒绝提供消息的来源，最后却证明来源只有一个。经过数日的否认与混乱，真相浮出水面，是女王的新闻秘书迈克尔·谢伊（1978 年接替艾利森）曾和《星期日泰晤士报》提及此事。但谢伊坚持认为，他的话完全被曲解了。2009 年谢伊去世，但谁泄露此事的争论一直持续至今，也永无可能得到最终解决。毫无疑问的是，谢伊当初没有得到任何人的授权，更不用说女王。此外，没有任何一个王室成员记得，或者能够想象，女王会如此轻率地和一名工作人员这么交谈。不久后，查尔斯·安森出任新闻秘书，他强调："很久以来，女王从未向任何人，甚至是她的私人秘书表露过她不认可撒切尔夫人,或是其他任何一位首相。"

谢伊之前的同事回忆他时,认为他开朗外向,喜欢记者相随(他们也喜欢他)。一位资深大臣猜测,谢伊可能"自不量力地在政治上有所逾越",对女王在政治问题上保持中立曾做出过一些不痛不痒的评论。那位大臣描述道:"他们在报道中想方设法暗示,女王如果有机会或许会投票支持自由党。"王室的另一位大臣说:"那个可怜的家伙死了。不过,我知道在和那个记者电话交谈后,迈克尔来参加一次会议时对我说:'我和某某有一次相当不错的谈话,我觉得《星期日泰晤士报》会上演精彩故事了。'所以,他没意识到宝剑会掉下来。"

宝剑没有立即掉下来。几个月后,谢伊离开了王宫,改任某商业公共关系领域的高级职务,但仍坚称他的离开与撒切尔夫人事件无关。这又不完全准确。"最后,我们必须鼓励他继续前进,"当时是谢伊上司的威廉·赫塞尔廷说,"这可能是由迈克尔的傲慢所致。他一意孤行,在归纳女王的态度和观点上越了红线。之后他意识到自己已走得太远,便开始否认这样做过。"

现在,王室年轻、迷人的一代,特别是威尔士王妃,正占据着媒体报道的头条。大多数新闻机构已委派指定的"皇家"团队来处理对王室报道日益增长的呼声。不断扩张的"皇家狗仔队"对女王和菲利普亲王正在做什么并不是特别感兴趣。这与女王实质上在这些问题上没有竞争力无关,也并非质疑她的王室地位。但是 1992 年女王登基 40 周年纪念日前,另一个与《王室》相同类型的影片计划被提上日程,这一计划对提醒人们君主制的内涵将有所助益。

"在王宫,普遍有一种感觉:'如果人们总是对女王的活动视而不见,那我们该如何对王室开支做出解释?'"负责人爱德华·米尔佐夫说,他现在在做理查德·考斯顿 23 年前所做的工作。"她进行巡视、访问,却没有一个人对此进行报道。而年轻王室成员的消息却遍布了各大报刊。这实际是问题的另一个层面:'我们该如何回到以前的状态?'"米尔佐夫继续说。

这一次，英国广播公司不再与独立电视台合作。他们坚持这一项目由他们独立完成，而节目做好后可以由独立电视台自由选择时间进行转播。王宫与英国广播公司的关系在这时已经发生了意义深远的转变。王宫可能一直掌控着主动权，但是不会再有爱丁堡公爵主持的委员会了（事实上，公爵与这一项目并不相关）。米尔佐夫回忆道："王宫可能没有任何的编辑权，但是对通过特殊途径得到任何材料他们有否决权——考虑到这个节目大部分内容都要通过特殊途径，所以那会是大量的素材。初期会有很多暂时性问题。一个不断重复的论调是'女王不会喜欢的！'即使我说'你问过她了吗'，得到的也是相同的回复。"

他慎重地聘用了一些经验丰富的老手，这些人曾参与过 1969 年纪录片的制作。"我组建的团队都是老熟人，将来可以成为密友，其中包括起初从事配音的彼得·爱德华兹（Peter Edwards）。王室成员更担心配音，而不是画面，彼得是完全可以胜任的。因此，我们就有了这些惊人的对话。"其中一次发生在 1991 年七国集团峰会的皇家宴会上。爱德华·希思爵士斥责美国国务卿詹姆斯·贝克（James Baker）不以他为榜样，没有在第一次海湾战争爆发前亲自与萨达姆·侯赛因会面。女王说："他不能像你一样去巴格达。"希思激动地说道："为什么不行，夫人？我去过巴格达。"女王顽皮地回答道："我知道你去过，但是现在不合适。"据说不久后女王可能后悔说了这样的话。米尔佐夫一直认为那是一个很让人欢喜的时刻，并且记得希思在纪录片中没有受到处罚。"我在皇家宴会上记住了他。他对自己坐的位置大惊小怪，抱怨作为前首相，他本该有一个更高级点儿的位置。我想实际上女王他们最后给他换了新座位！"不久之后，米尔佐夫和他的团队就认识到王室内府的不同部门的工作风格可能会极其不同。

"我发现王宫分成两部分：一部分是时时都在操心的男性私人秘书，另一部分是非常热心的侍女。有几个月时间，我一直想的是：'这部纪录片不可能完成。'但是，当侍女对我们非常热情时，我的心情就会改变。"米尔佐夫为了应付过于谨慎的王宫官员,采取了新的拍摄策略。"一位新闻负责人总说'只有 2 分钟'或者'只剩 3 分钟',这很让人气恼,因为事情总是在你推进时才越变越好。所以,我带来了迷人的年轻女性——一名女研究员、一名女助理制片人,她们的工作是就各种问题不断咨询,分散注意力。所有的男性都喜欢这些可爱的女孩,但好像只有菲利普亲王例外。他似乎从来没给过回应。"

王室成员的紧张是可以理解的。新任新闻秘书查尔斯·安森刚刚就职,他不会让爱德华·米尔佐夫和英国广播公司的人在王宫里随便走动。米尔佐夫解释道:"一旦摄影机开始工作,出现一些极坏的意外事件,那就糟透了。对于埃迪(Eddie)来讲,得到他想要的效果非常困难,但他这么表达是有道理的。我们后来成了朋友,但前六个月真是艰苦,充满了汗水与泪水。"就《王室》来说,女王的看法好像是如果她要做电视节目,那就好好完成。米尔佐夫像是在追忆一位好莱坞巨星:"没有什么是女王注意不到的。有时因为官员限制我们待在角落,因而总不能得到合适的拍摄角度,女王能观察到这些。所以,她会缓缓地移动,找机会让我们拍摄。她完全能意识到她需要做什么,我们需要怎样。这让你总是在想'太棒了,非常棒!'在'大不列颠号'上时,她走过来说:'为什么你们没拍呢?刚才的对话非常有趣。'我不得不解释我们未经允许。"

结果证明,这是一部视角独特、赢得好评的纪录片。这部电影囊括了整整 12 个月的事件:第一次海湾战争、七国集团峰会、与纳尔逊·曼德拉的第一次会面、女王接见宾客等,以及德比赛马、就餐、宴请和温莎城堡的睡前晚宴等。其中还有迄今为止最近距离采访女王的一次会面。米尔佐夫讲:"我们从 1990 年年中拍摄到 1991 年年末。然而直到进入剪辑室后,我们还一直在努力寻找节目的表现形式。所以,我对查尔斯·安森说:'如果能加入女王的声音,你想不到节目水平将提高多少。'值得称赞的是,查尔斯面见女王,提出了这一请求,女王同意这样做。当时环境条件非常好。屋里逐渐变黑了。那里只有录音员、查尔斯和我。我对女王说:'我仅仅是想对已拍摄完的部分进行精心制作。'而她非常出色,没有摄影机,只是自己在那里录音。我们走开时想:'太不可思议了!'安森也有同感,他说:'最后的闲谈是如此放松,并且全是女王如何看待她自己的作用的真知灼见。这是有史以来最近距离采访女王的一次节目录制——实际上要比采访好,因为女王的状态很放松。'她的言语亲切深情、自省谦虚却又深思熟虑。谈到巴尔莫勒尔城堡,她说:'是冬歇的好去处。'关于红色信箱:'大多数人都有工作,然后下班回家。而红色信箱表明,工作和生活是一起进行的。信件、通信还是络绎不绝。幸运的是,我读得很快……但我有时候也会因为要牺牲原本出去散步的时间来读信而耿耿于怀。'关于荣誉体系:'我想人们有时需要赞扬鼓励,这样这个世界才不至于乏味。'

听到女王亲口评论令人震撼,但其内容并没有让我们感到惊讶。它们加固而非改变了我们原有的看法。在和前任大臣的会面中,女王说道:"他们都来吐露自己的心声……我想那感觉是相当美好的,有人可以像海绵一样,吸附每个人前来倾诉的心事。有时,还会有人提出新的角度,而其他人以前可能从没这么考虑过……"

米尔佐夫讲道,他在审查过程中幸免于任何不专业的尝试,只是欣然接受了来自王室的两个私人请求——一是删掉女王母亲头发未经修饰的镜头,二是删掉关于一个动物慈善机构模棱两可的旁白。更艰难的剪辑问题出现在其他地方,尤其是如何处理威尔士王妃的部分。在拍摄期间,威尔士王妃一直是王室的重要成员,但是,不经意间她却有盖过女主角的趋势。米尔佐夫承认:"我们做出了一个艰难的决定:我们添加上了和戴安娜王妃的精彩对话,但最后又删掉了。这部纪录片的剪辑者发现当戴安娜王妃出现时,她会吸引所有人的目光,然而,我们不想那样。在一次外交接待会上,她告诉缅甸大使,她是如何喜欢驱车游览夜幕下的城市。那是相当精彩的谈话。但是,最后我们还是把它剪掉了。"

纪录片将要完成时，女王决定先预览一下。即使对于毫无畏惧、经验丰富的电影制作人来说，那也会是一个令人紧张的场景——在电影和电视艺术学院的一个狭小摄影棚里，聚集着女王、公爵以及王室内府和英国广播公司的高层。在放映开始前，米尔佐夫问女王的私人秘书罗伯特·费洛斯如何判断女王的反应。他的回答是："你会懂的。"事实上女王毫无反应。但是，电影刚开始时，爱丁堡公爵爽朗地大笑起来。米尔佐夫记得："从那一刻起，他们都开始笑了。最后，我说：'我们准备了茶，您需要吗？'女王回答道：'好的，非常感谢。'就像罗伯特·费洛斯所说的，就在那一刻，我知道了答案。"

这部纪录片通过两个广播电视频道吸引了约 3 000 万的英国观众，这一数字已达英国人口的一半。

如果说《王室》这部纪录片已叫人大开眼界，那么《伊丽莎白女王》更是让人眼前一亮。这部纪录片还是女王与媒体高水准交流的标志。但同时一场希腊式悲剧也将上演。在王室对外交流出现这一标志性事件之际，约克公爵和公爵夫人的代理律师正在为他们安排分居，这也意味着声名狼藉、多灾多难的一年的开始。

那是有史以来君主允许媒体的"长枪短炮"最接近王室的一次。在接下来的五年中，正如我们所看到的，王宫与媒体又会退回到各自固有的位置上。皇家记者，像《每日邮报》的理查德·凯（Richard Kay）与《每日镜报》的詹姆斯·惠特克（James Whitaker）已经成为他们各自领域的中流砥柱。电视媒体中，英国广播公司的珍妮·邦德（Jennie Bond）和独立电视新闻公司的尼克·欧文（Nick Owen）也成了名人。威尔士亲王与王妃都利用电视媒体向世界展示他们各自的立场。王宫内，查尔斯·安森和他的团队接手了这项工作。在王室活动目录里，有历史性的国家访问和周年纪念，但对于女王的孩子们的私人生活，官方却无法插手。安森回忆道："这就像是一名狂风暴雨中的士兵，你不得不迎接困难，抗击一切；最后，当太阳升起时，再去看看有什么东西需要清理修复。但是，女王很稳健，从不唐突，从不急躁。那是绝对的稳重。这一定与多年的阅历有关，从解决苏伊士危机那时就积累了经验。但也取决于脾气秉性。"

在媒体耸人听闻的流言下，女王一直保持着尊贵的沉默，可是最后，女王和她的大臣都失去了耐心。接下来，威尔士王妃戴安娜接受英国广播公司《全景》栏目的采访，对她丈夫是否适合继承王位表示了怀疑。女王不仅决定此时促使王子与王妃离婚，同时也迅速解除了英国广播公司制作女王圣诞致辞的独家权利。从此以后，这一荣誉归于独立电视台（后来又归于天空电视台）。那本是一个小小的惩戒，但是在英国广播公司的管理层和广播业中，却意义深远。这一决定在英国广播公司各部门并非完全不受欢迎。公司和王室的关系不再特殊。因此，广播公司内外的许多人都认为这是一件好事。

在这场围绕着《全景》栏目的风波中，媒体忽略了王太后对媒体管理进行的大胆尝试。

她本来计划进行髋部手术，可一听到《全景》栏目时，便马上采取了先发制人的英勇行动。听说对于95岁的老人微创手术也存在风险，王太后执意将手术提前到节目播出的那一周。基于此，即便手术没成功，至少也会在死后很高兴地将《全景》栏目踢出头版。她和她的侍女在丽兹酒店享用过午餐后，情绪高涨地去了医院——18天后同样活力四射地出现在众人面前。

两年后传来威尔士王妃戴安娜的死讯。公众对此事的反应令媒体吃惊，同时也让王室震惊。对于两者来说，这一全球24小时电视直播时代的首个王室事件都是未知领域。尽管葬礼筹备阶段有些煽动性的新闻，像"让我们看看你们的关心在哪里"等，但这一经历使得威尔士亲王与媒体之间的关系得以净化。几个月后威尔士亲王去南非巡行，哈里王子在场的情况下，他允许大批媒体人士与他同乘一架飞机。严厉的批评开始让他在怀疑中受益，因为焦点集中在了他作为父亲的品质上，而不仅是前夫。但是，那将是一个漫长的过程。女王的新闻团队不太热心与媒体修复关系。毕竟王室在整个90年代所积聚的痛苦仍需要时间来消除。女王和菲利普亲王也不急于改善这一关系。1997年11月，女王金婚庆典举行时，2 000个可用席位中只给了英国报业协会一个位置，其他媒体均被拒之门外。新任女王新闻秘书杰弗里·克劳福德的解释是："空间不够。"而就在两个月之前，在同一教堂举行王妃葬礼时，媒体还有预留的几排位置。某些场合，王宫对媒体的安排总让人回想起科尔维尔时代。2000年，当女王驾临悉尼可容纳90 000人的新奥林匹克体育场剪彩时，运动场空空如也，只有少数的摄像和记者允许进入——这招致了广泛的哄笑。来自官方的解释同样是："空间不够。"

同时，英国广播公司早就暗示将不再转播女王的母亲百岁生日庆典，当其正式宣布这一消息后，王宫与英国广播公司之间的关系又遭受了一次重创。王太后的百岁生日庆典在2000年7月就已开始筹备，300家赞助商早就进入激情狂欢状态，苏格兰高地警卫团、特种部队、家禽俱乐部和皇家刺绣学院将是庆典重头戏。这次盛典的组织者，同时也是王室锦标赛、伟大的欧洲胜利和二战胜利50周年纪念活动的设计师迈克尔·帕克（Michael Parker）少校已经欣然针对英国广播公司的计划做出了安排。除了皇家骑兵卫队阅兵场中容纳的12 000人，王宫希望确保现场直播时能有更多的人参与这一盛会。两个月过去了，英国广播公司却宣布撤出。这一决定确实令人费解，许多英国广播公司内部人士也非常吃惊。保守党领导人指责公司管理层不积极，这就演变成了一个政治问题。英国广播公司的官方解释是，他们需要报道一档感恩节献礼节目，另外，王太后百岁生日庆典与公司正在热播的肥皂剧《邻居》（Neighbours）有所冲突。帕克少校提出调整自己的安排以满足《邻居》热播的需求，但英国广播公司仍坚持决定。王宫在公开场合将这一决定描述为英国广播公司的内部事务。然而私下里，他们感到十分沮丧。这看上去是王室被当时新的政治与媒体体制下流行的"冷漠不列颠"（Cool Britannia）观点边缘化的又一例证。英国广播公司新的总负责人——格雷格·戴克（Greg Dyke）是一位工党支持者，刚刚上任，正热衷于表现自己。此时距离令人苦恼的千禧穹顶开幕式仅仅几个月。"古老的不列颠"从没感到自己比此刻更为苍老。但是，这一事件没有就此结束。伦敦卡尔顿电视台（Carlton Television）的一位年轻管理者发现了一个击败英国广播公司的机会。卡尔顿对王室栏目的追踪报道此前并不光彩。1997年1月，这家电视台播出了一期关于王室的全民辩论节目，结果混乱不堪，以所有参加者尴尬离场而告终。在这种严峻的气氛下，一位政府大臣甚至在节目还没开始就选择了退出。现在弥补的机会到了。

这位反应迅速的管理者就是戴维·卡梅伦，卡尔顿合作事务部的主管（他在第二年入职议会）。英国广播公司在周末做出决定后，独立电视台的几位老板都收到了来自这位33岁的未来首相的电话：他们愿不愿意考虑推翻各自原有的计划，提醒所有国民，英国广播公司垄断所有王室大事件拍摄的权利并非天赐。每个人都听着卡梅伦在讲，帕克少校也是如此。十多年之后，卡梅伦首相谈及当初自己在挽救《王太后一百岁》（The Queen Mother at 100）节目时发挥的作用，颇为谦虚。他愉快地回忆道："我仅是打开了局面，打了几个电话，让老板们对此产生兴趣，然后一切都水到渠成。对我们来说，这是一次机会。有很多的类似事件，但独立电视台只能在一旁想：机会总是英国广播公司的，我们永远没有。"

那一天非常混乱。伦敦地铁站炸弹恐怖袭击事件致使早晨的排演不得不取消，但帕克少校还是要将8 000位平民和2 500名士兵送到电视直播摄像机前接受检阅，他除了祈祷别无他法。"那天一切都是全新的，未经任何准备。"但是，结果却让人吃惊。2小时的现场直播给独立电视台带来了7年来最高的傍晚收视率。随后又有500万观众关注了晚间要闻回顾，超过700万观众实时收看了直播。而英国广播公司号称雷打不动的肥皂剧《邻居》仅吸引了350万观众。帕克少校在年底成为迈克尔爵士（他的骑士爵位不是来自政府，而是来自于爵级司令维多利亚勋章——是女王的一份个人礼物）。这让英国广播公司非常尴尬，同时，也反映了普通百姓对君主情谊的真实程度。

两年后，在星期六的复活节也出现了类似的误判，当时传来消息说王太后去世了。英国广播公司的新闻直播间已为这一事件预演了多年。而且为了这一场合一直储备着大批深色西装和黑色领带。但是，当那一时刻到来时，跟应对上次生日庆典一样，高层管理者做出了错误判断，认为他们所做的就是英国主流群体所想的。当新闻播音员彼得·希森斯（Peter Sissons）准备播报这一消息时，责任编辑告诉他："不要过分表现伤感。她年事已高，这一刻已在意料之中。"希森斯回忆道，他当时接到通知，要戴一条深紫红色而不是黑色的领带。那是错误的指令。但是，不仅仅是英国广播公司这样做。翌日，许多报纸和24小时新闻频道都在比较王太后逝世与威尔士王妃戴安娜去世后公众的反应，推论是大家更关心王妃。显然，一位女士在而立之年意外身亡与百岁老人的自然离世有很大不同，除此之外，他们还都忽略了一个事实，王妃出事后的那几天舆论实际上是受到了压制的。一个星期以后，当队伍绵延几英里的人们彻夜为王太后送别时，这种比较也消失得无影无踪了。

但事情也有好的一面。英国广播公司和王宫都在为两个月后的50周年庆典完善计划。毫无疑问，英国广播公司不会再犯同样的错误。随着大型周年纪念周的临近，格雷格·戴克和他的经理给了制片人很大的空间。这次不再是为了拥有更多政治敏感新闻操作权，而是为了英国广播公司新闻部自身——该部门制作了从《拯救生命》（Live Aid）到威廉王子婚礼等所有国内外精心安排的重大事件转播。此时，它再次挺身而出，迎接挑战，也因为对情感和职业分寸的把握恰当而赢得了奖励和赞誉。当天盛况空前，英国广播公司拍摄的激动人心的画面将作为伦敦申办2012年奥运会的主要影像资料。它所表达的潜在信息很简单："任何一个可以精心筹办这种聚会的国家当然也可以举办奥运会。"当获胜国家揭晓的那一刻，国际奥委会显然对此表示了认同。

王宫和媒体的关系也开始回暖，但仍有内部问题需要解决。白金汉宫的新闻团队与街对面圣詹姆斯宫的威尔士亲王团队意见不合，特别是和亲王的副私人秘书、实际的游说者马克·博兰（Mark Bolland）有分歧，这已是公开的秘密。白金汉宫里很多人觉得博兰有时为了提升威尔士亲王还有未来的康沃尔公爵夫人的形象，甚至不惜以损害家庭中的其他成员为代价。然而，即便是博兰的批评者也不得不承认，2005年亲王与公爵夫人的婚礼得到了广泛的祝福，他的工作还是卓有成效的。那时候，博兰已离职并创办了自己的咨询公司，双方的紧张关系也就此缓解。如今，旧怨已不复存在。女王的工作人员使用红色信笺，亲王这一方用绿色的。女王的内府成员用法文写菜单时，另一方就用英文写。但是，需要交流时（主管科尔维尔从不认为这是他的分内之事），最佳策略就是一种学院派的简单形式。那又是"男子联队"的主意。

王宫和新闻界的关系，现在可谓驾轻就熟，或者说，像80年代中期以来任何一段时间一样稳定。王宫不再认为一切理所应当，也不再自鸣得意地认为可以总是以好消息占据头条。自从前皇家管家保罗·伯勒尔（Paul Burrell）通过他的故事挣了一大笔钱后，王宫的律师就加强了他们的保密性条款。职员不仅可能因言行失检受到起诉，而且可能要为他人的不谨慎行为负责。如果恰好有人跟某个爱嚼舌根的人的谈话最终出现在了报纸上，那他的麻烦就来了。

现在，英国媒体在原有的常规王室报道中调整加入了魅力因素，逐步展现出了新局面。夸张宣传让位给了筹划更为周密的国内报道，但人们对新任剑桥公爵和公爵夫人的兴趣表明，世界人民对于像王室婚礼这种王室节目的喜爱丝毫未减。对威廉王子而言，此前他一直目睹母亲被媒体包围，而后又因为狗仔队的追赶而丧命，可以理解他对任何形式的媒体介入都非常反感。因此，他的婚约、单身男士晚会和婚礼筹备都像是秘密军事行动一样隐秘而悄无声息。然而，比起他父亲年轻时的经历，他现在忍受的烦恼要少得多。威廉王子努力地保持与主流媒体之间的和谐关系，通过提供适当场合的拍照机会来换取相对的和平。不论这种平衡是否可以保持，现在剑桥公爵夫妇作为一种新的全球媒体现象是显而易见的。毋庸置疑，剑桥公爵不会妥协，尤其是涉及公爵夫人的隐私。

另一方面，一些媒体管理者和编辑认为，大众已不再对女王兴趣十足，或者不再觉得她与他们密切相关。这种推断比较危险。2007年，英国广播公司制作了一部迄今为止涉及面最广的王室纪录片《与女王在一起的一年》(*A Year with the Queen*)，共分五集，并为此片录制了宣传预告片。预告片是精彩瞬间的剪接，其中有一个片段很不一般，是女王生气地走出了美国摄影师安妮·莱博维茨（Annie Leibovitz）的拍摄范围。事实上，在拍摄前女王已经表达了不满，因为莱博维茨让她戴上沉重的系带徽章。但女王费力地穿好礼服和绶带，在发泄出她的不满后，还是很专业地坚持完成了拍摄。

那么预告片怎么会搞反了呢？结果表明，为了方便内部使用，这一场景被制作公司进行了重新剪辑。最后，这个视频作为挑选出的宣传片段被送到了英国广播公司。这次重大的王室情感爆发本该在内部敲响警钟，可是，没有人来跟任何知道真相的人进行核实，反而将这一片段在记者招待会上公之于世。

这一错误的代价是英国广播公司两位高管因此离职，制作公司的工作几乎停止了，广播产业进行了长时间整改。实际上这本没有任何欺骗的意思。这是错误，而不是阴谋，可还是表现出一种愚蠢的想法：能像随意对待其他真人秀一样对待女王。一些媒体喜欢将王室比喻成一部肥皂剧。但如果真这么看待它，那就大错特错了。

女王从不允许其他导演像考斯顿或者米尔佐夫那样如此接近她，但是她和下属都清楚王室必须持续让民众"亲眼见到"，而相关性的

"主要驱动力"也还要继续。像从前一样，途径还是接近。结果是为数不多的几部备受瞩目的高质量系列纪录片，例如，《女王与国家》(*Queen and Country*)、《女王 80 岁》(*The Queen at 80*)和《君主制：工作中的王室》(*Monarchy：The Royal Family at Work*)①。近期的这些纪录片没有一部再关注家庭烧烤或是和女王就邮件进行惬意交谈。但这都没关系。人们不期望女王能给他们带来什么惊喜。他们非常清楚女王是什么样的人。对于一个从束缚中转变、不断求新的社会而言，让人放心的是，女王依旧是 1969 年那个品尝儿子做的沙拉酱的君主。这是一个时刻处在变化中的世界，但是核心人物却保持着原貌。这就是我们对女王的期待。然而，如果她决定像以前那样，在镜头前再向菲利普亲王扔一次网球鞋，那么今天的摄影师可能不再愿意轻易地交出胶片了。

---

① 虽有那个灾难性的宣传预告片，但《与女王在一起的一年》还是顺利完成，并以《君主制：工作中的王室》为名成功播出。在此必须做点说明，因为这个作品出自本书作者之手。

VII

女王与布衣

"幸福的人们是你愿意从事这一幸福事业的原因。"

2006年，伊丽莎白二世在圣保罗教堂

陆军中校戈登·伯德伍德（Gordon Birdwood）和他的小团队是王宫花园的专职"猎头"（hunter-gathering）。目前为止，他们的收获颇丰——为女王物色了三位来自女童子军的军官、一名年轻的英国皇家海军军官和他的妻子，为爱丁堡公爵找到了来自"水鼠"（Water Rats）的一对夫妇和空军的四名女士。但是他们需要继续寻找"猎物"。这将是一个漫长的下午，女王和公爵到达王宫草坪，进入帐篷喝茶之前，会利用间隙接见几百位客人。皇家游园会在过去一个多世纪里一直是夏季的主题活动。回顾历史，自维多利亚女王开始，所有君主对此都非常认可。除了只有少数人穿晨礼服、戴帽子，女士们的裙子更短以外，活动与女王小时候没什么两样。听起来也是如此——花园一角爱尔兰卫队乐队的流行曲，与另一端皇家空军中队士兵的演奏此起彼伏，茶匙碰击瓷器的叮当声点缀其中，不绝于耳。正如周围其他事物一样，女王和我们交流的方式依然如故，让人舒心，但同时又大不相同。从女王草拟宾客名单到她寄送邀请函，准备食物，颁发荣誉，巡游属国，选派代表和开放资产，她和我们的关系也悄然发生了改变。没人意识到这一点，除了女王自己。

女王登基伊始，王宫草坪上曾到处都是名媛、来自郡县的官员和穿着制服或佩戴市长链的人物。如今，只有制服和市长链还在，但佩戴市长链的人一般不太可能得到王室接见。伯德伍德说："我要寻找的不是那些已经见过英国王室成员的人，因此，不会是郡长或者指挥官们。我们要找的也不是名单上排得靠前的人，而是可能稍微靠后一些的人，比如那些骑兵和高级海员。"

伯德伍德是王宫的引礼武官之一。引礼武官多由绝对可靠的退休高级官员组成，像王宫花园聚会这种大场合，他们就会来帮忙，引领客人按照设定路线轻松地进出王室府邸。如今，他们还负责为女王和王室成员遴选适合接见的客人。就"适合"而言，不是指社会地位多高，或者衣着如何光鲜亮丽。"外表无关紧要。"不久将升任引礼武官主管的伯德伍德说，"有些人确实穿着邋遢，但却非常有才华。"他只是想邀请那些乐于和女王交流的人，而不是到时候沉默不语的。"总不能女王接见的一排人里面接二连三都缄默不语吧。"

皇家游园会是女王最大的社会活动。每年夏季主要有四场，三场在白金汉宫举行，另外一场在荷里路德宫举行。除了一些特殊情况外，每位客人一般只被邀请一次，理由是让尽可能多的人享受到这真正"千载难逢"的经历。粗略计算，每场派对大约会邀请9 000人参加，最终8 000人左右能到场（爱丁堡的荷里路德宫人数要稍微多一些）。他们不会说"拒绝"这个词。负责派送这些邀请函的宫务大臣办公室称之为"婉谢"，一些人由于疾病或距离原因不能来参加也是在所难免的。这就意味着，女王在位期间，已经邀请了200万人来喝下午茶。

客人名单的制定是一门社会学艺术，这需要一个小型的兼职团队——游园会女招待们——在王宫一层办公室策划好几个月。每场游园会都有1 200~1 500名赞助商参加，这些组织都在邀请之列。其中包括慈善机构和政府部门，目的在于使其在各自范围内尽可能广泛地传播王室的恩惠。例如，苏格兰事务部每年都会收到1 500份邀请函，而一个小型慈善机构也可能每三年收到两封邀请函。郡长们也会就此提交自己的建议。

派对的初衷很简单，就是要感谢那些为大众福利默默辛勤工作的人。每年只有3 000人能获得诸如员佐勋章的荣誉。在值得纪念的一天享用皇家树莓素饼是体现国家认可的一种方式。每个受邀者可以带来一位同伴。过去规定可以是其合法配偶和16~25岁的已婚女儿。到了90年代,女王认为这项规定对丧偶、离婚、同性恋和单身的人是不公平的。她下令任何来王宫的客人一定要有朋友和他一起分享这一天。规定因此也随之改变,同伴可以是任何肤色的人,未婚的儿子也包括在内。游园会女招待会收集每位客人的通行证和证件。她们必须认真地核查每个人的名字和地址,主要是因为大多数的邀请函(和很多的信封)最后会被裱起来挂在他们的墙上。如今现代科技已经悄悄进入了这最能体现爱德华七世时代风格的夏日仪式,这对皇家团队来说是幸运的,但对于其他人可能还是有些悲哀。女招待们再也不用自己写邀请函了。这些工作现在均由机器用特殊的书法字体完成。王室内府官员们解释说这样效率更高,而且人们能更快地收到邀请函。没有人因此而抱怨。毫无疑问,他们肯定没有什么怨言。受邀来和女王喝下午茶却对邀请函上的字迹挑三拣四还是有点不礼貌的。这仅仅是遍布王宫某个偏远角落里的又一点现代化痕迹而已。

准确地说,所有的皇家邀请函都是王室内府高级官员颁布的命令——"受女王指派,王室内府敬邀安德鲁先生和夫人来招待会",等等。回复邀请函的正式形式都在《德布雷特正确礼仪》(*Debrett's Correct Form*)这本书中有详细规定,它明确了各种形式礼节和礼仪的回复规范。鉴于游园会的邀请函均来自宫务大臣,因此"正确"的回复是:"安德鲁先生偕妻子及家人在此对宫务大臣表示敬意并有幸遵从女王陛下指令参加……"

事实上,由于游园会宾客数量非常庞大,倘若来参加的话,不必非得回复;相反,如果不能到场,则必须给予简单通知。这涉及安全而非餐饮安排问题。

像招待会或者晚宴等小型宫廷宴会,邀请函中总是注明:"敬请赐复。"有趣的是,现在只有一半的客人会按传统方式回复。其他人都怎么舒服怎么来。"亲爱的王室内府总管""亲爱的宫务大臣"此类称呼最为常见。这是现代英国社会习惯的有趣体现。人们不再为传统的繁文缛节费心劳神,但是,他们仍保持着这由来已久的好习惯。他们想回复,但更乐于摆脱形式的束缚,用自己的方式来表达。

改变的不仅仅是客人,王宫也更新了回复信件的方式。由于一些人不再写信,如今皇家邀请函在发出时也会附上电子邮件地址以方便客人回复。这个变化虽然细微,却是现代方式的一大飞跃。电子邮件最终赢得了应有的社会地位。注意了,当今世界的风信子来袭!可以理解的是,有一些人没有注意到这个文雅的法语词组:敬请赐复(Répondez, s'il vous plaît),因此根本不会回复。宴会前两周,王宫内务部的副秘书莎拉·汤恩德(Sarah Townend)会组建团队开始对那些没有回复的客人进行核实。"有些人不知道还需要回复,有时可能是忘记了,还有大概50人是因为地址错误根本没收到邀请函。"汤恩德说,"想想看,事后他们发现自己错过了什么机会将是多么的遗憾!"

目前,英国公共生活的各个方面已经渗透进了这座四方院,穿过王宫,来到露台上,在那儿可以俯视英国最大的甘菊草坪之一。皇家卫队已经开始准备"坚守阵地"——穿过人群,标划通道。陆军中校戈登·伯德伍德和他的团队穿梭在新到的客人中间,随意攀谈,温和地询问他们是怎么来王宫的,从哪里来,是否见过女王,等等。"任何谈话都可能富有成效。倘若你觉得他们状态不错,就会说:'你介意3点半在帐篷的角落和我见面吗?'然后,我会回来把他们安排在接见队伍里。只有到那一刻我才告诉他们要真正受到女王接见了。没人想让别人失望。"

今天有位引礼武官接到了特殊的指示,通常被称为"追寻"(drift)——为爱丁堡公爵搜寻特殊的客人,其中有一名从诺丁郡(Nottinghamshire)退伍的96岁老兵。4点整,女王准时出现在露台上,陪伴她的还有公爵、威塞克斯伯爵和伯爵夫人(the Earl and Countess of Wessex)、肯特的迈克尔王子和王妃。出席这种场合时女王总是身着色彩鲜亮夺目的连衣裙，今天是嫩黄色。这时，全场安静下来，等候国旗升起。有些人突然感到不能自已。不知是因为期待还是因为自豪，是因为受到感染还是庄严的气氛使然，抑或是所有这些情绪汇集到了一起，总之许多客人开始哭泣。随着女王年龄的增长，尤其是她接替已故的母亲成为国家最有威望的女性家长后，这种情况愈来愈常见。这就是突然意识到自己居然是面前这位不但知名而且独一无二的女王邀请的私人贵客！即便是最无动于衷的老愤青也会慢慢地受到感染。

引礼武官们已经将最先邀请到的客人在女王的行走路线上安排就位，同时解释说鞠躬或者行屈膝礼都可以，听到"女王驾到"时紧接着应该说"女王陛下"。他们已经对每个人的情况做了简单的记录，随后提交给负责向女王介绍客人的宫务大臣皮尔勋爵。如此一来，他的介绍中就包含了一些个人基本信息，比如，"夫人，请允许我为您介绍来自莱斯特（Leicester）的约翰·琼斯（John Jones）先生，他已经做了20年的消防员"。因此，女王不必再从"你从事什么工作"这种一般问题开始，而是直接和大家交谈起来。

简·巴特勒（Jan Butler）和另外两个来自女童子军的同事仍然稍有震惊。她们受邀参加这个游园会，本来期待享受美好的一天。在马上就要引见给她们的资助人（也是1937年第一届白金汉宫童子军的创办人之一）的前一刻，伯德伍德团队的一个工作人员才在台阶上"逮"到她们。皮尔勋爵引见完以后，三个姑娘却突然闲谈起了庆典。"女王知道那是我们的百年庆典，"巴特勒在找到非常急需的一杯茶后，继续说道，"而且她清楚我们为此付出了多大努力，这让我们激动不已。"此刻，女王已经缓步走到了皇家海军上尉保罗·埃文斯（Paul Evans）和他妻子安妮（Annie）面前，身高6英尺2英寸的埃文斯突然注意到女王不得不仰头看着他，阳光因此照到了眼睛上。保罗问道："您需要我挪动一下为您遮挡阳光吗？"女王回答："可以吗？你确实太高了。"

另一边，公爵在会见时与演员德里克·马丁（Derek Martin）打起趣来。马丁曾出演英国广播公司肥皂剧《东伦敦人》(EastEnders)里的出租车司机查理·斯莱特（Charlie Slater）。马丁是"鼠王"，即娱乐商业慈善机构"水鼠"的老板。公爵是马丁的好朋友。"你的徽章在哪儿？"马丁问道。这一机构的成员如果在公共场合被发现没有佩戴水鼠徽章是要被罚款的。公爵辩解说："在房里！"

一群不太拘谨的人已经包围了威塞克斯伯爵和伯爵夫人。来自伦敦东区的小学教师尼娜·拉尔（Neena Lall）下决心不见到王室成员她绝不回家。因此，她询问一名引礼武官能否向伯爵引见她。没多久，她就和伯爵在讨论伦敦东区的教育问题了。随后她又说："今天是我的生日。"伯爵回应说："生日快乐！"事后她说道："今天是我最特别的一个生日，看来有时候固执己见还是有回报的。"

大多数客人只是四处看看，享受美食就很高兴了。午后，客人们将享用女王独有的游园会茶饮（阿萨姆红茶和大吉岭茶混合在一起）和异常丰富的美食，包括奶油烤饼、咖啡爱克力（éclair）、维尔特郡（Wiltshire）火腿三明治再加上一些现代味道的加熏鲑鱼百吉饼和西番莲果挞。同时还给那些不爱喝茶的客人备有冰咖啡和桑德灵汉姆苹果汁。唯一供应的酒水恐怕是邓迪（Dundee）蛋糕里的威士忌了。女王在派对开始前会亲自检查，在苏格兰客人区域还会做一些细微的地域口味变化，例如，用酥饼代替草莓蛋糕，用燕麦饼夹熏三文鱼代替百吉饼。不完全清楚是什么原因，苏格兰客人享用的美食几乎是平均数的两倍——每人享用了 14 种之多。或许是因为在白金汉宫还有更多的花园需要游览吧。探寻在这里绝对受欢迎。

"在任何正式场合，稍稍随意一些，不拘礼节会令人愉快。"宫务大臣办公室工作人员乔纳森·斯宾塞解释说，"我们需要他们回去后说'天哪，我太喜欢了'，而不是说'呃，幸好我没有出丑'。"他的同事亚历山大·斯库利（Alexander Scully）为每位客人印制了新的指南。它不仅包括花园地图，还包括了步行所用的时间，目的是能让客人计算出诸如从滑铁卢大花瓶到最近的茶歇点需要多久。斯库利说："客人们可以动身去考察；当然如果他们愿意，也可以脱掉靴子在树下休息。"

但女王却别无选择。一个多小时的接见后，女王会来到皇家帐篷，那里还有一些重要人物等待女王接见。他们中包括撒切尔夫人、约克大主教、斯特拉思克莱德勋爵（Lord Strathclyde）、兰卡斯特公爵大法官，他还带来了他的岳母。在隔壁外交官帐篷里等候的是34名大使（这些国家是严格按规则轮流邀请的）。危地马拉和约旦大使还带来了他们的子女。在拐角处，伯德伍德和大汗淋漓的工作人员喝着冰咖啡悄悄进行情况通气会。他们很满意。

负责女王区域的空军上校休·罗尔夫（Hugh Rolfe）汇报说，女王已经接见了由来自26个不同群体组成的大团体，包括一名公交车司机和坐在轮椅上手持1946年邀请函的一名女士，她决定亲自把信给女王看。公爵接见了已经预约好的50名客人和另外的20组客人，只有公爵接连会见来自皇家海军的三组客人，让人感觉不太专业，有些失望。所有的残疾客人肯定已经事先得到了通知，因为当女王和王室成员返回王宫时，所有的轮椅都被排列在甬道两旁。大家在随意闲谈。那一刻让一位上了年纪的残疾男士震撼不已，当女王经过时，他甚至积聚力量从轮椅上站了起来。倒不是出现奇迹，陪护者也赶紧催促他坐好。来自康沃尔的事务官苏·布拉德肖（Sue Bradshaw）一直在为同行的77岁的母亲康妮·蒂明斯（Connie Timmins）担忧，她坐着轮椅一路从康沃尔来到这里，但是她什么也没有错过。她解释说，30年前她就该来到王宫，但恰好那天她的丈夫要做截肢手术。今天她唯一的抱怨就是黄瓜三明治里放的辣椒太多了。她的女儿说："今天我们觉得自己也像王室成员一样，真的是这种感觉。"她手里紧握着印制的菜单说："瞧，我还有纪念品呢。"

即便有可能，也很难再想起除了女王哪个英国君主还见证过在社会多样性、民众期待与情感表达方面如此巨大的变革。人们常把威尔士王妃戴安娜香消玉殒带来的泪水和鲜花视为英国心理从战时的坚忍向煽情外露情感转变的例子。关于皇家灵车有段鲜为人知的插曲能说明这一点。灵车载着王妃的灵柩来到安寝地奥尔索普后,不得不重新修饰。送行的人们不顾一切地想确保他们的花束落在车顶上,很多人甚至把石头绑在上面,希望花束能飞得更远。据葬礼的一名工作人员透露,等行程结束,灵车已经被折腾得"面目全非"了。

跟外面的广阔世界一样,在王室内部,一些社会界限不是仅仅有所变化,而是彻底消失了。从统治伊始,玛格丽特公主就被禁止与离异人士结婚。到了60年代晚期,女王在允许她离婚的侄子哈伍德伯爵(Earl of Harewood)再婚前,仍然需要得到政府的同意(最终他不得不在美国再婚)。到了1992年,她的女儿也选择离婚,而且随后在没有告知王室的情况下在苏格兰教堂再婚了。不但要反映,而且还要接纳社会态度的改变,这对任何君主都是一种挑战。乔治五世对此的理解很充分,因此才会出现1917年夏季的皇家内讧。随着英国在第一次世界大战期间不断流血牺牲,王室成员不但放弃了德国姓氏和头衔,将王室的姓氏改为温莎,而且国王还首次引入了大英帝国勋章。这后来成为他在位期间留下的伟大遗产之一。大英帝国勋章拉开了新的序幕,百万平民也因此有机会获得国家荣誉。那时,骑士勋章是颁发给贵族(英格兰的嘉德勋章和苏格兰的蓟花勋章)、外交官(圣迈克尔和圣乔治勋章)、指挥官(巴斯勋章)、皇家官员和工作人员(皇家维多利亚勋章)。而大英帝国勋章是通用的——男女皆可。国王首创了女骑士和女爵士。每个人都可以追求任一种五级勋章:员佐勋章、官佐勋章、司令勋章、爵级司令勋章(KBE/DBE)和至高无上的大英帝国爵级大十字勋章(GBE)。如今,大英帝国勋章已经授予了健在的120 000人。所有人都有权在圣保罗大教堂的勋章小教堂举行受封仪式。相比之下,只有1 800人获得巴斯勋章,限制最严格的要属蓟花勋章,迄今为止只有16人获此殊荣。

乔治六世还设法采用其他方式来缩小社会差距,比如,参观他的工厂，与贸易联合派进行开创性会谈，以及组织私立和州立学生男孩野营队。和父亲一样，他进一步拓宽了勋章的范围。在第二次世界大战期间，他想用勋章来嘉奖战斗之外勇气可嘉的行为。直到今天，乔治十字勋章仍然和维多利亚十字勋章齐名，是公认的最高勇气奖。

除了爱德华八世之外，现代英国的君主都很谨慎地遵守这个伟大的悖论，即想让君主像我们一样，但又与我们完全不同。有一点他们永远也不能做，那就是处处表现得高我们一头，这是那些已逝去的欧洲王室没有学到的一课。王室成员也可以和我们普通人结婚。查尔斯王子降生时，媒体曾对他有罗伯特·布鲁斯（Robert the Bruce）和欧文·格伦道尔（Owen Glendower）的直系血统大加报道，还高兴地发现他祖上还有一个叫约翰·沃尔什（John Walsh）的牧师兼水管工（与已故王太后有血缘关系）。新剑桥公爵夫人的祖先中包括磨坊主、律师和木匠，但她绝不是第一个给王室家谱带来清新色彩的人。

1948 年，查尔斯王子出生

然而，无论 20 世纪初皇家仪式对现代思维来说有多神秘，在对待社会问题上，英国王室成员比他们的欧洲表姐弟们要进步得多。1913 年，在汉诺威的恩斯特·奥古斯特王子（Prince Ernst August）和普鲁士王国维多利亚公主的婚礼上，鉴于当时的皇家种族隔离制度，当管弦乐队开始演奏华尔兹舞曲时，王室成员只能和名字列于《哥达年鉴》（Almanach de Gotha，欧洲皇族老谱系）第一部分的人跳舞。位于第二部分级别略低的王室成员必须离开舞池。当时玛丽女王曾因自己相对次要的德国王室血统而耿耿于怀，一再琢磨这本年鉴，甚至到了痴迷的程度。而当今女王对于门第出身的兴趣只限于马和狗。

最为成功的君主往往会因为平淡无奇而饱受诟病。每个场合都腰系金色绶带、身着制服的欧洲王子总爱嘲笑乔治五世的普通衣着，或是讽刺他在桑德灵汉姆庄园满屋都是百货公司便宜家具①的约克村舍里面养家糊口。同样，欧洲大陆的表亲们在看见英国国王兼印度皇帝不自在地挤在小火车上，或是第一次世界大战期间挖土豆的照片时，也会嗤之以鼻。但当他们各自的王位岌岌可危时，便再也无暇嘲弄别人了。正如埃及国王法鲁克（Farouk）在自己大势已去时记载的那样："不久之后就只会剩下五位国王了——方片国王、红桃国王、黑桃国王、梅花国王和英国国王。"

和英国公众一样，王室成员也认为理想王国的新贵们总是依靠仪式或者血统的做法相当滑稽。尽管这在一些欧洲王室内部是非同小可的事情。"有外国血统的年轻王室成员看重人们对王室行使鞠躬礼和屈膝礼，如肯特郡的迈克尔王妃，她可谓是最讲究礼仪之人。"一位与王室交往甚密的人透露说："通常是失势的君主对行礼最为热衷，因为除此以外，他们也没什么其他要考虑的事了。"因此向希腊的君士坦丁国王这样的君主行鞠躬礼就更为重要，因为他失去了王位，必定会对此更为敏感。但这并不意味着王室周围或是关于王室就没有严重的势利态度。最初的香槟社会主义者比阿特丽斯·韦伯（Beatrice Webb）曾把爱德华七世描述为"运转平稳的自动机器……难以形容

---

① 对此有过冷嘲热讽的并非只是欧洲王室。乔治五世的传记作家哈罗德·尼克尔森爵士（Sir Harold Nicolson）曾观察道，这所"阴暗的小别墅与瑟比顿（Surbiton）和诺伍德（Norwood）郊区的廉价排屋没什么两样"。后来，他还抱怨说，自己因为文学上的努力而获封爵士，简单得像是给中产阶级的奖励。他暗示还不如给他一箱香槟酒或是一台旅行钟。

的平常"。而乔治六世和伊丽莎白女王被他称为"理想的机器人"。H. G. 威尔斯（H. G. Wells）攻击乔治五世的宫廷"怪异而平庸"——"我或许很平庸，但我绝不是异类。"据说乔治五世曾这样反驳。最让王室难堪的一些评论常常出自有先辈情结的贵族。正如马尔科姆·马格里奇在1957年写的那样："发现女王衣着过时、寒酸而平常的往往是公爵夫人们。"据说，哈罗德·麦克米伦的妻子、某公爵的女儿多萝西夫人（Lady Dorothy）得知她的丈夫被召到王宫去时惊叫不已："这些人想要干什么？"她的情绪和王室某位重要的诺福克邻居大同小异。莱斯特伯爵有一次举行宴会，他的妻子建议邀请乔治五世和玛丽女王来参加，据说当时得到的回复是这样的："不行，不能助长他们的气焰。"

即便今天，还是会有人拿菲利普亲王的希腊出身开玩笑。女王继位后不久，有人就问及菲利普亲王将如何应对在温莎城堡的生活，言外之意像他这样生于科孚岛（Corfu）、漂泊不定的贫民初来乍到一定有点不知所措，这惹恼了亲王。他对此早有准备："嗯，我的母亲在这里出生，我的外祖母也是，我的曾祖母一直住在这里，所以我对这里了如指掌。"

1954年5月15日，女王和爱丁堡公爵在白金汉宫的阳台上
与查尔斯王子和安妮公主一起

另外一位新晋王室成员安东尼·阿姆斯特朗-琼斯也很痛恨这种被视为"灰姑娘"的感觉——就跟他憎恨在担任摄影师期间经常被人引向生意人入口一样。他后来和玛格丽特公主结婚，随即晋升为伯爵，这让他的前老板、《哈珀斯 & 女王》(Harpers & Queen) 杂志中《詹妮弗日记》的作者、社交作家贝蒂·肯华德 (Betty Kenward) 总是尴尬不已。因为她曾经在公共场合训斥过琼斯，声称："我的摄影师在派对上从不跟我说话。"

君主绝不可能是"我们中的一员"，更因为 6 000 万人民对于"我们"的理解大不相同。正如期待女王高于政治一样，人们也盼望她能高于阶级——这一最为敏感、最易引起是非，也最令人迷惑的问题。"女王眼里是没有阶级之分的，如果你的成就足够大，那你背后的阶级层次很容易被完全忽略。"一位前私人秘书如是说。无论人们如何剖析划分阶级层次，君主毋庸置疑处在他们独有的阶级之中。女王自己的口音也发生了变化——与登基之初相比，声调放低了一些，发音也不再那么刻意整齐清晰。同时，她认为她的孙辈们现在说的是"河口英语"[Estuary English，这个观点得到了以犀利著称的评论家兼美学家布莱恩·休厄尔（Brian Sewell）的支持］。一些纯粹主义者甚至争辩说，女王学习了民粹主义者的奇怪发音习惯，包括对"Jubilee"这个单词的发音。① 然而把君主描述为不属于任何阶级显然是荒谬的。这是一个完全基于等级制度的组织，有其独有的内部荣誉体系，皇家维多利亚勋章颁发时遵循严格的等级制度。比如说，一名侍从永远不可能得到骑士勋章，而宫务大臣也不可能获得皇家维多利亚奖章。女王的女官向来都是从传统的贵族中选取的，她的圈内好友也来自同一阶级。但这并没有让现代王室产生阶级分化，或者用现代的说法来说，变得势利。像大多数人一样，女王和王室成员的朋友也是

---

① 像大多数人一样，女王把这个单词发成"Jubil-eee"，而不是据说听上去更气派的"Jooobly"。两种发音都不能说完全正确，这里只是选择问题。

年龄相仿、背景相似、趣味相投。当然，女王所运行的这一体系，按照定义说，是传统的。但不管我如何认为，关键是他们所追求的并非代表或倾向支持某个特殊秩序或阶级。这也是女王执政期内的根本变化之一。

很多评论家支持马尔科姆·马格里奇的观点，认为王室是阶级意识的来源，"势利的态度得以在欲望冲动中孕育，而这种冲动是从处于权力塔尖的女王那里遗传而来的，直到最底层"。这种说法忽略了一个事实，就是常被习惯性认为是进步、平等的民主国家的荷兰、瑞典和挪威其实也是君主制。同时也忘记了势利是一种普遍存在的现象，任何非王室社会，无论是美国常春藤联盟还是巴黎成人礼舞会，都可能如此。但是，马格里奇的观点在1957年的影响显然比现在要大。因为，跟其他事情一样，女王周围的社会状况在她执政期间也发生了变化。马格里奇谴责王室"在当代世界既过时又极为不利"的同时，保守党人奥特林厄姆勋爵也在攻击女王周围"散漫的朝臣"和她"自负的"性格。1957年11月，王室宣布下一"季"结束时女王将取消宫廷的展示环节。这标志着需要法定年龄的年轻女性走出"闺房"，进入"上流社会"，并在君主面前"亮相"以表明其到结婚年龄的观念结束了。女王原本就对其不以为然。正如哈罗德·麦克米伦在回忆录中所写："女王不喜欢'上流社会'。"名媛们的初次社交聚会将被另外安排的一场800人规模的游园会所代替。除了英国纹章院的切斯特·赫勒尔德（Chester Herald）警告女王这样做可能会在社交界被孤立，还有几个野心勃勃的母亲私下的个人抱怨以外，没有什么人对此表示异议。但这个变化之所以关键，是因为它割裂了王室和旧传统社会等级制度之间的核心联系。在此先导指引下，40多年后，托尼·布莱尔提出了更具深远意义的重组改革。正如大家所见，取消上议院的世袭制，并没有使王室陷入人们所担心的那种境地。相反，在布莱尔和女王的侍从官员们看来，这样做帮助王室完全脱离了旧时贵族的影响。宫廷展示环节终结后，头衔没有废除，考斯帆船周也未取消。但是，就像旧赛季正淡出公众视野一样，旧贵族的重要性也日渐减弱。

女王加冕典礼上，扮演核心角色的一直是上议院的世袭成员们，他们表示效忠，偕夫人出席，而且获准随后买走加冕礼时他们坐过的椅子。相比之下，选举产生的英国下议院议员几乎从未承担过重头戏。以下就是贵族世界里最奇葩例证的极好体现。陈旧的世袭官职之一、爱尔兰加冕典礼特派官现在由什鲁斯伯里伯爵（Earl of Shrewsbury）继任，也在典礼队伍中获得一席之地，还特许手持一根白色权杖。可以预见的是，未来的加冕礼上，未来的什鲁斯伯里伯爵和其他所有世袭的贵族都只能在电视机前收看这一盛会了。现任的德文郡公爵已经表明，一旦上议院中最后一位世袭贵族被免职，那他就停止使用他的爵位头衔，理由是贵族们迟早会失去自己应有的地位。前任嘉德纹章院首席纹章官曾试图拒绝一位宫廷高级侍从申请盾形纹章的要求，因为他们感觉这个人的"重要程度"不够，女王的侍从官员们后来否定了这个决议。①

如今，女王和王室成员只在他们最亲密的朋友中依据家庭的历史和头衔进行排名。有些陪女王一起长大；很多有为王室服务的悠久家族史，或者像她一样也是赛马爱好者，拥有广袤的土地。但是，现在他们之间完全是私人关系。她也许跟他们相似，但却不是其中之一。

把旧贵族抛出议会的政治事件闹得沸沸扬扬的同时，一场鲜为人知的小型社会变革正在英国中部地区悄悄发生。作为女王耳目的旧时代表网络正在平静转型。每个郡都有郡长（首席治安官）。的确，一些郡县实际是依靠郡长才继续存在的。现在在地图上之所以找不到班夫郡（Banffshire），是因为那里已经废除了原来的郡议会。如今该郡大部分属于阿伯丁郡，剩下的部分成了默里郡（Moray）新的行政区

---

① 首席纹章官是英国纹章院的高级传令官。英国纹章院负责管理全英格兰、威尔士和北爱尔兰地区纹章和贵族家谱。苏格兰有自己的纹章院里昂法院。

域。但是，郡县一直是人类和地理特征的总和。那里的人们仍然觉得自己是班夫郡的一部分，班夫郡的郡长克莱尔·拉塞尔（Clare Russell）现在虽然居住在巴林达洛克城堡（Ballindalloch Castle），但依然非常积极活跃，对有关班夫郡的一切都全力支持。

说到地方政府，即便是著名的皇家伯克郡（Royal County of Berkshire）都不再有此机构了。这里的郡议会早已废除，取而代之的是一系列的区自治会，其中很多与其他郡县重合。邮局不再使用原有的郡名，旧的路标也因没有归属部门而年久失修。原来的郡团也一起消失了。但如果你询问这里的人，他们居住在什么地方，回答几乎无一例外都是"伯克郡"。古老的伯克郡是女王的家乡，然而，现在唯一的官方遗存算是郡长玛丽·贝利斯（Mary Bayliss）了。当伯克郡被撤销的时候，这位前郡长曾问唐宁街："现在伯克郡在哪儿？"对方回复说："您就是伯克郡。"

无论你何时看见女王或王室成员在国内巡游、出席活动，身边一定会有一个佩戴马靴刺和长剑、身着少校制服的中年男人，或者是一位胸前佩戴大枚胸针、手拿白色面板的女士。这就是你们的地方官——没有报酬，非政治化，却可以直通白金汉宫。一旦郡长的职位落到当地最有名的地产大亨头上，能否胜任这一工作先放在一边，结果是肯定没人再能解雇他了。1944 年，阿盖尔公爵（Duke of Argyll）因侵犯因弗雷里镇（Inveraray）办事员而获罪，但仍在执政。此外，外交立场也不是什么先决条件。1956 年，时任伦弗鲁郡（Renfrewshire）郡长的盖伊·肖-斯图尔特爵士（Sir Guy Shaw-Stewart）在苏格兰被引见给赫鲁晓夫时，他对这位苏联领导人表达了深切同情："我猜你不得不对付所有那些共产主义和社会主义分子吧。"

现今，很多郡长仍然是实质上的土地所有者，有些已经获封爵位，但还有很多人不是这种情况。自从亨利八世首创郡长掌管民兵武装和维护法纪以来，这个职位在最近的 40 年比过去 400 年经历的变化还要大。我们的女王是第一位任命女性为郡长的君主（但头衔没有女性化），其中很多女郡长在各自辖地颇具影响力。她还任命了历史上首位非白种人和首位公开承认是同性恋的郡长。这些任命都是在采纳首相建议的前提下进行的，但王宫密切关注了遴选过程。首先决定扩大社会基础以充实这个传统机构的是约翰·梅杰。"我很清楚全英上下的郡长工作都非常出色，但却没有引起人们注意。"他说道，"尽管这一职位很大程度上是形式上的，但确实很重要。他们在团结融合民众方面，尤其是在其郡县地域之内，扮演着重要的角色。我在首相官邸已经举行了一系列的招待会，为的就是亲自会见他们所有人。此后，还为在更大范围的社区内平衡他们的角色做了不少工作。"

女王在对待郡长这一群体时独具慧眼。除了在外出巡游时接见他们，女王还邀请他们到王宫，为他们在温莎举行各种会议，同时为那些任职时间较长的郡长授予骑士勋章，封其为爵士或女爵士。和她自己一样，这些郡长也不得不在各个层面都高于政治。当一个郡长得知一条主干道要穿过他的花园时，他/她会毫无怨言。他担心可能任何举动都会因此而被误解为滥用职权。

郡长的首要职责就是，无论王室何时来视察该郡，他们都要盛装打扮，恪尽职守，但这只是他们工作的很小一部分。他们还要代表女王参加官方活动，颁发奖牌和奖金，为郡县生活增添一种官方认同感。为给予每位与会代表方便，过去他们每年在伦敦举行的定期会议总是同伊顿公学与哈罗公学之间的板球比赛安排在一起。现在已非如此。但是，他们集会中有些超凡的东西还是保留了下来，比如，他们互相介绍时都用郡县名字而非自己的名字："你好，萨福克郡（Suffolk），我是格温特郡（Gwent）。你遇见金卡丁郡（Kincardineshire）了吗？"他们还有权任命一名副郡长和定额的代理副郡长（平均每个郡可设大约50名代理副手），以便更细致地分配工作。旧时有个笑话，是说代理副郡长大多数时间都在参加其他副郡长的葬礼。同样，这一职位在女王执政期间已发生了变化。过去它仅仅是某种地方荣誉象征，相当于郡级的员佐勋章，授予某人在其名字后使用 DL 的权利。直到 1966 年，所有的副郡长还都必须是前部队长官或者来自官员阶级。汉普郡郡长当年试图任命著名的律师丹宁勋爵（Lord Denning）为副郡长，但是这个提议被国防部否决了，理由是丹宁的军事生涯止步于普通士兵军衔。如果这就是规则，那现在到了改变规则的时候了。从 70 年代开始，国防部没有再对此表过态，现在的副郡长都是从各个社会阶层中遴选而来的。如今，大多数郡长都期望他们的副手能独当一面。这些散居在全国范围内、没有报酬的地方名流所做的实际是廉价的智力服务，为女王提供从郡县到农村的各种信息。当女王需要为游园会或某项王室消遣活动寻找参加者时，负责寻找这些人的正是郡长和他们的信使。除了保持中立和分文不取之外，98 位郡长还有一个共同点，就是他们必须为各自的郡县付出。伟大的象征主义时代已经过去。如同王室自身一样，只是简单的"存在"远远不够，必须采取"行动"。

威廉·塔克（William Tucker）本来一直享受着舒适的退休生活，但突然被女王召见，去负责德比郡。他生于苏格兰，15 岁辍学加入了合作运动（Co-Operative Movement），最终升至领导人，是一名彻头彻尾的现代派郡长。他居住在德比郡，管理着合作运动中部地区的所有活动，并负责其保险业务，忽然有一天接到了前任郡长打来的电话。这位女王的代表认识塔克，认为像他这样拥有 10 亿英镑营业额和 8 000 名员工的人能够帮助他完成一项特殊的任务。"他打电话告诉我他马上要退休了，想给这个地方留下一艘救生艇，他对我说：'我希望你能帮我筹集到 50 万英镑来支付购买费用。'我当时想：'我不知道该做些什么，而且我们在内陆。'但是，我们最终筹够了钱，现在'德比郡之魂号'（Spirit of Derbyshire）就停在伊尔弗勒科姆（Ilfracombe），随后他问我是否愿意做副郡长。"又过了 18 年，也就是塔克从合作运动组织退休 4 年后，一天早上他打开邮箱，发现一封来自唐宁街的信。首相询问他是否愿意获得提名担任德比郡下一任郡长。塔克早就知道这个事情，因为作为代理副郡长，首相办公室的人已经就人选征求过他的意见了。但他从未想过自己会在候选名单上。"我当时很犹豫，"他说，"我需要时间和我的妻子谈谈，仔细考虑一下。我退休已经 4 年了，如果担任郡长，意味着又要继续工作 12 年。"

诚然，对于郡长和其家庭来说这是一件很严肃的事情——当你可能更愿意做其他一些事情（或者干脆什么都不做）的时候，你不得不年复一年地打扮整齐去参加一些正式活动。当然这给了郡长额外的机会去了解王室的真正状态。确实有人拒绝担任这一职位，女性居多。"她们担心会影响自己的家庭，"一名首相办公室的知情人士这样说，"但这一点对于男人而言好像没那么大影响。"威廉·塔克和家人商量了这件事，他意识到他不能拒绝这一邀请。"从同意的那一刻起，我就突然成了 30 个组织的赞助者或者主席。但自从我离开童子军后，就再没穿过制服。"所有新任郡长[①]都要加入郡长协会，还会收到一沓厚厚的官方文件。男性郡长还会同时收到一份绅士服装商店目录。塔克发现了一名曾在圣奥尔本斯（St Albans）萨维尔街（Savile Row，裁缝街）工作过的裁缝，他曾用 4 个星期的时间做出一件完美的制服（他不想提价格，但市价大约是 4 000 英镑）。他的下一个任务是寻找一把带有合适马穆鲁克式（Mameluke）剑柄的长剑。"我打赌你肯定不知道这是什么。我当时都查了半天。"幸运的是，当地的一个副郡长——一名退休的少将——有一柄可以借来使用。塔克发现他实际上从上一任郡长手中接管了 36 位代理副郡长，包括查茨沃斯庄园（Chatsworth House）的德文郡公爵和公爵夫人。德文郡的公爵们是德比郡的王室，显然是昔日郡长的不二人选。查茨沃斯不仅是德比郡的主要地标，也是最主要的雇主。但是今天的公爵却甘做绿叶。

---

① "郡长/首席治安官"这个词的复数形式是 Lord-Lieutenants，而不是通常人们猜测的 Lords-Lieutenant，就是因为在加上"勋爵"这个前缀之前，他们都是郡县的副职官员。相反，总督一词的复数形式是 Governors-General。

"他帮了很大的忙,总是称自己为'助推器'。"塔克说,"他总是说,'如果有什么需要的话,别犹豫,马上给我打电话。'当然,我确实犹豫过,但他们一直非常支持我。"

自从 2009 年塔克接任郡长以来,他几乎每天都异常忙碌,无暇回顾。"你必须认真对待你所接受的任务,否则日日夜夜都得奔波在外。"他特别自豪的是为当地的兵团组织了返家游行,最近这些莫西亚人(Mercian)一直在阿富汗作战。"我们组织了 7 次游行,全都非常棒。即使是在星期一上午 11 点,街道上也是人满为患。我的一部分工作就是为这些本地小伙子颁发战功勋章,那个仪式很是庄重美妙。"

对于那些一刻也不愿待在军队的男郡长来说,军事层面的工作是一种很大的挑战,基于此,郡长协会现在已经为新成员制作了光盘。这张光盘刻画的是英国军队中最值得尊敬的人之一,卫戍部队军士长比利·莫特(Billy Mott);此外还就郡长如何穿制服,如何佩戴长剑,使其看起来像一个少校,一一做了说明。"敬礼时真是有一种复杂的情感,尤其是像我这样从学校军官预备营出来之后再没穿过制服的人。"兰开夏郡郡长兼郡长协会主席沙特尔沃思勋爵(Lord Shuttleworth)说道,"当女王下飞机时,我要向她敬礼,这一天剩下的时间我都不用再行礼了。但当你就站在女王身边,国歌响起,1 000 名士兵同时向她敬礼时,那需要很大的勇气才能克制住自己。"沙特尔沃思勋爵给新任郡长的第一条建议很简单:"郡长是走路,而不是行军。"他还建议郡长练习长剑,不是为了参战,而是为了顺利带着它上下车。"如果你开的是普通汽车,并且身着制服,那么想从车的后排下来还是很困难的。"他回忆道,"有一次我和威尔士亲王坐在车的后排,亲王非常矫健灵活。汽车刚一停下,他就跳了出去。但我的长剑却被卡在了座椅下面,我用力往外拽,结果剑鞘底部就掉了一半。"他当时紧握长剑,希望没人注意到,直到后来在亲王演讲过半时,一名警察才把脱落的一半剑鞘交给他。

正如迈尔斯·杰布在他杰出的执政史中记录的那样，制服还可能带来其他的职业风险。威灵顿公爵（Duke of Wellington）曾被误认为是邮递员而被狗袭击。而担任郡长30多年，获封嘉德骑士勋章的托马斯·邓恩爵士（Sir Thomas Dunne）在出席某个活动时居然被人这样问候："嘿，你不该在这儿。乐队是在楼下喝茶。"但是在制服或胸针之外，王室的影响正悄无声息地积极拓展。王室成员人数有限，不能保证所有新入籍公民的宣誓仪式、地方自卫队阅兵或者追思会都到场参加，但郡长出席却能确保这些场合都在君主的注视之下进行。

就像他们所代表的王室一样，郡长们也必须面对郡长版的王室悖论。我们期望他们"普普通通"，做更多的工作，但是我们又不想为他们提供资金。没有几个人能动用私人储备资金十年如一日地支持这种没薪酬、半职业的准王室存在状态。比起过去，这种对立更为旷日持久。"常务代理郡长是最近这20年才出现的新概念。"沙特尔沃思勋爵说，"我的前任可能不期望他的代理郡长做什么事情，但我盼着他们做得越多越好。如果你去其他郡看看，就会发现代理郡长们像社区志愿者一样努力。他们在肯特郡很受欢迎。"

大多数郡长都有兼职的办事员和从当地议会抽调来的行政秘书。如果政府有了什么好点子，打算向女王团队求助时，情况就变得很微妙了。一个经典的例子就是最近为战时妇女劳动大军授予荣誉的决议。为此，王室和首相准备在伦敦举行一场盛大活动，但是只能邀请一部分想要参加活动的年长当事人。所以，国防部要求郡长们照顾好各自辖区内的其他女战士。他们很乐意做这件事，但是当听说政府对此没有预算时就变得有点不知所措。最后，大臣们筹集了50 000英镑，用于支付所有郡县这项活动涉及的费用。"平均每个女战士才1.1英镑。"沙特尔沃思勋爵回忆道，"在你预订完教堂，敲定唱诗班，准备好花束以后，没等安排下午茶，钱就已经花光了。这些都很好，但很难维系。人们总是期待我们有所作为，但同时又根本不理会我们拿什么来支付相关费用。"

沙特尔沃思勋爵并非在抱怨。他是兰卡斯特北部的一名特许监督员和一名小农业庄园的园主。现在他每天擦亮自己的靴子,热爱自己的工作,认为在过去的几年里已经有了巨大变化。"我实际上很传统,属于世袭贵族。但今天重要的是我们要寻找一些正在工作的或是已经工作多年的人,然而,历史上,郡长们不是军人就是地主。我不是说他们不用工作,但现在需要的是'工作的人',是要靠自己的努力胜任工作、养家糊口。比方说,你会需要有人能和其他人友好相处,与商业、慈善机构和服务业进行良好接触。显然一些有爵位的远房亲戚并不一定是最合适的人选。"但也有一些勤勉的现代郡长恰好就是贵族或者土地拥有者。不过,与过世的阿伯丁侯爵相反,他们现在变得足够聪明了,不可能再去问女王:"最近你在忙什么?"(据迈尔斯·杰布回忆,女王当时回答说:"仍在做女王。")

王室出行是当代王室根基的一部分,很少成为国家媒体新闻头条,但在地方上还是很受欢迎。女王曾简单概括说:"很多人没有来过伦敦,所以我们就反过来去看他们。"这就是为什么一群穿着时髦的男女,会在料峭的春日清晨徘徊在柴郡骑马场,为马刷毛,清理马粪。从那一刻开始的 10 个星期内,女王会在柴郡的瑞斯赫斯学院(Reaseheath College)参观,那是处于南特威奇(Nantwich)附近的一所拥有 7 000 人的农业和农村研究中心。历史上,这里接待过几批王室成员访问,最早要算 1926 年就来过这里的威尔士亲王。他来的那天非常冷,心情也不好。官方记录显示,当看到皇家早茶只有奶油没有牛奶时,亲王的脾气变得更糟了(据说当时的女总管沃丽丝小姐把亲王用过的茶杯保存了好多年)。

现任威尔士亲王 2005 年曾花了一下午的时间在这里学习制作奶酪,而且非常喜欢。一年后,康沃尔公爵夫人也为此到访。目前这所大学已经吸引了 3 500 万英镑的投资。一向积极的官佐勋章获得者梅尔蒂德·戴维(Meredydd David)校长早就认定,女王应该来这里参观他们的新设施,尤其是崭新的马术中心和乳制品厂。经过柴郡比尔·布罗姆利-达文波特爵士(Sir Bill Bromley-Davenport)耐心而富有说服力的宣传,日程终于定了下来。女王要来了,但按规定他也到了郡长75周岁要退休的时候。因此荣誉就落在了继任者身上。事情就是这样。

柴郡新任郡长戴维·布里格斯(David Briggs)是第一个土地拥有者阶层之外的候选人,也并非来自柴郡名门——威斯敏斯特公爵格罗夫纳家族(the Grosvenors, Dukes of Westminster),更不是退休官员。他经营着家庭糖果厂和乐器销售生意。柴郡的组成部分比较多样,既有大规模的农村组织,也有传统的工业部门,曼彻斯特南部边缘还有一些著名的高消费名人或足球运动员团体。布里格斯与各界打好关系的天赋在担任柴郡郡长期间有目共睹,他甚至可以把应急服务和当地慈善部门联系在一起,为支持青年计划效力。①

布里格斯在上任第一个月就有幸接待了女王。白金汉宫的一个团队提前来到柴郡检查所有的接待工作。他们检查的第一站是克鲁郡(Crewe)火车站,从伦敦出发行驶一夜的王室专列将在这里停靠。不仅要决定女王从哪个站台下车,还必须解决诸如王室专列在哪里开门、当地的学生站在什么地方欢迎女王、多少学生要接受检阅以及王室专车安排在何处等问题。在瑞斯赫斯特学院,知晓此事的只有校长梅尔蒂德·戴维、他的理事会成员和警察。7 000名学生对此一无所知。安全意味着出行前几天一切都要秘密进行。知道这一消息的人们都异常紧张。人们都在等着王宫代表团团长、女王助理私人秘书道格·金

---

① 英格兰和威尔士境内所有的郡县都设有荣誉郡长,这一荣誉职位与司法执行密切相关,并且有着浓厚的慈善气息,任期一年。跟郡长一样,没有报酬,但有些可以申请一点微薄的古老津贴。他们往往由前任郡长和可能的继任者们一起提名,然后由女王举行仪式进行正式任命。这一传统自伊丽莎白一世起就未曾改变。女王会用一颗锥形长钉钉入每位入选者名字旁边的羊皮文稿,因此仪式又叫作"郡长之痛"。近年来,政府尝试采取非官方的"门牌"政策,来扩大参选者的社会范围,即收集住址而非姓名来招募更多的荣誉郡长候选人。

（Doug King）来安排他们该做些什么。但他一直提醒东道主，他们想从这次王室出行收获什么完全由自己决定。这次活动就是为了帮助他们而来，而不是为女王自己。道格·金的首要任务是确保女王和公爵对民众的期望有明确认识。

和以前一样，礼节是一种焦虑，甚至几乎是折磨。人们总是认为王室成员需要礼仪就跟我们普通人需要氧气一样，认为女王和爱丁堡公爵如果发现有人在他们之前离开了房间或是看到市长在欢迎队伍中站错了位置，就会有被冒犯的感觉。事实上，礼仪存在是为了确保其他所有人能确切地知道自己该做什么，并因此感到舒适。副审计长和王宫礼仪负责人乔纳森·斯宾塞被认为是这方面的绝对权威。他指出，礼节多基于人们的常识："在这个问题上我们甚至没有指南可参考。因为没有哪两种场景是相同的。如果有人咨询，我们仅仅是给他们比较实际的指导。"事实上，他的同事总在追问他各式各样的礼仪问题。"上个星期，我们接到克拉伦斯宫的电话，威尔士亲王作为康沃尔公爵要去康沃尔郡参加皇家康沃尔展览。他需要亲自升起康沃尔郡旗吗？我就回答说：'要是他们想，你也想，旗杆也足够高的话，为什么不呢？既然他是康沃尔公爵，而这又是一次皇家康沃尔展览。'换句话说，常识而已。"

女王执政初期，总是要接见太多的社会名流。王宫方面认为应由东道主决定这些具体安排，但东道主总想投女王所好。现在女王觉得仪式越简单越好。因此，接见人数已经少多了。在她自己组织的场合也是如此。除了为痴迷仪式的外交使团举行每年一度的王宫接待会以外，女王不赞同在王宫排长队接见来宾。和威尔士亲王一样，她也要求工作人员在会见时把客人排成马蹄形。

瑞斯赫斯学院马术中心的学生们很有礼貌，虽然看到这些西装革履的绅士奇奇怪怪地在远处来回踱步，但也没上去刨根问底。其实这些人是在丈量女王从宾利车下来跟人们握手要走的距离。王宫团队很高兴这里有一名工作人员曾在皇家马厩效力过，他们需要想出一个巧妙的方法把他引见给女王。他不可能出现在接见的队伍中，因为这会惹恼社会名流。最终，24岁的菲利普·沃伦（Philip Warren）被策略性地安排在了女王经过的一个门口。只要努力，方法总会有的。

在任期的大部分时间里，王室的出行路线一般是循环安排的。规模大的郡县或城市的人每三四年能见女王一次，规模小的偏远地区的人可能隔八到十年才能再见到她。有人统计说："嗯，离上次女王出行有一段时间了。这回我们最好再去一次利物浦。"无论女王去哪里，活动形式都很相似——一系列的剪彩活动，只有中午用餐时才能歇一下。但这一切随着王宫内部改革，尤其是90年代统筹研究机构的建立而完全改变了。重心转移到了女王和王室应强调哪些当代热点问题，以及寻找之前被忽略的地方。比如，伦敦中心区因各种原因总是能迎来王室活动，但伦敦外围却比外赫布里底群岛（Outer Hebrides）还不受重视。最近，女王秘书处代替了统筹研究机构，这群目光敏锐、颇受王室青睐、善于横向思维的年轻人的首要任务就是安排王室的活动内容，以及女王如何与民众保持互动。

他们的另一项重要工作是监督新法的颁布对王室会产生多大影响。这并不是说我们有我们的法律，王室有王室的法律，而是涉及安保问题。假设有项新法案规定燃气检查员可以进入英国任何家庭开展工作，那么从理论上说，他们也可以随时出现在王宫中，探测通道，四处检查。

《信息自由法案》规定，任何人都有权获得政府机构提供的信息，这自然让王宫秘书处大费脑筋。王室内府不是公共权威机构，同时皇家档案也不是公共记录。女王和王室成员应该就此项《信息自由法案》享有一定的豁免权，因为他们的工作时间表与大臣和事务官不同。女王执政期间接触过的很多（如果不是大多数）政治家不是退休就是去世了。但是，女王仍然在重复着同样的工作。这就牵涉一个问题，60年代某次国事访问引起的争议对于已经离世的外交大臣来说可能已没有窘迫可言，但女王还是一样会感到尴尬。

所谓的王室豁免权也就能到此为止。他们并不能坐在政府办公室要求对所有的王室信息进行保密。如果有人向运输部询问列车相关情况，反馈的内容中就有可能涉及王室专列。接下来就轮到以道格·普雷西（Doug Precey）为首的秘书处来确定这一信息是否需要保密。如果仍需保密，那么必须就此给出证明。普雷西坚持说他并非试图隐瞒事实。他说："法案的精神之一是透明性。在激烈的辩论过程中，如果我们不能说服工作人员确信有些是敏感事件，那么也别指望他们能向其他人证实这一点。"

君主的豁免权主要涉及王室信息沟通方面。只要公众感兴趣，公共机构和王室成员或其工作人员之间的通信，不管多么机密，都可以公开。这一情况直到最近才有所改观。2010年大选前不久，劳动司法大臣杰克·斯特劳决定加强措施，以保护女王和未来的君主独特的宪法地位。因此，君主、王位继承人和第二位继承人之间的通信现在已自行免除法案限制。他还指明，此项规定并非王室授意，而是他自己的请求。

"在为王室成员提供更好的保护这个问题上，我尽力取得所有党派的支持。我认为他们的立场完全不同都是迫于生计，但私人谈话记录一旦披露，整个君主立宪制内部，包括王位继承人、政府和反对党之间的关系都会破裂。这样一来，既有生活也将因此打乱。因此，我确信他们会一致同意。"

但一些报纸和利益集团对此项法案并不满意。2009年，八个政府部门曾和威尔士亲王办公室就亲王反对的一项房地产开发计划进行过秘密磋商。此事后来得以披露。一旦新的豁免权生效，公众将难以得知此类事件。此外，这也可能会成为将来君主对臣子不信任的可悲先例。

王宫秘书处也是一个科研机构，为新闻办公室写简报或为私人秘书提供先例参考。比方说，普雷西和他的团队现在正竭尽全力清查最近一次女王的一个首相被其同僚驱逐的真相（这件事情刚刚发生在澳大利亚）；假如英国选手安迪·穆雷（Andy Murray）赢得温布尔登网球锦标赛的冠军［上次夺冠已是弗吉尼亚·韦德（Virginia Wade）1977年的事情］，女王该做何反应？王宫秘书处也时刻关注女王所有的慈善工作。女王资助老水手的事鲜为人知吗？故事仍在进行吗？这仍然需要王室的赞助吗？他们必须密切注视即将到来的庆典活动，并且提出建议。马尔维纳斯群岛战争30周年纪念，查尔斯·狄更斯200周年诞辰，还有见习周，王室要一一采取什么行动呢？

王宫秘书处的主要工作就是筹划女王和民众之间的日常互动，就像前文提到的柴郡之行。"王宫私人秘书办公室可能会通知说：'女王要去这儿或者那儿了。现在拟订个计划吧！'"普雷西说，"于是，我们想了许多点子，然后那天的活动可能就围绕其中某个点子展开，有趣得很。"

但是所有的计划都需要有备选方案。有时，事情就是不按照预先的设定进行。那天，距女王在计划好的克鲁郡火车站下车还有几个小时，出现了意外情况，柴郡郡长戴维·布里格斯不得不急中生智。爱丁堡公爵的手要接受一个小手术，因此他不能按计划出席活动。而原定公爵要为新的乳制品厂开业揭幕，那天恰好也是他的生日。现在计划出现了很大的漏洞（厨师也得到了紧急指示：把蜡烛从蛋糕上拿走）。乳制品厂的职工们听说这个消息后，失望至极，冲洗地板也没了兴致，纷纷去喝茶休息。柴郡郡长需要立刻找人替代公爵。他自己不行，因为他整个上午都要陪在女王左右。与瑞斯赫斯学院院长商议之后，他们一致认为副郡长阿什布鲁克子爵（Viscount Ashbrook）是合适的人选。阿什布鲁克子爵是一名谦逊的曼彻斯特律师和地产拥有者，在当地很受欢迎，当然适合这项工作，但他还在考虑有没有更好的解决方法。最后，这个荣誉落在了西北地区开发署署长史蒂文·布鲁姆黑德（Steven Broomhead）身上。学院正是通过这个机构获得了数百万英镑的资助，因此，让署长临时接替公爵确是明智之举。这样接待女王也名正言顺。但是，大家都承认："还是会稍有不同，原计划是王室成员,现在不得不换成非王室人员。对此感到不高兴的不只是乳制品厂的人,克鲁郡劳斯莱斯制造厂的经理们本来计划在当天送给公爵一辆新型宾利汽车作为座驾,现在他们改了主意。"

王宫新闻办公室的科莉特·桑德斯(Colette Saunders)先于女王一天来到这里,再次检查所有的路线。马术中心历史上第一次散发出了花香而不是马匹的气味。瑞斯赫斯学院开设了花艺课程——该学院一名学生曾在日本举行的花艺世界杯上夺得第五名,花艺专业教师总是非常忙。届时女王将为两匹由链锯切割而成的马匹雕塑盛大揭幕,桑德斯必须确保一切都已准备妥当。她与曾在皇家马厩工作的职员菲利普·沃伦交谈了一会儿。能再次见到女王让沃伦激动不已。他担心女王认不出他了:"我确实曾在圣诞茶会上见过她,但当时参加这个活动的人非常多。"提起在王宫的日子他总是充满感激,同时他还乐此不疲地给学生讲述皇家马厩始于清晨5点55分的一天。"在你们现在从事的工作中我曾学到了自豪感和尽善尽美。听着,我可没错过有100个扣子的马夫服。"

头顶的乌云越发密集起来,但是将为各媒体提供镜头的女王官方摄影师彼得·威尔金森(Peter Wilkinson)却并不担心。在为女王服务的14年里,他记得只有11次赶上在雨中拍摄。"她的运气总是很好。"他解释说。突然,学校的另一处又出现了紧急情况。科莉特·桑德斯也被叫去商量。一些官员担心插花的摆放会遮挡女王揭幕的雕像。实际这纯属大惊小怪,桑德斯能坦然处之。作为皇家先遣工作人员,她的主要工作就是让大家保持冷静,并提醒他们要享受这一天。女王根本不会在意插花的位置。

问题接踵而至。女王到达后,当地的一名播音评论员进行现场直播时,竟激动得喘不过气来:"女王将会看到最棒的柴郡。每个人都非常兴奋……"这听起来不错。但是,不知什么原因,这名女记者穿了一件小得不合身的T恤衫,下身是牛仔裤和人字拖鞋。女王对此早已见怪不怪,但是一些当地人却很不以为然。记者打扮得像去海滩游玩一样，哪里是来迎接女王的。他们认为这缺乏对女王的尊敬。当天负责媒体监督的桑德斯只是平静地说了句："王室活动中没见过多少穿拖鞋的人。你有其他的鞋可换吗？"女孩摇摇头，似乎对自己的鞋打扰到别人感到非常吃惊。"来的要是其他某个重要人物，她们肯定知道该怎么穿。"人群中有人在嘲讽地窃窃私语。那一刻，女王已经到达了克鲁郡。普通火车走这段路只需要90分钟。但王室专列刻意避开主干线，在备用路线上悠闲地度过一夜，一共行驶了11个小时10分钟，于10点10分到达克鲁郡，时间控制得精确到秒。郡长戴维·布里格斯在这里给女王引见了一些人，为数不多。女王依次和布里格斯的妻子、副郡长阿什布鲁克、当地委员会的三位代表、当地的国会议员和柴郡警察局局长一一握手。柴郡的实权人物威斯敏斯特公爵既是嘉德骑士，也是女王的一位朋友，但今天不会到场。若是从前，他一整天都得陪在女王身边鞍前马后地忙着，但现在一切都改变了。

女王身穿粉色外套，内搭斯图尔特·帕尔文设计的裙子，头戴菲利普·萨默维尔品牌礼帽，从宾利座驾移步下来。显然，她很高兴来到马术中心。欢迎队伍已经被限制为三列。女王径直走向为马匹实施理疗的展示现场。一名训导师正指着一头名为莫（Mo）的母马的肌肉进行讲解。可能是看到所有人都把注意力放在它身上，这头母马有些受宠若惊，女王还在它身边时，它竟然就开始小便了。但这并没有惊扰到女王，她安静地听了几分钟后走向给马匹按摩的表演现场。稍远处的马厩里，在接受马科灵气疗法（reiki therapy）的几匹老马正昏昏欲睡。学员金·迈克马尔德罗（Kim McMuldrow）介绍说，她负责的这匹名为埃玛（Emma）的20岁母马患了癌症。灵气疗法有助于马的自我治愈。迈克马尔德罗边说边用手指在马背上方来回旋转。女王问道："只是用你的手吗？"迈克马尔德罗小声答道："嗯，这样会让它觉得非常镇定。"女王对此非常感兴趣。一切按计划进行，当菲利普·沃伦打开大门时，女王停下来和他说了几句话，询问他最近怎么样。他回答:"很好。"但他仍不确定女王是否认出了他。

在室内体育场,英国奥林匹克驯马队队长理查德·戴维森(Richard Davison)和他的儿子乔(Joe)正在进行演示,跟他们配合的这匹马叫阿泰米斯(Artemis),获得过女伯爵德比奖。学生们已经提前接到通知,不要一见到女王就争先恐后地拿手机拍照,而要假装全神贯注、目不转睛地欣赏演示。但演示一结束,女王在众人簇拥下为雕塑揭幕时,大家马上起劲儿地接连不断拍起照来。与此同时,乳制品厂的职工和学生们也正全心全意地佯装前来慰问他们的西北地区开发署署长史蒂文·布鲁姆黑德就是爱丁堡公爵,但是没有人鞠躬。

在校园总部,优秀学生凯瑟琳·史密斯(Katherine Smith)给女王献上一大束奶油色的玫瑰、当归和玉簪花。已经有人提前告诉她这些花是女王最喜欢的夏日颜色。梅尔蒂德·戴维邀请女王为纪念女王和爱丁堡公爵殿下筹建马术中心而设的一块牌匾进行揭匾仪式。一部分员工担心这样做有点不妥。但是,女王笑着应允了,其他人也笑了起来。戴维·布里格斯一直在看表。作为郡长,他不得不陪同女王去参加下一个活动。这一天有不少让人头疼的棘手问题,但是他很享受。尤其是陪伴像女王这样见多识广的来访者,就连公爵缺席这样的大事也并非难以克服了。不过,他也承认自己更担心的是几个星期后的另一件大事,到时他不仅要代表女王,还要颁发印有女王名字的勋章。

乔治五世和乔治六世创立了独有的骑士勋章,以反映他们生活的不同时代。女王沿袭了这一方法。但伊丽莎白十字勋章在风格上截然不同。乔治五世的大英帝国勋章和乔治六世的乔治十字勋章最初分别是为了表彰卓越者和勇敢者,而伊丽莎白十字勋章旨在嘉奖奉献者。很简单,就是颁发给为国牺牲的军人的家人。佩戴者一定是牺牲军人的遗孀和母亲。这完全保持了君主创立勋章的初衷。专栏作家兼英国《每日电讯报》前编辑查尔斯·穆尔(Charles Moore)曾撰文说,英国是现代社会最具母系社会特征的国家,原因在于二战后四位最著名的公众人物一直都是女性——女王、王太后、威尔士王妃戴安娜和玛格丽特·撒切尔。女王个人对英国的贡献就是能引起共鸣的女性魅力，注意：是女性而不是女权。这种勋章与另一种只在正式场合才能使用、有等级制度限制的勋章不同。它由一枚银质勋章和方便日常佩戴的微型勋章别针组成，没有上中下等级之分，没有金银铜材质之分。就像每个联邦战争墓碑一样，人人平等。也没有任何礼仪条款就其佩戴在何处、如何与其他勋章的位置区分开来做出任何规定。当然，这不是其他勋章的替代品，它们是互相补充的。根据规定，勋章只能授予牺牲的军人的家人。它既是一枚胸针，又是一个象征；既适合男性，也适合女性。它没有阶级之分，体现着与众不同而又纯粹十足的女王风范。正如维多利亚十字勋章是新帝国时代的精神体现，伊丽莎白十字勋章也是这一时代的内涵所在。

伊丽莎白十字勋章的颁发，也不像一般授勋仪式那样规模盛大、气氛压抑。相反，仪式庄重却又有一定的亲切性和灵活性。鉴于这一勋章适用于所有在部队中牺牲的军人的家人，而从1948年起，已有16 000名军人为国捐躯，因此，女王不可能一一为这些军属颁发印有她名字的勋章。这一严肃的任务就交由郡长来承担。"重要的是，勋章上有女王的名字——这会有什么影响真的难以言表。"沙特尔沃思说，"这是来自女王个人的认同，不是大英帝国勋章或者其他什么别的勋章。这上面有女王的名字，接受者的反应的确很感人。"他已经了解了这种勋章的颁发仪式通常规模较小——一次不超过10个人——而且已经学会了对任何反应都泰然处之。

"人们在这种场合总是易动感情。每位郡长都能告诉你几个颁奖时的悲情时刻。有人泪流满面，有人仍然气愤不已。你要做的是让他们全家人处在令人愉悦的气氛中，确保茶点供应充足。"

传统的皇家授勋仪式要盛大许多。女王还是公主时就开始在这一仪式上亲自颁授勋章。如果女王不能出席，威尔士亲王或公主将会代她授勋。这是皇家最隆重的颁奖之一。君主是"荣誉之源泉",没有什么活动比代表国家表彰杰出人才回报更多。这是真正的女慈善家。在这方面,也发生了一些变化。在过去的 20 年里,授勋仪式数量激增了 50%,达到每年近 30 场。并不是因为英雄主义或善举行为有所增加,部分是由于约翰·梅杰政府政策的改变。他认为之前处在最低一级的不列颠帝国奖章不太光彩。因此,那些原本应获得不列颠帝国奖章的人会被授予员佐勋章。不列颠帝国勋章一向由郡长颁发,而员佐勋章由君主颁发。这样一来,员佐勋章有了大幅增加,女王每年也平均增加了 6 场授勋仪式。

尽管这听起来非常平等,但还是不能让所有人满意。肯尼思·罗斯指出:"不列颠帝国奖章对于鼓励诸如在乱糟糟的酒吧里工作 30 年的服务生还是非常有用的。但现在,他要么什么也得不到,要么就是得到军士长才配拥有的员佐勋章。因此,军士长突然觉得自己的身份有所降低。"政府正在考虑重新启用不列颠帝国奖章,但是创立完美的勋章体系不太可能。有些人总是感觉被忽视了或是受到了不公平对待。在这个问题上,肯尼思·罗斯喜欢引用温斯顿·丘吉尔的话:"奖章虽光芒四射,却也投下了一片阴影。"

由于大量军队在海外执行任务,这也使勇气勋章数量有所增加,每年的授勋仪式也因此多添了两场。突然增加的授勋数量甚至超过了女王所能承受的数量。女王登基之初,她可能一次颁发 250 枚奖章和勋章。随着时间的推移,站在同一个地方与每位受封者握手并富有成效地进行对话,女王不可避免会有些力不从心。但她不想减少与受封者会见的时间,因此,只把每次仪式的勋章颁发数量降至平均每场100 枚左右。"授勋仪式的时间确定为一个小时,这取决于女王能坚持站多久而不是她能思考多久。"负责授勋仪式 20 年的前审计官马尔科姆·罗斯爵士 [他现任柯尔库布里郡(Kirkcudbrightshire)郡长]说,"因此,这意味着每年都会增加几场授勋仪式。女王对此表示理解。"不过,每场仪式受封人数减少也意味着有足够的空间允许受封者带来更多的家人。女王登基之初，每人只允许带1名家人到王宫。如今，已增加到3名。此外，女王已批准另外一项改进措施，放在20年前这完全不可思议，即每场仪式从签到到离开全程录像，并以此为脚本编辑制作专门的DVD。一些人认为这和勋章一样令人满意。

　　授勋仪式历来由王室内府负责安排。但每当满是金属勋章和绶带的桌子摆在面前，他们还是会激动不已。"作为普通人来说，我非常热爱这一授勋仪式。"罗斯说，"因为你能帮人们享受他们人生中最美好的日子。当有人得到女王颁发的勋章时，你也会因此而兴奋地尖叫。幸福的人们是你愿意从事这一幸福事业的原因。"

　　勋章事宜由政府和君主共同管理。政府通过一个事务官和委员会网络确定荣誉获得者和等级，然后由女王颁发，中央档案处负责协助。这个团队规模较小，在圣詹姆斯宫内一所乔治王朝时期的房屋下半层办公。这里的气氛时而是狄更斯式的庄重阴暗，时而如全民中奖般欢乐喧闹。大多数来这个地方的人都是刚刚得到他们一生中最有纪念意义的惊喜——一份来自女王的邀请。但是，这里古老复杂的守则和特权也会让他们迷惑不解。勋章跟徽章不一样，奖章跟荣誉不同，绶带也不同于项饰。每位骑士勋章获得者，员佐勋章及以上等级勋章都会得到勋章和王室签字的委任认证，以有效证明所有权。人们难免会有些疑问，对此担任中央档案处助理秘书长达30多年的雷切尔·韦尔斯（Rachel Wells）了如指掌。跟以前一样，人们仍然对在授勋仪式上的穿着感到焦虑。这个仪式可能是与骑士时代联系最为紧密的地方，但也必须与时俱进。因此，女式裤套装最终还是得以推行（当然得说人们热情不高），化装舞会般的盛装在规劝之下知趣地退出了历史舞台。不过，2010年，当一名莱斯特郡送奶工穿着"奶牛套装"（Cow Suit）来接受因社区服务而获得的员佐勋章时，王宫的工作人员还是惊愕不已。那天早上同时颁发了几枚勇气勋章，包括一枚追认的乔治勋章。"奶牛"噱头的出现就够愚蠢、够不近人情了，但这还不是最糟糕的情况。"我们劝他剪掉了衣服上的尾巴。"中央档案处助理陆军中校亚历山大·马西森（Alexander Matheson）回忆说。他的工作就是负责处理意料之外的事件，还包括那些没能按时到场的受封者。"最近有位来自肯特郡的男士，他的导航仪把他带去了克罗伊登（Croydon）。"雷切尔·韦尔斯说，"他焦躁地给我打电话说他在克罗伊登迷路了，不得已我们给他约了另外的日子。"

还有一些人来接受荣誉为的是日后专门把勋章再寄回来。证章办事员杰里米·巴格韦尔-普里福伊（Jeremy Bagwell-Purefoy）的保险箱里装满了皇家各等级的勋章。他有几架子的大英帝国勋章、价值数十万的嘉德勋爵礼服、大英帝国服务奖章（一种旧时殖民帝国勋章，女王现只在巴布亚新几内亚颁发）和最后两枚一直没使用的圣帕特里克勋章样章。他还有满满一柜子女王当政期内返还回来以示抗议的勋章。王室于1971年到日本进行国事访问，二战老兵们为了表达厌恶退回了几百枚勋章。此外还有1965年颁发给已逝歌手约翰·列侬（John Lennon）的员佐勋章。这名音乐家1969年把勋章归还给女王，以抗议英国的外交政策。但他仍然是员佐勋章获得者约翰·列侬。同样，保险箱里还存有2001年颁发给新闻记者亚丝明·阿里拜-布朗（Yasmin Alibhai-Brown）的员佐勋章。两年后，她高调寄回这枚勋章，以示对伊拉克战争和王室的抗议。但她也仍旧享受着员佐勋章荣誉。一旦受封，就留存史册了。"退出恐怕是不可能的，"马西森说道，"但你可以决定是否还保有勋章。我们经常跟受封人说：'如果你想要退回来，就联系我们。'"

当400人身着华丽的礼服和制服走上温莎城堡阶梯时，谁也没有退回勋章的念头。这里充满了紧张愉悦的气氛。大多数男士都选择西装便服而不是礼服，这也是时代标志之一。城堡大如迷宫，负责人艾伦·登曼（Alan Denman）少校有一个团队专门负责引导工作。头顶高悬一尘不染的盔甲，房间中随处可见古代兵器、中世纪的盾形纹章，甚至包括枪杀纳尔逊勋爵（Lord Nelson）的子弹。置身其中，人们感觉仪式似乎是从几个世纪前延续至今。这个节骨眼儿上说明真相虽有点煞风景，但实际女王最终决定在温莎城堡进行授勋仪式仅是在 2008 年。此前，授勋仪式一直是在伦敦举行，偶尔在爱丁堡或是卡迪夫（Cardiff）。无论在哪儿，都是女王的创举，但人们似乎还是愿意相信授勋仪式一直能追溯到诺曼底时代。其实，这是为了让女王在职责没有减少的前提下能更轻松一些的微妙变革。

现在女王 80 多岁了，愿意更多地待在温莎的家里，所以不定期的授勋仪式从白金汉宫转移到了城堡。"私人秘书们很聪明，悄无声息地就为女王减轻了工作负担。"马尔科姆·罗斯解释说，"女王仍然尽可能多地参加授勋仪式，但既然可以在温莎城堡，为什么非让她在星期二上午来伦敦呢？对于客人而言，在哪儿举行都乐趣无穷，可能温莎反而乐趣更多，那么女王就没必要带着所有的仪式装备费劲赶到伦敦了。"

女王的引礼武官们又全力以赴开始工作了。他们谨慎地把来宾分成不同的组，然后把宾客们带到滑铁卢厅皇家高台前熟悉各自的座位，同时可以欣赏半小时画作。领奖者会被引领到大厅一侧进行演练，每人都可以拿到一杯桑德灵汉姆庄园苹果汁。国王的餐厅墙上挂着几幅世界名画，包括凡·戴克（Van Dyck）的查理一世三联肖像。但没人顾得上欣赏这些艺术品。他们都在认真听陆军中校安德鲁·福特（Andrew Ford）的讲话，他是审计官，也是王室内府仪式主管。很快人们就发现了女王雇用退役军人来负责这项工作的缘由所在。如果换做退休的会计，情况将会大不相同。团队成员都热情好客，但也按照军事标准解决问题。福特把骨干人员安排在这个房间，示范稍后于滑铁卢厅正式举行的仪式中的各自位置。他指挥排练就像大战前夕给他的部队训话："在这儿，乔纳森·斯宾塞会核对你的名字。位于他侧前方的是空军上校休·罗尔夫，是可以给你帮助的最后一站。乔纳森会要求你一直向前走，向前走，直到来到上校休身边。保持优雅，尽量靠近他，肩膀几乎碰到他胸膛这个位置，以便他能低声对你说一些鼓励的话……"有几个人听到这个玩笑微笑了一下，但大多数人都忙着注意听要求，并没意识到甚至有人在做笔记。福特继续说："当听到宣布你的名字时，就该行动了。向前三四步，然后转过身来面向女王。男士们点头鞠躬即可，不用弯腰。女士们呢，稍行屈膝礼，弯哪条腿都可以。"说到这儿，这位身高6英尺4英寸、体形魁梧、身穿正式礼服、脚蹬马靴、任职已25年的警卫官上前示范了一个屈膝礼。这一刻，每个人都低声笑了起来。"你可以向前走，直到脚趾将近接触到女王站的台阶边缘。但注意千万别走到台阶上去……"

随后，他给今天两名新晋骑士进行了详细指导——"屈下右膝，女王会轻拍你的右肩，而后是左肩；这里没有'爵士先生，请起立'或者类似的提示"——接着又给他们解释如何判断自己该退下的时间到了。"当女王向你伸出手就是该结束的时候。和女王握手，别忘了松开，然后后退三四步回到原处。男士们鞠躬，女士们行屈膝礼。再向右转，海军准将劳里·霍普金斯（Lawrie Hopkins）会在这里告诉你出去的路线……"

引礼武官不仅仅是指路人。"我们还要阻止'逃兵事件'发生，"空军少校罗尔夫解释说，"确实会有人太过激动，在领奖之前不是走错路就是想退出。"届时领奖者会排成一队，按勋章类别和性别区分。男女领奖者领取同一奖项的形式有所不同，比如，司令勋章若颁给男士，需斜挎勋带；若是女士，则需要佩戴徽章。这时，女王由两个廓尔喀族勤务兵陪伴已经到达滑铁卢厅，这是维多利亚女王留下的传统。所有人都站起来欢迎。乐队在楼厅奏响国歌，音乐一结束，女王说："女士们，先生们，请坐。"这是整个上午她唯一的公开讲话。

首先起立的是骑士。中将威廉·罗洛爵士（Sir William Rollo）对之前的演练信心十足，他觉得比起来时路上的经历，授勋仪式的压力小多了。"路上堵得连制服上的饰品都快挤掉了。"全部来自皇家骑兵乐队立刻开始演奏亨德尔和舒伯特的名曲，中间还穿插了《雪绒花》片段以舒缓气氛。当然，在这一场合没人鼓掌或者喝彩，客人还要适当控制情绪。如果最初几个受封人领奖时掌声很热烈，但当观众意兴阑珊时，排在第 99 号的受奖者会怎么想？

接下来的庆典节奏紧凑流畅得天衣无缝，人们甚至没有注意到其程式化的安排。宣布每位领奖者姓名之前，证章办事员杰里米·巴格韦尔-普里福伊会把勋章用托盘送到上级亚历山大·马西森中校那里，中校负责进行核对，并将其放在女王王室内府副总管查尔斯·理查兹中校准备的垫子上，再由理查兹把勋章呈送给女王。内务府大臣达尔豪斯伯爵宣读领奖人名字。当领奖人迈步出列时，引礼武官、空军中校安德鲁·卡拉姆（Andrew Calame）会在女王耳边快速提醒一下她。女王事先已经浏览了关于受封者的名单和情况汇总。"但她仍要求引礼武官在她耳边提醒她一些关键信息。"马尔科姆·罗斯解释说，"让她记起这个人的故事，确保不会出现诸如'你来自哪里'这类毫无意义的问题。"因此，卡拉姆像戏剧提词员一样在女王身旁耳语："……3 个孩子的父亲，……从事牙医工作 30 年，……1983 年受到威尔士亲王的接见……"这些并非全部谈话要点。但是女王由衷地喜欢把领奖者的面孔和他的名字以及故事对号入座。有时，会是非常传奇的故事。2010 年 3 月，玛丽昂·安德鲁斯（Marion Andrews）代表她已逝的父亲从澳大利亚来到伦敦领取员佐勋章。其父因战时在缅甸服役而于 1946 年被授予员佐勋章，但由于战后的混乱，邀请信寄错了地方。64 年后他的女儿才得知此事，女王很高兴对此进行补偿。

同样的事情差点发生在司令勋章获得者海伦·登特（Helen Dent）身上。她解释说："说实话，我当时以为又是一封来自税务部门的信，所以就随手扔在了一大沓信上，两个星期以后他们打电话确认我是否'有意接受邀请'。那一刻我仍以为他们在开玩笑。"当然这不是玩笑，现在她正迈步上前领取因为"关爱家庭行动"这一慈善机构的工作而获得的勋章。"你做得非常好，"女王说，"这是你应得的荣誉。"

有些谈话要更自然随意一些。"你在铁路部门从事什么工作？"女王给阿德里安·舒特（Adrian Shooter）颁发司令勋章时问道。"我是奇尔特恩铁路公司（Chiltern Railways）主席。"女王接着问："那条铁路贯穿整个奇尔特恩，是吗？"

这是女王的天性使然。在等待每位司令勋章获得者出列时，女王会本能地整理粉色勋带，在手指间来回拉动，像在解开宠物狗的颈链。每个名字宣读间隔大概 40 秒。但有个别领奖者会享受到较长的会见时间。英国皇家海军陆战队一级准尉巴里·道（Barry Dawe）跟女王交谈了整整 1 分 20 秒。有趣的是领奖者大多觉得至少和女王谈了好几分钟，但很少有谁能清楚记得说了什么。这一点倒是始终不变。

今天有些嘉宾相当引人注目。一位名为艾伦·比维斯（Alan Beavis）的绅士穿着童子军制服来领取因在童子军服役而获得的官佐勋章。司令勋章获得者建筑工程师乔治·弗格森（George Ferguson）身着红格呢长裤。受封者年龄不等。面带稚气的克里斯托弗·基利（Christopher Kealey）因"在外交及联邦事务部工作"而被授予员佐勋章，他看起来比其他获此殊荣者要年轻一些。"他将来肯定能做外交大臣。"观众中的一位女士如是说。30 岁的基利在英国驻喀布尔大使馆担任了两年政治官员。对于另一些人而言，授勋是很大的挑战。当诺拉·施奈德（Nora Schneider）摇着轮椅上前时，女王走下主席台为她颁发了员佐勋章，表彰她在伯克郡社区的服务。女王并不需要真的去把奖章别在人们的衣服上。领奖者都事先佩戴了挂钩，为的就是让这一过程快捷且没有痛苦（不像维多利亚女王在颁发第一枚维多利亚十字勋章时用别针把获得者扎出了血，但当时没人因此退缩）。玛丽·塔梅（Mary Tame）由女王的高级侍从菲利普·罗兹（Philip Rhodes）搀扶着来领取她因在牛津郡社区服务而获得的员佐勋章。另一位员佐勋章获得者迈克尔·霍珀（Michael Hopper，在就业中心服务）的受封仪式是在一根官杖和王宫侍从雷·惠顿协助下完成的。77 岁的德里克·巴特利（Derek Bartley）的获奖理由看似风马牛不相及，"表彰其对英国中部登山协会和里尔音乐俱乐部的服务……""这是个不寻常的组合。"女王评论道,"你更喜欢哪一个?"巴特利回答说:"两个都很棒。"

最后一枚志愿者预备役奖章颁发完毕后,国歌再次响起,女王迈下讲台从观众中走过。实际上那与她在温莎城堡的住处方向正好相反,她是想让等候已久的观众能更好地看到自己。细节决定一切。这时厅内的气氛忽然变得热烈起来,获奖者与家人们簇拥在一起,仿佛是刚刚参加完某学校的一场毕业典礼暨颁奖仪式。人们在接待大厅排起长队等待官方留影。这种自豪感是可以相互感染的。一些妻子或者母亲一边轻拂眼角,一边幸福地抱怨着泪水弄坏了她们的妆容。这又是为他人幸福工作的一天。

然而,现代王室对此类授勋仪式还存在分歧。有人不以为然,因为每次温莎城堡都要为了王室活动而关闭国宾楼,英国皇家收藏的潜在收入就会减少。尽管女王不赞成其他领域的"商业化",但皇家收藏不得不如此。温莎城堡每年有上百万的参观者,这是它的主要收入来源。

以下例子最能说明女王和我们之间的平衡关系。大约不到25年前,这些富丽堂皇的艺术珍藏品和其他一些珍品还是由一个小小的王宫办公室负责。1987年,这个办公室变成了王室内府的一个独立部门,现在已经成为最大的部门,每年夏天有320名专职人员和300名兼职人员。皇家收藏部把公众带入王宫,出售纪念品,用所有收入保护珍品完好无损。它的日常工作不仅是保护这些收藏品,同时也要确保有尽可能多的人来参观和欣赏这些藏品。现代皇家收藏是女王最大的遗产,全库都是价值连城的珍宝,现在已是一项每年筹集约3 800万英镑的慈善基金,全部盈利用于收藏品的投资。没有任何政府补贴,这个部门必须自负盈亏。尽管女王是受国家委托管理这些藏品,但也经常有人会将其算作女王的个人财产。1993年皇家收藏基金会的创建彻底打消了这一念头。它强调任何君主不能出售伦勃朗的作品，就像不能出售海德公园或皇家达特穆尔监狱（Prison Dartmoor）一样。

同年，皇家收藏部负责夏季白金汉宫对公众开放的工作，以筹集1992年温莎城堡大火后的修缮资金。这可能会遭到王官方面的反对，但女王看到了它的金融和政治意义。现在，毋庸置疑，这已经成了一次大规模的夏季常规活动。迄今为止，温莎城堡和白金汉宫已吸引了140万参观者，为皇家收藏部提供了2/3的收入来源——1 700万英镑入场费和500万英镑的零售收入。担任主席的威尔士亲王可谓尽心尽力。不久以前，他承认，如果能休假，他愿意花在研究皇家收藏上面。女王不可能这么做。她的兴趣不在于此。但是她很自豪，对每件绝版藏品都很关注。"就参观人数和藏品而言，女王统治时期是收藏历史上的最高峰。"皇家收藏部主任乔纳森·马斯登（Jonathan Marsden）说道，"和维多利亚女王时期的藏品一样重要。"

如果能作为收藏家君主而青史留名，女王一定很高兴。也许她更愿意与堪称最伟大的君主鉴赏家乔治四世相提并论。她了解所有的展览计划，亲自授权每个机构每项藏品的借用。马斯登刚刚呈递上来加拿大国家美术馆请求借出的项目清单。她会认真考虑每个项目。这不是例行公事。有那么一两次，哪怕借出的艺术品有一丁点儿不能归还的可能，馆长们也会建议拒绝借出。但女王不总是赞同他们的悲观情绪，偶尔也会很高兴地驳回他们的建议。

皇家收藏的藏品十分丰富，可以与世界上最伟大的收藏者相媲美。现今没有任何王室可与之相比。至于前朝国王们，财宝不是四散在外就是由国家博物馆收藏，比如法国卢浮宫博物馆和圣彼得堡博物馆。如果当年奥利弗·克伦威尔与其共和主义者同伙没有卖掉大批艺术品，包括1649年查理一世被处死之后的王冠，那么皇家收藏的藏品数量还要更多。"现存于西班牙普拉多博物馆、奥地利维也纳博物馆和法国卢浮宫博物馆里的很多名画原都属于查理一世，"马斯登说，"我们不得不重新开始。"

实际上，皇家藏品数量为75万～100万件。"这取决于是否把茶杯和茶托分开计算。"马斯登说。这里有名品中的名品，包括达·芬奇和荷尔拜因（Holbein）的名画、塞夫尔（Sèvres）瓷器、凡·戴克和卡纳莱托（Canaletto）的作品。在很多方面是独一无二的。"没有哪家收藏机构可以跟我们一样，用我的话叫——'原始'。我是指许多的藏品还用于它最初的设计目的——为王室活动提供背景。"当然，其他地方没有这么多的古董和珍宝仍用于吃、喝、坐下休息或是摆放器物等。

皇家收藏还有一点不同于其他大多数国家博物馆的显著特色，就是与众不同的奇特和差异。这些藏品代表了英国君主的个人品位，从未把综合性搜集作为自己的一项公共义务。举例来说，这里有卡纳莱托最著名的作品，但却一幅透纳（Turner）或康斯太布尔（Constable）的作品也没有。

"任何博物馆馆长都可能会为此烦恼不安，因为他们起床后，首先要考虑的是如何获得藏品。但是我们不用，因为那不是我们的首要任务。"马斯登解释说，"藏品反映的是君主的喜好，而不是馆长的兴趣。因此我们从来不说：'哦，不！翁布里亚画派（Umbrian School）的作品还没有展示。'"

只偶尔谨慎地购买一些藏品，从未卖出任何一件。马斯登指出，1998年为英俊的查尔斯王子购入一件小汤盆支架是女王典型的收藏类型，即总是和王室有着紧密的联系。当然，不同于乔治四世的是，女王从未因大量购买藏品而受到诟病。

皇家收藏的另一个独特之处是没有公共补贴。与英国其他著名的美术馆和博物馆不同，皇家收藏不得不依靠游客数量、营销和商业活动来维持运营。这是另一个王室悖论：我们需要诸如皇家收藏这样的王室企业自筹资金，但又期望它们不进行与王室相关的交易。它们不得不小心谨慎。马斯登提到了两部为在女王艺术馆举行的维多利亚和阿尔伯特展览所写的作品。一本较厚，标价为35英镑，内有精美插图，属于学术专著。另一本稍薄，标价为9.95英镑，面向一般游客。马斯登拿着学术著作说："这是新的研究成果，也是一个重要的学术成就，但我们唯一能做的是争得资助支付出版成本，然后销售另一部著作10 000本。"为平衡书籍收支，他要做的还有很多。皇家收藏现在有完备的销售部门，由诺拉·麦古尔蒂（Nuala McGourty）负责，包括1 500种商品，诸如明信片、DVD、为咿呀学语的孩童制作的仿熊皮饼干箱、发光的悠悠球和香皂。

麦古尔蒂是一名经验丰富的零售经理，之前曾为Marks & Spencer和La Senza等品牌工作过，在开发市场方面眼光独到。"上等瓷器和王室盾形纹章相关的产品卖得很好，同时我们计划上市一系列印有白金汉宫建筑特色的领带。"她说，"我们努力做些令人愉悦的产品，制作了宠物狗系列产品——风味有机狗粮饼干。也尝试过印有王子和王妃字样的宠物狗T恤衫。我们想让所有人都感兴趣。""宠物猫系列怎么样？""不！我们只做威尔士矮脚狗系列。"麦古尔蒂总是要求商店屏幕上一直播放王室纪录片。"这对营造气氛很有好处。"

她的最新项目是白金汉宫花园的咖啡厅。它是在夏季开放期间，为满足结束国宾厅游览后的宾客需要而设的。它不是为了挣钱，目的是完善"游客体验"。每座体面的豪宅都有咖啡馆，通常是设在长久使用的固定屋子或橘园。但王宫没有空闲的房屋，皇家收藏部不得不在西边露台临时搭建一座咖啡厅，在这里能俯瞰整个花园。可以想见，茶和司康饼（scone）最为畅销。但是麦古尔蒂发现即使是一些垃圾食品也很受欢迎。"我们没有地方放置清洗设备，所以采用了一次性用品。让人吃惊的是很多游客都想把这些茶杯带走，因为茶杯上都有王室标志，人们非常喜欢。"

在财政要求和王室品位之间寻求平衡，有时跟变戏法一样需要技巧。麦古尔蒂比任何人更能理解保持王室品牌的重要性。无论如何，一个遥控小狗或印有女王全名的系列香皂面世前，仍然有很多事情需要讨论。皇家收藏基金会副主席、宫务大臣皮尔勋爵总是对可能引起意外的想法时刻保持警惕。"有时，我可能会建议采取一些比较温和、不太商业化的方式，"他说道，"但他们的成绩令人难以置信。他们已经借到了几百万英镑在爱丁堡建造新的美术馆，一点都没依靠公共财政支持，现在几乎快还清了。"

没有这些商业活动就不能筹建新的美术馆，开展教育项目，进行巡回展览和新的投资。马斯登的下一个项目是改善网络使用，包括大力增加皇家收藏网页上的藏品数量。大众审美是它存在的目的，如果恰巧能通过网络进行，那就再好不过了。他们甚至还在计划某件独特艺术品归属问题的在线讨论。

事实上，自从独立为完全成熟的部门后，皇家收藏部挖掘了很多之前从未注意过的作品。

最近几年，马斯登的前任、著名的休·罗伯茨爵士（Sir Hugh Roberts）几次受到女王接见，每次都带来令人振奋的重大消息。2003年女王得到了两件卡拉瓦乔（Caravaggio）的作品，还收入了一件本韦努托·切利尼（Benvenuto Cellini）的价值连城的铜像。没有通过拍卖行，也没签支票，都要归功于馆长和管理员。这些名作一直存放在某个地方，但之前没有人对其予以正确鉴定。

最受欢迎的皇家珍宝区位于伦敦塔内。王冠名义上属于女王，但她无权对其进行交易。伦敦塔是由一个名为历史皇家宫殿（Historic Royal Palaces）的部门独立管理，这个慈善机构负责管理王室成员不再居住的全部旧有王室住处，如汉普顿宫（Hampton Court Palace）。这个组织也管理肯辛顿宫的非住宅区域。迄今为止，这里最有名的景点是伦敦塔，每年接待250万名游客，是温莎城堡接待量的两倍还多。和皇家收藏一样，历史皇家宫殿没有任何公共财政资助，也要靠自己。悖论又来了——这是属于我们的，但别指望我们掏一分钱。政府计划大幅削减对遗产组织的财政拨款时，曾将矛头对准过历史皇家宫殿，但最终发现该组织从未收到过任何政府拨款。女王的一些高级官员列席董事会，不过这一机构位于王室内府之外，故而还能体现更多的"商业化"。平民可以租用肯辛顿宫的橘园或汉普顿宫的花园房间来举办婚礼或是同性合法婚姻。与皇家收藏不同，这里的气氛不那么严肃。该组织2010年度报告特意精选了维多利亚女王的巨型内裤照片。这样的王室内衣插图绝对不能出现在皇家收藏的出版物中。无论好坏，无论是伦敦塔里的血腥暴力还是肯辛顿宫中怪异恐怖的侍臣，在历史皇家宫殿都可以看到。

由历史学家和纪录片制作商露西·沃斯利（Lucy Worsley）博士带领的年轻管理团队颇有冒险精神，目光敏锐，不满足于传统的包车旅游，还不断开拓市场，增加吸引力。"他们有15～30个不常来王宫的团体。"她说道。因此，最近的"魔幻王宫"——游览肯辛顿宫公寓的旅游项目非常火爆。探寻曾在这里居住过的7名公主的坎坷人生，其潜在信息是："成为公主绝非易事（凯特·米德尔顿是否参加这次旅游不得而知）。"展览中，曾在肯辛顿宫住过的最著名的两位是——威尔士王妃戴安娜和玛格丽特公主。从社会地位来看，肯辛顿宫更适合处理像纪念威尔士王妃戴安娜这种更为敏感的问题。如果为她在诸如温莎城堡这类地方树立雕像的话，那就绝对不自然，也不舒服。而玛格丽特公主当年在肯辛顿宫住过的1A公寓现在被移交给了历史皇家宫殿（名称有误导游客之嫌，玛格丽特公主的"公寓"实际上是一栋40个房间的联排别墅，包括一间宠物狗的洗浴室、一个兰花房、一部电梯和一个花园，带有从阿斯科特赛马场移过来的凉亭）。作为肯辛顿宫耗资百万华丽转身的一部分，这里已然演变成反映女王妹妹和儿媳生活的绝佳之地。女王对这里的一切一直密切关注着。她知道，这又是一个平衡的微妙判断。她总是不像人们预想的那样谨慎。女王当政期中有很多独特之处值得铭记，尤其是那些曾经紧闭的大门已经有很多朝我们重新敞开了。这并非大公无私，也不是迫于无奈，只是乐于为大家服务。

VIII

力量与依傍

"不是反叛者,绝对不是。我是个革新者!"

童年时代的伊丽莎白二世

对于皇家地产来说,"绵羊药浴房"(Sheep Dip)算不上是最有前途的名字。但现在就爱丁堡公爵而言,没有什么比这更好的选择了。在这个特殊的早晨,这座建筑看上去也一样没什么前途,既没有门也没有窗。工人们正在地面上铺设一层混凝土,北海的微风从屋子中央穿堂而过。但这是公爵钟爱的项目之一,他喜欢不打招呼就顺道过来看看,提出许多问题和新主意。"绵羊药浴房"完工后,他还会再回来,查看诺福克郊外这所有三间卧室的住宅是否完全按他所愿而造。因为这里是他的地盘。在这儿一切他说了算。

60年来,这位不断进取又让人诧异困惑的王室家长不得不一直在布满立宪雷区的王权周围小心翼翼,如履薄冰。没有现成的规则可遵循,除了与阿尔伯特亲王之间一些并不恰当的对比外,也没有先例可效仿。公爵却辛勤雕琢出了自己的角色,那就是始终满足两条平行需要:支持女王,忙忙碌碌。

他一生大部分时间都在做的事情并不只是履行身份所赋予他的义务。从他搬到白金汉宫的那一天起,耳边就一直有人告诉他不要做什么——他不能做哪些事,不能读哪种文件,等等。但他却利用自己的职位和强大的能量在全球范围内做出非凡成就,感动了成千上万人。现在他是世界舞台上曾在二战期间服过役的仅存的重要人物。对公爵来说,有三个地方不受朝臣支配,在那里他可以凭自己的判断行事,脑海中时刻迸发出来的无穷想法也能得以尝试:一个是苏格兰的巴尔莫勒尔,一个是温莎,最后一个也许是他可以享受最大自由的地方——诺福克的桑德灵汉姆庄园。桑德灵汉姆庄园占地20 350英亩，起止界线并不明显。最容易分辨你是否站在皇家土地上的办法是观察周围的房子。如果房屋外面木建部分和前门都漆成了柔和的白色和浅蓝色——通常称为"Sea Rover"的色彩，那这里就是皇家地产了。这就是地产颜色计划。"我们尽可能地避免什么标志，"桑德灵汉姆庄园经理马库斯·奥洛恩（Marcus O'Lone）解释说，"女王和公爵喜欢这里干净整洁，因此指示牌需要维护。"这里的首要大事当然是整洁。没有几个农场的设备能保持得如此一尘不染。某种程度上是因为公爵安装了一台牵引清洗机，可以自行循环水源。在庄园的某个区域，会看见一架有轮子的长腿怪物在百亩黑醋栗地里巡逻，这里所有的作物都会用于出产维生素C。这台机器可以进行喷水或收割。公爵对此非常自豪。在有机区域，一小片榛木和橡树幼苗已经粗具规模。这里是公爵的松露种植区。虽然一点松露都看不见，但现在还为时尚早，才刚刚过去7年。种松露和王室本身一样，有很长的路要走。无论需要多久，公爵都已准备好耐心等待。松露的胚种远道而来，创造奇迹需要时间。本来世界松露的著名产地是意大利和法国，但它们都婉言谢绝了这一请求，公爵最终从新西兰人那里拿到了种子。不管怎么说，女王也是新西兰的女王。

这里的一切都保持原生态，随处可见嬉戏的珍稀鸟类。野鸡也很肥，绝不是一般狩猎场商业孵化饲养的那种。当初，爱德华七世买下这个地方用作老式的运动场，如今狩猎仍是主要的皇家娱乐活动，而且尽可能地保留了传统风格。此外还有漂亮迷人但我行我素、高调守旧的桑德灵汉姆博物馆，老式汽车，破旧马车，以及充满异国情调的展室，里面摆满了另一个世纪的狩猎奖杯。就在馆内某间工作室里，总工程师丹尼·哈维（Danny Harvey）正和公爵一起设计一些小玩意儿。公爵从没像现在这么高兴过。他最得意的创造是皇家野餐车。公爵画出构想图，哈维负责制造，里面有调料架、饮料柜、垃圾分区、烤箱、抽屉，各种冷、热食物一应俱全。

1952年2月，乔治六世与世长辞。自那以后，这里就由公爵负责管理。和巴尔莫勒尔一样，桑德灵汉姆是王室私有财产，女王拥有继承权。但是她要管理国家事务，无暇顾及，同时也打算赋予公爵一些自主权力，于是就让他负责桑德灵汉姆和巴尔莫勒尔，还任命他为温莎大公园管理人。在温莎5 000英亩土地上，公爵监督种植了成千上万的树木。城堡东部的主花园就是公爵的杰作之一。他甚至还引进了许多温莎虎皮鹦鹉。最近的创新是建了一个7.4英亩的葡萄园，到2015年就可以自产温莎葡萄酒了。

来公园的游客都会纳闷为什么这里的时速限制是38英里，这也是公爵的主意。"你想，"他说，"如果是40英里，人们根本不会留意，要是定成38，大家就都会注意到。"这个数字不是随便选的，它约为每小时60公里。公爵不仅能说一口流利的法语和德语，对公制和英制换算也很熟悉。因此，桑德灵汉姆也是用途广泛。"我一直用公制计算，"奥洛恩说，"5年前的一次会议上，公爵发现所有年轻的管理者谈及相关问题都用公顷，于是他说：'我们最好正视现实。以后改用公顷来计算。'之后我们就这样做了。"

公爵不可以干涉政治，不能召见首相，也无权签署法案。在女王执政的前15年中，威斯敏斯特宫甚至没有在国会开幕时给他安排一个恰当的席位。但是皇家地产均在他管辖之下，尤其是桑德灵汉姆。因为温莎大公园仍是王室地产的一部分，巴尔莫勒尔有50 000英亩受当地有关部门所限，所以公爵在桑德灵汉姆享有更多的自由。这里才会有"绵羊药浴房"。女王和公爵不会在这儿住，只有猎场看守人留在这里。尽管已经有150块地产需要打理，但公爵总觉得这个偏僻荒废的农场闲置着太过浪费。无论是哪儿，他都希望它能欣欣向荣。许多年前，他决定重修伍德林场（Wood Farm），现在那里已经成了备受青睐的家庭度假胜地。"绵羊药浴房"不是什么大工程，但是他一样乐此不疲。"公爵6年前就打算在这儿找一个看门人。"奥洛恩说（他的办公室在约克镇，乔治五世子女出生的地方），"那时候费用太高，要花费 15 万英镑才能步入正轨。"现在随着科技的发展，公爵认为利用柴油发电机和绝缘体就能开始"绵羊药浴房"的工程。这里也成了唯一有海景和地热的猎场看守人小屋。

桑德灵汉姆的功能不单是狩猎和娱乐。在公爵的打理下，这里不再亏损，反而逐渐有了盈余（地产的利润再投资），也没有任何裁员。已有 600 英亩林地对公众开放，还建起了一个收入很好的房车公园，在这里人们可以和任意一个皇家宅邸进行最亲密的接触。餐厅里令人感兴趣的不仅是西班牙画家戈雅（Goya）的挂毯画和亚历山德拉王后一生收集的彩图菜单，这里还是女王平时用餐的地方。仔细看一下桌垫，就会看到上面画有她的赛马画像。隔壁的小客厅里有一只精美的铜质雷鸟，是公爵在结婚 15 周年纪念日时送给女王的礼物。

这也提醒人们威尔士亲王不是家族中唯一的环保主义者。公爵知道亲王热衷于有机种植，于是为他开发了大块有机土地。关于皇家地产的所有重要决定也都征求了亲王的意见。公爵把游客餐厅的残羹剩饭收集起来用作混合肥料，由餐厅负责监管所有菜品成分的"食物里程"。公爵清楚自己的行为底线。他做事小心谨慎，从不擅闯女王的私人领域，比如说皇家犬舍（她在桑德灵汉姆饲养和训练单猎犬）、皇家鸽子阁楼（她还养鸽子）和皇家种马场这些地方。女王打算把桑德灵汉姆漂亮的围墙花园改成种马围场，公爵也不会有异议。他在 2010 年曾说过："快乐婚姻的秘密不在于兴趣相投，而在于没有争辩不休。"

不管是过去还是现在，问到王室的任何一个成员为什么女王作为国家君主会如此成功，大家都会认为这与公爵密不可分。如果没有对女王身边这位男士做出客观评价，那么任何关于女王本人和她统治的研究就都不完整。女王曾在她的金婚纪念日那天说过："公爵不习惯被人夸奖，但是这些年来，正是他一直在我身边给我力量与支持。"

威廉王子承认，1952 年两人角色过渡时并不容易。"回到他们生活的那个世界，不亚于上一次前线。"他说，"女王在男人的世界里履行她的职责。而爱丁堡公爵承担起了伴侣夫君的角色,他当时是一名海军中校,而且有可能获得更高的军衔。但女王和公爵自那时起就开始按照自己的角色去行动,取得了辉煌的成就。他们在一起是个很好的组合。"

"他一直在帮助身边所有人。"约克公爵说。他认为父亲作为女王的伴侣如此成功,关键在于他清楚何时应该退避三舍,何时又应该介入。"爱丁堡公爵总能为别人提供建议和帮助,合作和引导,替女王分担,但也懂得什么时候该干涉。"当然他更清楚什么时候不应插手。

女王的这位次子还提到,1982年爆发马尔维纳斯群岛战争时,女王与公爵可能曾就他身为皇家海军直升机飞行员参战一事有过分歧。当时他还是安德鲁王子,执意与战友一同奔赴战场,但是国防部认为王位的第二位继承人如果参战,很可能会成为敌人的主要打击目标,会给他身边的人带来危险。

对此,军官出身的爱丁堡公爵有强烈的看法。"他很明白我当时的感受,参战对我非常重要。"他的儿子说,"作为一名职业军人,你不能不去,那会毁掉你军人的荣誉。女王很清楚。"这是军事,不是家务事。因此,爱丁堡公爵一直坚持自己的意见,并且尽量控制了情绪,直到当局做出了正确的决定。

"从某种意义上讲,公爵的生活很简单,即全力支持女王工作。"他刚刚退休的私人秘书迈尔斯·亨特-戴维斯爵士(Sir Miles Hunt-Davis)说,"他的生活安排完全基于女王的计划。在女王做出安排之前,他不会考虑自己的事。"在所有的皇家活动中,公爵出席不单是与人握手、闲谈,而是要让女王安心。女王身边不乏值得信赖的得力干将,但知道还有一个在她加冕仪式上宣誓"愿意成为她的左膀右臂"的男人就站在几步之外,对女王来说是莫大的安慰。戴维斯说:"公爵会帮助孩子们设法见到女王,有时会将她的注意力转移到人群中的某个人,或是给她展示一些他知道她会喜欢的好玩的东西。"

公爵干练、理智、保守的外表下,深藏着一颗浪漫的心,他会在1947年写道"对于我来说,世上唯一真切的就是莉莉贝特",也会为了结婚纪念日去亲手设计珠宝。

女王所有的珠宝中最精美的一件是只做工复杂的手镯,这是1952 年公爵设计出来送给她的,上面镶有钻石、蓝宝石和红宝石,"E"和"P"两个字母缠绕在一起,还有象征约克家族的白玫瑰和一枚船锚(女王出生时是约克·伊丽莎白公主)。[①] 是公爵把生活在金色牢笼童话中的公主带到了大千世界。威廉·赫塞尔廷爵士说:"在女王的婚姻生活中,公爵一直给予她莫大的支持,尤其是在早期,为她遮风挡雨。在没有电视的时候,是公爵为女王打开了通向世界之窗,他的作用不可忽视。这一点非常重要。"

伊丽莎白二世和爱丁堡公爵

---

① 德高望重的"菲利普亲王设计奖"是公爵创造力的体现,此奖项已经持续了 50 多年。之前,詹姆斯·戴森(James Dyson)和特伦斯·考伦(Terence Conran)都曾拿过此奖。对各类设计公爵都有自己的见解,而且表达见解从不迟疑。最近,他会见特许设计师协会的一名员工时,曾评价说:"你没设计好自己的胡子。"

现在,公爵一如既往,还是那么浪漫。2010年6月,伦敦国王街(King Street)佳士得拍卖行的竞标者们没有太注意画家爱德华·西戈(Edward Seago)创作的一幅小型双面女王肖像。在这次总价为600万英镑的维多利亚和印象派绘画拍卖中,标王是劳伦斯·阿尔玛-塔德玛爵士(Sir Lawrence Alma-Tadema)和艾尔弗雷德·芒宁斯爵士(Sir Alfred Munnings)的作品。西戈的画长15英尺,宽9英尺,估价在4 000~6 000英镑之间,人们对此兴趣不大。但有人却很热衷。一位匿名买家非常执着,最终竞价到了将近10 000英镑。尽管价格高过实物很多,但这位神秘的买家还是很高兴。谁也不知道买家就是公爵。他已经收藏了西戈创作的女王肖像的封山之作,它就挂在书房里,公爵一直非常钟爱。当他得知画家的初稿即将拍卖时,已按捺不住。现在,这两张肖像都挂在公爵的书桌上方。

王室的一位密友说:"有些人根本不需要太多朋友。女王和公爵两个人就是恩爱的好例子,他们每天在一起喝茶、聊天,无所不谈。公爵可能会为女王读信,或者讲笑话。他们相互倾慕。"两人都懂得健身节制(一名随从称这是"铁的纪律")。公爵不喝葡萄酒,喝啤酒,偶尔喝一些干马提尼,含蛋白质的食物从不与碳水化合物一起食用。2000年,女王的母亲庆祝百岁生日时,公爵曾对盖尔斯·布兰德雷斯说:"我可不想活到100岁,那简直太糟糕了。"然而,到90岁的时候,他仍然没有把高龄当回事,虽然减少了一些赞助活动,但工作节奏仍然一如既往。2010年,他总共处理了300多件国家事务,其中一件是在圣诞节前为皇家造币厂咨询委员会的历史学家克里斯托弗·弗雷林爵士(Sir Christopher Frayling)退休举行欢送午宴。值得一提的是,弗雷林和威尔士亲王是大学校友。公爵已经在为他儿子的同学庆祝退休了,但他只能在一旁想想退休是什么感觉。因为女王若不退休,公爵也不能退休,而女王是不会退休的。

和其他普通夫妻一样,公爵和女王也会有争执。已故的查特里斯曾提到,菲利普亲王是唯一能降服女王、让她"住口"的人,反过来，女王也是一样。有一次，亲王甚至威胁女王要把她赶出车外。还有一次，女王自己躲在了"大不列颠号"上，说："等菲利普心情好的时候我才会出现。"甚至听说他们还会向对方扔东西。不言而喻，上面谈到的这些趣事都发生在他们35～60岁。

熟悉这对夫妇的人常会提起他们如何称赞对方。公爵的传记作家蒂姆·希尔德（Tim Heald）曾经把女王与公爵进行过对比，前者以否定决断著称，对何时说"不"有着天生的直觉，而后者却总是愿意冒险。如果对什么事怀有疑问，女王通常会有所保留，而公爵却从不拐弯抹角。前工党内阁大臣芭芭拉·卡斯尔（Barbara Castle）总是对女王的专业给予高度评价，但对公爵却没多少称赞。1966年塞文桥（Severn Bridge）竣工揭幕期间，国歌响起，当时的交通大臣正准备立正行礼，忽然听见一个熟悉的声音冲着女王的方向说道："你打算什么时候淘汰这款M4？已经用了太长时间了。"与维多利亚女王相比，现任女王在位时间更长，已经将近63年，历史学家比较这两位君主的兴趣也与日俱增。女王的一个家族朋友说："我们的女王和维多利亚女王有一点很大的不同，就是维多利亚女王性格中带有挑衅性，而女王不是。这正是菲利普亲王的重要作用所在，他的存在正好弥补了女王的这一点。有时候，他还会给予她明确立场的勇气和动力。"

公爵于1947年成婚，人们从那时起就自然而然地把他和维多利亚女王的丈夫阿尔伯特亲王相比较（公爵的曾曾祖父）。或许迟早"伊丽莎白和菲利普"也会像"维多利亚和阿尔伯特"一样成为语言的一部分。很可能某一天，一栋以"E&P"命名的大楼就会拔地而起，与"V&A"相媲美。阿尔伯特当时的处境截然不同，他是维多利亚女王的私人秘书，办公桌就在女王的旁边。但公爵从一开始就被牢牢限制在了政体之外。同是君主的伴侣，比起前任伊丽莎白女王的夫君，公爵的接触面显然窄了许多。乔治六世在位时，常会安排温斯顿·丘吉尔和其他觐见者一起吃午餐，或者进行王室口中的"野餐"，他会邀请王后出席。威廉·肖克罗斯曾说过，伊丽莎白女王是20世纪最重要的谜团之一，此外还有那些聚集在白金汉郡布莱奇利公园

(Bletchley Park)的战时情报人员。现在回头去看，不能不说当时无论是君主还是首相似乎都有些大胆鲁莽。而在女王执政期间，没有哪个首相看到过菲利普亲王在觐见室出现，国家文件上也从来没见过他的手印。公爵虽然也会就很多事情——从生育控制到国家福利——坦率地表达自己的观点，但多是在一般场合。他的前私人秘书迈尔斯·亨特-戴维斯回忆说："我在他身边工作的时候，任何与政治相关的事件他都会置身事外，保持非常合理的距离。他从来没有在政党政治问题上发表过任何见解，这也正是国家元首的配偶应有的角色。"女王的前私人秘书也说过："就宪制而言，我应该给公爵一张'表现良好的证明'，我从没听到一个大臣抱怨过他有干预政治的行为。"而同时，政府非常乐把他当作外交工具。

在英国王室历史上，公爵的出行访问最多。女王去过的地方也多于其他任何一位君主。公爵不仅陪同女王一起出行，也曾自己多次环球航行。戴维斯说，每当公爵因慈善事务出访其他国家时，该国的领导人通常都很乐于接待。他们不会因为公爵没有实权而心生半点厌倦。他是女王的丈夫。他是否愿意停下来吃顿饭呢？只要情况允许，他一般都会应允，因此英国派驻各地的大使对此都会感到非常高兴。

1986年，伊丽莎白二世和爱丁堡公爵第一次访问中国

有时人们会问，为什么女王一直没有册封公爵"伴君"（Prince Consort）的正式头衔，对此官方没有回答，但是大家普遍认为公爵不需要什么封号。"我觉得他从不把自己看作阿尔伯特亲王，也很抵触被封为'伴君'，因为他不想让别人觉得他在效仿阿尔伯特亲王。"他的一位前私人秘书说。查特里斯勋爵认为"伴君"这个封号毫无意义。"很早以前，他就打算做自己的事，没想过要封号。"公爵身边的一个人说，"但他很喜欢和阿尔伯特有很多巧合，比如，都是剑桥大学的校长等。"对于他为什么没有被册封为"伴君"，或许还有其他原因。女王做爱丁堡公爵夫人时，是她一生中最快乐的时光，也只有那段时间人们是用她的婚名称呼她的。婚后（菲利普亲王被授予公爵封号）到女王就职的四年零两个月，是她最贴近"普通人"生活的一段时间。作为驻扎在马耳他的一位皇家海军军官的妻子，她可以开着MG跑车在岛上兜风，暂时忘掉礼节和职责。那时，他们如果突然想要出门野餐或去跳夜场舞，可以直接就去。回到伦敦后，公爵夫人可以把克拉伦斯宫变成像家一样温馨。到了1952年2月，这一切都发生了改变。但起码她的丈夫还可以继续保留爱丁堡公爵的封号。如果当时他被册封为"伴君"，那么爱丁堡公爵这个头衔就会和公爵之前已废弃的"梅里奥尼思伯爵"（Earl of Merioneth）和"格林威奇男爵"（Baron Greenwich）两个封号一样，连同所有美好的记忆一同慢慢消逝。1960年，王室宣布女王把自己的姓从温莎改为蒙巴顿-温莎，同时解释说，她希望她丈夫的名字能"永存不朽"。而他的公爵封号已经"永存不朽"。

如此一来，公爵应该什么时候被称为菲利普王子，什么时候又被叫作爱丁堡公爵呢？他以前是希腊菲利普王子，1947年加入英国国籍，放弃了希腊的封号，成为爱丁堡公爵。10年后，他受封为英国亲王，又成了菲利普亲王。他现在的封号是"菲利普亲王殿下"和"爱丁堡公爵"。"亲王"和"公爵"两个称谓是可以互换的，如果周围有其他亲王，就称他"公爵"，但是二者也有细微的不同。"在王宫内我会称呼他'菲利普亲王',在外边通常是'爱丁堡公爵',"亨特-戴维斯先生说,"如果不是很亲密的关系,我从没有在给别人的信中提过'此信受菲利普亲王所托'。"

不单是皇家财产,在一些家事上,女王也会听从公爵的安排。"虽说她是君主,但是涉及孩子们的问题时,她还是持传统观念,认为丈夫才是一家之主。"王室内府一位前高级官员说。

孩子们的教育和未来发展,都由公爵主导。他会安排他们的几个儿子去更注重男子气概的苏格兰高登斯顿学校接受教育;鼓励他们的女儿要独立自主,偶尔甚至像男人那样强势。他们的长公主后来被册封为嘉德勋位夫人(Lady of the Order of the Garter),接着是蓟花勋位夫人(Lady of the Order of the Thistle),然而她不想成为"夫人",不想名字后带有"LG"和"LT"。她想像她的兄弟一样,成为一名"骑士"(Knight)。因此,她是历史上第一个(也可能是最后一个)名字后面同时带有"KG"和"KT"(表示嘉德勋位和蓟花勋位)的女士。英国纹章院当时一定在徽章设计上费了些心思。女王其实也不太喜欢有人来干涉她的个人勋章设计,但公主背后一定有很强大的靠山帮她促成了这件事。一位大臣笑着评价道:"她毕竟是她父亲的女儿。"

每次王室的"领航团"会议(现在已不再举行)都是由公爵主持。"女王坐在一边,公爵坐在另一边,看上去是在一起主持。"一位与会人员回忆道,"但通常公爵是主角,而女王可能会和宫务大臣闲聊一会儿。"

媒体要是就此把王室描述成"失调",那只能证明他们因偷懒而太过简单化。事实是,他们通过备忘录、信件和私人秘书进行的交流都能证明没有"不正常"。女王曾对一位王室客人解释说,她不会在电话里闲聊很长时间。"如果他们有事,可以来找我。"

"某些事情上,我们的做法会有所不同,我们认为很正常的事情,别人会认为很疯狂。"约克公爵说道,"比如,谁要想给兄弟姐妹打电话,直接拿起电话拨号就行。但我们很忙,只能通过某种机制,找出大家可以互相通话的时间。这只是我们做事的方式,不是做或者不做的问题。"

50多年来,一直有人追问公爵:"王室"到底是什么情形?或者就是因为总被追问,直到现在公爵解释起来还会有些许烦恼,他反复强调,这里的成长环境没什么特别之处。毕竟,对于一个整日被各国元首、摄影师、侍从、仆人还有凡·戴克们(宫廷画师们)包围着的孩子来说,还有什么是不寻常的呢?"在我看来,我的生活很正常、很真实,"他说话时表情严肃,"你们会认为你们的生活也是如此。我很难理解你们的生活,就像你们也很难理解我的生活一样。问题是长期以来有越来越多的人在猜想,或者试图去发现我们生活不正常。但事实上我们的家庭生活和你们的一样起起伏伏,有高峰也有低谷,有顺利也有坎坷。这是自然法则。我们也会充分享受家庭生活。"

他倾向于把王室比作参加商务活动时遇到的一些组织:"这就像一个总公司,下设许多子公司。它们各司其职,自行安排生活,然而有时候要回来向总公司汇报。"他也提到,即便如此,一些人还是认为王室的处事方式很奇怪。"我们都有自己的工作要做,有时候会在某个场合聚到一起,当然还有很多其他人在场,人们会忽然发现我们在聊天,那是因为我们实际上已经有三四个月没见了。不常见面并不是说我们就不是一家人,而是我们都在为维护君主履行着不同的使命。"

有时候,这些使命需要不断审视,重新安排,或者悄悄放弃。2002年玛格丽特公主和王太后相继去世后,接踵而至的便是几百项赞助要有"巨变"。公爵回忆说:"当时的情形是,我们围坐在桌前,手里拿着列好的机构名单,开始考虑:'我们如何应对这次特殊变化?谁去做什么努力?去哪儿?什么时候?我们要留住其中的多少组织?又有多少未来需要保持联系?'她们的离去造成了相当大的机构真空。"这是王室"普通"生活与其他人生活不同的另一个方面。

时尚评论家都不愿给人留下品头论足的印象，大多不会去批判现代居住环境有多复杂另类，但还是乐于对一个成员彼此之间时时都俯首鞠躬、谦恭有礼的家庭嗤之以鼻。这看起来确实"不正常"，但"不正常"的事情还有很多，比如，从出生到死亡都在镜头监视之下，去已故家人的墓地也要经过外交部的允许。① 王室确实不同，因为我们期望如此。"如果你是君主，就该有特权。"前首相亚历克·道格拉斯-霍姆曾说过，"女王不能成为普通人。"

"换了是你，心情会如何？这是我们的天职，就摆在那里。谁都不能逃避，对女王来说尤为如此。我的意思是说，你可以暂时躲避公共生活，但不能完全逃避，必须回到现实中来。人们总是想办法弄明白激发我们的究竟是什么。他们如果有类似经历，就不会大惊小怪了。"不难理解，这个家庭会因为这种"非正常"指责受到很大伤害，这种指责对爱丁堡公爵的打击最为严重。在他们金婚纪念日的时候，公爵曾代表女王公开表示了对孩子们的谢意："和所有家庭一样，我们在抚养孩子的过程中经历过快乐也经历过痛苦。当然我也对孩子们怀有一些偏见，但是我认为他们在这种高要求的环境下表现得都很好，我为他们感到骄傲，也期盼他们会因此原谅我。"当时正处在90年代王室财政的低谷时期，威尔士王妃戴安娜葬礼刚刚过去两个月，公爵的话引起了深深的共鸣。

和其他家庭一样，王室也会有意见分歧。人们普遍认为公爵和威尔士亲王总是针锋相对。但了解他们的人并不这么认为。"他们两人在一起的时候，总是一见如故，相当热闹。两人的关系其实是种积极的张力。大多数情况他们是志同道合的，认为出现分歧对彼此都有助

---

① 1969 年，菲利普亲王的母亲、希腊安德鲁王妃（Princess Andrew）逝世。她生前留下遗愿，希望能葬在玛丽·玛格达莱妮耶路撒冷大教堂（Jerusalem's Church of Mary Magdalene）。直到 1988 年她才如愿以偿。但之后的 6 年里，外交部和安全局都禁止公爵去以色列。王妃的孩子们曾经提醒过她，去她选择的安息地会很困难。但王妃回答："荒唐！从伊斯坦布尔到那儿的公路交通方便得很。"

益。他们会从不同角度分析问题。家庭生活正是如此。"

盖尔斯·布兰德雷斯说，公爵曾这样跟他解释与威尔士亲王的关系："查尔斯王子是个浪漫的人，而我很现实，有时候浪漫的人会认为现实的人冷漠无情。"

"这正是典型的长子与父亲的关系——儿子总在寻求赞同，力求与众不同。"威尔士亲王的一位密友说道。公爵的姐姐——汉诺威的乔治王妃索菲（Sophie）曾回忆说："他长得并不像菲利普，但是他笑起来却非常像他父亲，说话也像他父亲一样快言快语。"

兴趣相投但行事相异的另外一个例子就是王子信托基金会。爱丁堡公爵奖已经取得了全球性的成功，总计帮助了来自120个国家的600多万名青年。① 自1956年以来，这一奖项一直鼓励年轻人去迎接挑战，有所成就。20年后，当威尔士亲王离开皇家海军时，他用退休金创建了王子信托基金会，来帮助那些贫穷的青年改善生活。现在这一基金会已是慈善事业的一个主力军。这一奖项和爱丁堡公爵奖有很多相似之处，但既非照搬照抄，也没有对其构成威胁。"这两个奖项相互补充，"威尔士亲王的前私人秘书伊丽莎白·布坎南解释说，"王子信托基金会用来帮助那些未能获得爱丁堡公爵奖的人，那些被遗漏的人。因而你会发现，其实王子信托基金会和爱丁堡公爵奖二者配合得很好。王室成员不喜欢在同一领域相互冲突，这样不利于资源的合理利用。"

职业生涯紧跟其父脚步的要数约克公爵安德鲁王子，他先是在皇家海军服役，随后开始周游列国，洽谈贸易。2011年，他卸任贸易方面的职务，开始忙于王室日常事务。他强硬的外交风格，与受争议政权的频频会面，以及他与美国某位被控性侵的金融家之间的友谊，都曾招致诸多抱怨。约克公爵的支持者们指出，他不过是一名精力充

---

① 在一些国家，组织者希望重新命名这一奖项。例如，在爱尔兰，它被称为"Gaisce"或爱尔兰总统奖。只要奖项照常运作，公爵对此并不干涉。

沛的斗士，为捍卫英国利益而战，他与可疑政权的会面只是在履行作为经济大使的职责（还是无偿的），为英国政府服务。此外，他们还说，每个人都会有口碑不好的朋友。

真正接手他们父亲大部分职责的是威塞克斯伯爵爱德华王子，尤其是他策划了爱丁堡公爵奖。这段时间，威塞克斯伯爵和伯爵夫人去探望女王和公爵的次数最多——周末陪他们去温莎的教堂，陪他们喝咖啡，每年为女王举办私人生日宴会。同时，也正是威塞克斯伯爵会继承爱丁堡公爵这一头衔，确保其能"永存不朽"。这有悖于世袭贵族的所有规定，但规矩都是由君主制定的，女王是在1999年爱德华王子的婚礼上宣布这一条的。当时沉浸在兴奋之中的人们忽略了一个事实，即菲利普亲王及女王离世后，爱丁堡公爵的爵位将由爱德华王子及其子嗣继承。若非如此，则会按照惯例，由长子继承头衔，那样的话威尔士亲王众多头衔中就会又多了一个。

人们都说在众多子女中，公爵最疼爱长公主，虽然这可能和她是唯一的女儿有关。不过可以确定的是，在所有子女中，公主最像公爵。她对工作的痴迷，不贪慕虚荣，活泼开朗，紧急关头能保持冷静（确切地说是1974年她在一桩绑架未遂案中的表现），对国民忠心，蔑视阿谀奉承和犹豫不定的人，喜欢大海，所有这些公爵的特点，在她身上体现得尤为明显。托尼·布莱尔对她同她父亲如此相像感到吃惊。在回忆录中，布莱尔描述了在巴尔莫勒尔和妻子初次见到公主时的情景。当布莱尔夫人尝试着以"就叫我谢丽好了"之类的非正式话语寒暄时，公主回答说："我更愿意称呼您为布莱尔夫人。"尽管如此，布莱尔仍然一如既往地对公主保持尊敬。"我一直很喜欢她，我想这种感觉是相互的。她就像她父亲的一个活生生的翻版。人们觉得菲利普亲王一点也不在乎人们对自己的看法，这一点是正确的，而安妮也正是如此。她就是她，如果你不喜欢，那么你可以走开。这种品质是我所不具备的，我钦佩有如此品质的人。不过遗憾的是，这也使人们无法看到他们性格中的其他方面。"实际上，在最为棘手的情况下，公爵可以展现出他深邃敏感的一面，与当前公众形象截然不同的一面。有关威尔士王妃戴安娜之死的调查进行了近6个月之久，之后披露出来的最令人意外的消息是，在儿媳婚姻面临解体的日子里，公爵为保全她做出了巨大努力。公爵自身曾与旧王宫阶层交锋，同时又置身王室内外的经历，或许使他能够对其他在皇家光环下挣扎的人给予认同和支持。

如果说王室的好友们有什么要担忧的话，那莫过于公爵把给他的孩子们的慈父般的忠告——"做你自己"这一准则发挥得太过。"公爵一直在鼓励孩子们做自己，以至于孩子们都太像他了，却不怎么像女王。他们确实应该跟女王再相近一些。"一个亲近的朋友说道，"他告诉孩子们要追随自己的直觉，做自己的主人，不要像他刚进王宫时那样被别人颐指气使。这一点固然值得钦佩，但却会让我们想到诸如《勇往直前》之类的节目。这也是为什么我们能看到约克公爵在一个坐满资深商人的房间里直言不讳、慷慨陈词。"

但这些朋友也指出，爱丁堡公爵的态度完全可以理解，与他取得的卓越成就一样，这都和他非同寻常的童年相关。他的故事在今天可以称得上社会福利事业的一个传奇，由此产生的一位极其坚定乐观、聪明主动的年轻人，获得了世上和他最般配的年轻女士的芳心。他让孩子们相信直觉，不再沉湎于脆弱之中又有什么可奇怪的呢？

菲利普亲王1921年6月10日出生于科孚岛，是希腊安德鲁亲王（Prince Andrew）和巴滕堡郡主艾丽丝（Princess Alice of Battenberg，蒙巴顿勋爵的姐姐）的5个孩子中最小的，也是唯一的儿子。他父亲的家族有丹麦人、俄罗斯人以及德国人血统，他母亲的家族有德国人和英国人血统，而他们的孩子却是希腊王位的第六位继承人。这在欧洲王室体系中并不是很显眼的荣耀。菲利普亲王的祖父在他出生8年前被暗杀，他的父母遭遇过流放，表亲亚历山大在1920年因被猴子咬伤而溘然长逝，结束了他的统治。随之而来的是另一场军事政变，安德鲁亲王1919年到1922年统率第二军团与土耳其战斗时损失惨重，成了替罪羊。在战斗中，他英勇无畏，得到的回报却是1922年12月一个非正规法庭的死刑宣判——罪名是"不服从命令"。几小时后，他的表亲乔治五世便派来一名英国外交官，设法同法庭进行交涉，为他争取了足够的假释时间，得以登上英国军舰。在家人的帮助下，安德鲁亲王启程前往法国，开始了流亡生涯。当时菲利普亲王还是个婴儿，被人放在装橘子的木箱子里带出了国，这件事人人皆知。在巴黎，虽

1947年，伊丽莎白二世和菲利普亲王携手散步

然这一家人生活舒适，但和那一时期欧洲王室的生活标准相比，却也着实窘迫。7岁时，菲利普亲王被送到英国的奇姆（Cheam）预备学校，在之后的两年中，他的家庭四散分离。4个姐妹相继嫁人，父母被迫分居两地，母亲后来因为精神崩溃住进了瑞士的一个疗养院。

不在学校的时候，年少的亲王会游走于蒙巴顿家族在英国的关系网中，或独自穿越欧洲去和他的姐妹们或王室表亲会面联络。那是一段截然不同的生活，很难被现代思维所理解。上一星期这个10岁的孩子可能自己坐上火车，拎着手提箱从加来前往德国，而下一星期他也许就在黑海沿岸同当时仅是个学生的表兄，罗马尼亚国王迈克尔一起骑马了。正如他自己回忆的那样，这在当时看来是再正常不过的了，但事后回想并非如此。"要独自一人乘出租车、火车或轮船穿越一片大陆去找亲人，现在想来真是让人吃惊。"

在学校里，他是一个既体贴又聪明的孩子，从不抱怨或吹嘘自己非同寻常的王室身份。在学校他被称作"弗洛普"（Flop，发音与菲

利普相像，但有"失败砸锅"等贬低之意），但他跟这个词一点都不沾边。几乎没人知道他和王室的关系，也没人见过他表亲乔治五世的照片，因为他一直把它藏在行李箱里。到了假期，他会前往一个同族人的城堡，多半是为了和他敬爱的父亲团聚。直到十几岁，他母亲结束治疗再次进入公众的视野，他才和母亲取得联系（母子关系在后来才变得更为亲密）。离开奇姆后，菲利普亲王在一个德国学校塞勒姆（Salem）待了一年，这个学校在他姐夫的城堡里，由教育先驱库尔特·哈恩（Kurt Hahn）创办管理。那时，纳粹势力开始膨胀。60年后，亲王回忆说，当时每个新人都有一个"助手"，而我的"助手"是个犹太人。一天晚上，一群学生把他团团围在床上，然后剃光了他的头发。"可以想见这对我们低年级学生会有什么影响，"他接着说道，"再没什么种族歧视和迫害的暗示比这更清晰了。"为了遮住那个男孩的光头，亲王将他从奇姆带来的板球帽借给他戴，直到他的头发又长了出来。"这件事给我上了重要的一课，让我认识到人类能有多么残忍，"同时亲王解释道，"而我从来未曾忘记过这一点。"

纳粹党人迫使哈恩（他是德国犹太裔混血实业家的儿子）流亡他乡的时候，菲利普亲王也被送到了位于苏格兰的高登斯顿学校。这个学校很小，专注于帮助每一个孩子发掘潜能，而不是把他们培养成清一色的循规蹈矩者。菲利普亲王在这里取得了突飞猛进的发展，成了佼佼者。之后他于1939年加入了皇家海军。多年后，他说很可能是他的表舅路易斯·迪奇·蒙巴顿勋爵鼓励他入伍的。"他好像劝过我，而我也只是模棱两可地接受了他的建议。"1970年菲利普亲王曾对巴兹尔·布斯罗伊德说，"我对此不是太感兴趣，我想加入空军。如果我自己可以选择的话，我会毫不犹豫地加入空军。"不过，他在达特茅斯皇家海军学院又一次创造了辉煌，成了学校里最棒的学员。正是在此读书的时候，英国国王和王后带着他们的两个女儿前来参观，菲利普亲王被委以重任，负责招待两位公主。这次邂逅可能没给他留下持久的影响，但却给伊丽莎白女王留下了不可磨灭的印象。

第二次世界大战期间，亲王又一次被夹在两个世界中间。正如他后来回忆的那样，"有些事情总是身不由己，真的很不幸"。他的三个姐妹（最受宠爱的塞茜尔在1937年的一次坠机事故中丧生）都嫁给了德国军官。他的父亲也被困在受德国人控制的蒙特卡洛，一直到1944年去世，菲利普亲王再没见过他。① 亲王的母亲此时已经康复，却坚持要留在被德军占领的雅典，为穷人筹集食物和药品，帮助一户犹太人家庭躲避纳粹，还建立了一个修女指挥部。简言之，不管怎样，菲利普亲王的所有家人都在敌人控制的地区。至于他自己，参战后他先是被派到了印度洋，后来又被派往地中海。他在英国皇家海军舰艇"勇士号"（HMS Valiant）上服役，曾被派遣参加马塔潘角海战（Battle of Cape Matapan）。是他用探照灯引诱两艘意大利战舰，协助英方将其击沉的。如今回忆起当初的战斗，他会轻描淡写地说那不过是"一次行动"，谦逊是他们这一代人的共同特点。

他很快晋升为皇家海军中最年轻的上尉，作为英国皇家海军舰艇"华莱士号"（HMS Wallace）副指挥，于盟军登陆西西里岛时在南海附近执行任务。之后效力于英国皇家海军舰艇"幼兽号"（HMS Whelp），直到战争结束；见证了日本在东京湾投降的全过程。在英国休假期间，他大多会和蒙巴顿亲戚们待在一起，偶尔去见他的远房表亲——当时温莎城堡里的国王。"我会去顺便拜访他，然后在那儿吃顿饭。"多年后他谈及此事，仿佛是在回忆最喜欢的咖啡馆。"有一两次我是在温莎过的圣诞节，因为没什么特别的地方要去。"但这时，他已完全俘获了伊丽莎白公主的芳心。之前虽然已经见过了城堡里一系列颇为抢手的守卫军官，但公主的心思全都在她的海军王子那里。他们的关系平稳发展。"1946年我回到英国后，又前往巴尔莫勒尔，"

---

① 至今公爵对父亲仍敬重有加，最近他将安德鲁亲王的勋章裱起来放在了白金汉宫的一个特别展示箱里。如他所说，人们常常忽视他父亲在他生活中扮演的角色。"大家的一个印象需要有所改变。我是被蒙巴顿勋爵带大的，很多人也许不知道我还有父亲。但在我的成长过程中，更多得益于我父亲的家族。"

亲王告诉他的传记作者，"也许正是那个时候，我们开始认真地考虑这件事，甚至还会谈论此事。"

他们有大把的时间可以用来谈婚论嫁。1947年初，公主要陪同她的父母前往南非进行为期4个月的访问。她在开普敦度过了21岁生日，回来后发现她的亲王正等着向她求婚（或者，如亲王后来所说，回来后两人的关系就基本确定了）。他们宣布于7月订婚，而在11月举行的婚礼为这个单调褪色的传统国家带来了急需的一抹亮丽色彩。婚后成为爱丁堡公爵和公爵夫人的他们，生活越来越幸福。查尔斯和安妮相继出生，而公爵终于也在1950年拥有了自己的战舰——英国皇家海军舰艇"喜鹊号"（HMS Magpie）。1951年国王的健康状况开始明显恶化，公主不得不代表父亲处理越来越多的事务。公爵从海边返回，表面上是暂时协助妻子处理事务，直到国王和王后结束即将来临的英联邦巡访。但那次巡访一直未能成行，而公爵也再没能重返海上。到了1952年的2月6日，一切都变了。

当王室一切准备就绪，等待迎接新女王之时，却在女王丈夫的称谓问题上犯了难。提起国王的妻子，人们会不由自主地想到"王后"这个称谓。但女王的丈夫，就如同女爵士或是男爵夫人的丈夫一样，是没有互换性称谓的。维多利亚女王就曾抱怨说，阿尔伯特亲王婚后的称谓没有先例可以借鉴，但她也没有什么举动。公爵很喜欢继续被称作"公爵"。相较于自身，他更关心的是女王登基对他们这个年轻的家庭带来的影响。在最初跟英国首相温斯顿·丘吉尔进行了数次争论后，公爵建议全家继续住在克拉伦斯宫。在女王私人秘书艾伦·拉塞尔斯爵士的授意下，丘吉尔根本没有同意。公爵被明确告知，君主一定要住在白金汉宫。随后，因为某个老守卫传出的王室聚会谣言，局势还曾一度非常紧张。据说当时是蒙巴顿勋爵一直在鼓吹，说现在是"蒙巴顿家族"统治英国了。不管是不是他说的（丘吉尔认为这纯粹是蒙巴顿擅长的事），首相立刻站出来澄清此事，说他和内阁还有女王都坚定不移地认为名字不能改变，仍叫"温莎家族"。尽管公爵自己从未做过这种提议,但被如此彻底地当众打压,他还是感到很受伤。他曾说,当时自己跟一只"流着血的变形虫"没有区别。

伊丽莎白二世和菲利普亲王结婚照

在王宫内部,老守卫们捍卫地盘的呼声很高,公爵的随从常把他们称为"八字胡一辈"。老守卫们决心要让这个新配偶明确自己应有的位置,以免他有任何取而代之成为新主人的想法。

王室有一些陋习,其中之一就是势利,甚至是成见:这家伙是一个穷困潦倒的局外人,来自国外一个下等腐朽的君主国,还有许多可疑的德国亲戚。据肯尼思·罗斯讲,在女王登基并且自动升任近卫步兵名誉团长后,公爵受到了前所未有的冷落。她曾建议公爵接受她之前的任命,担任英国近卫步兵第一团团长。但这一提议遭到几个心怀不轨的高官傲慢的拒绝。① 多年后当这一建议再次被提出时,公爵并

---

① 相反,公爵成了威尔士卫队上校,并告诉卫队成员,他们是"唯一一个上校与团长建立合法婚姻关系的军团"。他于1975年卸任,让位给威尔士亲王。

没有以牙还牙，伺机报复，足以看出他的容人之量。相反，他接受了这一职务，继续担任团长，全力奉献，直至今日。甚至，在2011年6月10日，星期五，他90岁大寿当晚，还在主持王室内府部门大校会议。

对于有些人的势利攀附，公爵一直宽以待之。他觉得没必要向任何人炫耀他的王室身份。在他们的婚姻中，他既没有"高攀"，也没有"低就"。就像一位蒙巴顿亲戚所说的那样，公爵的"王室根源比女王更深"，他几乎和基督教国家的所有君主——不管是现任还是前任，都有嫡亲关系。有一个家族内部的玩笑，说在伦敦的时候，他的姑姑路易丝经常会在手提包里放一个便签，以防被公交车撞到。便签上写着（非常得体）："我是瑞典王后。"蒙巴顿勋爵非常重视血统，他一直将他侄子的宗族追溯到了圣罗马帝国查理曼大帝。多年后，当有人异想天开自称是纯正的罗曼诺夫（Romanov）后嗣、俄罗斯帝国王位继承人时，是爱丁堡公爵提供了DNA鉴定血样，结束了这一闹剧。而且，他自己也是英国王位的继承人之一，不过也许要经历重重变故王位才会传到他那里，因此，他也就只能徘徊在有500年历史的王权边缘某处。对那些异常清醒的对手而言，公爵的血统不是问题。他们担心的是，这个刚从海军司令部归来的刚愎自用的年轻战士，会给年少的君主灌输一些愚蠢而新奇的想法。归根结底，他们所担心的就是统治问题。布雷伯恩勋爵后来回忆王室内府对公爵的敌意时说："以拉塞尔斯为首的人们当时简直不可救药。他们对他极为残酷，不只盛气凌人，还把他当成局外人。这一点儿都不好玩。虽然他对此一笑置之，但一定很受伤。"

后来查特里斯勋爵指出，在加冕期间，大臣们甚至对公爵贴身防备。乔治六世加冕时他的王后陪伴在侧，但女王却是独自加冕。甚至在今天，一些人仍会留心公爵的动向。"坦白讲，对于这些，他只是稍有受挫感，但他的待遇确实很恶劣。"一个官员说道，"如果内阁要联手对付谁，那他们一定说到做到。"

然而，公爵对此仍漠不关心。"我被告知要'置身事外'，就这么简单，"10年前，他曾对盖尔斯·布兰德雷斯说，"我试着找些有用的事情做。于是引进了一个侍从培训项目，这里的老仆人们以前从没有过类似经历。我们不但有专门组织，还有方法评估。我试着在不引起混乱的前提下做出一些改进。有些老兵对此不太满意。我们也遇到了不少阻力。但我觉得我们还是有所收获，至少把他们当中的一部分拉入了20世纪的时代行列。"而迈克尔·皮特及其管理顾问团队帮剩下的人跟上时代的步伐又花了40年时间。那时，公爵早已放弃这项事业很久了。如果王宫不需要他帮忙的话，他会去更广阔的世界寻找自己的位置。他的办公室是王宫中最活跃的地方，也是唯一一个把女职员们称为"姑娘们"、可以直呼其名的部门。"办公室里总是充满欢笑。"其中一个职员说道，她还回想起公爵患黄疸时曾有一位女士给他写信，建议他每天吃24颗葡萄柚，当时让大家欢乐不已。"他周围总有一个很棒的团队。而且如果他知道你有办法，那他肯定会找你帮忙。为这样的人工作很愉快。"

他的职员团队不大，但却忠诚奉献。由陆军中将弗雷德里克·布朗宁爵士（Sir Frederick Browning）领导，他是作家达芙妮·杜·莫里哀（Daphne du Maurier）的丈夫，一个潇洒但对妻子不忠的战争英雄。有4个"姑娘"在同一个办公室里工作——她们都不到40岁，不拘泥于制度的条条框框。隔壁是公爵的两个侍从，一个曾就职于英国皇家空军；另一个是公爵在皇家海军的老朋友麦克·帕克（Mike Parker），一个聪明伶俐、爱热闹的澳大利亚人。"布朗宁是一个特别有魅力的人，"一个团队成员回忆说，"他在战争中吃尽了苦头，'me tum'是他的口头禅。他曾患阿米巴痢疾，还有过神经障碍。他有时能把人气个半死，但又是个很有趣的人，他是担任这一职位的不二人选。"

当局如果对公爵有所抱怨，通常是帕克首当其冲。一次，他甚至被传唤到温斯顿·丘吉尔跟前，因允许公爵乘直升机出行而受到训斥。丘吉尔质问他："你是不是打算尽快把王室都消灭掉？""丘吉尔甚至反对亲王学开飞机。你要谨记，这些年龄大的人都极为爱护女王，不希望发生任何让她心烦意乱的事。"一名团队成员说。但首相并没有成功阻止公爵。公爵学习了59种飞机的操控方法，其中包括9种不同的直升机，44年中共有5 986小时的飞行记录。1997年退休之前进行了最后一次飞行，驾驶BAe 146号飞机从卡莱尔飞到了艾拉岛。

所有责难的唯一效果只是促使他更坚决地做自己的事情。不用陪女王出访时，他大力扩展自己的资助范围，创建新的资助项目。爱丁堡公爵奖诞生于1956年，尽管有反对者抱怨说，这个奖有点像希特勒青年团，会消灭童子军。在他的领导下——他一直是个领导者，而不是名誉首脑——诸如全国运动场地协会、外展训练基金会、汽车协会或是工业学会之类的组织都已经朝着新的方向蓬勃发展。

1961年世界野生动物基金会在瑞士成立之初，公爵就是这个协会的一员。他担任了20年野生动物基金会英国分部的部长，又担任了15年国际总部部长，在他1996年卸任之时，这个基金会已跻身世界最有影响力的环境组织之列。他已为下一代，尤其是他长子的环保十字军铺平了道路，尽管他对现今一些"抱树者"（tree-hugger，他如此称呼那些空洞的环保勇士）颇为不满。他创办的英联邦研究会是全球商业和工会领袖集会的里程碑，类似20世纪由乔治六世创办的"男孩俱乐部"。同时，公爵也没有完全限定在王宫内的创举。他知道"八字胡一辈"必定不会让他接近国宴，于是他引进了两餐间的"午宴"这一概念。全国各行各业有趣的人都可能突然接到电话，询问他们是否愿意去参加女王和公爵的午宴（无论是过去还是现在，很多人最初接到通知仍然会把这当成一个恶作剧）。这一举措大获成功，于是他又在1972年以同样的方式推出了晚宴。私下里，公爵个人对那些呼吁建立更现代化王室的思想表示认同。大家都知道，是公爵成功地说服女王切断与社交界的联系（她也确实这么做了）。他自己写书，一共写了14本，还为别人的书撰写序言。他发表演讲，面对的听众既有平民也有学者，还参加电视节目，到从没有见过王室成员的国家访问。久而久之，他革新的热情在繁杂事务中才逐渐消退。

在统治中，他一直扮演着亲力亲为、排忧解难的角色，处理着政治或宪法之外但对女王来说又极为敏感的问题，如组织加冕仪式，设计带有女王头像的硬币，拍摄首部王室纪录片，修复失火后的温莎城堡，安排威尔士王妃戴安娜的葬礼，等等。50年代，是公爵提议将被炸成废墟的王宫教堂改造为皇家收藏的公共展区。虽然他得到的回应多是搪塞或是不作为，但他坚持不懈，并没有放弃。自1962年以来，女王艺术馆已接待了数百万名游客。它所取得的巨大成功也促成了40年后在荷里路德宫另一个女王艺术馆的开设。

通常，公爵喜欢保持低调，尽力淡化他改革促成者这一角色。2004年，笔者曾问公爵，是否把自己视为王室的反叛者，他笑了笑，回答说："不是反叛者，绝对不是。我是个革新者！"公爵告诉盖尔斯·布兰德雷斯，他所做的任何改革都"不是为了现代化，也不是为了某些事情（指前文对他越权摄政的担心）而操心。我总是特别着急把事情做好，就这么简单。我喜欢有效利用各种资源。"

毫无疑问，在八九十年代鼓励女王进行重大王室改革时，公爵也是功不可没。长久以来，他所经历的不愉快让他认识到，直接参与王室事务毫无意义。但这并没有阻止他从侧面为女王提供帮助。负责监管王室改革和财政的宫务大臣艾尔利勋爵强烈地意识到了公爵做出的贡献。"菲利普亲王发挥了重要作用，"他说道，"很多事情女王都会交给他去办，而他也会做出巨大贡献。他会提出各种想法。其中一些想法真的很有帮助，如果你不这么认为的话，那你就需要费很大力气说服他。有时他真的能言善辩。但这也正是你所需要的，你需要有人站出来跟你较劲儿。这样你才会思考更多。"

"菲利普亲王是女王当政期中的无名英雄，"一位资深前大臣坚定地说道，"人们低估了他为女王所提供的帮助，尤其是处于困境时。

正如所有伟人一样，跟他相处也并非总是轻松随意。否则，他也成不了现在这个样子。"公爵的一位前私人秘书回忆，他曾在第四频道的一个电视纪录片中受到抨击，后来实在看不下去了，便离开王宫去散步。等他回来，发现公爵已经给他写好了一封信放在那里。"我当时想：'今晚还是别看这封信为好。'但我还是打开了。信中公爵写道：'不要害怕人们的嘲笑，蛀虫会像咬衣服一样把它啃个精光。'(《圣经·旧约》)我觉得这话说得很好。他并没有像其他人那样拍拍我的背，然后安慰说：'快点振作起来，老兄，这没什么大不了的。'但他做的正是在那一特殊时刻我所需要的。他帮助私人秘书们的方式一贯很是独特。"但事情也并非总是如此。一位70年代曾在私人秘书办公室工作的员工就认为，公爵仍对他在50年代所受到的一些待遇耿耿于怀。

毫无疑问，公爵不可能退休。但迈入90岁高龄后，日渐年迈的公爵不得不服老，辞去了20项较为耗费精力的职务，包括像剑桥大学和爱丁堡大学及英国城市行业协会的领导职务。随后是近几年对一些热衷的慈善事业进行内部转型。正如威塞克斯伯爵接手爱丁堡公爵奖一样，现在约克公爵负责外展训练基金会，长公主负责英联邦研究会。公爵不喜欢繁冗的告别仪式，而且觉得退隐后还在老地方晃来荡去是件很可怕的事。"如果你是老板，正把权力移交给别人，那你肯定不想再骑在别人头上。"迈尔斯·亨特-戴维斯爵士说道，"他最不愿做的就是压制别人。"尽管他与这些组织有多年的交情，为其游说、募资、揭牌，为其发展苦苦思索，但在挑选接班人这件事上，公爵并不想参与。如果组织想选一个年轻点的王室赞助人，而且候选人也乐于如此，那就皆大欢喜。但有人希望有所改变；有人希望不再设立赞助人。亨特-戴维斯提到了公爵在世界野生动物基金会中的作用。多年来，公爵都是该组织活跃而积极的全球性领导人和特使。退休前，他谨慎低调地寻找机会，之后毅然离开。回想起公爵退出这个慈善机构，迈尔斯爵士解释说："整个过程波澜不惊、毫不费力，就是自然而然地发生了。他仍会看每年的年度报告，但也仅此而已。"

公爵热衷的体育事业也是如此。他一生中曾参加过国际性的马球和驾车比赛，建立了世界著名的御林军马球俱乐部（Guards Polo Club），还起草了国际马车比赛规章制度。他全职担任了24年国际马术总会（International Equestrian Federation）会长，这是他一生的志向。他还是一名出色的板球运动员，在国际上反对慈善赛事的呼声中立场坚定，还曾和世界著名板球运动员汤姆·格雷文尼（Tom Graveney）同场竞技。他在水上项目上也表现出色（有时相当出色），70岁时仍能娴熟地驾驶帆船冲浪。他有资格享有众多俱乐部荣誉会员称号，成为当今之最，一共有250多个俱乐部，包括皇家直布罗陀游艇俱乐部（Royal Gibraltar Yacht Club）以及新加坡马球俱乐部（Singapore Polo Club）等。但他没有。一旦停止了一项工作，他会继续转做其他的事情。这又是他从不感情用事的表现。他承认自己不是一个好观众：" 我从没当过一个称职的观众。与之相比，我更愿意参与其中。"

现在他仍然会时不时去打猎、钓鱼，驾马车休闲游（还会偶尔在一些赛事中做裁判）。对于其他曾擅长的运动项目，他也总能找到更好的事做，而不会无所事事地观看比赛或回忆当年。

即使最近很少参与一些慈善或运动团体的活动，公爵仍有很多事务，他的赞助单上仍有800个组织。他的名字依然会出现在它们的信件抬头上，他也依然会参加它们的特殊项目，关注它们的进展。这些文件都存放在公爵定做的圆形拱顶大文件柜里，安静地待在王宫深处，存存取取，长年累月，吱呀作响，但总能为人们提供所需文件。

公爵的办公室没多大改变。从容不迫的迈尔斯·亨特-戴维斯爵士在2010年底退休了（最终女王为他颁发了维多利亚大十字勋章，感谢他多年的贡献），由从苏格兰卫队退休的准将阿奇·米勒-贝克韦尔（Archie Miller-Bakewell）接任他的工作。继续为公爵效力的仍是一群乐于奉献、长期任职的员工，包括他的图书管理员和案卷保管员、加冕前就已在王宫工作的女爵士安妮·格里菲思。现在的年轻女士四人组,像她们的前辈"姑娘们"一样,仍必须处理大量信件,并一一存放在文件柜里。这里仍是王宫里最有趣的地方之一。"公爵总是在放宽界限,"一位团队成员说道,"他设的门槛非常低。"2008年,菲利普亲王还带着他的所有员工及其家属和朋友到大厨赫斯顿·布卢门撒尔(Heston Blumenthal)位于伯克郡布雷(Bray)的肥鸭餐厅(The Fat Duck)大快朵颐。招待爱丁堡团队的不是另一次火鸡宴,而是布卢门撒尔全部知名的特色菜——鸡蛋培根冰淇淋、鹅肝酱配安息香等等。公爵吃得非常尽兴,之后他便邀请布卢门撒尔在皇家阿斯科特赛马会期间到温莎来为女王掌勺。女王对蜗牛粥及"硝基绿茶"的看法我们还不得而知。

他一直是新一代王室成员学习的榜样。"他是女王的坚强支柱,但是我们也不要忘记他自己独立取得了多少成就。"威廉王子说道,接着他一口气列举了他祖父在很多领域的重要贡献,从气候变化——"他一直都站在气候保卫战的最前线"——到爱丁堡公爵奖。"他冲锋在前,做了很多了不起的事,他的思想总是很超前。"

公爵工作量的逐步减少丝毫没有影响他在军中的角色。他有十几个与军队有关的正式头衔,无论是女王皇家轻骑兵团团长还是加拿大海军学校海军上将,都没有打算从中退出。如果这些联盟中有任何一个人牺牲,公爵都会向其亲属写一封私人信函。如果需要打印,必定是公爵亲自打出来的。"他自己输入了许多他的个人信件和备忘,"亨特-戴维斯说道,"他完全就是一个电脑专家。"公爵总喜欢走在现代技术的前列。因此,他很高兴能成为英国科学促进会(British Association for the Advancement of Science)的会长,1951年走马上任前,尽管一直身在地中海指挥护卫舰,但他还是花了几个月时间准备就职演讲。自阿尔伯特亲王以来,王室中极少有谁在发展科技和贸易上有所作为,但公爵是一个例外。当年,既是约克公爵又是英国国王的乔治六世曾一直致力于发展工业,因此王室其他成员给了他一个绰号:

"工头"（The Foreman）。但他更注重产量而非贸易。弗兰克·普罗查斯卡在《皇家赠与》（Royal Bounty）一书中指出，战时国王和王后去阿克林顿飞机制造厂访问一次，之后一星期的产量就会增长12%。（国际事务署主席幽默地评价说："咱们的君主又派了两架兰卡斯特轰炸机到德国。"）但对那些王宫里的老守卫而言，推广品牌和资产负债表的想法难免会有损皇家贵族形象。但公爵改变了这一切。他不仅特别注重观摩前沿科技——穿着白大褂、戴着护目镜在实验室或实验站来回踱步是他最开心的时候，还在国内外促进贸易增长的问题上采取了强有力的积极态度。1962年，他带领一个由英国航天业主管组成的代表团对南美的11个国家进行了访问。1965年，他又创建了一个协会，如果那个协会再进一步发展，就有可能把皇家品牌完全推向市场。在公爵的领导下，以皇家保障金（Royal Warrant）为基础，正式设立了女王工业奖（Queen's Awards to Industry）。随着时间的推移，这个奖项后来更名为女王出口奖（Queen's Awards for Export），最近变为女王企业奖（Queen's Awards for Enterprise），不过理念其实还是一样，是针对商业和商人所设的荣誉体系。每年数百名获奖者都会亲自来白金汉宫领奖。女王和公爵与每一个人握手。之后，这位协会创始人就开始追问他们各种情况。他喜欢发掘新思想，而他的员工们也早已习惯了做先锋——或者，也许可以说是豚鼠，随时准备为新科技献身。

英国最初引进使用太阳能板的时候，公爵就是先驱者之一，把它们装在了桑德灵汉姆庄园。参加完1952年赫尔辛基奥运会的户外午餐之后，他就为王室购来了第一个烧烤架，从那以后一直是他负责烧烤。64岁时，他还得到了英国最早的一批个人电脑中的一台。"我们得买英国产的，结果就买到这个带着一个小屏幕、被称为'Apricot'的大机器。"一个职员回忆说，"他把它和一个小打印机放在一个大帆布包里，走到哪儿带到哪儿。很快他就能熟练操作了。"那些日子，他经常是在女王的催促下，高兴地上网。虽然女王不用电脑，但在听说某些新事物后就会找到公爵说:"你最好用谷歌搜索一下。"他不仅对发明保持热情,还精通修理,不论是烧烤车还是外号"大金宝"(Jumbo)的旅行车,都很在行。迈尔斯·亨特-戴维斯爵士曾这样讲述他们到俄罗斯东北部参加世界野生动物基金会的一次经济实惠游。"我们被安排在了'贵宾房'——但我想那里以前可能是个劳改营,我走进去的时候,菲利普亲王正站在卫生间,一边摆弄着水箱一边说:'这儿没水。'"他总为各种派得上用场的小部件着迷。后来,在5月一个阳光明媚的下午,王室成员一同去参观切尔西花展。各种王室团体人数众多,不得已用一辆辆小型公交车陆续接送。对女王来说,这也是不同于以往的亮点。她也许不会关心在亨利镇举行的赛艇比赛或考斯的帆船赛,但她从不会错过切尔西花展。除了交通安排,这个活动充满了爱德华七世时代的味道。格洛斯特公爵夫人同贝德福德公爵遗孀(Dowager Duchess of Bedford)以及6个贵族及贵妇一同乘坐一辆小型长途汽车来到这里。跟亚历山德拉公主同乘一辆车的还有一个大公夫人和两个伯爵。女王和公爵邀请的表亲及王室高官足以坐满一辆大型长途汽车。一进入花展,女王就走向一座由囚犯和流浪者创建的城市花园。"这里的花园真是非常舒缓身心。"她这样称赞他们的创作,之后去欣赏由兰开夏郡第四代子孙W.罗宾逊(W. Robinson)和他的儿子一同展示的巨型水果蔬菜。

　　公爵却去了另一个方向。他知道女王想在这里干点她自己的事情,而他又对美丽的花朵不感兴趣。他是来切尔西寻找灵感和小玩意儿的。他不喜欢站在那儿不动。就是这次活动,让他有了要在桑德灵汉姆庄园开辟松露农场的主意,他喜欢尽可能多地发掘新领域。这次公爵顺便走访了亨特靴子有限公司(Hunter Boot Ltd)。该公司的惠灵顿靴子曾为其赢得了王室御用保证,现在却受阻于一些时髦的新设计而停滞不前。"你们被某种模式限制住了!"他一边审视一套粉红系列,一边假装恐惧地大声说道。他还会停下来查看花园里由制造商菲斯卡斯(Fiskars)提供的最新的别致的工具。还跟别人就大剪刀讨论了很久。而那边博世（Bosch）货架的工作人员正满心期待。因为去年公爵路过他们时曾买过一款"希艘"（Ciso），那是一个无线剪枝器，只要按一下按钮就能修剪任何东西。但他今晚没有买东西的兴致，只是想看看市场上有什么新东西。女王和其他王室成员已经踱去了主席的帐篷里享用茶点。而公爵还在四处溜达。"阁下，您想参观我们的花园吗？"《每日电讯报》的编辑托尼·加拉赫（Tony Gallagher）问道。公爵看了看，然后回答说："不了。"他没有时间，但是作为补偿，他很快给加拉赫讲了一个关于以前切尔西花展的故事，一个过于热情的展览者给媒体集体"淋了个浴"，公爵还为此受到了责怪。讲完后，他就离开了。

"他的敏捷给我留下很深的印象，"加拉赫后来说，"他总是大步流星，我是说迈大步。"公爵的随从们不得不加快脚步跟上公爵，他已绕到展览所在的另一条街上去了。就在他们以为已经把公爵安全送到主席帐篷的时候，他又急匆匆地走了。他的目光被一位植物艺术家的作品所吸引，开始和芭芭拉·欧泽瑞丽（Barbara Oozeerally）攀谈起来。"他对我的作品、我的名字和我的口音都很感兴趣，"欧泽瑞丽后来回忆说，"我是个波兰人，我丈夫是毛里求斯人，我做了15年的植物艺术工作。"公爵仔细看了她的几幅画，然后就离开了。因为如果他再不走的话，女王就会不等他，先行返回了。

但欧泽瑞丽未来可能会接到公爵的电话。公爵对植物艺术有浓厚的兴趣。1963年，他收到莫莉·马丁（Molly Martin）的来信，她急切地想要寻求一位出版商，以尽快使其继父毕生之作得以面世。这位退休的牧师60年来一直在从事英国花草绘画，但是没有出版社能够认识到他1 400幅画作的市场价值。公爵为这些画作着迷，命令侍从着手解决此事。尽管困难重重，但最终还是找到了出版商。1965年，由公爵作序的《英国植物简介》（*A Concise British Flora*）得以出版。此书一经出版，便立刻畅销10万册以上，甚至20年后还继续再版。牧师威廉·基布尔·马丁（William Keble Martin）在88岁高龄时仍是出版界的佼佼者，在他众多的作品中，有4幅作品被定为了邮票图案。他还获得了名誉学位，出版了自传。

公爵对艺术的保护也值得称道。尽管他婚后得以接触世界上最大的艺术收藏库，但是他仍以自己的名义，珍藏了2 000多件艺术作品。与传统观念中的水手（据推测，他们只会在墙上挂些海上风景和战争作品）不同的是，菲利普亲王非常喜欢陆地风景、野生动植物和苏格兰战后艺术。因此，皇家建筑内的装饰多是此类作品。源头自然是爱丁堡。他的一位职员解释说："刚刚启用荷里路德宫时，宫殿里尽是些《峡谷之王》（Monarch of the Glen）一类的作品，让人非常压抑。于是菲利普亲王便开始参加苏格兰皇家学院的夏季展览会，每年都会买回八九件作品。现在的荷里路德宫已经面貌一新了。"

早年游览英联邦国家时，公爵就对澳大利亚艺术产生了浓厚的兴趣，并收藏了威廉·多贝尔（William Dobell）和悉尼·诺兰（Sidney Nolan）的多幅画作，以及许多土著艺术品。他自己也成了一名绘画爱好者，直至现在。1956年，在爱德华·西戈陪同下进行的南极洲之行使公爵达到了心灵的顿悟，不仅燃起了他对环保的热情，也激发了他对油画的兴趣（他用大写的希腊字母"P"作为自己的画作署名），这一点似乎是遗传的。公爵的父亲，希腊安德鲁亲王是一位狂热的业余艺术家[他的一幅很美的作品《高塔和树木》（Tower and Trees）还悬挂在桑德灵汉姆庄园]。公爵更喜欢油画，他觉得查尔斯王子遗传了其祖父对水彩的热爱。公爵和女王都喜好鸟类绘画作品。鸟类学家艾玛·福尔（Emma Faull）是他们最近的青睐对象。公爵向不同地方的艺术家订画，其中一些已经成名，比如菲利克斯·托波尔斯基（Feliks Topolski），也有刚刚跨出艺术学校大门的水彩画家，如艾伦·卡尔·林福德（Alan Carr Linford），一毕业就受公爵邀请为温莎城堡创作系列画作。现如今，威尔士亲王也会陆续和一些旅行艺术家环游世界，但并非像人们所想，是因循守旧或是古怪异常，他只是在追随父亲的脚步而已。

　　公爵也喜欢收藏书籍。他的私人图书馆坐落在白金汉宫北侧，占据两个大房间，从地面到天花板满满都是书，藏书总计已达13 000册，仍在不断购进新书。目前，公爵喜欢的图书类型包括烹饪书籍，例如刚到货的《烧烤全攻略》(The Complete Licence to Grill)，还有马车驾驶类、宗教类以及任何试图回答"莎士比亚是谁"的书籍。他喜欢诗歌，在最近一次都柏林国宴上，他欣喜地发现自己坐在诺贝尔奖得主、爱尔兰诗人谢默斯·希尼（Seamus Heaney）身边。但是在其收藏中并没有多少小说。除了一些侦探故事，公爵并不喜欢小说。2010年的某一星期，送来的书就包括：《英国犹太人议会的历史》(A History of the Board of Deputies of British Jews)、《英国最后的反法战争》(England's Last War Against France)、《射杀墨索里尼的女人》(The Woman Who Shot Mussolini)、《掌控金钱》(The Mastery of Money)、《温斯顿·丘吉尔的玩具商店》(Winston Churchill's Toy Shop)、《莎士比亚手册：诗人简介》(The Shakespeare Handbook: The Bard In Brief)，两本关于希腊东正教大主教格里戈里奥斯（Gregorios）的书和《阿尔卑斯山期刊》(The Alpine Journal)。

　　还有将近900本书是关于鸟类的，动物和鱼类的相关书籍也有1 200多本。在任意一个书架上随意拿起几本书一看，竟是休·约翰逊（Hugh Johnson）的《世界的阿特拉斯酒》(World Atlas of Wine)、杰克·勒·克拉克（Jack Le Clerc）的《核时代》(The Nuclear Age)、艾玛·萨维奇（Emma Savage）的《盎格鲁-撒克逊编年史》(Anglo-Saxon Chronicles)、马尔科姆（Malcolm）和埃丝特·匡特里尔（Esther Quantril）的《另一时代的遗迹》(Monuments of Another Age)以及鲍勃·迪伦（Bob Dylan）的《曙光系列》(The Drawn Blank Series)。谁能想到公爵还是一个迪伦的崇拜者？相邻的书架上主要摆放着横向思维大师爱德华·德·博诺（Edward de Bono）的作品。王宫里的职员对此早习以为常。亨特-戴维斯说："菲利普殿下才思敏捷、善于思考，他总能透过表面现象看到更深层的事物。"不论是物质的还是精神的，紧闭之门总是期待有人开启。当谈论到一个话题时，他总会追问："为什么？什么时候发生的？真的吗？怎么办到的？"正是这种迅速的求证与反驳，有时也会使公爵陷入麻烦之中。他甚至还自造了一个新词——"口误学"（dontopedalogy），即说话不得体的科学。

他有很强的应变能力和幽默感，从打油诗到通俗笑话，都运用自如。在他早年任职期间，一次在去为一场电影首映式致辞的路上，公爵的目光不由自主地转向了与会者，一些人身着低胸礼服，誓与伊丽莎白·泰勒（Elizabeth Taylor）的性感深V相媲美。他扭身转向俊朗的审计官布朗宁，低声说道："快进来。"

过去，他的这些离题俏皮话在人们看来没有什么，因为他们都了解他的性格，但现在却成了失态之举。年轻人往往不清楚他的功绩，而只记得他诙谐俏皮，这让熟悉他的人沮丧不已。确实，对于某些人而言，公爵的公众形象倒不如说是从1986年10月他到中国进行国事访问时建立的。在和一群爱丁堡大学的学生见面时，公爵和西蒙·柯比（Simon Kirby）开起了玩笑，他说："要是你在中国再多待一段时间，回国时就成细长眼睛（slit-eyed）了。"柯比在接受爱丁堡记者采访时提起了这一幕，结果报道写成了"眯缝眼"（slitty eyes），这样一来，就成了公爵失态的表现。后来柯比就此向公爵写信致歉（公爵表示感谢，并告诉他不用为此担心）。中国人也并未觉得受到了冒犯（他们也常用"大圆眼"来形容西方人），因此，外交大臣杰弗里·豪（Geoffrey Howe）认为这次访问比较成功。然而，25年后，人们在强调王室成员的一些失态行为或失礼言辞时，还是会反复提及"眯缝眼"这个例子。

许多媒体都随时备着一份公爵的失礼言辞单，高居榜首的就是上述对中国的评价，接下来是另外几个经典段子："你不可能在那儿待很久，因为你没有啤酒肚"（匈牙利，1993年）；"你们大部分人不都是海盗的后裔吗？"（开曼群岛，1994年）……国事访问一天下来原本平淡无奇，所以，这些言辞对于记者们来说便成了提取新闻热点的天赐良机，但报道的结果往往是有人会因此而真的受到伤害。这些言辞也被收录在了《舰队街失礼言辞选》（*Fleet Street Anthology of Gaffes*）中，这不但激怒了公爵，也让主办方非常恼火，因为人们只顾看热闹，而完全忽视了当时活动的内容。像所有好的民间传说一样，俏皮话也通俗易懂，拿事实说话。但这只是一个侧面。公爵并非故意要说什么冒犯的话。跟陌生人交谈时，他的惯用模式是以幽默来打破沉默，但偶尔也会出乱子。用他自己的话说，破冰时可能自己也会陷进去。他的话总是经过两三次转述才会传到媒体那里，但语境总是要给精彩故事让路。1999年，公爵在苏格兰出席活动时看到有个保险丝盒外面露着一团乱蓬蓬的线，据当时的报道，公爵开玩笑说："这线似乎是印度人放进去的。"尽管听上去印度人和电力之间风马牛不相及，让人有些迷惑不解，但媒体还是借题发挥，言外之意是说公爵漠视种族差异。还有位王宫新闻发言人勇敢地站出来暗示说，公爵当时的意思是"牛仔"这个词。公爵对此并无愧悔。后来，他解释说，自己想说的就是印度人，是影射印度正在发生的电力灾难和断电抗议。要是人们愿意费点心思追踪一下世界时事，也就没什么大惊小怪的了。

另外一个误区是认为公爵所谓的失礼表现都是新近才发生的。许多媒体数据库或在线档案最早也只追溯到80年代，但公爵的口误可谓伴随了他一生。其实，有时他只是出于礼貌。1970年，王室巡行至新西兰期间，他遇到一位30年未回英国故土的女士，公爵试图安慰她，只说了句："其实你也没错过什么。"但就是毫无恶意的简短一句，很快就出现在了《人民报》（*People*）头版，采用的是此类报道的一贯口吻："昨晚，菲利普亲王似乎在批评英国……他卷入了一场新的风暴之中。"有时，公爵的玩笑话也会惹恼他的家人。当年，玛格丽特公主和王宫侍卫官彼得·汤森罗曼史发展到高潮时，王太后想到这对苦命鸳鸯将无处安身，不禁叹息连连。然而，公爵听了却开玩笑说："听说现在普通人都能买房了。"话音刚落，他的岳母大人便愤然离场，摔门而去。但是王室和普通大众一样，认为比起毫无幽默感的一本正经，偶尔说话不知轻重也无伤大雅，相反有时没准效果更好。即便半个世纪已经过去，公爵的一些话想起来还是充满睿智。拿他给上级旗语传信那次来说吧。那是 1951 年，伊丽莎白女王乘坐英国皇家海军舰艇"惊奇号"（HMS Surprise）出访雅典，当时公爵同行，负责女王的护航船是英国皇家舰艇"喜鹊号"。一天，他收到来自领头旗舰的旗语信息："公主精力充沛"（Princess full of beans），公爵立马挥旗回复："你们就不能让她早餐吃点别的好东西吗？"（公爵幽默地故意把"Princess full of beans"直译成了"公主吃了满满一肚子豆子"。）在一次去澳大利亚的旅行中，活动方邀请他去剪羊毛，他机智地婉拒道："我要去了没准能让它见了血，再说这次我们有足够的羊肉吃。"1964 年的肯尼亚独立盛会也是类似的一个事例。随着英国国旗的下降，聚光灯逐渐照在了开国者乔莫·肯雅塔（Jomo Kenyatta）的身上，在这一神圣的历史时刻，只听见公爵小声说："我猜你没改主意吧！"

事实上，这些所谓的失态出现在报纸头条时，大部分人都不以为然。尽管他很讨厌这种说法，但毋庸置疑的是，公爵和女王一样，也成了"国宝"级人物。最能说明这一点的莫过于 2011 年 6 月为庆祝他 90 岁生日，两院议员一系列充满深情又有点粗俗的称颂之词了。工党议员克里斯·布莱恩特（Chris Bryant）甚至引用了公爵和一位同僚在宫廷宴会上的一段对话：

> 公爵对某工党议员说："你在做这份工作之前是做什么的？"
> 某工党议员："我在工会工作。"
> 公爵："那就是没什么事儿可干。"
> 某工党议员（略带反感）："那您在这份工作之前又是做什么的？"

公爵:"参加第二次世界大战。"

要是放在几年前,这样的交锋一定会引起众怒,但这次,两院议员仅是报以哄堂大笑。布莱恩特总结说:"有不少场合,议员们在王室面前表现出的丁点谦卑还是非常恰如其分的。"尽管媒体的反应已经从最初的讽刺恼怒变为了宽容的心领神会,但王室和其工作人员仍然不喜欢这样一位对王室、国家和世界都有重大影响的伟人仅仅被当成个脾气好的"糊涂虫"。还有,那些认为他心胸狭窄、冷漠迟钝的猜测,完全与公爵对现代多元文化的社会的贡献相矛盾。"宗教间对话"这一说法最近才流行起来,但很早以前,公爵就已经在组织穆斯林、犹太人和基督教领导人在圣乔治宫会谈,这是他在温莎城堡专门修建的会议暨休养中心。坎特伯雷大主教指出:"通过世界野生动物基金会,公爵开始对环境问题的宗教和神学维度产生了兴趣,他非常喜欢阅读神学著作。"的确,他在世界野生动物基金会任职期间,为团结不同宗教致力于这项事业做出了很大贡献。他认为:"如果上帝存在于大自然中,那么大自然本身就是神圣的。"到1986年,他已经成功说服所有重要宗教团体发表了各自的自然宣言。他甚至和罗马教皇一起创建了世界野生动物基金会与梵蒂冈联合环保委员会。公爵在希腊东正教氛围中长大,后来皈依英国国教,还与其最高长官结为连理,自己被瓦努阿图(Vanuatu)的一个部落奉为神灵,而母亲又是一名修女,他的确有多种途径来探索生命的意义。他的母亲曾因在战争中保护希腊犹太人而被以色列二战大屠杀纪念馆授予"万民之正直者"的光荣称号,公爵对此深感骄傲。另外一位让他感到自豪的,是他俄国血统的伯祖母、大公爵夫人艾拉(Ella,另一位修女)。她曾被推到矿井中,被手榴弹炸伤,由于伤势过重,三天后,修女去世了。但在她受伤期间,她还在照料其他受伤的同伴,哼唱赞美诗。公爵根本不会对多元化进行批评,相反,他对此很是着迷。最近,他的一位蒙巴顿表亲正试图爆料一段旧时家族故事,说自己是美国印第安公主波卡洪特斯（Pocahontas）的后裔。公爵也派他的团队参与调查此事，但最终没发现蒙巴顿家族和弗吉尼亚的波瓦坦（Powhatan）部落有任何直系关系。不管怎么说，他尽力了。

公爵还就神学、精神主义甚至友谊的本质等话题撰写过论著、杂文，发表过演讲。他一生的大部分时间都致力于提高学术造诣，因此与教授、研究员们一起思考深层次问题时完全游刃有余。他喜欢知识分子，但不认为他们可以解答所有疑问。事实上，他认为有些知识分子比较讨厌。在对俄罗斯进行国事访问的前夜，公爵曾对笔者说："我们相当容易就战胜了一个都市化工业化的知识界……因为我们是君主立宪制。"如果他上过大学的话，毫无疑问一定会发展得很好，但他对自己没受过高等教育这一事实根本不在意。"我不是任何一所大学的毕业生。奇怪的是，我并不感到遗憾。我应该把忠诚献给这个世界上为数不多的几个真正的兄弟之一——博爱的大海。"

他对革新的渴望带来的是皇家赞助组织的迅速增多。女王执政早期，他就开始建立新组织，创设新奖项，并且像他的先辈阿尔伯特亲王一样慷慨大方。从英联邦皇家农业学会到巴基斯坦陆军风笛奖，这些机构仍在蓬勃发展。世界上已有几百万年轻人从他的奖励计划中受益，更何况他还在很多特定领域做出了卓越贡献。半个世纪前他的很多倡议——从反对汽车尾气排放到为世界自然栖息地摇旗呐喊——就帮助这些现在日益彰显智慧的事业团体建立了关键的声望和地位。若干年前，在公爵的成就开始令人耳目一新时，来自世界各国的一群仰慕者曾经非常慎重地宣传呼吁，提名公爵为诺贝尔和平奖候选人，现在想来这一举动一点也不奇怪。公爵甚至都不知道这个提议（如果他知道，有可能会退避三舍）。他还曾有意回避了在温莎城堡为他90岁生日举行的展览，理由是那完全是没事找事，庸人自扰。这就是公爵。他认为像"遗产"这样的话题实在俗不可耐，所以从来都是避而不谈。"功勋遗产，后人自有定论。我并非刻意为之。"几年前在温莎城堡接受笔者采访时，他曾这样讲述。"在我之后，人们的生活还将继续，如果我能让（后人的）生活哪怕略有改善，我就心满意足了。"无论出于何种原因——也许是时间安排，或者是政治因素，反正那场诺贝尔奖提名呼吁运动最后不了了之。还会卷土重来吗？2007年因在气候变化方面所做贡献而获得诺贝尔奖的美国前副总统阿尔·戈尔（Al Gore）可以看作一个先例。倒不是说公爵似乎缺少这样的荣誉，而是这个奖项可以让他毕生的工作得到更广泛的国际认可。当代评论员也许会对此不屑一顾，但历史会对此另眼相看，正如女王在金禧庆典演讲结束时的评论一样："我，他的整个家庭，英国上下，还有其他许多国家，亏欠他的远比他索取的要多，或者说，他为我们做的远比我们意识到的要多。"

IX

正视与反观

"没有哪个君主是在刻意寻求扬名万世。"

2007年，英国王室三代人齐聚桑赫斯特参加哈里王子的毕业游行

在这座已有300年历史的围墙里，有些事情从未改变。马尔伯勒宫（Marlborough House）仍然保留着气势恢宏的皇家做派，直至玛丽女王去世时皆是如此——富丽堂皇的枝形吊灯、壮观的楼梯，还有众多王室画像。漫步于巨大的花园和林荫路中，你还会发现亚历山德拉王后的宠物狗的墓碑和那只兔子班尼最终的栖息地。

如今，马尔伯勒宫已是英联邦总部所在地，女王在这里觉得轻松自在当然不足为奇，秘书长办公室就设在她祖母曾经的卧室，玛丽女王的临终之地。主入口大厅布伦海姆贵宾厅（Blenheim Saloon）的墙壁上仍然点缀着马尔伯勒公爵战斗胜利场景画像。但今晚没有人关注这里的艺术作品，大家都在欣赏演出，一支由卢旺达鼓手组成的乐队正戴着巨大的稻草假发、半裸着身体演奏传统乐曲。

今天是卢旺达正式加入英联邦的日子，总统保罗·卡加梅（Paul Kagame）来总部会见女王。他解释说，刚才卢旺达国旗升起时，这些鼓手一直在马尔伯勒宫的花园草地上表演。"不会也穿成这样吧？"女王想到这儿，不禁打了个寒战。今天一整天气温都很低。"没错，跟现在一样！"身材瘦长、语调温和的卡加梅颇为自豪地说。菲利普亲王尝试跟鼓手谈话："这是你自己的头发吗？"他指着稻草假发问道。鼓手一脸茫然。他又指着鼓问："你能换个调吗？"鼓手更加茫然。这并不奇怪，卢旺达的官方语言以前一直是法语，因为20世纪大多数时间它都是比利时的殖民地。20世纪90年代内战之后，卢旺达以讲英语开始进行身份重建。加入英联邦是这一进程中的重要环节,女王也很欢迎卢旺达的加入。这证明她的英联邦仍具有影响力和吸引力。"祝你好运!"她握着卡加梅的手说道。现在他的国家已经成了"俱乐部"中的一员,这意味着以后他可以更频繁地见到女王了。

这一天是 2010 年的英联邦纪念日。每年 3 月的第二个星期一,女王都会到威斯敏斯特教堂参加这一教堂日程中最不寻常的活动。首先,这不是礼拜,而是"英联邦纪念日庆祝"。参加的神职人员包括伊斯兰教、印度教和巴哈派教徒团体中的代表。今年的主题是"科学",由著作等身的教授温斯顿勋爵(Lord Winston)布道。教堂中正在放映女王的英联邦纪念日广播,她谈到了工业技术在团结英联邦方面的力量,却没提及上帝。"在圣保罗大教堂是绝对不可能有这类活动的。"白金汉宫的一位德高望重的老雇员说,"起初一些牧师觉得震惊无比,但女王仍坚持这么做,这也是为什么这一庆祝能持续至今。"由于没有牧师,这座教堂以"王室专有"而闻名。它的世俗领袖就是英国国教的最高统治者和信仰捍卫者,而女王同时是英联邦的首脑,如果她想要她的英联邦在她的教堂里"庆祝",那她完全能做到。不管怎样,基督教在英联邦内部仅排在第三位,伊斯兰教和印度教人数要在其之上。

随后,大家移步到马尔伯勒宫,去参加活动中更为随意的庆祝环节。所有英联邦外交官都参加了聚会,但却不见一位大使。因为英联邦成员并不把彼此视为"外国",某个成员国派驻另一成员国的大使都被称作高级专员。女王总能确保她的高级专员们享有一些微妙的小恩惠,比如,在她的生日阅兵时给他们最佳的观看位置。新任外交官到白金汉宫呈交国书时,女王也会从皇家马厩派辆马车去迎接他们。普通大使坐两匹马的马车,高级专员可以享用四匹马的马车。这就是外交使团间细微但又各自谨慎维护的差别。

女王穿行在她祖母的旧居中时,人们很容易察觉到她为什么如此喜欢这个组织,为什么它只付象征性的房租就能落户在伦敦最雄伟的非王室住所(比唐宁街 10 号富丽堂皇得多)。这个接待会不像平常任何一次外交活动。女王与来自马尔维纳斯群岛的一群学生讨论思乡之情，会见了纳米比亚和新斯科舍省（Nova Scotian）议会的演讲嘉宾，还认出了加里·弗拉瑟（Gary Flather），他是位残疾人，最近刚失去了心爱的辅助犬。他的妻子，弗拉瑟是温莎市第一位印度裔市长，也是一位坚定的英联邦支持者。女王还记得在温莎城市活动中见过他的金毛猎犬格雷西。"你以前总带着它，是吧？"女王问道。"但现在我不得不放下了。"弗拉瑟叹了口气。他享受了高级专员的待遇，和女王聊了很长时间，为此受到莫大鼓舞。"那一刻，我突然发现女王的表情仿佛在说，她完全了解我的感受，"弗拉瑟说（他们下次见面的时候，弗拉瑟带了一只新的辅助犬，女王兴奋不已）。

女王接下来会见了布宾德·桑德胡（Bhupinder Sandhu）教授，据说她拥有最小的组织，而且头衔最长——英联邦儿科胃肠专家协会会长。像这样的组织正是英联邦的基石。

虽然许多政治家（特别是小国来的）很享受峰会和相当排场的车队，但英联邦从来没想要扮演救世主。它的年度预算为9 000万英镑，相当于曼联足球俱乐部年营业额的1/3。跟女王一样，英联邦的力量来自影响，而非强制。它可以把人们团结起来，但不能发号施令。它可以废除不良体制，支持优秀计划，通过许多像桑德胡社团那样的城市社团提供免费并极有价值的专门知识或技能。这就是为什么3月的第二个星期一，就像11月第二个星期日的"阵亡将士纪念日"一样，在女王的日志中是雷打不动的一天。

女王对英联邦的热爱在一定程度上出于情感原因。她的父亲在去世前建立了现代的英联邦，有益又不失面子地帮助大英帝国摆脱了之前的殖民者形象，同时又保持了与前属地的关系。这也跟个人荣誉有关。刚开始英联邦只有8个成员，现在增长到54个，可以说是在同女王一起成长。然而，联邦的发展差点由于某些情况而夭折：它本来可能会变得像法国的"法语会"（Francophonie，这个组织中，一个国家居支配地位,给其他国家好处)一样华而不实。但幸好英联邦是一个自由平等的组织,涵盖了世界人口的1/3,包括所有的主流宗教,官方语言是英语,每个成员国都有一套英式的法律体制,但又经常乐于对英国指指点点。英联邦最初运行时,是联合国之外唯一一个国际组织。现在在各国政府已经成立了大量的此类国际团体,但英联邦不像现在的清谈会,热衷使用时髦的缩写——如欧盟(EU)等。①

有人会说英联邦没有目的性。有些非英联邦国家把它看作一个无关紧要的帝国延续物。许多人辩称,无论是对冈比亚还是对斯里兰卡,英联邦都未能对其滥用人权持有坚定立场,这表明它既没有实权也不称职。在国内,不少人认为英联邦会表彰独裁者和投机者,或者是通过怀旧转移人们对它在欧盟中角色的注意力。一些英国首相看不出,花几天时间去地球另一端,与在地图上都很难找到的那些小国的领导人谈论些技术性问题有什么价值。托尼·布莱尔在他的回忆录中甚至根本没谈起过英联邦。从个人角度而言,他坚持认为英联邦很"重要",为了避免误解,他还补充道:"坦白地说,我很认真地对待这一组织,它也值得给予高度重视。"据说,一些英国首相愿意花时间跟英联邦打交道的唯一原因是,他们如果不这么做,会因冷落女王而受到控告。其他领导人也承认,没有女王的话,英联邦的影响可能会大打折扣。新西兰总理约翰·基(John Key)总结峰会时说:"你可以看出来领导们的时间很紧,要不是因为女王,或者将来在她之后的国王,他们不会在此露面。"

英国外交大臣威廉·黑格(William Hague)已承诺扩大英联邦在外交及联邦事务部的影响面:"我知道让这个部门变得有意义有多难,但这值得我们去努力,因为它是最根本的关系网。而这个世界就

---

① 它一年两次的峰会的英文缩写——CHOGM 也实在不太好听,也就是英联邦政府首脑会议。

是由关系网组成的。"不同于北美自由贸易协定或石油输出国组织,英联邦不是由地理因素或经济利益而建立起来的,而是由于历史的巧合。为什么加拿大和图瓦卢能坐在会议桌前平等交流呢?联邦会议是唯一没有口译人员参与的世界峰会,有种家庭会议的感觉。它在分歧中繁荣壮大——联邦的政客们通常会同时就5件事情进行争辩——但就像家庭一样,吵归吵,却不会分裂,反而会因联邦国家间丰富的关系网而逐步得到加强。"每回开会时众多专业组织会集结在一起,然后又迅速散去。"赫德勋爵说,"并不轰动,但却始终如一。在这里,你永远不会吃到在联合国经常遇见的那种苦头,联邦有自己的处事方式。"甚至还有人提出,也许有一天爱尔兰会重新加入它1949年退出的这个组织。女王在2011年5月对爱尔兰进行的国事访问取得了重要成功,这是爱尔兰共和国成立以来对其的首次访问,也让爱尔兰回归这种想法变得不再那么遥不可及。

如果你想明天匆忙建立一个新的国家,那么联邦会给你提出大到建一支警察部队,小到设立牙科服务的一切建议。有不少国家在历史上与英国并没有渊源,比如卢旺达。它加入英联邦就是为了享受联邦组织的益处。如果说联邦的54个政府能就一件事达成一致,那就是他们对有女王作为首脑感到非常高兴。"没有女王一切都行不通,"约翰·基说,"这些国家之间本没有什么共同之处,但女王能兼容并蓄地把它们结合在一起。"澳大利亚前总理马尔科姆·弗雷泽(Malcolm Fraser)认为,如果有人想摆脱与王室的联系,那简直是疯了。"没有好处,只有坏处。"他说,"那么做的话,我们跟其他机构就没有区别了。"英联邦秘书长卡拉梅什·夏尔马(Kalamesh Sharma)毫不怀疑女王在组织中的凝聚力:"女王的存在让我们觉得像个大家庭,一个非常特殊的群体。"

女王的前私人秘书威廉·赫塞尔廷勋爵指出,这是个有着悠久历史的组织。"从女王为英联邦的建设奔走时,她就开始会见一些非洲国家领导人,他们已经是熟人了。女王第一次跟他们见面时,这些领导人还都是小伙子。他们一起成长，在某种程度上建立了互相尊敬的深厚情感。我觉得他们从那时起就已经把女王当作英联邦的母亲。当然，在撒切尔时代，比起这位铁腕首相，人们认为女王更为支持英联邦。事实也确实如此。因而大家觉得她是英联邦的保护者。"在纳尔逊·曼德拉当选总统前很长一段时间，女王早已悄然把他作为国家元首对待。1991年曼德拉出席了英联邦政府首脑会议，当时，女王像往常一样正准备为各国政府首脑举办传统宴会。那时曼德拉刚出监狱，而且三年后才能参加总统选举，所以他并没有在宴会邀请之列。"请他来吧。"女王告诉秘书长。之后曼德拉来了。赫塞尔廷对女王在成功邀请津巴布韦加入英联邦中所起的作用深信不疑："即使结果没有预料的好，对英联邦来说，这仍然是伟大的成就之一。"津巴布韦之后的贫困和腐败问题也令女王很苦恼。最终，它选择在被驱逐之前退出了英联邦，但即便在总统罗伯特·穆加贝（Robert Mugabe）煽动国民反对英国最激烈的时候，也从不曾攻击君主。毕竟，女王曾邀请他住过白金汉宫。

女王在英联邦呈现出来的温和仲裁员形象也在感染着新一代的领导人，尽管他们中的一些人在英联邦全盛时期还在上小学，对当时的分歧争端知之甚少。"她对一切都了如指掌，和我们相处得很好。"位于印度洋低洼处的马尔代夫共和国总统穆罕默德·纳希德说，"她总能保持必要的距离。不过任何人都没有她理解我们。"

他最近受邀在温莎城堡过夜，女王对英联邦和马尔代夫极其了解，这让他深感震惊，因为女王上次访问马尔代夫已是1972年。"她提到的有些事情，你不是只简单敷衍一下就可以的。她说她去马尔代夫时，正赶上一艘渔船失踪，她派出了自己的'大不列颠号'去营救那艘渔船。她想知道，如果船上的人现在还活着，他们的生活怎么样了。我回国后去找他们，发现连官方都没有记录这件事。女王是怎么知道的呢？后来我发现其中有一个人健在，就告诉了女王，还让她知道当年船上所有人家中都挂着她的画像。"

女王身边的那些人说，女王有英联邦情结，还有一个原因，就是她觉得这是她凭借努力赢得的。她的宝座、教堂、庄园都是继承而来，而英联邦是她亲手扶持，从婴儿走向成熟的国际机构。她眼中的英联邦就好比爱丁堡公爵奖、王子信托基金会一样，无疑是她执政期内衡量政绩的决定因素。这就是为什么在11月明媚的阳光下，她虽然患有重感冒，但仍穿越大洋去主持英联邦的又一聚会。英联邦领导人每两年会面一次，这一次轮到在加勒比岛国特立尼达和多巴哥的首都西班牙港举行。联邦的大多数成员国派首相或总理出席会议，也有少数国家是派外长来的。一些英联邦国家不太稳定，要是领导人离开，国家就会有风险——就像瓦努阿图总理后来面临的境地。为期三天的会议结束后，他就成了瓦努阿图的前总理，因为他不在的时候被人驱逐了。有两个国家没有参加这次会议：斐济由于拒绝实行民主选举而被暂停参加，而人口仅为一万的小国瑙鲁没缴纳会议费用。

政治家们从世界各地飞来，于机场乘车直达戒备森严的凯悦酒店，然后几乎就不再出门了。城里没有足够的床位，所以来自英联邦各分支、慈善机构还有媒体的几千名工作人员只能睡到几艘大游艇上。以前女王会住皇家游艇，但"大不列颠号"后来成了一处景点。如今女王住在一家新开的精品酒店——卡尔顿·萨凡纳（Carlton Savannah）酒店。这家酒店刚刚落成，油漆甚至还没干透，一些光照设备也没安装完毕。女王住在11楼的豪华套房，这间房命名为"Wow Suite"，估计是因为将来住在这里的人知道女王也在此住过时，一定会激动地大呼小叫："Wow!"

跟其他政客不同，女王在会议期间会接见普通人。在这里，她不仅是英联邦元首，也是英国女王，她正是以这种身份对特立尼达和多巴哥进行国事访问的。当她成为女王时，这里还是个殖民地。1966年第一次来此访问，这个国家已获得独立，但仍奉她为君主。1981年她第二次访问时，特立尼达和多巴哥已投票公决成了共和国。第三次访问时，人们的欢迎很是热烈。西班牙港是发明了钢鼓和卡里普索

（calypso）的城市。它的狂欢盛景仅排在里约和新奥尔良之后，是诺丁山的效仿对象。每年春天，国内半数以上的人都会加入狂欢队伍，巡游穿过剩下的一半观众。冠军少年乐队穿上他们特有的服装，在女王大剧院（Queen's Hall）外迎接她的到来。150多名儿童穿着有鸟、花、鱼、幽灵等各种各样图案的夸张而富有想象力的服装。这些孩子都还不满14岁，但其中一些却站在12英尺高的高跷上左摇右摆。一个男孩在漫长的等待过程中掉了下来，但没有受伤，随后他又重新上了高跷。大多数孩子都来自当地的儿童福利院。他们的监护人解释说，加入狂欢队伍、受到女王接见，会成为孩子们生命中最重要的时刻。在世界上任何地方，像这样的活动都会招募到很多无私、有耐心且不知疲倦的女志愿者，罗莎琳德·加布里埃尔（Rosalind Gabriel）就是其中之一，她和很多像她一样的女士一起花了一年时间缝纫粘贴狂欢服饰。她也是女王一定要接见的人。更多的儿童等候在剧院内欢迎女王，为她表演，但却见不到几个成人。女王喜欢这样。"她几乎到过世界上每个角落，不喜欢每次访问时都说：'我上次来这儿时……'"女王随行团队中的一个工作人员说。话虽如此，但还是很高兴能见到几张老面孔。在接见队伍中有85岁的前芭蕾舞明星索拉·敦贝尔（Thora Dumbell），她曾和弗雷德·阿斯泰尔（Fred Astaire）合作过，在1966年为欢迎女王的聚会做过精心策划，一定给观众留下了相当深刻的印象。"当时，女王邀请我一起喝咖啡，菲利普亲王还说：'真希望我能把你放进罐子，带回英格兰。'我现在也认为她是'我的'女王。"

当天，女王穿着一条鲜红碎花裙和白色外套出席了狂欢活动。罗莎琳德的狂欢队伍分外耀眼，鼓声和哨子声响彻云霄。随后，费了好大劲儿，兴奋的人群才安静下来，以便女王可以听到9岁的泰默·弗莱蒙特-里瓦斯（Timel Flament-Rivas）演唱一首由当地作曲家拉里·哈伍德（Larry Harewood）创作的新卡里普索。歌词写道："欢迎来到我们的国家，一个阳光下的国度。您日理万机，忙忙碌碌。愿上帝播撒福祉，让您的身体健康。愿您永远是英联邦的首脑。"资深王室观察家说，女王很喜欢这个演出，因为她在轻轻地用脚打拍子。一般来说，女王不经常有这种反应。泰默唱了好几段，时间比节目组织者计划的要长得多。听众中有人在焦虑地不时看表，但女王不着急。穿着小礼服、打着领结的泰默也特别放松。他的母亲珍妮弗（Jeaniffer）自豪得说不出话来。后来人们才知道，珍妮弗是柔术项目的世界冠军，曾把两个行凶抢劫者送进过医院。这个家庭的人都有钢铁般的意志。

女王走进剧场时，观众都尖叫起来，几乎都是孩子。虽然是星期六，但他们仍都整齐划一地穿着干净的校服。如果有人去统计女王一生中花在看"当地文化娱乐演出"上的时间，那么不是几年也得有几个月，当然不全是这种青少年音乐会。现在她坐在座位上，身体前倾，看得非常入神。

演出结束后，她走出大厅，去接见等候已久的狂欢人群。人们已在阳光下站了两个多小时，但一见到女王，又焕发出生机，鼓声和口哨声再次回响在耳边。"再敲响点，一会儿你们就可以解脱了。"爱丁堡公爵对一个身着金色雀鸟造型的狂欢者说。女王很喜欢这一切。她接见了罗莎琳德·加布里埃尔，询问了她制作150套服装的挑战与困难。"衣服会循环使用吗？"公爵问道。"不，我们会再做新的。"罗莎琳德说。"公爵对我这个回答感到很吃惊。"她后来回忆，自己也感到有点不可思议。索拉·敦贝尔也一样容光焕发："我觉得今天女王比我第一次见到她时更棒，看起来妙极了。"她说，"我提到了1966年我们那次会面，女王马上说：'你后来还去看我了。'所以说，她还记得我！"

女王年轻时这样的国事访问可能会持续一个星期。现在，作为历史上在位最久的君主，她的活动已相应有所减少，但国宴还是必备的。在特立尼达和多巴哥，国宴在昔日的殖民地官邸、现在的总统府草坪上举办。令人激动的是女王穿上了安杰拉·凯莉设计的礼服，上面绣有特立尼达和多巴哥的国鸟和国花。不过女王一回国,衣服上的珠子和水晶就会拆下来,重新绣成枫叶图案,为明年的加拿大之旅做准备。她的团队把这个称为"可拆卸时装"。

  为了回馈东道主的热情好客,女王在酒店举办了一场招待会,宴请特立尼达和多巴哥这个国家的杰出人物。足球明星德怀特·约克(Dwight Yorke)送了女王一个他签名的足球。"选礼物可真令人头疼。"他说。板球传奇人物布赖恩·拉腊(Brian Lara)送了女王一个签名球棒。在为英国高级专员举行的另一场招待会上,女王接见了更多来自西印度群岛的板球运动员,包括威利·罗德里格斯(Willie Rodriguez)、达伦·甘加(Daren Ganga)和德里克·穆雷(Deryck Murray)。后来话题转到了板球二十(Twenty 20)这种新型比赛。很显然,女王不是个板球迷。"我有个朋友无法忍受这种运动。"她边说边指示皇家速记员们把这个作为个人观点记录。皇家速记员这一职位也有着悠久的历史。"他说:'我连看也不看!'"这是聚会的运动一角。人们都传说永远不要问女王问题(其实这完全取决于问题的内容),但罗德里格斯对此根本不予理睬,他听说当天下午女王的马——"理发店"(Barber's Shop)正在英国参加比赛,就问女王那匹马成绩怎么样。"没人告诉我它赢了,"她假装失望地说,"所以我估计他输了。"(这匹马最终成绩是第七名。)

  公爵接见了一些红十字会工作人员,其中包括来自英国的塔尼娅·伍德(Tanya Wood)。"我是因为赎罪才被派到这里的。"她说。"你有什么罪?"公爵问道。为了确保特立尼达和多巴哥人不会有被忽视的感觉,他在此行中会单独进行一些小型国事访问。而后他将前往一个更小的岛屿,进行为期一天的活动。而女王要去参加英联邦的会议。

  本次政府首脑会议也是英联邦的 60 岁生日派对,不过很早就产生了争议。特立尼达和多巴哥的总理帕特里克·曼宁(Patrick Manning)作为主办方,希望把全球变暖作为这次会议的主要议题。但是，许多说客和活动家要求英联邦应该更"务实"，把精力集中在可以解决的问题上，比如其成员国滥用人权的行为。冈比亚总统刚刚囚禁了一名苏格兰传教士，因为他把冈比亚称作"地狱"，总统还警告政治改革者们："我杀了你们也不会有什么后果。"斯威士兰正花费一半以上的援助款为国王建造私人飞机。乌干达也在立法把死刑的使用范围扩展至同性恋（同性恋在 40 个英联邦国家被定为非法行为）。

曼宁当然不希望这些事破坏他此次担任星球拯救者的机会。于是他在开幕式新闻发布会上宣称："这些都是各自的家务事，没必要拿到这里浪费时间。"人权人士对此愤怒不已。

同时，英联邦也受到了自己粉丝的不断打击。皇家英联邦协会（Royal Commonwealth Society）就人们对英联邦的看法进行了一次全球性调查，结果令人沮丧。除了英联邦运动会，大多数人不知道英联邦是做什么的，而且在澳大利亚、加拿大和英国这些为英联邦提供资金支持的国家，多数人表示他们并不在意英联邦存在与否，即便消失了也不会因此烦恼。英联邦显然需要明确自身的作用，发挥更大的效能，而不是成为美国广播资讯化服务公司主席彼得·凯尔纳（Peter Kellner）口中所说的"鸡肋"。对女王来说，并不是第一次遇到这一两难境地。英联邦秘书长和他的下属对此次调查很是生气，试图隐瞒结果。但私下里许多代表都觉得这件事"及时敲响了警钟"。当然，王室阵营里没有人提出反对意见，因为他们清楚什么会让某个组织停滞不前。

女王是开幕式的主角。开幕式在新建的国家表演艺术学院（National Academy for the Performing Arts）举行。这里就像是加勒比海风情的悉尼歌剧院，给西班牙港的风景平添了一种璀璨的贵气。说它新一点也不假，女王到来前两个小时水泥搅拌机刚停止工作。到处都是欢乐忙乱的气氛。虽然张贴有演出海报，但却没上演任何节目。很显然，要等此次盛会结束之后一切才能步入正轨。因此，人们对眼前发生的一切都有些摸不着头脑。尽管会议主要议程是气候变化，但每个国家的代表团还是带着各自的车队到达壮观的入口。观众是精挑细选出来的,每位政府领导人都在他们的掌声中走上舞台亮相。主办方呈现了一场由935名演员参加的文化演出,规模不亚于奥运会的开幕式,令所有在场的人都印象深刻。

女王由于感冒、空气条件和时差的原因,声音有些沙哑,但她所做的演讲完全与主办方领导人的环境主题相契合。她敦促他们"领导"世界抗击气候变化,并指出:"令英联邦引以为傲的是,在它成立至今的60年中,已经数次在国际社会应对新出现的全球性挑战过程中起到了引领作用。"媒体只顾着对"绿色女王"这个新闻头条兴奋不已,没注意到女王正在间接含蓄地对那些想要给这个组织大换血的人给予些许支持。"今年的钻石周年庆典是联邦继往开来的重要时刻,"她说,"和任何优秀的组织一样,我们必须继续密切关注那些有鲜明特色的东西。"

领导人们回到会议室继续进行讨论。曼宁已经说服法国总统萨科齐从南非回国途中顺便在此短暂停留,对英联邦的地球节能声明给予支持。不过并非所有人都对此表示赞同。法国并不是成员国,这意味着得找一些翻译人员。对此女王保持了她的一贯距离,不予干涉。她在下榻处举办酒会,邀请所有没参加过英联邦峰会的领导人到场。之后又接见了英联邦的青年派别——英联邦青年论坛(Commonwealth Youth Forum)。论坛领袖是一位口齿伶俐的年轻律师马修·阿尔伯特(Matthew Albert),澳大利亚人,年仅29岁(在英联邦条款中,青年应不超过30岁)。他的情况介绍比起政府首脑更为文雅讲究,女王当时一定印象很深。这在几个星期后得到了印证,女王在她的圣诞致辞中再次提及了阿尔伯特和他的同事们。

这次会议也可以让女王见到她的一些首相或总理。新西兰总理约翰·基事先预约了觐见,随后接到传唤,去女王的豪华套房中谈话。这是约翰·基第一次参加英联邦峰会,他对此非常享受。不知什么原因,他连续三餐都被安排坐在坦桑尼亚总统基奎特(Kikwete)旁边。

只小谈了一会儿，两个人就成为朋友，并酝酿了一个计划。约翰·基同意派遣一些新西兰农民去帮助坦桑尼亚建立一个新农业科学研究所。作为回馈，基奎特许诺赠送给新西兰动物园两头猎豹。在二十国集团峰会上，可见不到这种风风火火的外交方式。聊天中，女王问到新西兰方面对威廉王子修建惠灵顿最高法院新楼的计划。"她对我说的第一件事是威廉王子来新西兰时要确保照顾好他，"约翰·基后来说，"我们打算取消国宴，代之以和新西兰橄榄球队 All Blacks 进行一场烧烤会。当我把这件事告诉女王时，她被逗笑了。"①

对话谈到了约翰·基的联盟伙伴之一——新西兰少数民族毛利党（Maori Party）。毛利党一直认为，它同第一批欧洲殖民者签署最初的1840年和平条约时，是同维多利亚女王进行磋商的，而不是那些殖民者。"毛利人总有一种感觉，他们同英国王室的关系由来已久。"约翰·基说，"我们现在和毛利党是合作关系，我每次见到女王，她都会问到这件事，问到我们关系怎么样，得知我们不错她就很高兴。"这其实是种奇妙的政治洞察力。无论是在英国还是在新西兰，联合政治的繁荣都让女王感到欣慰。

在传统的英联邦宴会上，每个人都有机会与女王交流。她甚至还会把王室内府总管和他的团队带到这儿，这使得宴会现场像是在白金汉宫。每桌坐10人，晚餐有熏鲑鱼、烤羊里脊和巧克力软糖蛋糕。每个地方都有内府工作人员负责细节，每个菜单卡都系上了英联邦标志的蓝黄两色丝带。女王还亲自为"英联邦高脚杯"打包，那是为每个成员国代表准备的金质酒杯。

按惯例，所有54个国家的领导人及其配偶先会列队等待女王和菲利普亲王——正式会见。不过时间不会太长。随后，人们就会散开随意搭伴畅饮。但今天从招待会过渡到宴会阶段时出了点小问题。有

---

① 后来约翰·基为王子举办的聚会给他留下了很好的印象——"约翰·基这人很不错"。王子不仅结识了橄榄球队，最后还穿上围裙帮助约翰·基烹制香肠。王子说，他那个对烧烤很热衷的祖父一定会为这件事感到骄傲的。

人拦住秘书长卡拉梅什·夏尔马说了几句话,因此,在女王去往宴会厅途中,居然无人陪伴。她只得独自一人坐在椅子上,身边没有可以聊天的对象。这是主办方的失误。女王看上去不太高兴,但处之泰然。"这简直太马虎草率了,"女王团队的一个成员不满地低声抱怨,"不过女王一直镇定自若。"

当时已经是午夜,女王还得了重感冒,按正常生物钟,她应该休息。但她只是想让自己镇定下来,然后继续。最终,她的等待以新加坡总理坐在她左侧、帕特里克·曼宁坐在右侧而宣告结束。每张桌子的座位安排都以洲际交错为原则。女王所在的一桌包括肯尼亚总统、文莱王储,还有就在这一刻被推翻的瓦努阿图前总理、倒霉的爱德华·纳塔佩。① 公爵旁边是本次峰会的唯一女性领导人,孟加拉总理谢赫·哈西娜(Sheikh Hasina)。应观众需求,演讲都提早进行且都很简短。两个新面孔,约翰·基和南非的雅各布·祖马被推选出来代表大家讲话,并向女王和英联邦祝酒。之后,女王敲了一下木槌,站起身来说:"希望你们的审议能取得圆满成功。"这时,熏鲑鱼已经准备就绪,在接下来的宴会进程中,女王就不再有进一步的表现了。第二天,当与会者讨论产生他们的伟大宣言——《西班牙港气候变化共识》(The Port of Spain Climate Change Consensus)时,女王已经启程返英。事实证明,此次聚会小有成就,女王对此也深感欣慰。这几天相当重要还有另一层原因。这个周末女王原本有可能失去她其中一个头衔。圣文森特和格林纳丁斯原本承认女王是国家元首,但近日其总理拉尔夫·冈萨维斯(Ralph Gonsalves)决定,在女王来这一地区参观之际上演一场皇家全民公决。这位被当地人称为"拉尔夫同志"的总理敦促他多达 10 万的选民投票决定成立共和国。不仅如此,他还得到了主要反对党的支持。因为格林纳丁斯群岛上有著名的马斯蒂

---

① 纳塔佩总是意外不断,这次事件后不久他就恢复了总理职位。但一年之后他再次被罢免。那次他也在国外,参加的是在墨西哥举行的气候峰会。

克（Mustique）皇家运动场，所以这极有可能演变成一场令人尴尬的闹剧。在加勒比海巡游途中出现"马斯蒂克把女王踢出场"这样的头条可不是什么光彩的事。最终，选民以57％对43％否决了建立共和国的念头。拉尔夫虽然也受邀参加了女王的宴会，并且同样得到了女王的微笑和握手致意，但他的头像是不会再出现在硬币上了。

女王一直以来都认为此类立宪问题完全是相关民众的民主选择，而不是什么人气比赛。她很乐于在需要她的地方继续留任为立宪君主，而最不愿意看到的就是人们觉得她在抓着权力不放。大多数属地都是之前的领土或者殖民地，这些地方的民众都是自由选择要与王室保持历史联系的。还有巴布亚新几内亚这样经过慎重考虑"任命"女王的例子。巴布亚新几内亚本是澳大利亚的属地，1975年宣布独立，准备建立共和政体。这个国家拥有700万人口，却讲着800种以上的不同语言。根据这一情况，建国者们一致认为女王会为他们的民族统一提供广阔前景。更重要的是，女王在这里早已经深入人心。因此，女王又多接纳了一个成员。她对此欣然接受。迄今为止，巴布亚新几内亚仍是旧日帝国荣耀最热衷的推行者之一。

目前，女王的管辖范围覆盖全球很大一部分面积。她是16个国家的元首，也是包括百慕大、直布罗陀和南极洲66万平方公里在内的英国14个海外属地的最高领袖。只有在英国她是直接管辖，在其余的15个属地，都是通过当地的总督来履行她的所有礼仪性职责。但所有重大决定都要得到女王的认可，甚至包括那次鲜为人知的逊位。

时间要回溯到1987年在斐济出现的两次军事政变。当时，她兼任斐济的女王。威廉·赫塞尔廷回忆说："之前斐济总督还一直假装在控制斐济局势，但第二次政变后，他无力再强撑下去。因此女王向他提出建议，说现在是她接受斐济共和国的时候了，再自称斐济是自己的属地已经没有任何意义了。撒切尔夫人对女王这一可以说是逊位的想法极力反对。但这根本不取决于她，而是作为斐济女王让她得出的这一结论。"也就是作为斐济女王,她决定废除君主。当时唯一的政府是非民主的共和政府,于是女王让她的斐济代言人,也就是总督,宣布辞职,他照做了。

历史上最著名的立宪危机发生在1975年的澳大利亚,时任总督约翰·科尔爵士(Sir John Kerr)罢免了澳大利亚总理高夫·惠特兰。事先女王对此一无所知。但这一事件的发生大大增强了当时日益壮大的澳大利亚共和运动的势头。这次运动最终于90年代一次著名的选举中产生了自己的领袖。最初开始推动"是否要以共和替代王权"这一大选举进程的是工党总理保罗·基廷。之前在英国媒体的报道中,基廷就因为公然冒犯女王被丑化为"澳大利亚蜥蜴"(Lizard of Oz,是指他有一次引领女王穿过某场非常拥挤的招待会,其实女王一点都没介意)。这次他亲自来到英国当面向女王解释自己的计划。当时气氛很紧张,双方都没觉得十分愉快。一位内府人员后来跟作家格雷厄姆·特纳(Graham Turner)说,会谈结束后他们见到女王时,女王只说了一句:"我确实需要好好喝一杯。"而一位资深的已退休的助手回忆说,换了别人,事情可能更糟。"基廷当时来了巴尔莫勒尔,那次经历真是棒极了。我挺喜欢他。他是个很睿智的人,我还意外地发现他对摄政时期的钟表非常精通,确实是个专家,而且他自己还收藏。他是个共和主义者,总是直言不讳,对女王非常恭敬有礼,这方面确实无可挑剔。我记得他们一起野餐时,女王跟他谈到了孟席斯(Menzies,她当政时的第一位澳大利亚总理)曾跟她说过的话。你确实觉得这个家伙不单单是为了短期的政治目的而来。"

结果,基廷在1996年大选中失利,后来是保皇派总理约翰·霍华德(John Howard)在1999年组织了这次全民公投。是由国会选举产生总统还是维持现状,民众要做出选择。当时政界和新闻界都一边倒地支持变革。但让世界震惊的是,澳大利亚人最终投票结果为55%对45%,拥护现有女王。此外,政体变革的前提是这个国家的6个州郡必须有4个表示支持,但结果只有一个地区投了赞成票。即便是顽固的保皇分子也得承认，这不可能是1954年那种对女王崇拜的旧情复燃。显而易见，决定因素是民众对政客们舒舒服服就自己决定谁是总统这一共和模式不满。但这件事反过来也提醒了人们，立宪君主制的一个核心就是可以摆脱政客的操纵。

共和浪潮一直此起彼伏。有些人，比如已故的本·平洛特就曾暗示，像澳大利亚这样做出改变更有利于发展的情况，女王应该主动欣然应允这些呼吁，而不是被动地坐等被人施压。女王周围的所有人都认为这一观点简直匪夷所思。他们把这看成是没有深思熟虑的想法。但最终王室还是接受了这一提议，他们也觉得这些国家可以拥有它们自己的国家元首，只要民众一致同意，什么时间选举最好由他们自己决定。一位资深大臣这样总结白金汉宫在此问题上的观点："王室的态度是：'想让我们什么时候离开，直说就可以。如果是民主选举的政府，就这么办。要是某个标新立异的家伙在用不正当手段强奸民意，那样的话必须静观其变。"

澳大利亚前总理马尔科姆·弗雷泽说，澳大利亚因"地域"而拥护共和政体者数量众多，他自己就是其中一个典型，在女王执政期间乐于称自己为君主主义者。"显然她可以为英国做很多贡献，但因为我们的地理位置所限，女王陛下虽是这里的国家元首，有些事情却也无法完成。最主要的障碍是寻找一种人们乐于接受的可行模式，但这可能会耗费意料之外的更长时间。如果我在英国，我肯定不是共和主义者。"他同时认为，90%的澳大利亚共和政体拥护者都倾向于让英国君主继续担任英联邦领袖。"通过英联邦这个纽带，澳大利亚现在与英国的关系已是非常牢固，即便澳大利亚有一天真成为共和国，两者之间的感情和联系依然会一如既往。"

现在任命王室某位成员担任总督的日子早已一去不复返，但女王确实在她儿子们年轻的时候让他们尝过"旧"联邦的甜头。查尔斯王子、安德鲁王子和爱德华王子曾分别在澳大利亚、加拿大和新西兰受过一段时间的教育。20世纪80年代，澳大利亚总理鲍勃·霍克

(Bob Hawke)还曾认真考虑过任命威尔士亲王为总督这一念头。亲王对此表示赞同,但解释说前提是需要跨党派支持。霍克无法说服他自己所在的工党,于是只得作罢。

很多年以来,英国王室都把加拿大看作拥护共和政体的热点地区,60年代魁北克地区的分裂主义情绪日益高涨时期尤为如此。但随着时间的推移,加拿大已经对共和主义失去了兴趣。"70年代我曾陪同女王去过加拿大很多次,因为几乎所有的省份都在举行百年庆典活动。"罗恩·艾利森说道,"随后,美国发生了'水门事件',他们加拿大人在边界边张望边想:'那种事情不可能发生在这儿……因为我们的国家元首和行政首脑不是一个人。'我觉得正是这种想法极大地增强了王室影响力。"

1999年澳大利亚独立公投失败后,人们把视线转向了新西兰。新西兰没有联邦体制,因此,直接的公民表决可能更容易推翻王权,更何况工党总理海伦·克拉克也不是保皇派。但当时这位女性领导人有其他事务要处理。如今,这股共和浪潮终于在此登陆。2008年就职后,约翰·基和他的保守联合政府做出了一个看似微小却极其重要的决定。他们认为是时候为新西兰人恢复爵士和女爵士等荣誉头衔了。克拉克执政期间废除了"爵士""夫人""女爵士"这些称谓,理由是这都是向英国及其帝国行事方式进行"文化谄媚"的证据。恢复使用虽然每年只涉及几个人,但却展示出对王权的再度亲近。甚至约翰·基本人也对此项政策在民意调查中高达80%的支持率表示吃惊,人气只略低于新修的国家自行车道工程。

回顾当初,约翰·基感慨万千:"荣誉体系重新引入新西兰后不到三年,其作用就越来越大了。"要问女王对此作何反应,"当然是兴奋不已"。

对共和主义者来说,另一个障碍是,即使是最理性的争辩,在根深蒂固的情感面前也可能败下阵来。简·康纳斯博士,1954年澳大利亚伟大皇家巡行的编年史作家,认为自己是共和主义者,还是个

"左翼分子"。女王1988年莅临堪培拉为新建的议会大厦揭幕时,她就在门外示威人群当中。回忆起当年的情形,她说:"当时我们都在抗议,反复喊着口号。"忽然奇怪的事情发生了。"大家都静了下来,原来是女王到了。这很好笑,但我们就是没法向女王发出嘘声。"她认为澳大利亚拥护共和政体说客的最大错误就在于取笑保皇派。"那时会参加共和主义运动的都是精英人士,但依然会把那些亲近王室的人嘲讽为相信中世纪胡言乱语的老古董。他们声称王室在对我们的日常生活产生消极影响,但事实并非如此。情况被他们弄得简直一团糟。"她还指出,澳大利亚媒体对1954年的皇家巡行选择了集体遗忘,那本来是应该载入这个国家史册的决定性时刻,但迄今为止也没人觉得有必要拍摄一部相关纪录片。"这个故事已经完全从我们的民族记忆中抹去了,因为我们的历史是从左翼角度写就的,那次皇家巡行对于左翼激进派来说是永远的尴尬,甚至被看成了女人们的活动。而我们民族有的应该只是奈德·凯莉(Ned Kelly)那样的反叛者。媒体人总喜欢说1964年披头士乐队来访是其大众历史上最重要的事件,但那不过是因为符合其叙事需要而已。他们只会在与后来的访问做比较时才会提到女王的1954年澳大利亚之行,却从未赋予其真正的内在价值。"

  王室从来没因为他们当年曾在澳大利亚和新西兰引起几近催眠一样的吸引力而自我陶醉,同时,年青一代的崛起也帮助王室提升了人气和关注度。2011年初,澳大利亚经历了恐怖的洪水袭击,随即新西兰就迎来了战后历史上最大的一次灾难。2月22日,一场地震摧毁了克莱斯特彻奇(Christchurch)中心,夺去了180多人的生命。仅仅两个星期之后,官方就宣布威廉王子不日将到访这一地区。他视察了澳大利亚昆士兰州和维多利亚州的灾情,看到了克莱斯特彻奇的惨烈伤亡和已成废墟的乔治·吉尔伯特·斯科特(George Gilbert Scott)大教堂。教堂所在城市本是一个非常典型的英国小镇,埃文河(River Avon)穿城而过,水面上漂着方头平底船。他还走访了

2010年新西兰派克河（Pike River）矿难发生地，那次事故共有29人丧生。一路上，他非常贴心地接见慰问了失去亲人的忧心如焚的民众，不断向女王反馈情况并转达她的问候。他的到访自然引起了很高的关注度，这不光是因为他的地位，更是因为这时距他大婚庆典只有几个星期。王子这次出访非常低调，礼仪一切从简。"我当时非常想去那里看看。"王子说道，"因为如果那些是你熟悉的人或者你在意的人，你肯定想去安慰一下他们。我就是这种感觉。相当多的人在经历可怕的时刻。克莱斯特彻奇成了一片废墟。"这次出访得到了威尔士亲王的大力支持，他本人也参加了国内许多跟灾难相关的会见和服务活动，还曾在澳大利亚高级专员集会上发表过一次著名的演讲，目的是向澳大利亚妇女们坚忍不拔顽强击退洪水引发的鳄鱼和蛇类入侵致敬。所有这些都不是刻意作秀。王室如此反应都是出自家人般的深切情感，无论是保皇派还是共和派对此都心领神会。新西兰总理约翰·基认为："威廉王子作为女王的代表访问新西兰时，这个国家明显深受感动。"他还提到，事后女王陆续收到来自克莱斯特彻奇民众的许多信件。他们向她讲述了这座城市和民众如何重建家园。这些就是持久的关系纽带，会带来一些突破和改变。

如今，女王的各种皇家职务和她作为英联邦首脑的角色还在持续产生影响。最令人惊奇的是，这些关系在英国变幻莫测的外交政策中居然能幸存下来。比如说，所有涉及与新西兰相关的事情，女王无疑必须向新西兰总理做出解释。而当她作为英联邦首脑出现时，又必须超越所有成员国国界。赞比亚前总统肯尼斯·卡翁达（Kenneth Kaunda）至今仍记得1986年在一次英联邦峰会上与女王的谈话，当时正值对南非制裁措施争论的高潮。"然后女王对我说：'我的朋友，你和我都得小心。我们正在英国首相的密切监督之下。'我抬头一看，发现撒切尔夫人正目不转睛地注视着我们。"

大多数情况下，女王与更广泛的外界的接触都是应首相及其内阁要求而行。英国的外交政策也不一定要有益于昔日的皇家亲戚关系。英联邦作为英国后院的日子,在1973年英国加入未来的欧盟之后也不复存在。无论女王再怎么利用圣诞致辞向英联邦传递"我们是一个联合大家庭"这样的信息,很多人还是认为英国已经背叛了他们。吉莉恩·雷尼(Gillian Raini)就职于总部设在伦敦的Afromedia媒体网络公司,她曾把欧洲比作第二任妻子:"身为一个年轻人,我感觉自己被严重忽视了,因为这第二次婚姻否定了我们与前任妻子——英联邦之间的全部感情。"

谈到女王的忠诚问题,当然不可避免会有界限不明的棘手情况。连女王自己也承认,在观看英格兰与澳大利亚,或是西印度群岛(像澳大利亚一样,西印度群岛一半国家仍然奉她为女王)之间的板球比赛时,她发现有时很难决定要支持哪一边。没有哪个属地可以要求比其他人更特殊的待遇。女王必须一碗水端平。如果巴巴多斯与伯利兹闹起教会分裂,或是与英国就此事有分歧,她也无法偏袒任何一方。事实上,女王很是幸运,因为她还没有遇到过牵扯两个属地的严重政治利益冲突。不过肯尼思·罗斯认为,1964年加拿大之行的准备阶段曾有一次类似事件:"当时有些人在魁北克引爆炸弹。加拿大政府说:'来吧,没问题。'而英国政府的态度是'不能去'。但她最终还是去了。"不过这次冲突仅仅涉及她个人的人身安全。

在执政之初,女王的海外访问多是去往属地而非联邦外国家。后来,重心有所转移。所有的英国首相都迅速意识到,让这位世界闻名的女士去全球推广他们的政策和声望可谓益处多多。戴维·卡梅伦曾如此解释女王的作用:"对于我们的外交来说,她就像一根备用的乐器弦——非常强大。实际上,她自己就是整个乐团。"

迄今为止,再没有第二位君主能在世界舞台上发挥如此重要的作用。从一战直到其去世的18年间,乔治五世在海外的时间仅有18个星期。乔治六世和约克公爵一样走南闯北,但由于战争和疾病,他的出访时间也很受限。女王在21岁生日前夕还从未踏出过英国半步,但现在她已经出访了 135 个国家,有些地方甚至去过多次。然而,女王不得不等到她 85 岁生日,也就是 2011 年 5 月,才得以访问离她最近的爱尔兰共和国。

此外,还有很多著名的非访问性出行。正如马尔科姆·里夫金德爵士所说,女王的缺席与她的在场同样重要。90 年代,他曾陪同女王一起对波兰和捷克共和国这些东欧国家进行了首次历史性访问。他回忆说:"东道主们在演讲中始终提到的一点是感谢,不是感谢她的到来,而是感谢她在他们处于共产主义领导下时没有来。'我们不会忘记,您没有帮助共产主义者们建立声望……'客观地说,那取决于政府和我的前任们,但女王成了受益者。欢迎者数以千计。"里夫金德还提到了在捷克共和国进行首次访问时的一段小插曲。"当时女王正乘车穿行在一个挤满人的小镇上。我们走过医院时,突然发现医院阳台上满是身穿工作服的外科医生。为了看到女王,他们肯定把一些可怜的家伙丢到手术台上晾了几分钟!"

1995 年,女王受纳尔逊·曼德拉之邀再次历史性地访问南非,但当时里夫金德的前任赫德勋爵对迎接女王的招待会在黑人小镇举行深感忧虑。在种族隔离时期,英联邦与玛格丽特·撒切尔政府在南非问题上一直分歧不断。女王会不会因此受到连带伤害?第一场考验来自伊丽莎白港。"当时那里都是孩子,穿着整洁的校服,在王室座驾后面欢呼追逐。这让人长舒了一口气,人们关心的是女王,他们了解女王的一切,没有丝毫的敌意。如果换成和玛格丽特一起来,那会全然不同。尽管她也为民众做了不少好事,但她总是以制造事端著称,周围反对者大有人在。女王与她有天壤之别。"

2011 年 5 月,女王对爱尔兰进行国事访问,在外交紧张程度和事先计划的周密程度上,都史无前例。自从乔治五世执政时期爱尔兰为争取独立爆发流血冲突之后,再没有君主踏上过这片土地。乔治五世最后一次访问这里是在 1911 年。如今,一个世纪过去了。有人曾认为,女王在正式出访爱尔兰之前应该以私人旅行的名义先试试水。

但政府和王室都意识到了当时形势需要的是坚定的态度。"这一伟大时刻到来时,应该说的是:'让我们继续前进吧。可怕的事情已经过去很久了,我们要做的是一起放眼未来。'"威廉王子说道。几个星期前他刚刚被任命为爱尔兰卫队上校,这自然也是在为此次外交活动烘托气氛。他把自己的任命描述为只是整个计划中的"一个小斑点",但他也指出爱尔兰卫队从爱尔兰共和国招募了许多士兵。"最大的事件是女王驾临并来巩固一个事实,那就是凡事都要往好处想。"

结果证明,这次访问完全出乎所有人的意料,而就从这一刻开始,"巩固"的过程也瞬间启动。爱尔兰采取了史上最大规模的安全行动。很显然,女王从一开始就很激动。当局部署了1万名士兵和警察,确保女王不与公众会面。女王在国宴演讲(点缀着一点盖尔语)中对这些年以来的"心痛、动荡和损失深表惋惜",这一演讲赢得了爱尔兰国内广泛的拥护。此外,女王身上一些无声的细节博得了民众更多的爱戴,比如,她明智地选择了绿色裙装,去参观盖尔文化的精神家园,还在都柏林国家纪念馆向那些在独立抗争中献身的人鞠躬致意。盖尔地区事务大臣丁尼·麦金利(Dinny McGinley)评价说,这一刻"整个国家的心跳都停止了"。毫无疑问,在她90岁高龄的时候,这位君主站在了她权力的顶峰。威廉王子骄傲地说:"之后太多的人对她的做法表示了祝贺,也确实应该如此。"

每次出访势必要对当地风俗表示欣赏和尊敬。但王室不得不在冒犯东道主和惹恼国内民众这两种可能性之间权衡。1961年女王和菲利普亲王一起赴尼泊尔进行国事访问,当时马亨德拉国王(King Mahendra)安排了一场奢华的骑象狩猎活动。人们不会指望女王开枪,但却对菲利普亲王充满期待。亲王新近刚被任命为世界野生动物基金会的赞助人。神奇的是,那天他扣动扳机的手指像是生了"疖子",什么都没打中。这确实很让人苦恼。但外交礼节要求必须有人再次对穿过皇家小路的雌性老虎射击,任务最终落在了外交大臣霍姆伯爵身上。他先是射失了三枪,最后在女王私人秘书迈克尔·阿迪恩的帮助下才交了差。比起公共关系，霍姆伯爵显然更在意外交礼节。为了弥补刚才射失老虎的表现，他又射杀了一头雌性犀牛，无意中让它的小牛犊成了孤儿。好像担心英国媒体的头条还不够似的，这位外交大臣接下来把一次公共关系的不幸事件演变成了一场大灾难。当有人问他会如何处理他的战利品时，他回答说蹄子估计可以当废纸篓用。

这又一次提醒人们在女王执政期间英国发生了多大的变化。如今霍姆勋爵已经不在人世，一同消失的还有当年的尼泊尔王室。但女王还在围绕地球飞来飞去，专机中总是随身携带着一份《赛马邮报》（Racing Post）、一个穿衣镜，还有一枚圣克里斯托弗（St Christopher）的旅行护佑徽章。

戴维·卡梅伦新联合政府上台后的第一项外交政策，就是恢复英国与波斯湾阿拉伯国家的友好关系。他们很早就通过了这一决议。随后的 2011 年，埃及、利比亚和其他一些地区爆发了骚乱，唯一的结果是政界人士对中东地区愈发关注。

英国外交官们觉得，近些年政府忽视了本国与海湾各国的关系。但幸运的是，比起欧洲对手，英国在这方面有着独一无二的优势，那就是王室。"坦白地讲，前任政府早把这些国家抛诸脑后，有人寻求帮助了，才会想起来。"一位原来负责海湾事务的工作人员这么评价。戴维·卡梅伦对此表示认同。"这些海湾国家中，大多数的元首都是王族，他们觉得与英国关系更为亲近，但近些年他们没能得到足够的重视。"

这一地区很重要有很多原因。海湾国家在抗击恐怖主义和海盗方面起着非常关键的作用，而且没有它们提供的石油和天然气，英国就会陷入瘫痪。此外，有 20 万英国公民居住在这里，形成了迄今为止最大的西方侨民族群。双边贸易额多达数百亿英镑。现在，从英国足球俱乐部到伦敦的主要商业中心，海湾国家已经一应俱全。单是小小的卡塔尔就收购了著名的哈罗斯百货公司（Harrods）和伦敦证券交易所，也成为首个被选中主办世界杯足球赛的中东国家。在这些海湾国家中，王室是权力中心，也是背景深厚的金融家。当然，没人天真地相信某位埃米尔（Emir，伊斯兰教领袖）仅凭跟威尔士亲王喝了一次茶就会优先跟一家英国公司而非法国公司签上十几亿英镑的合同。但那一定会给双边关系带去些特殊的温情，更不用说一路绿灯了。而英国的王室也不会像政客们通常那样讨价还价，或者就人权问题发表长篇大论。

因此，在10月某个雨后的清晨，人们会看到卡塔尔的埃米尔与女王一起，乘坐澳大利亚国家马车（里面有取暖设备）慢慢驶入温莎城堡的四方院。埃米尔享受的完全是国宾待遇，欣欣向荣的两国关系在此可见一斑。

谢赫·莫扎（Sheikha Mozah），埃米尔的妻子之一（他共有三位妻子），身材高挑，光彩照人，由爱丁堡公爵陪伴，乘坐苏格兰国家马车紧随其后。接着是威尔士亲王和康沃尔公爵夫人，与卡塔尔王室的其他成员同行。殿后的这个人可谓有着最华丽务实的头衔："后续事务秘书"（Secretary for Follow-Up Affairs）。

埃米尔和他的夫人选择了温莎而不是白金汉宫作为他们本次国事访问的重点。每位来访者都有权选择。事实证明，很多人认为选择温莎是正确的。重修后的圣乔治宫富丽堂皇，庄严宏伟，中世纪气息浓厚，国宴就安排在这里举行，136位客人围坐在175英尺长的宴会桌前，壮观气势无可比拟。就室外景观而言，也没有哪个地方可与这里相媲美。站在他们休憩的240套房可以将从长径公园到远处的乔治三世雕像的美景尽收眼底。女王送给埃米尔一幅16世纪以温莎为背景的版画作品（他在附近有宅邸），埃米尔回赠了女王一个镶有紫水晶、钻石和珊瑚的金质盒子。女王还向埃米尔展示了她1979年去卡塔尔进行国事访问时带回的纪念品。公爵领谢赫·莫扎看了《大英百科全书》对这次航行日志的记载，对她说："那是很久以前的事了，你还没出生呢！"公爵的话引起了很多笑声。对方也轻笑着回答："没错，还没我呢。"（莫扎其实出生于1959年。）这再次提醒人们，这对夫妇执政期的跨度是无可超越的。

一个月之后，王室就又对海湾发动了魅力攻势。目的地是阿曼和阿拉伯联合酋长国，因是时隔多年再次访问，这次出行本身平添了一种历史感。女王上次到这里是在 1979 年，那是一次开创性之举，因为当时女性国家元首出访他国还非常罕见。当初，她乘坐的是协和式飞机，后改为皇家游艇。现在它们都已经退役，成了博物馆的展品。时光真是飞逝如电。这次出访，女王下榻在一家豪华酒店，接待处还设有一台自动金条贩卖机。1979 年她参观了当时中东最高的建筑，迪拜 39 层的世界贸易中心。而今天跟 2 716 英尺高的哈利法塔相比，贸易中心俨然成了小平房。对于女王上次来访，这里每个人都非常熟悉，因为那段历史已经载入了教科书。这个极度活跃的国家历史相对短暂，1979 年就相当于中世纪了。然而，现在站在眼前的还是同一位君主，同样的手包。这才是真正的里程碑。还有一点没有改变，女王不愿意太过怀旧，她没忘了对迪拜的谢赫·穆罕默德（Sheikh Mohamed）发出感慨："这里的变化真是天翻地覆。"

1979 年 3 月，伊丽莎白二世访问阿曼

这次国事访问比较短暂，仅持续了 24 小时，但女王还是设法会见了全部 7 个王室，完成了两次亲民巡行，参加了一场国宴和一场授勋仪式。英国皇家空军飞行员莫里斯·弗拉纳根（Maurice Flanagan）因为建立酋长航空业帝国所做的贡献而成为莫里斯爵士。更重要的也许是，女王戴着头巾郑重参拜了阿布扎比世界最大的清真寺之一——谢赫·扎耶德大清真寺。阿联酋的缔造者谢赫·扎耶德（Sheikh Zayed）就葬在这里。上次接待女王的就是他。如今他的坟墓已经成了国家的宗教圣地。可以想见，在这个年轻国家的记忆中，女王代表着多久以前的年代。

在阿曼，女王的到来还让当局对这个国家史上最大规模的一次盛会进行了重新部署。那一年恰逢苏丹卡布斯（Qaboos）就职 40 周年庆典，他本来一直计划在年初举行红宝石纪念庆祝活动，听说女王将在 11 月来访，便决定另做安排。这位苏丹是英国的老朋友了，还曾接受过有点特殊的英式教育——先后在萨福克郡私立学院、桑赫斯特皇家军事学院学习，并在萨福克郡实习过一段时间。后来他发动了一次合理的文明政变，推翻了他父亲的保守政权，开始在国内推行现代化。1970 年他即位时，这个国家仅有 10 英里长的公路、3 所学校和一套中世纪遗留下来的司法体系。如今，阿曼已经是这个地区最为先进的国家之一，国内要求改革的民主呼声日益高涨，但苏丹仍旧是这里的绝对领袖。

卡布斯只要在伦敦，一定乐于拜见女王。现年 70 岁的苏丹终身未娶。他的王宫就是仿照伦敦塔而建的，同时他还骄傲地拥有世界上唯一一支骆驼背上的风笛乐队。

在这次访问中，苏丹卡布斯安排他的皇家骑兵护送女王穿过欢呼的人群，进入首都马斯喀特（Muscat）。这支队伍和英国的皇家骑兵很相像，表现堪称完美。场面蔚为壮观，但多少缺乏些生气，周围总是弥漫着一种不言而喻的紧张情绪。欢迎民众事先都经过了严格检查，身穿颜色搭配协调的长袍，分成男女两部分，站在指定的区域。街道的其他地方空无一人。苏丹对待一般民众似乎有些小心翼翼。

女王一直待在 Al-Alam 宫。为给苏丹就职庆典增光添彩,伦敦泰特美术馆借给阿曼 6 幅精品风景画,现在都装饰在这里。其中有一幅庚斯博罗(Gainsborough)的作品。巧合的是,画的正是这位苏丹在英国的第二故乡。"啊,我对萨福克非常熟悉。"当这两位君主一起欣赏画作时,苏丹说道,"我当时就住在伯里·圣埃德蒙兹附近(Bury St Edmunds)。"更吸引女王的是斯塔布斯(Stubbs)的作品——《母马和马驹》(Mares and Foals),他们随即聊起了这位艺术家在动物肖像上的开创性技巧。"他是第一个正确画马腿的人。"女王说道。两人都喜欢赛马,因此聊天中会不时谈起这一话题。苏丹在皇家骑兵展示场为女王安排了大型的马术表演,840 匹赛马,3 340 名骑手,还有很多歌者和音乐家参加了演出。表演令人叹为观止,驯马或翩翩起舞,或鞠躬行礼,甚至连山羊都会鞠躬。身手矫健的骑手们跨坐在两到三匹马上,同时飞跃数个障碍物。还有一名骑手倒立在马鞍上疾驰而过。随行人员中有人低声感叹:"女王肯定喜欢。等她回家以后,皇家马厩肯定得就此写篇长长的备忘录了。"演出结束时,一辆巨大的马车创纪录地由 29 匹马拉着缓缓走过。爱丁堡公爵本来是位经验丰富的马车驾驶高手,可以同时驾驭 4 匹马,但这一刻他正通过望远镜目不转睛地关注着眼前的这一幕盛景。

奇怪的是,苏丹原本想把演出的观赏对象限制在女王、公爵和他自己三人之内,但王室官员解释说,女王喜欢与人分享此类活动,于是,几百名英国侨民受邀到场充当了观众。对于周年庆典来说,这难免有点古怪。当然,随后还会有更多的公共活动。但现在苏丹只希望把注意力集中在女王身上。和其他国事访问一样,这次也有一些常规性活动,包括在英国大使位于山崖上的宅邸内进行的花园酒会。那可是阿曼最炙手可热的去处。

按照惯例,还有国宴,但却没有演讲和媒体转播,因为苏丹不想这么做。他命人打造了一款黄金花瓶,作为礼物送给女王,花瓶上端是法贝风格的音乐彩蛋,装饰有起舞的马群。女王一生都在接受各种各样的珍宝，但这次她显然非常激动。她送给苏丹的礼物在富丽堂皇上稍逊一筹，但同样珍贵，那是一本18世纪有关钟表的专著，因为钟表是苏丹的一大爱好。还有一条皇家维多利亚勋章链，这是崇高荣誉的象征，只有少数君主和非常特殊的宫臣才可能拥有。这条链子与1979年女王送给他的那枚巴斯大十字勋章非常搭配。每一个细节都在双方精明的官员注视之下，这段外交乐章中的每一个音符也都有人在吸收回味。还有很多值得细细琢磨。在访问结束后，女王并没有立刻飞回英国，而是和公爵在此多留了一晚，与苏丹进行一场私人晚宴。不久前，威廉王子从阿富汗返英途中，也曾到此拜访并享受了私人晚宴。苏丹没有像对待其他来访者那样在王宫送别女王，而是一直陪同她走到飞机的舷梯旁，在跑道上向她挥手告别。站在飞机下面稍远处的外交大臣威廉·黑格对此非常满意。这表明英国政府的海湾魅力攻势正在很好地发挥效果。王宫团队也很高兴，因为这两次国事访问都很成功，国际舞台上这两位最年长的访问者也没有感到一丁点的压力。

　　从地理意义上来说，女王出访之地比历史上其他任何一位君主都要多，她在其他很多方面也超越了所有前任。她是英国历史上第一位参观清真寺和印度教神庙的在任君主，也首次会见了教皇，拜访了梵蒂冈和锡克教的至圣所——阿姆利则金庙（Golden Temple of Amritsar）。值得一提的是，单在本届政府，女王就已经出访或接待了4位国家元首——3位来自信奉伊斯兰教的国家，还有一位教皇。正如提到女王人们就会想到英联邦一样，多文化英国这个标签也一直与她密切相关。除去16—17世纪5万名来自法国的胡格诺派，以及19世纪和20世纪初期到来的犹太难民，很少有移民迁至英国。第一批英联邦移民是牙买加人，他们乘坐"温德拉什帝国号"（Empire Windrush）到达英国，此时距女王登基还有不到4年。到女王即位后第五年，来自英联邦的移民虽持续增长，但也仅为36 000人。然而，从1963年至今，这一数字已经上升到了250万，这还不包括从欧盟和其他地方涌入的人。

到目前为止，这是英国历史上最大的一次人口变化。自始至终，女王作为联合力量源泉的重要性再怎么强调也不为过。"我认为她定下的基调非常完美，"坎特伯雷大主教罗恩·威廉斯博士这样评述，"与她的联邦经历有关。那是个文化多元的国际性组织，她是联邦首脑，也就意味着她不会因为多元文化主义而惊慌失措。这么多年以来，她的圣诞致辞一直潜移默化地包含着这样的信息：'英国在发生变化，但没有关系，我们能应对。因为我们有信仰，它良好而又充满建设性。大家都知道我的由来，我是基督徒，但这里也是其他人的容身之所。'这一信息长久不变。"前内政大臣和外交大臣杰克·斯特劳说，女王深得民心，甚至布莱克本（Blackburn）大量有亚洲背景的选民对女王都是敬爱有加。他也是牛津伊斯兰研究中心委员会成员，而威尔士亲王是这一中心的赞助人。斯特劳认为："中心好比是威尔士亲王的孩子，他一直对此非常着迷。而且比起我认识的很多政客，亲王显然更了解伊斯兰教。"

1983年11月17日，伊丽莎白女王和爱丁堡公爵访问印度，会见印度总统宰尔·辛格

"选择来这里居住的人都很清楚什么是英国性,他们想成为其中的一部分。"戴维·卡梅伦说,"王室所做的,尤其对于从英联邦来此的人们来说,就是分享这一纽带。"韦斯利·克尔(Wesley Kerr)倾向于把女王看作一位英雄人物,这个出生在伦敦的孩子成长于60年代和70年代,父母是牙买加人,现在是一名作家和播音员。他认为:"女王始终是一位革命性的君主。小时候,她是我在新闻中经常见到与黑人民众在一起的唯一公众人物。他们对她从来不是很恭敬顺从,但对其他类似的人也是一样,比如朱利叶斯·尼雷尔(Julius Nyrere,坦桑尼亚独立之父)和肯尼斯·卡翁达(赞比亚前总统)。"

乔治六世1947年南非之行,曾试图为黑人士兵授衔,但遭到拒绝,这让他惊愕不已,于是强调在所有英国统治的领土一定要这么做。伊丽莎白公主和当时只有16岁的玛格丽特公主由此也强烈感受到了南非黑人民众的贫困,"但我们还是不能太张扬"(当时玛格丽特公主在家信中这样写道)。现在,南非早已是共和国,因此可以更加高调地行事。1961年,女王曾和加纳总统恩克鲁玛在某次活动中共舞,她随即遭到了南非媒体的严厉批评,说不该与一个"黑人异教徒"来往;但同时却得到了加纳马克思主义媒体的致敬,称赞女王是"世界上最伟大的社会主义君主"。1954年女王访问澳大利亚,当时澳大利亚土著民族还仅仅是个象征而已,无足轻重,但女王却在谈话中针对性地提到了"我的各族人民"。随后,女王曾因为和一群来自托雷斯海峡(Torres Strait)的岛民的交谈时间长了一些而招致抱怨。女王还在一次活动中专门安排一些残疾儿童坐在前排最佳观众席,而此前他们从未在公共场合得到过这样的照顾。女王对手语不大精通,却始终跟他们在一起。因此,一位前私人秘书这样评价:"从维多利亚女王至今所有的英国君主中,伊丽莎白女王显然最为公正,在她眼中没有政党之分,没有肤色差异,也没有种族之别。"

事实证明,她也是英国国教最为勤勉的最高统治者。君主一般都会单独宣誓维护英国国教,其职责之一就是派一名具有爵士勋位的高级专员去参加教堂年度集会。而女王派去的是她自己,这在历史上属首次。她也是一名虔诚的礼拜者,无论在世界哪个角落,星期天一定要去教堂。(1994年她去参观圭亚那的一个热带雨林,正赶上星期天,于是那次活动的内容之一就是去周边教会做晨祷。)她的圣诞致辞中也一直很坦然地提到一些基督教的内容。事实上,坎特伯雷大主教已经注意到,最近10年里,这一宗教主题已经变得愈发清晰。"女王有种很强烈的意识,君主与这个国家的宗教遗产密不可分。"威廉斯博士说道,"在过去20年中,人们的宗教信仰变淡了许多。我想女王刻意这么做是在保持平衡。"

在这个国家,即便是公共生活中看似最微不足道的宗教象征,也极有可能引起令人迷惑不解的分歧,甚至连"圣诞"一词的正确使用都要大费周折。但引人注目的是,就是这样一个国家,却对他们的君主百般宽容,而这位领袖对待宗教问题一向明确坚定,毫不妥协。但女王从不宣讲布道。她所做的是给予各种信仰以应有的尊敬,或者用坎特伯雷大主教的话说,是"庇护"。

"如果人们觉得信仰基督在这个国家可以安然无恙,那他们也一样会平安无事。"威廉斯博士说道,"这本来就不是争夺地盘的问题。因此,像'哦,这一定会触怒非基督徒'这种想法是完全的另类。"

"女王是有信仰的人,这一点对她相当重要,远非人们可以理解。"托尼·布莱尔评价道。他本人也是唐宁街10号很多年以来较为高调地公开信仰的首相之一。执政经历告诉他,首相若把宗教情绪带入工作,会引起民众不满。但对于国家元首则不同。英国可以眼睛都不眨地就把宗教因素穿插进国事活动,这经常会让其他国家惊诧不已。1994年女王参加诺曼底登陆50周年庆典时,赫德勋爵曾和他的同行、法国外长阿兰·朱佩(Alain Juppé)陪同左右。"我们谈到在此类活动上彼此的不同。朱佩说:'区别在于你们英国人可以把宗教因素渗入进去,但我们不敢。我们是个世俗国家,而你们有圣歌和祈祷。'他说的没错。在英国,主教随处可见。"

"女王宗教信仰的重要性，还表现在她的工作方式和对自己角色的理解上，"查尔斯·安森说，"她那种平静只能在有信仰的人身上才能看到。女王有官方职位，但她内心也有很多依靠。"一位资深助理曾惊奇地发现，在其他人觉得难以原谅的时候，女王基督徒的仁慈之心却可以深不见底。"当时，我不得不去找女王商量有关威尔士亲王婚姻的最新进展，忽然觉察到了这一点。有很多时候她都可以愤怒恼火，但她没有。这就是基督思想的体现，她相信下太多结论是错误的。"

坎特伯雷大主教也认为女王具有"强大的、始终如一的价值观和理想……一种深深的使命感……执着地相信我们的命运由神塑造"。简言之，她"很深邃"。

女王会坦白承认自己的信仰，但像许多人一样，践行信仰时也会很私密。人们都知道她喜欢晨祷，很少公开领受圣餐，而且，如果情况允许，她更愿意在温莎大公园中的万圣堂这样的小地方，而不是圣乔治教堂这种祖先云集的庄严肃穆之处做礼拜。她不喜欢兴师动众。如果是在"大不列颠号"上，那她可能会乐于让海军少将来念礼拜祈祷词，而不会去召唤一名牧师。在很多方面，她是一名严肃而传统的国教教徒。星期天她喜欢看公祷书，在2010年的圣诞致辞中她还对钦定版《圣经》出版400周年进行了着重强调。此外，她也对教堂政治保持密切关注。身兼内政大臣和大法官两职的杰克·斯特劳会陪同女王参加新任主教的就职仪式，他常谈起女王事后讨论中的一些"微小细节"。比如，她每年会几次接见大主教们，用威廉斯博士的话说，每次都"简洁利落"。他还发现这位教会的最高统治者"总能使人耳目一新，极富洞察力，热情友善又非常有帮助"。但她从不试图按自己的标准来打造教会。

然而，她的前任们在这一点上则较为专横。维多利亚女王向来爱管闲事。"她会写信给首相说：'我想让格洛斯特主教怎样怎样。他是个不错的家伙。'"威廉斯博士说。爱德华七世也曾教训过约克的大主教，说他的职责是"团结教堂内的各派别，并且监督牧师们不许留胡须"。对此，乔治五世的看法也非常坚定。他在自己的银禧庆典礼拜结束后曾这样评价："仪式太棒了，但是怎么那么多该死的教士长，太碍事了。"菲利普亲王如果遇到冗长的布道，也会一样坦率。他有一次说道："你的后背能支撑多久，大脑就能吸收多少。"坎特伯雷大主教很清楚这一游戏规则。"菲利普亲王在场时，总会有人提醒我最好 8 分钟完成布道。"他也承认，"我不是总能按规矩行事。对我来说，布道一般正常应该在 12 分钟，但如果是国事活动，我确实会努力缩短时间。"

女王的方式比较特殊。她只间接地暗示，用坎特伯雷大主教的话说，她会传递一些"看得见的信息"，比如，她会邀请威斯敏斯特罗马天主教堂红衣主教来桑德灵汉姆布道。威廉斯博士认为，女王执政期间有一条信息始终在重复出现，就是"罗马天主教徒不是外国怪咖"。人们曾对修订王位继承法一事众说纷纭，理由是现有法令规定王室成员不能与天主教徒联姻，而对其他宗教却没有限制。不难理解，随后会有人因此指责王室生来就有派系分歧。但曾就修订法案的可行性进行过研究的工党领袖杰克·斯特劳不同意这种观点："我这么说他们不会感激我，但是这件事的困难之一在于罗马教会方面，他们总是自然而然地把英国国教徒排斥在教会以外。因此，要解决此事，需要罗马教会方面提供帮助。"

无论最终答案是什么，这一问题明显需要由议会而非最高统治者来回答。女王的观点很明确，她的教会应该具有广阔性和包容性。她一直谨慎回避就牧师同性恋等可能分裂教会的问题公开发表意见。乔治五世或者乔治六世对此类事情一定会态度坚决，但女王给人的印象总是更为开明。"我觉得她从来不认为女牧师有什么不妥，"这位大主教接着说，"皇家附属教堂中有女牧师存在并不是什么小事。我猜她的想法是：'世界正在改变。我对此怎么看并不重要，重要的是大家承认这些都是积极的变化。'"

这就是女王领导国家的方式，只是表示态度，从不强制命令。

女王记事表中，最为多彩神圣的仪式之一就是皇家濯足节，这很大程度上是她自己的再创造。这一仪式现在不像以前那么受关注了。很多年前，英国广播公司就已经不再进行电视转播。（但此活动曾在2011年作为一场皇家婚礼前的热身重返了荧屏。）对于女王身边的工作人员来说，皇家濯足节仍然是一年中最令人愉快的皇家仪式。这一天的由来可以追溯到13世纪，当时约翰国王会在耶稣受难日的前一天，也就是濯足星期四，为穷人洗脚，还会赠给他们食物和衣服作为礼物。几百年过去了，历任君主都会举行这一仪式，以此向基督最后的晚餐致敬。但在詹姆斯二世之后，他们省去了洗脚这一环节，而到了18世纪中期，干脆不再集体现身了。传递慈善的任务留给了任何恰好担任皇家高级施赈官的主教，说是慈善，不过是象征性的一点钱而已。

到了维多利亚时代，慈善的受益者们与其说是"穷人"，倒不如说是当地社区中具有"公共精神"的民众，总是男女数量相当，而且总数会随着君主的年岁持续攀升。1932年，乔治五世恢复了原有习俗，亲自到场，自此，王室出席这一仪式又几乎成了惯例。但多亏现任女王的推动，皇家濯足节才得以重现新的生机。在她父亲去世后，皇家濯足节是她首次公开露面。她取消了其他所有活动，但参加这一仪式似乎合情合理。随后，她决定仪式不再在威斯敏斯特教堂举行，而是每年在全国各地选取一个不同的教堂举行。（每10年重返威斯敏斯特教堂一次，2011年即是如此。）现在只有为数不多的几个教堂还未曾享受过这一殊荣。另外，活动本身也在逐年壮大。

"我任职期间最喜欢的事情就是皇家濯足节。太神奇了。"一位已退休的私人秘书说道，"王室的精华都浓缩在这里。你穿行在一座雄伟的教堂，唱诗班和集会的人们在歌唱，而女王在进行古老的仪式，这带给了广大民众无可比拟的欢乐。这真是你能经历的最美好的事情。要是非得总结一下什么是王室，这就是了。"即便是以王室标准来衡量，像这样处处充满象征意义的活动也寥寥无几。在这里，你会看到皇家高层中最不同寻常的典型代表，他们中的一些人每年只在这个活动中露一下面，也同样会得到与其身份不相称的 10 英镑濯足套币来解决困难。

除此之外，在正式仪式进行前一天，他们还会集中起来彩排一次。这次被选中的是德比大教堂。这所 16 世纪的教堂规模不大，外观优美，直到 1927 年才成为一所大教堂，但这里有英国最古老的大钟。参加这一仪式的官员实在太多了，队伍甚至比教堂自身还长，因而不得不拐到侧堂。现任皇家高级施赈官是曼彻斯特主教奈杰尔·麦卡洛克（Nigel McCulloch）牧师。他的任命像以往一样充满谜团："1997 年，我接到了女王私人秘书的电话，说女王想听我布道。秘书问：'以下有没有你合适的时间？如果没有，那什么时间更合适？'听上去是'老兄，你这次非得去不可'的意思。于是我就去了温莎大公园的万圣堂宣讲，然后在城堡用了午餐。有关赈灾的事情只字未提。但第二天我又接到了私人秘书的电话，说女王想让我担任下一任皇家高级施赈官。"结果是，他现在负责皇家赈灾办，这一王室内府最为古老神秘的机构。与之一同工作的还有赈灾办秘书保罗·莱丁顿·赖特（Paul Leddington Wright），就职业来说他是个指挥者，但同时也是一位追随其父致力于这一光荣使命的奉献者。

与这一盛会相比，吉尔伯特和苏利文的歌剧都逊色得有些衣着不得体了。当地学校的孩子们会扮演皇家赈灾儿童，身披古老的亚麻布，象征濯足。皇家卫队时刻在左右护卫，手中的黄金托盘上皮质钱袋高高堆起，里面装的都是濯足套币。财务主管和密室主管都会在队列之中。届时濯足权杖会从白金汉宫的密室中取出，交给 6 位身穿晨祷服的权杖持有人，他们最初的任务是阻止别人抢走穷人获得的濯足套币。但如今濯足套币价值只有 6.34 英镑，因此不太可能有人费劲来抢。权杖持有人由莱丁顿·赖特的兄弟安德鲁（Andrew）这位人力资源经理带队。这实际是个家庭团队。保罗的妻子希拉（Sheila）正在附近的一个宾馆地下室帮助罗斯玛丽·休斯（Rosemary Hughes）制作花束，将花草绑在一起，这在中世纪时是用来抵挡糟糕气味的。女王和仪式主要参加者会每人手拿一束。休斯在莱斯特经营一家花卉商店，但她每年都会得到一次"女王花束供应商"的皇家授权。即便在德比教堂不会有什么糟糕的气味，每束花草的构成还是极为复杂（休斯称其为"秘方"），包括应季鲜花和百里香、迷迭香、海石竹等草本植物。每束花的底部都系着一个手工缝制的棉质花束袖套。休斯会在早晨6点起床加上报春花。"一切都得新鲜才行。"她边说边忍回去了一个喷嚏。后来才知道她原来是对配方中的一个重要成分——水仙花过敏。在德比教堂里，审计官安德鲁·福特（Andrew Ford）中校正在详细规划女王的每一步移动路线。在到访者登记簿签名时，女王需要一把椅子，所以他标记上了一把教堂内外观漂亮的椅子。这时忽然有了麻烦。一位教堂的官员跑来干涉说："这把不行。主教说这是维多利亚女王坐过的椅子。"至于为什么伊丽莎白二世不能再坐上去，无人知晓。但福特还是让步了。"我早就听说，在皇家濯足节这天与主教争论并不值得。"这样的场合也会让王冠珠宝商哈里·柯林斯紧张不安。他大半生都在坦布里奇韦尔斯从事家族珠宝生意，但自从2007年获得授权成为王冠珠宝商后，只要需要王冠御宝出现的场合，他都必须到场。跟国会开幕大典不同，皇家濯足节用不到王冠或权杖，但仍然需要盛大的场面，包括濯足托盘都是黄金打造的，价值连城。柯林斯刚刚做了一个不太受欢迎的决定。几个世纪以来，皇家卫队都是头顶濯足套币行进，然而随着君主年龄的增长，套币领受者的数量也须相应上升，结果是托盘越来越重。每位领受者都会得到两个钱包，红色钱包中是为"生活必需"而准备的5.50英镑纪念币，白色钱包装的是与君主年龄一致的濯足套币。柯林斯认为现在托盘的重量已经达到了极限。他无奈地表示，上了年纪的皇家护卫们必须停止头顶钱币，而换作手托，以免谁某天出现什么意外跌倒。"这样做无论是对于托盘、皇家护卫还是对于他们的帽子都压力太大了。"但一些传统主义者对此非常生气。要是连皇家护卫都不能头顶濯足币的金托盘了，那这个世界得变成什么样呢？

女王莅临之前几小时，大批民众就已经聚集在教堂外了。75 岁的玛格丽特·基特尔（Margaret Kittle）专程从加拿大的安大略赶来亲历这一盛况。教堂内，84 位男士和 84 位女士——全部超过 70 岁，正等待女王发放救济品。梅·布林德利（May Brindley），87 岁，是一位业余循道宗宣讲者，她回忆说是在一个愚人节的早上接到了一封信。"我并不是个狂热的保皇派，但拿到信时还是有种说不出来的荣耀感。"珍妮弗·海恩斯（Jennifer Haynes），75 岁，她是所在教区委员会的忠实拥护者，至今仍不清楚自己为何被选中。但她之前就曾接到邀请，分别在当地"母亲联合会"和"退休者俱乐部"就自己的经历发表演讲。王室就是通过这样的方式把影响波及全国。《德比电讯晚报》（*Derby Evening Telegraph*）已经在为此筹划豪华版的纪念刊了。

女王身穿卡尔·路德维希（Karl Ludwig）设计的粉蓝色外套，在西门处收到了花束。她显然很高兴，而爱丁堡公爵相对就要淡定一些。一年之中只有今天他不得不手捧鲜花到处走动。他紧握花束，表情坚毅，好像手持火炬。他一贯有自知之明。年复一年，背景音乐大同小异。女王对礼拜仪式的安排几乎看都不看，跟联邦的纪念活动一样，她对一切都了如指掌。她知道只要亨德尔的《祭司撒督》（*Zadok the Priest*）一响起，就该分发救济金了。沿着领受者的队伍一路走来，女王始终神采奕奕，这一刻她和 800 年前的君主们重新联系在了一起。有些领受者实在太虚弱，甚至站都站不稳。没有鞠躬或是行礼的硬性要求，但大多数人都会这样做。也会有短暂的交谈，但多是出于象征性和宗教性目的，无论是对于给予者还是对于接受者，这一姿态都同样重要。"皇家濯足节虽然华丽壮观，但给人的感觉从来都是一种敬奉礼拜的行为。"高级施赈官说道，"经常会听人们说，对女王而言，这是她一年中最重要的事情之一，我非常认同。这个节日之所以独一无二，是因为她在这一天会走向民众，为他们颁发荣誉。人们也会走近女王来接受这一荣誉。"

想对女王的真正价值有所了解——无论是在宗教方面还是在其他方面——的另外一种途径是通过她自己的慈善事业。她资助的各类慈善机构和组织如今已经达到了600多家，而且，她在位期间，慈善事业也有了显著的发展。作为一国之君，她不能像其他王室成员一样亲力亲为，这在所难免，但是捐助还是可行的。女王的大部分捐助都谨慎地通过王室内库慈善基金会和女王银禧信托基金会两个途径进行。由她的高级官员负责管理，但女王自己也密切关注，对其发展提出意见和建议。银禧信托基金会目前拥有3 500万英镑，实属此类机构中规模最大的，获得授权专门为帮助年轻人而设立。也正因为如此，它会把年度赠款的大部分——近期大概为130万英镑——直接投给王子信托基金会。

还有其他几种赠款去向，其中一些常是意料之外的。通常，英联邦青年交流委员会每年都会得到几千英镑的资助。但2010年，一项反对滥用酒精的监狱项目却忽然得到了1万英镑。王室的慈善意愿现在已经延展到了信托委员会成员那里。其中包括苏格兰皇家银行的前董事长弗雷德·古德温爵士（Sir Fred Goodwin）。2008年他的银行倒闭，使其一时间饱受外界揶揄，但之前他是很多皇家慈善事业的支持者。2009年，他卸任王子信托基金会委员会主席一职，但仍旧是银禧信托基金会董事会成员（尽管可能基于外交的原因，在他被收入《名人录》之时，刻意忽略了这一点）。女王熟知此人，把他视为上宾，认为没有什么原因可以把这个长年服务于皇家慈善事业的人排除在外。所以他仍旧是董事之一。

王室内库慈善基金主要来源于温莎玛丽皇后玩偶屋每年的稳定收入，因此这一机构更灵活也更加人性化。它每年都会向不同领域捐助大约30万英镑善款。其中还可能包括给桑德灵汉姆庄园德辛厄姆板球俱乐部（Dersingham Cricket Club），或是奥科尼舟船博物馆（Orkney Boat Museum）成员们的50英镑支票。2010年一个特别的早晨，王室内库主管收到了一张来自女王的便条，建议对一项纪念弗洛伦丝·南丁格尔（Florence Nightingale）的护士基金进行捐助。女王写道："这是很值得一做的事情，我记得我们10年前曾经有所表示。"确实如此。"女王有着非凡的记忆力，这让我们有时候忙得团团转。"艾伦·里德爵士说。很快，护士们就收到了几百英镑的资助。

君主的慈善贡献不能仅仅用金钱来衡量。对于一个慈善组织而言，如果可以得到女王的资助，那其他的捐赠也会自然而然地接踵而至。正如弗兰克·普罗查斯卡所说，1897年维多利亚女王给印度饥荒基金捐款500英镑，随后引发了一场捐助浪潮，最终款项高达200万英镑。女王通常还会给紧急突发事件进行一次性捐款，比如，2005年为伦敦爆炸的受害者们捐助1万英镑。不过蛋糕的绝大部分——正常年份的2/3，专门用于一个领域，那就是维持王室小礼拜堂、唱诗班和大教堂的正常运行。

然而，在女王眼中，没有任何宗教行动比11月第二个星期日在伦敦大街上演的一幕更为神圣。每年"阵亡将士纪念日"，女王在纪念碑的活动都很简短，沉默无语，一如既往。在这里王室无须任何修补和审时度势的改变。随着时间的推移，在活动出席者中，女王已经是最后一位身着二战军服的国家元首了，也是了解那一代人恐惧，能感知其精神所在，甚至还会唱出当时歌曲的唯一一位亲历者。正因为如此，她作为民族领袖和英联邦元首的身份在这一刻才更加深刻鲜明。英国大部分的家庭都经历过战争，服过兵役，和军队有着某种直接联系，甚至很可能有某位亲人的名字镌刻在纪念碑上。现在，英国已经是百姓安居的和平之地，但温莎的王室仍然保持着浓厚的军事气息。在女王所有的头衔中，"武装部队总司令"这个象征她和她的子民之间的纽带不仅维系在宪法之内，还深深延续到了私人生活之中。女王16岁就已经成为英国近卫步兵名誉团长，因此对于军队文化和思维模式，她了如指掌，这让很多政治家都望尘莫及。"我们一直设法让这个国家趋于平衡，"戴维·卡梅伦说。"对于军事自然会有政治干预，但首相并不是总司令。只是位于两者之间某个地方，这不是什么坏事。"

这里是英国最古老的赛马场——切斯特赛马场（Chester Racecourse），虽然还没到周末，却已人满为患，但奇怪的是一匹赛马也看不见。原来，皇家威尔士军团刚刚从阿富汗返回驻地，女王作为名誉团长，也亲临为其举行的归国庆祝活动，来慰问军队和他们挚爱的亲人。看台上很多家庭亲眼见证了他们的亲人被授予军功章并接受女王的检阅，人们的情绪不时会溢于言表。19岁的燧发枪手肖恩·斯托克（Shaun Stocker）刚刚经历了这一神圣时刻。两个月前，一枚炸弹炸断了他的双腿，造成他双眼基本失明，还有多处外伤。当时情况相当严重，他不得不乘坐专机回到故乡。现在他刚刚出院两天，坐在轮椅上还有些头晕，接受静脉注射的胳膊上还打着石膏，但他不想错过今天这个盛典。

当女王给伤员们一一授予奖章的时候，观众们爆发出热烈的掌声。"我们从未想过可以亲眼见到这一幕，这让他决心尽快振作起来。"斯托克的母亲珍妮（Jenny）事后说道。今天，她和女王都表现出了异乎寻常的冷静。对于数百个家庭来说，这是他们都曾担心见不到的场面。一些人在午餐会的时候仍泪眼婆娑。安妮和罗伊斯顿·威廉斯（Royston Williams）一同来迎接他们在阿富汗服兵役的两个儿子。安妮说："坦白地讲，这是我生命中最精彩的一天。"而她的妈妈迈拉（Myra）早已热泪盈眶，说不出话来。

现场的人们虽然情绪高涨，但并没有在庆祝胜利。大家都知道有人没能平安归来。2010年4月，燧发枪手乔纳森·伯吉斯（Jonathan Burgess）在一次枪战中牺牲了，再也不能回到故乡。今天他的父母和未婚妻都赶到了这里。他素未谋面的小公主已经出生，当时他们在他胸前的口袋里还找到了一张保存完好的B超照片。这个家庭将有幸和女王共进晚餐。在此之前，还有一个盛大的露天招待会，女王会接见22岁的燧发枪手阿伦·格雷（Aaron Gray）。为了见到他的名誉团长，格雷把肩伤手术延期到了第二天早上。准尉韦恩·罗伯茨（Wayne Roberts）甚至推迟了他的晋升仪式。不然的话，这一刻他应该已经是罗伯茨上尉了，但他清楚如果错过这次机会，就无缘再亲会女王陛下了。此外，他还得到了额外的福利，他4岁的女儿被选中为女王献花。"两年半以来，我一直是准尉，当然很期盼晋升。好吧，我现在还没能如愿。但并不遗憾。我已经在军队服役了24年，当你最终真正见到女王的时候，那才是意义非凡的一刻。"

就在此前一天，女王为一位英勇的排爆专家授予了乔治十字勋章，还把一枚未署名的乔治奖章颁发给了另外一个家庭。她很清楚前线的形势，知道服兵役会给家庭带去什么样的压力。王室与军队的纽带已经渗透在了内府文化的方方面面。不单单是王室侍从和看护人来源于部队官兵。王室日程安排表上如有空闲，军队的慈善组织还可以随时征用王室宴会厅和游园会的帐篷。还有一次，维多利亚十字勋章和乔治十字勋章协会成员去王宫参加为其举行的招待会，因遇到学生游行被困在马车里，耽搁了时间，但王室对此却仅是耸耸肩而已。要知道，当时女王还有别的活动要参加，而原本计划的官方合影时间早已过去了很久。如果他们属于某个官方代表团，那么如此不守时的行为可能会把事情弄得一团糟，甚至会升级成外交事件。但是，对这些人却是例外。老兵们虽然让女王等了许久，但她乐于如此。"通常我们的活动好比是精心编排和仔细调整的舞蹈杰作，"王室内府总管一边看表一边低声轻笑，"这个嘛，我想应该是'爵士舞'。"

威廉王子和父亲一样，在三个军种都曾受过军事训练。他相信军队的训练为他日后的工作以及未来道路提供了非常宝贵的经验。"这是个理解自我和把握未来的绝佳途径，你知道，部队里的这些家伙一直都让人刮目相看，如果你想真正领会快乐和压力，难道还有比参军服役更好的去处吗？"

和对王室的看法一样，威廉王子认为军队同样是国民性的内在部分之一。"军人和英国性的内核息息相关。我想这是任何主权国家都引以为荣的地方,也是它们的特性所在。"一位骑兵军官这样说道,他曾乘坐 23 型巡洋舰出海,现在服役于皇家空军,驾驶救援直升机。"军人就是榜样。"

这就能很好地解释,为什么每次君主的生日都不用蛋糕,而是以阅兵仪式庆祝。女王的官方生日是英国的国庆日,到这一天世界各地很多政府和使领馆都会举行活动。其他的国家可能会有焰火或者欢庆演出。比如,荷兰就专门设立了女王节,届时举国上下都是鲜花、派对和音乐会。在英国,人们齐聚在林荫道和皇家骑兵阅兵场,观看皇家卫队的列队表演——多彩的军队。随后,人们聚集在王宫前,与王室一起观看皇家空军的飞行表演。但是这绝非出于军事目的,也不带有任何民族主义色彩,更没什么值得奇怪的。随机对观众做个调查,就会发现有一半来自海外。俄亥俄州的剧院经理查克·哈彻(Chuck Hatcher)很中意那些壮观的场面和华丽的制服——"真是世界上最棒的服装。"雪莉·怀特黑德(Sherri Whitehead)是来自不列颠哥伦比亚省温哥华的一名政治调查员,她已经是第二次参加这一盛事——"她也是我们的女王。"这就是万众期待的女王陛下:戴着帽子和手套出现在世界最著名的阳台上,身边是王室成员,头戴熊皮高帽的士兵们在她脚下等待号令。这不仅仅是出于对旅游业的考虑,更是在宣告:君主制不是个人独奏,而是团队努力。这也是对未来的提示。

其实,未来的人无须提醒,一定会按照过去的足迹行走。这位英国历史上在位时间最长、走过地方最多的女王,2011 年 5 月已经超过了乔治三世 59 年的执政期,到 2015 年 9 月又超越维多利亚女王 63 年的执政期。女王陛下可能根本没有在意过这些(她从未想过要与祖先一较高下),但是世界的其他地区却为之兴奋。2015 年,英国迎来阿津库尔战役(Battle of Agincourt)600 周年以及滑铁卢战役 200 周年,这样的节日气氛还会不断持续下去。

但在王室范围内却有这样的担忧,女王越是继续把更多记录踩在脚下,人们越是认为她不可替代。这无疑把重担压在了继位者的肩上。设想一下,如今的英联邦可以在没有女王的情况下运转吗?一个前官员说道:"可能不行,但是不能总是提起这样的话题,因为从下一代的角度讲这是很危险的。"

不仅女王是破纪录的人,威尔士亲王也是历史上年纪最大的亲王。很明显,他也没有荒废身为继承人的时光。女王成功地再定义了她的非宪法角色,同样,亲王也是如此。任何与人类发展状况相关的事情他都要介入,这使得他声名远扬,却也遭到很多非议。但是还没有一个威尔士亲王曾在国际和国内,在教育到城市重建问题等各个领域都如此知名,也还没有出现过一个如此成绩斐然的王储。与他的先人不同,他的整个人生都在忙碌中度过,而不是一味等待。1969年的授衔仪式并没有授予他任何权力。但是在履职40年后,他相信他已经定位完毕。他把它叫作他的"号召力"——他有能力把大家召集到圆桌旁。"他塑造了一个非常有趣的角色。在我看来非常恰当。"托尼·布莱尔说,"这包括两个方面。首先,他可以以全球性的眼光来看待特定的趋势,想法很有超前意识。"他举了个有关环境和多宗教信仰的对话作为例子。"其次,他是信息的传递者,尤其是在农业领域和武装部队。他的处事方式不同于一般政客,我从来不反对,也从未感到过不快。我想这完全理所应当。"

批评者认为威尔士亲王的思想太过活跃,从一个议题一下子就跳到下一个议题上。其他人认为他管得太多,干预到很多非宪法领域。他们举出了他反对转基因食品的例子,以及在切尔西军营重建计划争论中他加以干预。托尼·布莱尔前新闻秘书阿拉斯泰尔·坎贝尔在他近期发布的日志中宣称,亲王对政治敏感问题的干涉过多,比如打猎以及2001年的手足口病问题。他甚至还写信给布莱尔,要他和亲王来一个"针锋相对的对话",好约束他一下。但这些插曲是制宪问题吗,还是事实上常见的满腔热情并且高贵的干涉呢?最终,在2007年布莱尔说道:"至于所有有关查尔斯干涉政府事务和政治化的说法——我从来没有发现一丁点儿这样的问题。"的确,认为亲王有任何不当宪法行为的暗示还会激怒另一位前首相约翰·梅杰。"他乐于表达他的看法，并且都是富有远见的见解，但他并不是在游说，他的表现也没有什么可批评的。他有很强的社会公德心，我宁愿看到一个关注别人生活的继位者，也不想看到一个对此漠不关心的人。事实上，所有对他的批评都很可笑。"

这些对于威尔士亲王来说已经耳熟能详的批评，近年来趋于平缓。亲王的名誉正如激情满溢的冠军一样，无论是在前沿领域还是在冷门领域，从热带雨林到祈祷书协会，都已深入人心。他的同伴们把他描述成"慷慨的企业家"。他管理的 20 多个信托机构和慈善组织（其中 18 个机构由他一手创办）现今已成为英国最广泛的多方位慈善网，每年收益 1.2 亿英镑。他还是其他 400 多个慈善组织的赞助者或主持者，勤勤恳恳。克拉伦斯宫总是异常繁忙。在最近几年中，康沃尔公爵夫人也仔细挑选了一些有代表性的机构，人们很快就喜欢上了这位新赞助者。尽管公爵夫人一生中并未做过访问。但是她已然成了一位令人印象深刻的演讲者——镇定自若地在大型会议或者克拉伦斯宫招待会上详细评论国家骨质疏松学会（National Osteoporosis Society）或英国国家文教基金会（Literacy Trust）的近期工作。2011 年，她勇敢地站在了伦敦媒体俱乐部年度颁奖仪式上，发表演说来倡导言论自由，同时也发现，就她自己的经历而言，没有新闻就是最好的新闻。

但是，威尔士亲王怎样适应君主身份的限制呢？2008 年威尔士亲王 60 岁生日之际，笔者问他，如果继位，是否可以继续从事那些他所钟爱的事情。"我不知道，也许方式会有所不同。"他回答道，"但是我认为，最后人们可能会发现，我以前所做的事并不都那么疯狂，也许我还是有一些号召力的。"

亲王肯定不会为此发起什么运动。不过，马尔科姆·里夫金德爵士担任国防大臣期间却领教过一次。当时，里夫金德计划合并军团乐队，但计划刚宣布就发生了一件有趣的事。"我突然间从不同的名誉团长那里收到很多类似的信件，包括威尔士亲王、王太后、玛格丽特公主、格洛斯特公爵和亚历山德拉公主。几乎是除了女王之外的所有人。我想：'这太不可思议了。'"尽管他仍坚持自己的计划，但还是不清楚为什么会有如此步调一致的反对意见。两年后，在乔纳森·丁布尔比所著的亲王传记中，真相终于水落石出。"事情很简单，"里夫金德笑着说，"威尔士亲王扮演了工会领导的角色，动员所有的家庭成员给我写信。"

威尔士亲王虽然不能像女王那样直言不讳，但如果就此认为他是女王的翻版，那就大错特错了。因为女王比任何人都更为强调君主制牢固的关键在于判断正确的适应，而不是原地不动或者重走老路。关于此事，没有人会比亲王考虑得更多。"在这一点上，没有人比威尔士亲王更在行，"一位高级官员说道，"他就是想与众不同，王室一直如此，也理所应当如此。"

我们对亲王有关君主制未来的筹划知之甚少，这很让人惊讶。1994年在一次电视转播中，他曾表示，他的志向是成为"信念的捍卫者"，此后这句话常被引用。但这已是20年前的事情了，我们现在很少听到他关于这方面的言论。正如坎特伯雷大主教所言，不会与现状有什么分别。他说，女王这么多年来一直在做着同样的事情。"我想人们可能对亲王有些误解，"威廉斯博士说道，"我认为亲王并非在说：'我不想做信念的捍卫者了。'他所表达的是'我要担负起信念捍卫者的角色'，使王室更具有包容性。"

亲王不想谈论他的计划有两个原因。其一，他根本不需要什么宏伟的"计划"。这一制度本身就意味着连续性，不需要"着手"进行大的转变。其二，不管亲王有什么样的想法，如果女王在世期间公布的话，势必显得不得体，也对女王不敬。"通常他们会在晚宴上谈谈这些事情，从不会正式坐下来在圆桌会议上说起，即便谈起，也没有任何记录，更不会形成什么决议，但是彼此却沟通了想法。"亲王并没有掌控权力的渴望，更没有迫不及待要改旗易帜。同样，女王也没打算留给未来君主什么指导。她一直密切关注自己的葬礼安排（所有王室葬礼计划都要事先审核,在一定程度上还得进行半常规排练),但据说,她并不希望获知关于未来加冕计划的任何细节。

君主更替之后难免会发生一些品味和基调的变化。那些和亲王较亲近的人表示,某些皇家盛典的排场可能会有所缩减。无论什么皇家场合,皇家卫队或是皇家弓箭手这些古老侍卫都亮相的日子也许会一去不复返了。那也就意味着像个极品镀金南瓜的皇家马车也已经完成了它最后的加冕之旅。可能到时候游园会上会有比冰咖啡更强劲的什么东西。2000年威尔士亲王曾在荷里路德宫举办过游园会,员工和客人们都很惊讶他竟然可以品尝到皮姆酒(Pimm)。但有一点确定无疑,就是如果亲王想要待在克拉伦斯宫的话,不会再有温斯顿·丘吉尔左右这位新君主搬去白金汉宫了。种种迹象表明他确有可能会留在这里。更深层面上,亲王的一些朋友曾经暗示说,他也许更愿意利用合法的宪法权力向政府提出更多的问题,要求更详细的答复;随时随地准备在某些议题上表达自己的看法;不管是何种政治真空,他的默认之见是宁愿有所作为也不要碌碌无为。但威斯敏斯特宫的旧员们指出,对此他必须十分谨慎小心。"这关系到你选择什么道路,"一位前内阁大臣说道,他还敬告亲王在干预事务时要有所节制,以免引起争端或是"误入歧途"。

如果我们可以接受女王给君主制带来了很多女性的细致与敏锐,那么若是将来查尔斯王子像他的祖父和曾祖父那样采取更为"阳刚"的方式,也同样不足为奇。当年乔治六世朝着一位工党大臣边挥舞鞋子边宣称:"我真不明白,为什么人们可以随意戴着义齿大放厥词,而穿鞋就要受到约束。"这在宪法看来并无不妥。因此,如果未来的查尔斯国王就气候变暖问题质问唐宁街10号的主人,也当然无可非议。

显然,女王的第12位首相对亲王的处事之道还没有那么多不安。"我想人们是误解了威尔士亲王的处理方式。"戴维·卡梅伦说道,"的确,他对他所坚持的事情一直非常热衷,当你见到他的时候,他自然很想听听你对森林砍伐、辅助医疗和气候控制等问题的看法。但他知道你是选举出来的政府,他只是提些建议,而且他极其尊重这一事实。他从不会说:'太过分了,你还没这么做。'相反,他总是会很感激你能抽出时间回答他的问题。他非常清楚如何摆正关系,也不会强人所难。亲王对事情很上心,这没什么不好。在那些他真正说话算数的领域,比如社区商业协会①,这样做完全合情合理。"

  君主制也可能会发生一些完全不在王室掌控之内的变化。比如,现有 16 个英属地中,某些国家虽然决定在女王执政期内维持现状,但将来或许会寻求新的立宪机构。若真是这样,那么未来君主也不会有任何抵制。查尔斯王子并不想在他继承的任何一个王权上逗留太久而惹人讨厌。早在 1994 年,他就对澳大利亚民众明确地阐明过这一点。"一些人可能会倾向于支持经历了多年洗礼和检验的稳定制度,但是有些人会在另辟蹊径中有所收获。"他在澳大利亚国庆日那天演讲时对民众说道,"就个人而言,我恰巧认为,对这些问题进行讨论,用民主进程重新审视你们面对未来的方式,标志着一个国家的成熟和自信。"

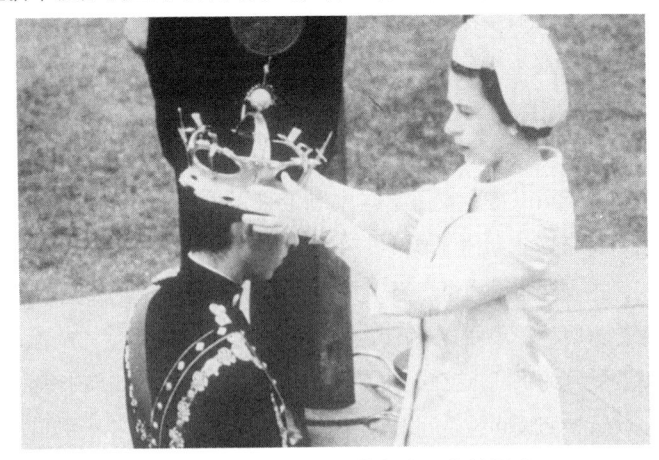

1969 年,查尔斯王子被定为王位继承人

---

  ① 社区商业协会创建于 1982 年,旨在推动企业介入内城重建方面。威尔士亲王于 1985 年任该协会主席。

英联邦元首的位置略显不同。它没有弥足珍贵的加冕誓言，也与王权没有直接联系。这只是1949年《伦敦宣言》（London Declaration）后演化出新八国联邦时，赋予乔治五世的一个封号。尽管女王就职英联邦元首后几小时印度总理贾瓦哈拉尔·尼赫鲁（Jawaharlal Nehru）就发来贺电，其他国家随后也纷纷效仿，但是这一幕还会重演吗？如今，54个联邦国家会决定打破这个"传统"吗？在政府首脑间，很难发现什么蛛丝马迹表明他们想要断绝与英王室长久而总体友好的联系。有什么理由这么做呢？在所有类似的国际对话组织中，英联邦的影响正日渐衰退，能够逆转这一势头并且赋予其明星气质的因素寥寥无几，而王室就是其中之一。除此之外，后殖民时代的敏感性也已逐渐弱化。马尔代夫的纳希德总统是新一代联邦国家领袖之一。"未来的君主仍会继续传承（这一头衔），"他说，"我生于1967年，所以殖民主义对我没什么影响。"

不过这最终都是猜测。大多数评论员惯于把王位继承与政党传承或者家族产业和大规模地产的继承相比较，但这毫无意义。君主制正大步向前迈进。另外，王位继承也不会成为一场竞争。因此，凡是类似什么逊位、王位"隔代传"或者其他各种皇家选美比赛等的说法都很荒谬可笑。那是共和国的套路。若真如此，那就像是在军工厂里划火柴照路一样危险了。

毫无疑问，剑桥公爵和公爵夫人是继承君主制的难得人才，但他们根本没想要插队加塞，僭越本位。威廉王子首先意识到了在瞬息万变的世界中，拥有智慧头脑的重要性。"没有老一辈家族成员的作为，也不会有年青的一代。你需要保持平衡，也离不开他们。就像'橄榄球比赛'一样。"这位威尔士橄榄球会的皇家赞助人说道，"如果你是为世界杯决赛组队，那一定要挑选经验丰富又活力十足的队员。有了这种平衡和结合，情况就会非常不错。我想这对于王室也同样适用。"

总之，公爵和公爵夫人似乎决心要最大限度利用他们可以保留的私生活空间。目前，公爵好像更乐于待在军队里谋一个传统的职位，而不是觊觎任何新的皇家角色，更不用说继承王位了。

"坦白地说，我尽力不去想这些事，"他说，"当我坐着我的直升机飞越威尔士山脉的时候，我拼命努力不去想这些事情。等我再成长几年也不迟。"

任何试图改变王位继承思路的暗示还忽视了一个显而易见的事实。世界上很多国家在统治发生变化的时候对随之而来的冲击都没有察觉，英国也不例外，尤其是它面对的还是一位以巨大社会变革塑造了整个时代的君主。身处这种时刻，任何国家都想有一个历史上经验最为丰富的继承者来处理问题。"纵观历史，我们可以看到，王位继承者总会受到各种批评，这其实再正常不过了，"约翰·梅杰爵士说道，"但一旦他们成为君主，这些声音就渐渐淡去了。"梅杰的继任者托尼·布莱尔也赞同这一说法。"查尔斯王子很受人民爱戴。他们觉得他真的在尽心尽力，努力做到最好。对于我来说，这就是君主制和实施者之间不可言说的关联——国家的责任对他们来说至高无上。只要他们这么做，君主制就万无一失。"

"君主制的历史并非一帆风顺，"梅杰说，"它也有起伏动荡的时期。维多利亚女王执政后期，有很长一段时间不得民心。其挑战就在于保持对国家的关心和爱护……保持君主制未来的特殊性。这是最主要的考验。在过去的500年里，王室已经证明他们可以应对自如，但它仍旧是个挑战。"

我们的女王陛下自从听到"英格兰祖父"（Grandpa England）[①]的故事起，就已经明白了这一点。那就是她终其一生的为君之道，也是她一直遵从的处事原则，从1952年2月父亲去世那天，悲痛中的她走下飞机见到温斯顿·丘吉尔的那一刻时就已如此。

[①] 她的祖父乔治五世被称为"英格兰祖父"。桑德灵汉姆至今仍收藏着当年伊丽莎白公主为他制作的一本漂亮的记事簿，装饰有大大的英文字母"GE"。

60年过去了,女王执政期内的第12位首相对她的卓越成就的重要性深信不疑。"人们认为君主制是一个长久而老套的制度,"戴维·卡梅伦说,"但是它已经微妙地发生了变化,就像是50年、100年或者200年前一样,今天仍令这个国家为之自豪。女王是立宪制君主的绝佳典范,也可能是有史以来最好的一位。"

那女王是这么认为的吗?她有没有回忆并且思考过自己在伟大君主中的位置呢?那些熟知她的人都会回答,没有。像爱丁堡公爵一样,女王认为遗产贡献问题都无关紧要。"有一点人们必须记得,没有哪个君主是在刻意寻求扬名万世。"约克公爵说,"遗产关乎历史。政治家们一般都想要看看他们可以留下什么成果,但是王室的理念不同。"

毫无疑问,这个执政期会留下不朽的遗产。在新伊丽莎白时代结束后,历史学家们在接下去的几个世纪中将对其进行重新评价,为此争论不休。女王明白,现在担心这些完全是自寻烦恼。但是在她将来某天可能继承王位的孙子看来,女王50周年庆典时曾有一两个满意的时刻常让她悄悄回味。"她一直不顾一切,继续前行。"威廉王子说,"但60年后,知道自己真的造就了如此不凡的变化并且深受民众敬仰爱戴,还是会让人感到很愉快。她的奉献和努力人们有目共睹。希望大家也能效仿实践这一牺牲和奉献精神,用心生活。"

Our Queen by Robert Hardman
ISBN: 9780091936891
Copyright © Robert Hardman Ltd. 2011.
This edition arranged with Robert Hardman Ltd. through Andrew Nurnberg Associates International Limited.
Simplified Chinese edition © 2017 by China Renmin University Press.
All Rights Reserved.

图书在版编目（CIP）数据

我们的女王：伊丽莎白二世／（英）罗伯特·哈德曼著；南方译．—北京：中国人民大学出版社，2017.3
ISBN 978-7-300-23548-6

Ⅰ．①我… Ⅱ．①罗…②南… Ⅲ．①伊丽莎白二世（Elizabeth Ⅱ 1926— ）—传记 Ⅳ．①K835.617=5

中国版本图书馆CIP数据核字（2016）第269541号

我们的女王：伊丽莎白二世

［英］罗伯特·哈德曼（Robert Hardman） 著
南　方　译
Women de Nüwang：Yilishabai Ershi

出版发行	中国人民大学出版社		
社　　址	北京中关村大街31号	邮政编码	100080
电　　话	010-62511242（总编室）	010-62511770（质管部）	
	010-82501766（邮购部）	010-62514148（门市部）	
	010-62515195（发行公司）	010-62515275（盗版举报）	
网　　址	http://www.crup.com.cn		
	http://www.ttrnet.com（人大教研网）		
经　　销	新华书店		
印　　刷	北京联兴盛业印刷股份有限公司		
规　　格	145 mm×210 mm　32开本	版　次	2017年3月第1版
印　　张	13.75　插页3	印　次	2022年9月第4次印刷
字　　数	343 000	定　价	78.00元

版权所有　　侵权必究　　印装差错　　负责调换